국가평생교육진흥원에서 제시한 과목별 평가영역에 맞춘 최고의 수험서!

독학사 최고의 권위서!

학위취득의 지름길!
| 한 권으로 끝내기 |

독학사

Bachelor's Degree

국내 최고의 권위서!

교육부인정교과서지정업체
은하출판사
Eunha Publishing Co.

Bachelor's Degree

독·학·사 머리말

Preface

"뜻이 있는 곳에 길이 있다."고 했다. 그러나 아무리 훌륭한 여행계획을 세웠다 하더라도 방 안의 천정만 바라보고 앉아 있다면 그 계획이 무슨 소용이 있겠는가?

반면 여행의 길을 떠났다 하더라도 계획없이 이리저리 방황만 하고 돌아왔다면 몸만 고되고 허탈감만 남게 될 것이다. 여기서 우리는 계획과 실천이 동시에 중요함을 알게 된다. 여러분은 이미 마음의 각오와 계획을 세웠으리라 생각한다. 다만 이 계획을 실천할 지침서가 필요한 것이다. 현재 다른 방면의 참고서는 다양하면서도 여러분들이 필요로 하는 참고서는 자신있게 추천할 만한 것이 없는 실정이다.

본사는 한국방송통신대학이 개원되면서부터 각 학과의 부교재인 참고서를 30년 넘게 오랫동안 발행해 온 노하우를 바탕으로 학습시간이 절대적으로 부족한 독학사를 준비하시는 여러분들을 위하여 시간과 노력을 절약하고 시험준비에 완벽을 기할 수 있도록 국가평생교육진흥원에서 제시하고 있는 과목별 평가영역에 맞추어 자신있게 본 책을 출간하였다.

현재 독학학위 취득시험은 2008년 2월 '평생교육법'의 전부개정으로 한국방송통신대학이 관장하던 독학학위 취득업무가 "국가평생교육진흥원"으로 이관되었으며, 국가평생교육진흥원 홈페이지에서는 과목별 평가영역을 구체적으로 제시해 주고 있다. 따라서 독학사 시험을 대비하는 여러분들은 본 교재를 기준으로 열심히 학습에 매진하면 될 것이다.

본서의 특징은

첫째 독학학위 취득시험을 주관하는 국가평생교육진흥원의 평가영역에 맞추어 내용을 심도있게 다루고 있으며,

둘째 본문의 '내용' 및 'Key Point'에서는 기출문제를 분석하여 출제내용을 핵심적으로 기술하고 있고,

셋째 '실전예상문제' 부분에서는 그 동안 출제되었던 최근의 기출문제를 파악하여 그에 기준한 다양한 문제와 그에 해당하는 자세한 해설을 수록하고 있으며,

넷째 최소의 시간으로 최대의 효과를 거둘 수 있다는 점을 들 수 있다.

다양한 자료와 예시를 통해 더욱 구체적인 학습을 할 수 있도록 구성·편집된 본서가 여러분의 학습에 절대적인 도움이 되리라 확신하면서 앞날에 큰 영광이 함께 하길 기원한다.

교육부은하원격평생교육원 학위취득연구소

독학사 안내

독학학위제도

독학학위제는 「독학에 의한 학위취득에 관한 법률」에 의해 독학자(獨學者)에게 대학졸업자격에 해당하는 학사학위(學士學位) 취득의 기회를 줌으로써 평생교육의 이념을 구현하고 개인의 자아실현과 국가·사회의 발전에 이바지하는 것을 목적으로 하는 제도입니다.

- 고등학교 졸업이나 이와 같은 수준 이상의 학력을 가진 사람이면 누구나 응시할 수 있습니다.
- 대학교를 다니지 않아도 스스로 공부해서 학위를 취득할 수 있습니다.
- 일과 학습의 병행이 가능하여 시간과 비용을 최소화할 수 있습니다.
- 언제 어디서나 학습이 가능하며, 평생학습을 통해 자아실현을 할 수 있습니다.

독학학위제는 4개의 과정(교양, 전공기초, 전공심화, 학위취득 종합) 시험으로 이루어져 있습니다. 그러나 개인적으로 취득한 다양한 자격과 학습이력에 따라 1~3과정의 일부 과목 시험은 면제받을 수 있습니다. 4과정인 학위취득 종합시험은 반드시 응시하여야 하며, 종합시험에 합격하면 교육부장관 명의의 학사학위를 취득하게 됩니다.

응시자격

2016년부터 고등학교 졸업이나 이와 같은 수준 이상의 학력을 가진 사람이면 누구나 과정별 합격 여부와 관계없이 1~3과정(교양, 전공기초, 전공심화 과정) 인정시험에 자유롭게 응시할 수 있으며, 4과정(학위취득 종합시험)은 1~3과정 시험에 모두 합격(면제)하는 등 일정 응시자격을 충족해야만 응시할 수 있습니다.

가. 교양과정 인정시험(1과정), 전공기초과정 인정시험(2과정), 전공심화과정 인정시험(3과정)
- 고등학교 졸업자
- 「초·중등교육법 시행령」 제98조 제1항에 따라 상급학교의 입학에 있어 고등학교를 졸업한 사람과 같은 수준의 학력이 있다고 인정되는 사람
- 「평생교육법」 제31조 제2항에 따라 지정된 학력이 인정되는 학교 형태의 평생교육시설에서 고등학교 교과과정에 상응하는 교육과정을 마친 사람
- 「보호소년 등의 처우에 관한 법률」 제29조에 따른 소년원학교에서 고등학교 교육과정을 마친 사람

나. 학위취득 종합시험(4과정) : 전공분야별 동일전공 인정(학)과에 한함
- 교양과정 인정시험, 전공기초과정 인정시험 및 전공심화과정 인정시험에 합격한(면제받은) 사람
- 대학(「고등교육법」 제2조 제2호, 제3호 및 제5호에 따른 학교와 다른 법령에 따라 설립된 대학을 포함) 및 이에 준하는 각종 학교(학력인정학교로 지정된 학교만 해당)에서 3년 이상의 교육과정을 수료하였거나 105학점 이상을 취득한 사람
- 수업연한이 3년인 전문대학을 졸업한 사람 또는 이와 같은 수준의 자격이 있다고 인정되는 사람(졸업 예정자는 응시자격 없음)
- 「학점인정 등에 관한 법률」 제7조에 따라 105학점(전공 16학점 이상 포함) 이상을 인정받은 사람
- 외국에서 15년 이상의 학교교육 과정을 수료한 사람

응시자격 유의사항

- 학사학위 취득자는 동일한 전공의 시험에 지원할 수 없음
- 유아교육학 및 간호학 전공자가 학위취득 종합시험 합격 시, 학사학위만 수여되며 자격증(면허증)은 발급되지 않음
- 고졸 이상 학력 소지자의 경우 1~3과정 시험은 순서 상관없이 응시 가능하며, 4과정(학위취득 종합시험) 응시를 위해서는 1~3과정 전 과목(17과목)을 합격하거나 일정 응시자격을 충족해야 함
- 간호학 전공(학위취득 종합시험만 운영)
  - 4년제 대학 간호학 전공(과)에서 3년 이상 교육과정 수료 또는 105학점 이상 취득자 응시 가능
  - 3년제 전문대학 간호학과 졸업자(졸업 예정 제외) 응시 가능
    - 간호사 면허증만으로는 응시자격이 될 수 없음(면허증 제출 불필요)
- 유아교육학 및 정보통신학 전공(전공심화과정 인정시험과 학위취득 종합시험만 운영)
  - 유아교육학 및 정보통신학 전공은 1~2과정 시험을 운영하지 않으므로, 자격·학력 등으로 1~2과정 면제 요건을 충족하고 3과정 합격한 경우 또는 기타 4과정 응시자격을 충족하는 경우에만 응시 가능

독·학·사

과정별 시험과목

가. 교양과정 인정시험 : 5과목 합격(필수 3과목, 선택 2과목)

구 분	과 목 명
필 수	국어, 국사, 외국어(영어, 일본어, 중국어, 독일어, 프랑스어 중 1과목 선택)
선 택	사회학개론, 심리학개론, 경영학개론, 법학개론, 문화사, 컴퓨터의 이해, 문학개론, 자연과학의 이해, 교육학개론, 경제학개론, 현대사회와 윤리, 철학의 이해, 기초통계학, 일반수학, 한문 중 2과목 선택

나. 전공기초과정 인정시험 : 6과목 합격(8과목 중 택 6)

구 분	과 목 명
국어국문학	국어학개론, 국어문법론, 국문학개론, 국어사, 고전소설론, 한국현대시론, 한국현대소설론, 한국현대희곡론
영어영문학	영어학개론, 영국문학개관, 중급영어, 19세기 영미소설, 영미희곡 I, 영어음성학, 영문법, 19세기 영미시
심리학	이상심리학, 사회심리학, 생물심리학, 발달심리학, 성격심리학, 동기와 정서, 심리통계, 감각 및 지각심리학
경영학	회계원리, 인적자원관리, 마케팅원론, 조직행동론, 경영정보론, 마케팅조사, 생산운영관리, 원가관리회계
법학	민법 I, 헌법 I, 형법 I, 상법 I, 법철학, 행정법 I, 노동법, 국제법
행정학	지방자치론, 정치학개론, 기획론, 정책학원론, 헌법, 조사방법론, 조직행태론, 전자정부론
가정학	인간발달, 복식디자인, 영양학, 가정관리론, 의복재료, 주거학, 가정학원론, 식품 및 조리원리
컴퓨터공학	논리회로설계, C프로그래밍, 자료구조, 객체지향프로그래밍, 웹프로그래밍, 컴퓨터구조, 운영체제, 이산수학

다. 전공심화과정 인정시험 : 6과목 합격(8과목 중 택 6)

구 분	과 목 명
국어국문학	국어음운론, 한국문학사, 문학비평론, 국어정서법, 구비문학론, 국어의미론, 한국한문학, 고전시가론
영어영문학	고급영문법, 미국문학개관, 영어발달사, 고급영어, 20세기 영미소설, 영어통사론, 20세기 영미시, 영미희곡 II

구 분	과 목 명
심리학	상담심리학, 심리검사, 산업 및 조직심리학, 학습심리학, 인지심리학, 학교심리학, 건강심리학, 중독심리학
경영학	재무관리론, 경영전략, 투자론, 경영과학, 재무회계, 경영분석, 노사관계론, 소비자행동론
법학	헌법Ⅱ, 민법Ⅱ, 형법Ⅱ, 민사소송법, 행정법Ⅱ, 지적재산권법, 형사소송법, 상법Ⅱ
행정학	행정법Ⅰ, 행정계량분석, 도시행정론, 공기업론, 정부규제론, 한국정부론, 복지정책론, 거버넌스와 NGO
유아교육학	유아교육연구 및 평가, 부모교육론, 유아교육기관운영관리, 아동복지, 유아언어교육, 유아사회교육, 유아수학·과학교육, 놀이이론과 실제
가정학	가족관계, 가정자원관리, 식생활과 건강, 의복구성, 육아, 복식문화, 주거공간디자인, 식품저장 및 가공
컴퓨터공학	운영체제, 인공지능, 소프트웨어공학, 컴퓨터네트워크, 컴파일러, 프로그래밍언어론, 컴퓨터그래픽스, 임베디드시스템, 정보보호
정보통신학	회로이론, 데이터통신, 정보통신이론, 임베디드시스템, 이동통신시스템, 정보통신기기, 정보보안, 네트워크프로그래밍

라. 학위취득 종합시험 : 6과목 합격(교양 2과목, 전공 4과목)

구 분	과 목 명
국어국문학	국어·국사·외국어 중 2과목 선택, 국어학개론, 국문학개론, 한국문학사, 문학비평론
영어영문학	국어·국사·외국어 중 2과목 선택, 영미문학개관, 영미소설, 영어학개론, 고급영어
심리학	국어·국사·외국어 중 2과목 선택, 임상 및 상담심리학, 산업조직 및 소비자심리, 발달 및 사회심리학, 인지신경과학
경영학	국어·국사·외국어 중 2과목 선택, 재무관리, 마케팅관리, 회계학, 인사조직론
법학	국어·국사·외국어 중 2과목 선택, 민법, 헌법, 형법, 상법
행정학	국어·국사·외국어 중 2과목 선택, 인사행정론, 조직행태론, 재무행정론, 정책분석평가론
유아교육학	국어·국사·외국어 중 2과목 선택, 유아교육론, 유아발달, 유아교육과정, 유아교육교수법
가정학	국어·국사·외국어 중 2과목 선택, 패션과 의생활, 소비자론, 식이요법, 주거관리
컴퓨터공학	국어·국사·외국어 중 2과목 선택, 알고리즘, 통합프로그래밍, 통합컴퓨터시스템, 데이터 베이스
정보통신학	국어·국사·외국어 중 2과목 선택, 전자회로, 정보통신시스템, 네트워크 및 보안, 멀티미디어통신
간호학	국어·국사·외국어 중 2과목 선택, 간호연구방법론, 간호과정론, 간호지도자론, 간호윤리와 법

문항 수 및 배점

과 정	일반 과목			예외 과목		
	객관식	주관식	합계	객관식	주관식	합계
1~2과정	40문항×2.5점 =100점	—	40문항 100점	25문항×4점 =100점	—	25문항 100점
3~4과정	24문항×2.5점 =60점	4문항×10점 =40점	28문항 100점	15문항×4점 =60점	5문항×8점 =40점	20문항 100점

합격 사정

가. 교양과정 인정시험, 전공기초과정 인정시험, 전공심화과정 인정시험

각 과목 100점 만점에 60점 이상 득점한 경우에 합격으로 하고, 과목합격을 인정(합격 여부만 결정)

나. 학위취득 종합시험

구 분	총점합격제	과목별합격제
합격기준	6과목 총점(600점) 중 360점(60%) 이상 득점하면 합격(과목 낙제 없음)	각 과목(교양 2, 전공 4) 100점 만점의 60점(60%) 이상 득점하면 합격
유의사항	• 6과목 모두 필수 응시 • 기존 합격과목 불인정	• 기존 합격과목 재응시 불가 • 기존 합격과목 포함하여 총 6과목을 초과하여 선택할 수 없음

CONTENTS

제1장 발달의 기초

- 01 발달의 개념 … 14
- 02 발달의 원리와 성격 … 15
- 03 발달의 단계설과 비단계설 … 17
- 04 발달의 개인차 … 17
- 05 발달의 연구 방법 및 접근법 … 19
  - ■ 실전예상문제 … 22

제2장 인간발달의 제이론

- 01 프로이트의 성격발달이론 … 40
- 02 에릭슨의 심리사회성 발달이론 … 42
- 03 피아제의 인지발달이론 … 45
- 04 피아제의 도덕성 발달이론 … 47
- 05 콜버그의 도덕성 발달이론 … 48
- 06 학습이론 … 50
- 07 각인이론 … 53
- 08 융의 성인기이론 … 55
- 09 게젤의 성숙이론 … 57
- 10 몬테소리의 발달이론 … 58
  - ■ 실전예상문제 … 61

제3장 태아기의 발달

- 01 생명체의 형성 과정 … 92
- 02 태아의 발달 … 93
- 03 출산의 과정 … 94
  - ■ 실전예상문제 … 96

C_O_N_T_E_N_T_S

제4장 영아기의 발달

01 영아의 신체발달 …………………………………………………… 102
02 언어 및 인지의 발달 ……………………………………………… 105
03 정서 및 사회성의 발달 …………………………………………… 107
04 영아기의 발달 장애 ………………………………………………… 109
■ 실전예상문제 ……………………………………………………… 111

제5장 유아기의 발달

01 신체 및 운동의 발달 ……………………………………………… 124
02 언어 및 인지의 발달 ……………………………………………… 125
03 정서발달 ……………………………………………………………… 128
04 성격과 사회적 행동의 발달 ……………………………………… 128
05 사회화 ………………………………………………………………… 130
06 유아기의 부적응 행동 …………………………………………… 132
■ 실전예상문제 ……………………………………………………… 133

제6장 아동기의 발달

01 신체 발달 …………………………………………………………… 144
02 인지 발달 …………………………………………………………… 144
03 성격 및 사회성의 발달 …………………………………………… 149
04 아동기의 부적응 행동 …………………………………………… 153
■ 실전예상문제 ……………………………………………………… 155

제7장 사춘기의 발달

01 신체 발달 및 특징 ………………………………………………… 168
02 심리적 변화와 행동의 변화 ……………………………………… 169

03 성격 및 사회성의 발육과 성교육 ··· 170
04 청소년의 문제 행동 ·· 171
■ 실전예상문제 ··· 173

제8장 청년기의 발달

01 지적 발달 ·· 178
02 자아정체감의 발달 ·· 179
03 정서 발달 ·· 180
04 사회성 발달 ·· 181
■ 실전예상문제 ··· 183

제9장 성인기

01 성인기의 정의 ··· 190
02 발달 과업 ·· 190
03 인격의 성숙 ·· 191
04 사회적 성숙 ·· 192
05 취업과 적응 ·· 192
06 배우자 선택과 결혼 ·· 193
07 가정 형성과 가족 기능의 수행 ·· 196
■ 실전예상문제 ··· 199

제10장 중년기

01 중년기의 발달 과업 ·· 210
02 자기 확대와 성숙 ·· 211
03 사회적 공헌 ·· 213
04 중년의 부부 관계 ·· 214
05 성숙된 부모의 역할 ·· 215

CONTENTS

06 가족생활의 확장 ·· 216
 ■ 실전예상문제 ·· 218

제11장 장년기

01 발달 과업 ··· 226
02 갱년기의 변화와 적응 ·· 226
03 자기 쇄신과 발전 ·· 228
04 사회생활의 확장 ··· 229
05 장년의 부부관계 ··· 230
06 가족생활의 변화와 성숙 ··· 231
07 경제적 안정 유지와 준비 ·· 232
 ■ 실전예상문제 ·· 234

제12장 노년기

01 노년기의 발달 과업 ··· 240
02 노화와 적응 ··· 241
03 은퇴와 적응 ··· 245
04 죽음에 대한 인식과 적응 ·· 246
05 노년기의 부부생활 ·· 247
06 노년기의 가정생활 ·· 248
07 노년기의 이상 상황과 치료 ··· 248
 ■ 실전예상문제 ·· 250

부록

■ 최종모의고사 ·· 257

01 발달의 기초

 단원 개요

발달의 개념은 학문적으로 어떻게 논의되고 있으며, 성장 및 성숙과 발달의 개념상의 차이는 어떻게 규정되는가? 그리고 학습과 발달의 차이는 어떠한가? 등에 대해 학습한다. 뿐만 아니라 인간발달에 영향을 주고 발달 현상을 지배하는 일반적인 발달 원리는 무엇이며, 발달의 기본 성격은 어떤 것인가를 중심으로 학습한다.

발달 과정의 단계에 대한 상반되는 견해는 어떠하며, 유전과 환경 요인은 발달에 어떻게 영향을 주는가에 대한 학습은 발달 학습에 기초가 된다. 또 발달 연구의 여러 방법과 접근법에 대한 이해도 발달의 기초로서 필요하다.

 출제 경향 및 수험 대책

이 단원에서는 인간의 발달 개념의 설명, 성장의 의미, 발달의 원리, 성숙, 학습 발달의 개인차, 발달의 상호 관련성, 발달의 분화와 통합, 발달의 누적성·기초성·불가역성·적기성 등에 대해서 묻는 문제들이 출제될 수 있는 바, 자세하고 철저한 학습이 요구된다.

1

01 발달의 개념

1 발달의 개념

① 발달이란 인간의 신체, 사고, 행동 등이 시간의 흐름에 따라 서서히 변화하는 것을 뜻한다. 다시 말해, 발달은 나이가 들어가면서 나타나는 신체나 심리 등의 변화라 할 수 있다. 이러한 변화는 서서히 일어나고 축적되며, 그 결과로 신체 능력의 향상, 더 복잡한 행동의 수행, 여러 가지 기능을 함께 수행할 수 있는 통합 능력의 증대 등을 가져온다. 발달은 인간의 생명이 시작되는 수태에서 사망에 이르기까지의 전 생애에 걸쳐 일어나는 모든 형태의 양상과 과정을 뜻한다.

② 인간에 관한 발달인 경우 인간의 행동이 상향적으로 또는 지향적으로 변화될 때 발달이라고 할 수 있다. 인간행동이 상향적 또는 지향적이란 의미는 다음과 같다.
   ㉠ 변화의 방향이 바람직한 방향으로 변화되는 것을 의미한다.
   ㉡ 양적으로 전보다 더 증대되기도 한다.
   ㉢ 기능적으로 유능해지기도 하고 세련되기도 한다.

③ 어떤 사람의 행동, 즉 신체적 · 정신적인 행동이 이전보다 더 다양화되고 다채로워지며 전보다 더 능숙해지고, 행동의 구조 역시 전보다 더 정밀해지며 정교해져 가는 변화를 보일 때, 우리는 이를 발달이라고 할 수 있다.

> **추가 설명**
> **성숙**
> 아이가 기기, 앉기, 서기 등의 운동 기능을 할 수 있게 되고, 눈동자를 전보다 활발히 움직일 수 있게 되며, 피부가 외부의 자극을 보다 민감하게 받아들이게 되는 감각 기능들의 변화는 성숙을 뜻한다.

2 성장과 성숙 및 발달

① 성장 : 신체적으로 키가 커지거나 몸무게가 늘어나는 등의 양적으로 변화하는 현상을 나타내는 것이다.

② 성숙 : 운동 기능이라든가, 감각 기능과 여러 가지 내분비선의 변화에 의하여 생기는 신체 기능이 유능하게 되는 것이다.

③ 발달 : 아기가 말을 할 수 있게 되고, 보존 개념이 생기게 되며, 기쁘거나 슬플 때에 이런 감정을 표현할 수 있게 되는 등의 심리적 · 정신적 변화이다. 발달은 성장과 성숙을 모두 포괄하는 개념으로 바람직한 방향으로 일관성 있게 변하는 것이다.

④ 성장과 성숙은 발달의 배경과 원인이 될 수가 있고, 발달을 도와주는 관계에 있지만, 발달의 개념과 동일하거나 혼동될 수는 없다.

> **추가 설명**
> **학습**
> 어떤 특정한 목표를 설정해 놓고, 그 목표에 도달하기 위해서 연습이나 경험을 하게 되며, 그런 결과로써 학습이 이루어진다.

3 학습과 발달

① 학습 : 연습과 경험을 통하여 이루어지는 변화이므로 학습은 비교적 영속적이고 진보적인 행동의 변화가 된다.

② 학습과 발달의 상관관계
   ㉠ 발달과 학습은 병행이 되며, 좋은 환경 조건에서 발달이 더욱 촉진되기도 한다.
   ㉡ 발달이 빠른 아동은 발달이 늦은 아동보다 더 빨리 더 많은 학습을 할 수가 있다.

02 발달의 원리와 성격

1 발달의 원리

인간의 발달 현상에는 보편적이고도 일반적으로 나타나는 원리가 있다.

① **발달의 순서** : 인간의 발달에는 일정한 순서가 있다.
  ㉠ 발달은 상체에서 하체의 방향으로 이루어진다. 예 머리 → 손, 발 쪽
  ㉡ 발달은 중심에서 말초의 방향으로 이루어진다. 예 대근육 → 소근육
  ㉢ 발달은 전체 활동에서 특수 활동의 방향으로 이루어진다. 모든 운동 발달은 세분된 특수 운동이 나타나기 전에 전면적인 전체 활동이 먼저 나타나게 된다. 다시 말해서 몸의 전체 활동이 팔과 다리의 근육 활동으로 분화되었다가, 이들이 다시 걷는 활동으로 통합되는 것이다.

② **발달의 속도와 계속성(연속성)** : 인간의 발달은 특정 시기에만 일어나는 것이 아니라 일생 동안 한순간도 멈추지 않고 끊임없이 진행되는 연속 과정이다. 단, 행동 특성에 따라 발달 속도가 다르다. 그래서 어떤 특성은 일찍 발달하지만 어떤 특성은 대체로 늦게 발달한다. 신체의 부분에 따라서 발달의 속도는 다르며, 정신 기능에 따라서도 발달의 속도는 각기 다르다. 뿐만 아니라 특정 부분의 발달에서도 발달의 단계에 따라 그 속도는 일정하지 않다. 예를 들면 신체 부위의 발달은 영아기와 사춘기에 급격히 증가되나 다른 시기에는 발달의 속도가 느리다.

③ **발달의 개인차**
  ㉠ 발달 과정에 있어 누구나 동일하게 발달해 가는 일정한 순서가 있으나, 사람마다 가지고 있는 유전 인자와 처해 있는 환경이 다르기 때문에 발달 속도나 그 정도에 차이가 있다. 예를 들어, 대체로 2세 영아는 혼자 신발을 신는 것이 쉽지 않으나 소근육 발달이 아주 빠른 영아는 혼자서도 신발을 신을 수 있다.
  ㉡ 발달에는 일반적이고도 보편적인 순서가 있으나 연령이 같고 성별이 같다 해도 사람들은 신장이나 체중은 물론, 운동 기능과 정신 기능에도 차이가 있다.

④ **발달의 상호관련성** : 인간의 여러 특성(예 신체 특성, 언어 특성, 인지 특성, 정서 특성 등)은 서로 별개로 발달하는 것이 아니라 서로 영향을 주고받으면서 발달한다. 예를 들어, 정서 면에서 불안정한 아동은 친구들과의 관계 형성이 어려워 혼자 지내는 경우가 많아 사회·정서 발달이 늦어진다. 또 신체가 건강하고, 정서가 안정된 아동은 호기심을 충족시키기 위해 활발한 탐색 활동을 하게 되고, 그 결과 인지 능력도 발달하게 된다.

⑤ **발달의 분화와 통합** : 아동의 운동 발달 과정을 보면 처음에는 각 부분들이 분화되지 못하여 미숙한 모습, 정교하지 못한 둔한 모습을 보이다가 점차 각 기관이 분화되면서 세련되고 필요한 부분만 사용하게 된다. 보다 정확하고 신속한 행동은 각 기관이

> **추가 설명**
> 발달의 원리
> - 일정 순서로 발달
> - 발달의 속도와 연속성
> - 발달의 개인차
> - 발달의 상호관련성
> - 발달의 분화와 통합

> **추가 설명**
> 발달의 상호관련성
> 발달의 각 측면이 상호 밀접히 관련되어 있다. 신체 발달은 지적인 발달이나 도덕성의 발달과 관련되어 있고 정서 발달 역시 사회성 발달이나 성격 발달과 관련되어 서로 영향을 주고받는다.

분화된 이후, 분화된 다른 여러 기관들이 상호 협응할 수 있는 통합 능력이 생겨난 후에야 비로소 가능하게 되는데, 이때가 되면 완전한 발달이 이루어진다. 즉, 각 기관들의 분화가 이루어지고 각각으로 분화된 이후 다시 통합할 수 있는 능력이 생길 때 비로소 발달은 완성된다. 예를 들어, 아동이 물건을 잡으려면 먼저 몸을 앞으로 구부리고, 팔을 뻗고, 손목을 움직이고, 필요한 손가락을 움직이는 등 각 부분에서 분화가 이루어져야 한다. 그런 뒤에 분화된 기관들이 물건을 잡기 위해 서로 협응하는 통합 과정을 거쳐 물건을 한번에 쉽게 잡을 수 있게 된다.

2 발달의 기본 성격

① 발달의 기초성
  ㉠ 아동기는 성인기의 기초가 형성되는 기간이다. 아동이 발달 과정에서 겪는 경험은 성인기 행동의 여러 특성을 결정하는 원인이 된다. "세 살 버릇이 여든까지 간다"는 속담은 서너 살 때의 모든 경험이 일생 동안을 특징지을 뿐만 아니라, 인생의 말기로 보는 팔순까지의 기초를 형성한다는 뜻으로 해석될 수 있다.
  ㉡ 출생 시부터 약 8세까지는 인간지능의 약 80% 정도가 발달되고, 만 6세까지는 인간 성격의 기본틀이 거의 형성되는 시기이다.

② 발달의 적기성
  ㉠ 발달의 적기성에 따르면 태어나서 거의 1년 동안 아기에게 언어적 자극이 부족하거나, 왜곡된 언어 자극이 제공되는 환경이라면, 그 아기는 자라서 평생 동안 언어와 관련된 모든 면에서는 그 어떤 장애를 겪을 수밖에 없다고 본다.
  ㉡ 발달 심리학에 따르면 이러한 시기가 인간 발달의 여러 측면에 걸쳐 있고, 특히 일생의 기초가 형성되는 아동기에 여러 번 존재하는데, 이를 결정적 시기라고 한다. 즉, 어떤 특정한 발달 과업을 성취하는 데에는 가장 적절한 시기가 있는데, 그 시기에 정상적인 발달을 이룩하지 못하면, 이후에 영구적인 결함이나 장애를 겪을 수 있다.
  ㉢ 최적기는 신체, 인지, 성격, 도덕 및 사회성 등 모든 측면의 발달에서 제각기 서로 다르다. 그러므로 아기의 발달을 촉진하기 위해서는 최적기를 놓치지 않고 때에 맞추어 좋은 환경에서 적절한 자극을 제공해야 한다.

③ 발달의 누적성
  ㉠ 인간의 성장 발달에 있어서 어떤 결손이 생기면 그 결손은 다음 시기의 발달에 좋지 못한 장애가 된다. 따라서 결과적으로 이 결손은 계속 누적되어서 보다 심각한 결손으로 나타날 수 있다. **예** 수유기에 어머니와 아기 사이에 불신감이 형성되면, 인생 후기의 모든 인간관계에도 계속적으로 누적되고 그 영향이 계속 파급된다.
  ㉡ 신체적이든, 지적 · 사회적 · 정서적인 것이든 발달의 결손이 생기면 누적되어 교정하기 힘들다.

추가 설명

발달의 기본 성격
- 발달의 기초성 : 아동의 발달 경험이 성인기 행동 특성을 결정하고 원인이 된다는 것
- 발달의 적기성 : 발달 과업을 성취하는 데 가장 적절한 시기(결정적 시기)가 있는데, 그 시기를 놓치면 다음 시기에 보충될 수 없다는 것
- 발달의 누적성 : 발달상의 결손은 계속 쌓여서 보다 심각한 결손을 가져온다는 것
- 발달의 불가역성 : 발달의 최적기를 놓치는 경우, 후에 이를 보완하거나 교정하기 힘들어 회복 불가능하게 된다는 것

추가 설명

발달의 결손 및 누적
성장 발달에 있어서 어떤 결손이 생기면 이 결손은 계속 누적되어서 보다 심각한 결손으로 나타날 수 있다.

ⓒ 누적성이라는 발달의 성격 때문에 초기의 발달이 더욱 중요시되고 있다.
④ 발달의 불가역성
   ㉠ 인간의 특성은 주로 인간의 초기, 즉 아동기에 그 기초가 형성되고 또한 발달이 급속히 이루어진다. 그런데 발달의 최적기를 놓치게 되면, 그 시기 이후에 이를 보완하거나 교정하기가 매우 힘들게 된다. 즉, 변화가 발생한 상태에서는 교정하기가 힘들다는 것이 발달의 불가역성이다.
   ㉡ 불가역성은 지적 발달에서만 나타나는 발달의 성격이 아니라, 신체적·정서적·성격적 발달 및 기타 여러 특성의 발달에도 마찬가지로 나타나는 발달의 기본 성격이다.

03 발달의 단계설과 비단계설

1 단계설

① 발달에는 일정한 순서가 있다는 비연속적 이론으로 한 단계의 발달이 이루어지면 다음 단계의 발달로 옮아간다는 것이다.
② 발달 과정에는 어떤 결정적 시기가 있어서, 그 다음 시기의 발달에 영향을 주게 된다는 의미이다. 즉, 인간의 발달 단계를 나이인 생활 연령으로 나누고 있다. 그러나 발달의 단계란 발달의 여러 측면마다 서로 다르게 나눌 수 있어, 연령을 기준으로 단계를 구분하는 것은 사실상 무리가 되기도 한다.

2 비단계설

① 발달은 연속적이라는 것으로 특정의 행동 변화는 특정한 단계에 갑자기 나타나는 것이 아니라 경험과 훈련에 의해 점진적(연속적)으로 행동 변화가 형성된다는 것이다. 학습 이론이 비단계설에 속한다.
② 인간의 성장과 발달에 있어서 질적으로 차이를 보이는 단계는 없으며, 다만 양적으로 증가되는 발달 곡선이 있을 뿐이라고 주장하는 것이다.

04 발달의 개인차

1 발달에 영향을 주는 요인

① 유전 인자의 영향 : 부모가 지닌 특질은 그 자녀에게 유전이 되긴 하지만, 부모의 모든 특질이 모든 자녀에게 똑같이 유전되는 것은 아니다.
   ㉠ 신체적 특질의 유전 : 대머리나 쌍꺼풀 눈은 우성 유전 요인이라고 하며, 색맹이

추가 설명

발달의 단계설과 비단계설을 주장한 학자
- 단계설을 주장한 학자 : 프로이트, 에릭슨, 피아제
- 비단계설을 주장한 학자 : 왓슨, 스키너, 반두라

추가 설명

발달의 영향요인

인간발달은 유전과 환경의 상호작용에 영향을 받는다.

추가 설명

유전 요인
- 우성 유전 요인의 경우 자녀에게 유전되는 경우가 많고 많은 자녀에게 유전된다.
- 열성 유전 요인의 경우, 자녀들에게 유전되지 않거나 유전이 될 경우에도 극소수의 자녀에게만 유전될 수 있다.

> **추가 설명**
> **아동 발달에의 환경 요인**
> - 아동의 발달에는 환경의 영향이 크게 작용한다.
> - 연령이 낮을수록 환경의 영향을 크게 받는다.
> - 영향, 기후, 가족, 단체, 대중매체, 계층 문화, 부모의 양육 방식이나 가치관, 부모의 종교 등의 특성 모두가 아동의 환경이 된다.

나 피부색은 열성 유전 요인이라고 한다. 청각장애나 시각장애, 당뇨병, 혈우병 등은 유전 요인이 중요한 역할을 한다.
ⓒ 정신적 특질의 유전성 : 인간의 여러 특질 중에 지능의 유전성이 가장 분명하고 확실한데, 지능의 유전성은 주로 쌍생아들을 대상으로 연구하여 밝혀낸 사실에 의거한다. 그리고 음악, 미술과 같은 예능적 특성도 비교적 유전성이 높은 특질로 알려져 있다.
ⓒ 성격의 유전 : 대체로 태도나 성격 등은 유전의 영향을 덜 받고 환경의 영향을 더 크게 받는다. 그리고 사회적으로 제재를 받아 내향적 성격인 것과 사회적 제재를 적게 받아서 활동적이고 외향적이 된 것을 비교한다면, 사회적 제재를 적게 받는 것이 보다 유전의 영향력이 커진다.

② 환경 요인의 영향
  ㉠ 신체적 특질에 대한 영향
    - 신체의 형태 구조 : 영양과 기후, 연습, 직업 등과 관계되는 것이 많다.
    - 비만의 경우 : 유전 요인에 의해서 비만 증상이 결정되는 것이 아니라, 식사의 질과 양, 부모의 과잉 보호와도 관계가 깊다.
    - 여아의 초경 : 영양 섭취의 질에 따라 신체 발육이 빠른 탓도 있겠으나, 사회의 문화적 요인과도 관계가 깊다.

> **추가 설명**
> **성격 형성에 미치는 환경 영향**
> 가족형태, 가족수, 형제자매수와 성별의 비, 양육방법, 건강 등 수많은 환경 요인이 개재된다.

  ㉡ 지능에 대한 영향 : 인간의 지능이 환경에 의하여 보다 큰 비율로 좌우될 수 있다. 문화실조(발달 과정에서 요구되는 문화적 요소의 결핍이나 과잉, 시기의 부적절성 따위로 인해 인지, 정서, 사회 발달 따위에 부정적인 영향이 나타나는 현상)나 지적 발달의 지체 현상은 주된 요인이 환경의 차이라고 인정되고 있다.
  ㉢ 성격에 미치는 영향 : 인간의 여러 특질 중 성격 만큼 환경의 영향을 크게 받는 특질도 없다.

2 발달의 개인차

① 지능이나 성격, 신체적 특질, 호기심 등에서도 개인차는 흔히 나타나고 있다.
② 발달의 개인차는 연령이 어린 시기일수록 더 크게 영향을 받으며, 보다 급속히 발달하는 시기일수록 더 크게 영향을 받는다.

> **추가 설명**
> **발달의 개인차**
> 발달은 개인의 지능이나 성격, 신체적 특질, 호기심 등과 영양 상태 등에 따라서 개인차가 생긴다.

| 표 1-1 | 연령별 지능 발달에 미치는 환경의 영향

연령	지능의 발달 (%)	결핍 환경의 영향 (%)	풍요 환경의 영향 (%)	결핍 및 풍요 환경의 영향차(%)
출생~만 4세	약 50	약 -5	약 +5	약 10
만 4세~8세	약 30	약 -3	약 +3	약 6
만 8세~19세	약 20	약 -2	약 +2	약 4
계	100	-10	+10	20

> **추가 설명**
> **지능 발달과 환경**
> 지능 발달에 미치는 환경의 영향이 가장 큰 연령은 출생에서 만 4세이다.

05 발달의 연구 방법 및 접근법

1 발달의 연구 방법

발달 내용들은 연구를 통해 얻어진 결과들이다. 어느 연구법을 적용했느냐가 연구 결과에 영향을 미칠 수 있으며, 신뢰도와 타당도가 높은 연구 결과인지를 판단하기 위해서 발달에서의 연구 방법을 이해하는 것이 중요하다.

① 관찰법 : 대상의 행동을 면밀하게 관찰하여 기록하는 방법이다. 관찰법에는 자연관찰법과 구조적 관찰법의 두 가지 방법이 있다.
  ㉠ 자연관찰법 : 자연 상황 또는 일상 상황에서 대상의 자발적인 행동을 관찰하는 것이다. 즉, 일어나는 모든 행동을 기록할 수는 없으므로 한 가지 행동, 예를 들어 공격성 또는 협동심과 같은 행동에 초점을 맞추어 관찰한다.
  ㉡ 구조적 관찰법 : 관찰하고자 하는 행동이 일어날 수 있는 상황을 만들어서 그 상황이 인위적인 상황이라는 것을 알지 못하는 상황에서 행동을 관찰하는 것이다.

② 자기보고법 : 자기보고법은 특정 주제에 관하여 질문하고 이에 대한 사람들의 대답을 얻는 방법이다. 질문들이 쓰인 형태로 주어지면 질문지법이 되고, 질문들이 대면하여 구두로 제시되면 면접법(면담법)이 된다. 따라서 질문지법이든 면접법이든 측정하고자 하는 주제에 대하여 질문을 만들어야 한다.
  ㉠ 질문지법 : 주제와 관련하여 대상이 이해하기 쉽고 명확한 질문과 답지를 구성해야 한다. 질문지를 구성할 때는 한 문항에서 한 가지만 물어야 하고, 특정 정답을 유도하면 안 되며, 질문을 명료하게 만들어 응답에 혼란을 주면 안 된다. 또한, 답지를 구성할 때 응답 내용을 모두 포괄할 수 있어야 하고, 답지 상호 간에 서로 중복되거나 포함되지 않도록 구성해야 한다.
  ㉡ 면담법(면접법) : 대상자를 직접 만나서 조사를 실시하는 방법이다. 면담법은 면담 진행 절차에 따라 표준화된 면담법과 비표준화된 면담법으로 나눌 수 있다.
    • 표준화된 면담법 : 사전에 치밀한 계획을 세워서 면담을 진행시키는 방법을 말한다. 이 계획에는 면담상의 일반적인 주의 사항, 질문 내용, 구조화된 조사표, 질문의 순서, 질문의 방법 등이 요구된다. 표준화 면담법에서는 신뢰도가 높으며 미숙한 면담자도 실시할 수 있다.
    • 비표준화 면담법 : 면담 목적만 명백히 하고 면담자에게 면담 방법을 일임하는 방법을 말한다. 필요한 정보를 알아내기 위해 질문의 구성이나 순서, 방법 등을 면담자가 다 알아서 하기 때문에 면담 상황에 따라 융통성 있게 진행시킬 수 있다. 그러나 면담을 위한 고도의 기술이 필요하며 면담의 표준화를 할 수 없다는 문제점을 지니고 있다.

③ 과제를 통한 행동측정법 : 행동을 직접 관찰할 수 없을 때 특정 과제를 제시하여 수

추가 설명

관찰법의 장·단점
• 자연관찰법 : 자연스러운 상황에서 대상의 행동을 측정한다. 반면 발생 빈도가 낮거나 사적인 행동은 측정이 어렵다.
• 구조적 관찰법 : 발생 빈도가 낮거나 사적인 상황에서 일어나는 특정 행동을 측정할 수 있다. 반면 구조화된 상황 자체가 대상의 행동을 왜곡시킬 수 있다.

추가 설명

질문지법의 장·단점
• 장점 : 자료를 쉽게 수집할 수 있고, 짧은 시간에 적은 비용으로 대량의 자료를 수집할 수 있으며, 집단 간 비교 분석을 용이하게 할 수 있다.
• 단점 : 질문지 회수율이 낮거나 응답자가 질문 내용을 잘못 이해한 경우 자료의 신뢰도가 떨어질 수 있다.

추가 설명

면담법의 장·단점
• 장점 : 관찰을 병행하기 때문에 피면담자의 표정이나 태도로 보아 진실성 여부를 알 수 있다. 피면담자의 표정이나 태도에 따라 질문을 변경할 수 있다.
• 단점 : 일반적으로 면담자는 고도의 기술을 습득해야 하며, 막중한 시간과 경비가 소요된다. 피면담자가 노출되기 때문에 익명을 요하는 질문을 할 수 없으며, 면담자의 면담 기술이 미숙하면 편견이나 그릇된 판단을 낳을 수 있다.

행하는 행동을 측정할 수 있다. 예를 들어, 관찰할 수 없는 기억을 측정하기 위해서 대상자에게 숫자폭 과제를 제시한다. 이 과제는 일련의 숫자를 차례로 마지막 숫자까지 들려준 후에 대상자에게 들었던 숫자를 순서대로 기억하여 말하도록 하는 것이다. 또 다른 예로는 대상자의 정서를 구별하는 능력을 측정하기 위해서 여러 정서를 표현한 얼굴 표정 사진들을 보여주고 표정들의 차이를 구별할 수 있는지를 측정하는 것이다.

검사법
표준화된 각종 검사를 이용하여 기준과 비교함으로써 개인이나 집단의 특성을 알아내는 방법이다.

④ 검사법 : 지능검사, 성격검사, 적성검사 등 표준화된 각종 검사를 이용하여 개인이나 집단의 어떤 특성을 측정하여 기준과 비교함으로써 개인이나 집단의 특성을 알아내는 방법이다.

⑤ 실험법 : 통제된 관찰법과 혼동되기 쉬운 연구 방법이나 모든 연구방법 중에서 가장 엄격히 변인이 통제되는 방법이다.

2 발달 연구의 접근법

① 횡단적 접근법
　㉠ 횡단적 방법은 다른 연령 집단의 대상자들을 같은 시기에 측정함으로써 발달 변화를 측정하는 방법이다. 예를 들어 5·7·9세 아동들 간의 성역할 행동의 발달 변화를 보고자 할 때, 횡단적 방법에서는 연구하고자 하는 2019년을 시점으로 5·7·9세 아동들을 표집하여 각 연령 집단을 대상으로 한 번에 측정하게 된다. 횡단적 방법은 연령이 다른 대상자들을 대상으로 하였지만, 같은 대상을 반복 측정한 것이 아니기 때문에 발달의 연속성 또는 지속성에 대해서는 알 수 없다.
　㉡ 신장이나 체중, 이성에 대한 관심 등의 발달도 횡단적 접근법으로 연구될 수 있다.

② 종단적 접근법
　㉠ 동일한 개인이나 또는 집단을 연구 대상으로 정하여, 시간 경과에 따라 비교적 장기간 그들에게 나타나는 행동 특성의 변화, 즉 발달 현상을 계속 추적해 가며 조사·연구하는 접근법이다.
　㉡ 이 방법은 예를 들어 2015년에 태어난 아동을 2019년 5세 때 처음 관찰하고 다시 같은 아동들을 7세와 9세 때 측정하는 방법으로 시간 경과에 따른 발달 변화의 자료를 수집할 수 있는 가장 직접적인 방법이다. 또한 종단적 방법은 한 행동의 연속성이나 불연속성을 볼 수 있는 중요한 방법이다.
　㉢ 영아기나 유아기에 있었던 공격성이 청소년기나 성인까지도 지속되는가, 어렸을 때 부모로부터 장기간 떨어졌던 경험이 후에 인지와 사회·정서 발달에 영향을 미치는가 등의 의문들은 발달 초기에 아동들을 측정하고 다시 그 아동들을 재측정함으로써만 검증이 가능하다. 그러나 종단적 방법은 연구가 몇 년에 걸쳐서 이루어지기 때문에 사고, 이사 등의 이유로 연구에서 탈락되는 경우가 발생한다. 또, 측정이 반복됨에 따라 아동이 측정에 점차 익숙해지기 때문에 시간 경과에 따른 향

상이 발달 변화에 기인하기보다는 연습의 결과일 수 있다는 문제점이 있다.
③ 횡단적·단기종단적 접근법
　㉠ 횡단적 방법이나 종단적방법 둘 다 장단점이 있어 한 가지 방법만으로는 완전한 연구를 할 수가 없다. 따라서 이 두 방법을 결합하여 문제점을 보완한 방법이 횡단적·단기종단적 방법이다. 개인의 성장이나 발달에 영향을 미칠 수 있는 시간 효과 및 사회적 영향을 배제시켜, 순전히 연령 변인의 효과만을 밝혀내는 연구 목적에 사용되고 있다.
　㉡ 이 방법은 횡단적 방법에 의해 같은 시기에 여러 연령 집단의 대상자들을 뽑고 그 대상자들을 종단적 방법으로 여러 해에 걸쳐 반복 측정하는 방법이다. 예를 들어, 6세부터 9세까지를 연구할 때 우선 6·7·8세 아동을 횡단적 방법으로 2018년 같은 시기에 측정하고, 이 아동들이 1년 후 각각 7·8·9세가 되었을 때 다시 측정하는 방법이다. 따라서 이 횡단적·단기종단적 방법을 사용하면 종단적 방법으로 3년이 걸리는 것을 2년 동안의 측정으로 6세부터 9세까지의 발달 자료를 수집할 수 있다. 또, 종단적 방법에 적용되는 6~7세, 7~8세, 8~9세 아동들의 발달 변화를 추적함으로써 발달의 연속성도 밝힐 수 있다.

> **추가 설명**
>
> **발달 연구의 접근법**
> - 횡단적 접근법 : 서로 다른 연령 집단의 대상들을 측정해 비교적 일시에 원하는 자료를 얻어내는 접근 방법이다.
> - 종단적 접근법 : 동일한 개인이나 집단을 연구 대상으로 정하여 일정 기간 동안 그들에게 나타나는 발달 현상을 조사하는 방법이다.
> - 횡단적·단기종단적 접근법 : 시간, 효과 및 사회적 영향을 배제시켜 연령변인의 효과만을 밝혀내는 연구목적에 사용되는 방법이다.

실전예상문제

1 인간 발달의 개념과 가장 관련이 있는 것은?
① 교육 기능의 발달
② 감각 기능의 정교화
③ 운동 기능의 변화
④ 인간 행동의 모든 바람직한 변화

> **해설** 출생 전 및 출생 후에 인간에게 나타나는 행동 변화를 발달이라고 하는데, 즉 인간 행동이 상향적 또는 지향적으로 변화할 때 발달이라고 할 수 있다. 이러한 상향적이나 지향적이라는 것은 변화의 방향이 바람직한 방향으로 변화되는 것을 의미한다.

2 다음 〈보기〉의 ( ) 속에 가장 알맞은 단어가 바르게 열거된 것은?

> **보기** 인간에 관한 한 발달이라고 말하자면 인간의 행동이 (㉠)(으)로 또는 (㉡)(으)로 변화될 때 이를 발달이라고 할 수 있다.

① ㉠ 균등화, ㉡ 다양화
② ㉠ 무향적, ㉡ 개념적
③ ㉠ 하향적, ㉡ 기능적
④ ㉠ 상향적, ㉡ 지향적

> **해설** 상향적이나 지향적이라고 할 수 있는 변화란 어떤 변화인가? 그것은 변화의 방향이 바람직한 방향으로 변화되는 것을 의미한다. 즉 양적으로 전보다 더 증대되기도 하고, 기능적으로도 전보다 더 유능해지고 세련화될 때 발달이라고 할 수 있다.

3 다음 중 인간의 행동이 상향적으로 또는 지향적(志向的)으로 변화하는 것을 발달이라고 할 때 여기서 상향적, 지향적의 의미에 해당하지 않는 것은?
① 기능적으로 세련되는 것
② 기능적으로 유능해지는 것
③ 양적으로 전보다 감소하는 것
④ 변화의 방향이 바람직한 것

> **해설** 문제 2번 해설 참조

4 다음 중 인간의 발달개념을 포괄적으로 설명하는 데 적절한 어휘만으로 연결된 것은?
① 양극적, 기능적
② 개념적, 다양화
③ 상향적, 지향적
④ 하향적, 균등화

> **해설** 문제 2번 해설 참조

5 다음 중 인간 발달의 예로 볼 수 없는 사항은?

① 매일 세 끼를 먹는 행동을 반복하게 된다.
② 상대가 자기보다 나이가 어린 아기일 경우에 분노를 참을 수 있게 된다.
③ 자기 집에서는 개구쟁이 짓을 하지만 남의 집을 방문했을 때는 조용히 행동하게 된다.
④ 숟가락으로 밥을 먹을 줄 모르던 아기가 숟가락을 사용하여 먹는다.

해설 인간이 출생 후 나타내는 모든 행동 변화를 보고 발달이라고는 할 수 없다. 그러므로 어떤 사람의 행동 즉 신체적, 정신적인 행동이 이전보다 더 다양화되어지고 다채로워지고, 또한 전보다 더 능숙해지고, 행동의 구조 역시 전보다 정밀해지고, 정교해져가는 변화를 보일 때 우리는 이를 발달이라고 할 수 있다.

6 다음 중 사람의 행동이 이전보다 다양해지고 행동 구조도 정교해지는 변화를 무엇이라고 하는가?

① 성숙　　　② 학습　　　③ 발달　　　④ 성장

해설 문제 5번 해설 참조

7 다음 〈보기〉의 괄호 안에 알맞은 단어가 순서대로 바르게 연결된 것은?

> **보기** (㉠)(은)는 어떤 사람의 행동이 이전보다 더 다양화되고, 행동 구조가 더 정교해져 가는 것을 말하며 (㉡)(은)는 (㉢)(과)와 (㉣)의 변화에 의해 생기는 신체 기능이 유능하게 되는 것이다.

① 변화 — 발달 — 내분비선 — 감각 기능
② 발달 — 성숙 — 감각 기능 — 내분비선
③ 성숙 — 발달 — 본능 — 생리 기능
④ 진화 — 성장 — 생리 기능 — 유전

해설 발달은 어떤 사람의 행동이 이전보다 더 다양화되고 행동 구조가 더 정교해져 가는 변화를, 성장은 신체상의 양적인 변화를, 성숙은 감각 기능과 내분비선의 변화에 의해 생기는 신체 기능이 유능하게 되는 것을, 학습은 연습과 경험을 통해 이루어지는 변화를 말한다.

8 다음 〈보기〉의 괄호 안에 알맞은 단어가 순서대로 바르게 연결된 것은?

> **보기** 성장은 신체상의 (㉠)인 변화를 말하며 학습은 비교적 영속적이고, 진보적인 행동 변화가 (㉡)(과)와 (㉢)(을)를 통해 이루어지는 것을 말한다.

① 이상적 — 본능 — 생리 기능
② 질적 — 경험 — 연습

정답 1.④　2.④　3.❸　4.❸　5.①　6.❸　7.②　8.❸

③ 양적 — 연습 — 경험   ④ 실질적 — 감각 기능 — 내분비선

해설 성장은 신체상의 양적인 변화를, 성숙은 운동 기능이나 감각 기능, 내분비선의 변화에 의해 생기는 신체기능이 유능해지는 것을, 발달은 어떤 사람의 행동이 이전보다 더 다양화되고 행동 구조가 더 정교해져 가는 변화를, 학습은 연습과 경험을 통해 이루어지는 변화를 말한다. 그러므로 연습과 경험을 통하여 생기는 변화가 학습이기 때문에 학습도 비교적 영속적이고도 진보적인 행동의 변화가 된다.

9 다음 중 성장의 의미와 관련된 것은?

① 눈동자의 움직임이 활발해지는 등의 감각 기능이 유능하게 되는 것
② 여러 내분비선의 변화에 의하여 생기는 신체 기능이 유능해지는 것
③ 기기, 앉기, 서기 등과 같은 운동 기능의 발달
④ 신체적으로 키가 커지고 몸무게가 늘어나는 등의 양적 변화

해설 성장과 성숙
- 성장 : 신체적으로 신장, 몸무게가 증가하는 양적 변화
- 성숙 : 신체적인 변화 중에서도 기기, 앉기, 서기 등과 같은 운동 기능, 피부가 외부 자극에 대해 민감한 반응을 보이거나 눈동자의 움직임이 활발해지는 등의 감각 기능과 여러 가지 내분비선의 변화로 신체 기능이 유능하게 되는 것

10 운동 기능이나 감각 기능, 여러 가지 내분비선의 변화로 신체 기능이 유능해지는 것을 무엇이라고 하는가?

① 학습   ② 발달   ③ 성숙   ④ 성장

해설 문제 9번 해설 참조

11 다음 중 성숙의 내용으로 거리가 먼 것은?

① 피부가 외부자극에 대해 민감해진다.   ② 눈동자의 움직임이 활발해진다.
③ 내분비선의 변화로 신체기능이 유능해진다.   ④ 키가 자라고 몸무게가 늘어난다.

해설 문제 9번 해설 참조

12 다음 중 학습의 개념 정의로 알맞은 것은?

① 일정한 목표를 두고 뜻이 그 쪽으로 쏠리는 의지
② 초목의 열매가 충분히 여묾
③ 생물체가 크기, 무게, 부피 등을 증가하는 일

④ 연습과 경험을 통해 이루어지는 변화

해설 문제 8번 해설 참조

13 다음 〈보기〉와 같은 의미를 갖는 용어로 알맞은 것은?

> **보기**
> ㉠ 신체적으로 기기, 앉기, 서기 등과 같은 운동 기능을 할 수 있게 되는 것
> ㉡ 피부가 외부의 자극을 민감하게 받아들이는 것
> ㉢ 눈동자의 움직임이 전보다 활발히 움직일 수 있게 되는 것
> ㉣ 여러 가지 내분비선의 변화에 의해 신체 기능이 유능해지는 것

① 분화　　　　② 생장　　　　③ 성숙　　　　④ 발달

해설 문제 9번 해설 참조

14 인간 발달 현상에 나타나는 보편적이고 일반적인 원리로 옳은 것은?
① 특수 활동에서 전체 활동의 방향으로 이루어진다.
② 인간의 발달 속도는 누구에게나 일정하며 동일하다.
③ 말초에서 중심의 방향으로 발달이 이루어진다.
④ 발달에는 일정한 순서가 있다.

해설 인간 발달에는 일정한 순서가 있다. 발달은 상체에서 하체의 방향으로 이루어지고, 중심에서 말초의 방향으로 이루어진다. 그리고 전체 활동에서 특수 활동의 방향으로 이루어진다.

15 다음 중 발달의 원리가 바르게 설명된 것은?
① 인간 발달은 일생 동안의 연속 과정이다.　　② 성별, 연령은 발달에 영향을 주지 않는다.
③ 하체가 먼저 발달한 뒤 상체기 발달한다.　　④ 신체, 생리기능은 일정한 속도로 발달한다.

해설 발달은 상체에서 하체의 방향으로, 중심에서 말초의 방향으로, 전체 활동에서 특수 활동의 방향으로 이루어지며 계속성(연속성)을 가지나 속도는 일정하지 않다. 또한 개인에 따라 차이가 있고, 상호관련성을 갖는다.

16 다음 중 발달에 관한 내용으로 옳은 것은?
① 발달의 속도는 발달 단계에 관계없이 항상 일정하다.

정답 9.④　10.③　11.④　12.④　13.③　14.④　15.①　16.②

② 운동 발달은 전체 활동에서 특수 활동으로 발달한다.
③ 신체 발달은 발쪽에서 머리 방향을 향해 진행한다.
④ 신체 운동은 말단에서 중심쪽으로 발달한다.

해설 발달의 순서
- 발달은 상체에서 하체의 방향으로 이루어진다.
- 발달은 중심에서 말초의 방향으로 이루어진다.
- 발달은 전체 활동에서 특수 활동으로 이루어진다.

17 다음 중 발달이 진행되는 방향으로 옳지 않은 것은?
① 왼쪽에서 오른쪽의 방향으로 이루어진다.
② 머리에서 발끝의 방향으로 이루어진다.
③ 상체에서 하체의 방향으로 이루어진다.
④ 전체 활동에서 특수 활동의 방향으로 이루어진다.

해설 문제 16번 해설 참조

18 어떤 사람은 대학 재학 시절까지 신장이 계속 증가되는가 하면, 어떤 사람은 고교 시절 말에 키가 거의 다 자라기도 한다. 이는 어떤 발달 원리와 관련된 것인가?
① 상호 관련성
② 속도와 계속성
③ 발달의 순서
④ 개인차

해설 인간의 발달 현상에는 보편적이고도 일반적으로 나타나는 원리가 있다. 학자들이 주장하는 공통된 원리는 ⅰ) 인간의 발달에는 일정한 순서가 있다. ⅱ) 발달이란 계속적인 과정이지만 그 속도는 일정한 것이 아니다. ⅲ) 발달에는 개인차가 있다. ⅳ) 발달의 각 측면이 상호 밀접히 관련되어 있다. ⅴ) 발달은 분화와 통합의 과정을 거친다 등이다.

19 다음 중 발달의 원리로 볼 수 없는 것은?
① 발달의 분화와 통합
② 발달의 보편성과 일반성
③ 발달의 개인차
④ 발달의 계속성과 속도

해설 문제 18번 해설 참조

20 다음 〈보기〉의 내용이 의미하는 발달의 원리는 어떤 것인가?

> **보기** 아기가 걸을 수 있기 전에 먼저 일어설 수 있어야 하고 뛸 수 있게 되려면 뒤뚱거리지 않고 걸을 수 있어야 한다.

① 발달의 각 측면이 상호 밀접히 관련되어 있다. — 상호관련성
② 연령, 성별이 같다 해도 차이가 있다. — 개인차
③ 계속적인 과정이지만 속도는 일정하지 않다. — 속도와 계속성
④ 일정한 순서가 있다. — 순서

> **해설** 아기는 걸을 수 있기 전에 먼저 일어설 수 있어야 하고, 뛸 수 있게 되려면 뒤뚱거리지 않고 걸을 수가 있어야 한다. 이처럼 인간의 운동 발달에는 일정한 방향으로 진행되는 일정한 순서가 있어 이 원리에 따라 발달된다.

21 영아가 혼자 신발을 신는 것은 쉽지 않은데, 소근육 발달이 빠른 영아는 혼자서도 신발을 신을 수 있는 경우와 관련 있는 발달 원리는?

① 발달의 계속성
② 발달의 상호 관련성
③ 발달의 순서
④ 발달의 개인차

> **해설** 같은 연령·성별이라고 해도 신장, 체중, 운동 기능, 정신 기능에 차이가 있는데, 이것이 발달의 원리 중 개인차가 있음을 뜻한다.

22 다음 〈보기〉의 설명에 해당되는 발달 원리는 어떤 것인가?

> **보기** 신체 발달이 조숙한 아동이 지적 발달에서 앞서기도 하고, 성취 동기도 높고, 경쟁적이며, 호기심이 강해 적극적 성격으로 발달될 수 있다. 신체적으로 발달이 늦은 아동은 대인관계의 기술이 결여될 수 있는데, 이는 병약한 몸 때문에 여러 아동과 어울릴 기회가 적기 때문이다.

① 발달의 분화와 통합
② 발달의 상호 관련성
③ 발달의 개인차
④ 발달의 계속성과 속도

> **해설** 신체 발달과 정신, 지능의 발달은 상호 관련성을 갖는다. 병약한 경우 학습 기회를 상실하게 되어 운동 능력, 지능의 발달이 늦어지고, 이러한 현상은 순환적으로 성취 동기를 약하게 하고 결과적으로 지적 발달을 방해하는 요인이 된다.

23 연령이 같고 성별이 같다 해도 사람들은 신장이나 체중은 물론, 운동 기능과 정신 기능에도 차이가 있는데 이를 무엇이라 하는가?

정답 17. ① 18. ④ 19. ② 20. ④ 21. ④ 22. ② 23. ③

① 발달의 상관관계　　　　　　　② 발달의 계속성
③ 발달의 개인차　　　　　　　　④ 발달의 적기성

해설 인간의 발달에는 개인차의 현상이 크게 나타나고 있다. 지능이나 성격, 신체적 특질, 호기심 등에서도 개인차는 흔히 나타나고 있다. 이러한 개인차는 유전 요인과 환경 요인의 차이에서 생기게 된다. 유전 요인도 열성이냐 우성이냐에 따라 유전되기도 하고 안되기도 하지만, 유전이 될 때에는 선별적으로 유전이 되기 때문에 동일 부모의 자녀간에 체격과 지능 및 기타 여러 특질에서 개인차가 나타나게 된다.

24 아기가 물건을 잡으려 할 때 처음엔 몸을 물건 쪽으로 구부리다가 팔을 뻗치고 다음에 손목을 움직이고 손가락을 사용하게 되어 마침내 목표물을 움켜잡게 되는데, 이는 어떤 발달 원리와 관련되는가?

① 속도　　　　② 분화와 통합　　　　③ 개인차　　　　④ 강도

해설 각 기관들의 분화가 이루어지고 각각으로 분화된 이후 다시 통합할 수 있는 능력이 생길 때 비로소 발달은 완성된다.

25 다음 〈보기〉의 내용이 의미하는 발달의 원리로 옳은 것은?

> **보기** 생후 1개월 된 아기의 울음은 의미를 알 수 없으나 2개월 정도 되면 아기는 배가 고파서 울 때, 기저귀가 젖어서 불편함을 표시할 때, 또는 몸이 아파서 울 때 각각 다르게 울 줄 알며 연령이 증가함에 따라 그 표현이 다양해진다.

① 발달의 속도와 계속성　　　　② 발달의 분화와 통합
③ 발달의 개인차　　　　　　　　④ 발달의 상호관련성

해설 발달은 분화와 통합의 과정을 거치게 된다. 모든 운동발달은 세분된 특수운동이 나타나기 이전에 전체활동이 먼저 나타난다.

26 "세 살 버릇이 여든까지 간다"라는 말과 관련이 깊은 발달의 기본 성격은 무엇인가?

① 발달의 효과성　　　　　　　　② 발달의 누적성
③ 발달의 기초성　　　　　　　　④ 발달의 적기성

해설 아동기는 성인기의 기초가 형성되는 기간이다. 즉 아동의 발달에서 경험되는 모든 경험은 성인기 행동의 여러 특성을 결정하는 원인이 된다는 것이다. 우리의 속담에 "세 살 버릇이 여든까지 간다"는 말은 곧 서너 살 때의 모든 경험이 일생 동안을 특징지을 뿐만 아니라, 인생의 말기로 보는 팔순까지의 기초를 형성한다는 뜻으로 해석될 수 있다.

27 발달의 기본 성격으로 볼 수 없는 것은?

① 기초성　　　② 누적성　　　③ 적기성　　　④ 창조성

해설 인간의 발달에는 발달의 기초성, 발달의 적기성, 발달의 누적성, 발달의 불가역성이라는 기본 성격이 있다.

28 다음 〈보기〉의 내용과 관련된 발달의 기본 성격은?

> **보기** 출생 후 1년간은 말도 못하고 알아듣지도 못하지만 이 시기에 아기에게 언어적 자극이 부족하거나 왜곡된 언어자극이 제공되는 환경인 경우 아기가 자라서 평생동안 언어와 관련된 모든 면에서 어떤 장애를 겪을 수밖에 없다.

① 발달의 불가역성　　　② 발달의 누적성
③ 발달의 적기성　　　　④ 발달의 기초성

해설 태어나서 거의 1년간 아기에게 언어적 자극이 부족하거나 왜곡된 언어자극이 제공되는 환경이라면, 그 아기는 자라서 평생동안 언어와 관련된 모든 면에서는 그 어떤 장애를 겪을 수밖에 없다는 것이 발달의 적기성이다.

29 발달의 최적기를 놓치게 되면 그 시기 이후에 이를 보완하거나 교정하기가 매우 힘들다는 발달의 기본 성격은?

① 불가역성　　　② 누적성　　　③ 적기성　　　④ 기초성

해설 인간 발달의 기본 성격
- 발달의 기초성 : 아동의 발달에서 경험되는 모든 경험은 성인기 행동의 여러 특성을 결정하는 원인이 된다는 것이다.
- 발달의 적기성 : 어떤 특정한 발달 과업을 성취하는 데는 가장 적절한 시기가 있다는 것이다.
- 발달의 누적성 : 인간의 성장 발달에 어떤 결손이 생기면 그 결손은 계속 누적되어 보다 심각한 결손을 일으킨다는 것이다.
- 발달의 불가역성 : 발달의 최적기를 놓치게 되면 그 시기 이후에 이를 보완하거나 교정하기가 매우 힘들다는 것이다.

30 유아기에 형성된 기본적 신뢰감 또는 불신감이 이후에 가족 관계, 이웃 관계, 직장 상사와 동료와의 관계에까지 영향이 파급·확산된다는 것은 발달의 어떤 성격과 관련되는가?

① 발달의 불가역성　　　② 발달의 적기성
③ 발달의 누적성　　　　④ 발달의 기초성

정답 24.❷　25.❷　26.❸　27.❹　28.❸　29.❶　30.❸

해설 성장 발달 단계에서의 어떤 결손은 다음 시기의 발달에 장애를 가져오게 되고 이 장애가 계속되어 심각한 영향을 받게 된다. 유아기의 기본적 신뢰감이나 불신감의 형성은 인생 후기의 모든 인간관계에 영향을 미치게 되는데 이는 발달의 누적성 때문이다.

31 발달의 기본 성격 설명이 바르게 연결된 것은?
① 불가역성 — 아동기의 모든 경험은 성인기 행동의 여러 특성을 결정하는 원인이 된다.
② 기초성 — 특정 발달과 성취에는 가장 적절한 시기가 있다.
③ 적기성 — 발달의 최적기를 놓치면 그 시기 이후에 이를 보완·교정하기가 매우 힘들다.
④ 누적성 — 수유기에 어머니와 아기 사이에 생긴 불신감은 인생 후기에 모든 인간관계에 계속적으로 영향을 미칠 수 있다.

해설 인간의 성장 발달에 있어서 어떤 결손이 생기면 그 결손은 다음 시기의 발달에 좋지 못한 장애가 된다. 따라서 결과적으로 이 결손은 계속 누적되어서 보다 심각한 결손으로 나타날 수 있다.

32 발달의 기초성에 따르면 인간 성격의 기본틀이 거의 형성된다고 보는 시기는 언제인가?
① 태내 ② 만 3세
③ 만 6세 ④ 만 10세

해설 출생 시부터 약 8세까지는 인간 지능의 약 80% 정도가 발달되고, 만 6세까지는 인간성격의 기본 기틀이 거의 형성된다는 것은 아동기의 발달을 촉진하거나 저해하는 환경의 중요성을 강조해야 할 근거가 된다.

33 다음 〈보기〉의 내용과 관련된 발달의 기본 성격은?

> **보기** 수유기에 어머니와 아기 사이에 신뢰감이 형성되지 못하고 불신감이 형성되면 이것이 인생 후기의 모든 인간관계에 계속적으로 영향을 미친다.

① 발달의 불가역성 ② 발달의 누적성
③ 발달의 적기성 ④ 발달의 기초성

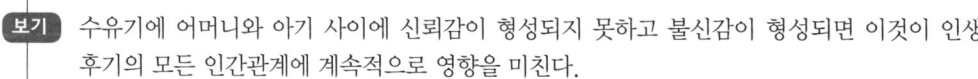

해설 문제 31번 해설 참조

34 발달의 결정적 시기와 관계가 깊은 발달의 기본 성격은?
① 발달의 가역성 ② 발달의 누적성
③ 발달의 적기성 ④ 발달의 기초성

해설 발달의 적기성은 결정적 시기와 관계가 깊다.

35 발달의 최적기를 놓치게 되면 거의 회복 불가능한 성격이 형성되어 버린다는 것은 발달의 어떤 성격과 관련되는가?

① 발달의 적기성
② 발달의 불가역성
③ 발달의 누적성
④ 발달의 기초성

해설 발달의 불가역성 : 발달의 최적기를 놓치는 경우, 후에 이를 보완하거나 교정하기 힘들어 회복 불가능한 성격이 된다.

36 다음 〈보기〉의 괄호 안에 알맞은 것은?

> **보기** 인간이 어떤 특정한 발달 과업을 성취하는 데에는 가장 적절한 (   )(이)가 있다. 이때 정상적 발달을 이루지 못하면 이후 결함을 겪을 수 있다.

① 성숙
② 발달
③ 나이
④ 결정적 시기

해설 어떤 기능이나 신체의 부분이 특정 시기에 급격히 발달하는 적절한 시기가 있는데, 그 시기를 학자들은 결정적 시기라고도 했다. 따라서 결정적 시기설에 의하면 인간이 결정적 시기에 정상적인 발달을 이룩하지 못하면, 비교적 영구적인 결함이나 장애를 겪는 수가 많다고 한다.

37 비단계설에 대한 설명으로 옳은 것은?

① 인간의 성장 발달에는 질적인 차이를 보인다.
② 인간의 성장 발달에는 일정한 순서가 있다.
③ 학습 이론의 학자들에게서 찾아볼 수 있다.
④ 특정의 행동 변화는 어느 특정 단계에 이르러서 갑자기 나타난다.

해설 ①, ②, ④는 단계설에 대한 설명이다.

38 발달의 비단계설을 주장한 학자는 누구인가?

① 피아제(Piaget)
② 에릭슨(Erikson)
③ 프로이트(Freud)
④ 왓슨(Watson)

정답 31.④ 32.❸ 33.❷ 34.❸ 35.❷ 36.④ 37.❸ 38.④

해설 발달에 대한 단계설은 기본적으로 인간의 성장 발달이 일정한 순서에 따라 일어나며, 어떤 행동 특징은 그것이 나타날 수 있는 심리적 구조가 형성되었을 때에야 비로소 나타날 수 있다고 보는 입장이다. 반면, 비단계설은 특정한 행동 변화는 어느 특정 단계에 이르러서 갑자기 나타나는 것이 아니라 경험과 훈련에 의하여 점진적으로 행동 변화가 형성된다고 본다. 대표적인 비단계 이론으로는 학습이론을 들 수 있다. 대표적인 단계론자로는 프로이트, 에릭슨, 피아제 등을 들 수 있으며, 비단계론자로는 왓슨, 스키너, 반두라 등 학습론자들을 들 수 있다.

39 비단계설에 해당하는 발달이론은 무엇인가?
① 에릭슨의 심리사회성 발달 이론
② 프로이트의 성격발달이론
③ 왓슨의 학습이론
④ 피아제의 인지발달이론

해설 문제 38번 해설 참조

40 단계설에 해당되지 않는 발달 이론은 무엇인가?
① 피아제의 인지발달이론
② 에릭슨의 심리사회성 발달 이론
③ 프로이트의 성격발달이론
④ 왓슨의 학습이론

해설 문제 38번 해설 참조

41 발달의 비단계설에서 주장하는 것은 무엇인가?
① 순서에 의한 발달
② 발달 단계의 구분
③ 결정적 시기
④ 발달 곡선

해설 비단계설은 양적으로 증가하는 발달곡선이 있을 뿐이라고 주장한다.

42 발달의 비단계설을 주장하는 근거로 옳은 것은?
① 경험에 의해서 행동 변화가 생기지 않는다.
② 훈련에 의해 행동 변화를 일으킬 수 없다.
③ 발달은 연속적이다.
④ 발달은 비연속적이다.

해설 비단계설 : 발달은 연속적이라는 것으로 주로 학습 이론이 비단계설에 속한다.

43 발달에 영향을 주는 요인에 대한 설명으로 옳은 것은?
① 대체로 태도나 성격 등은 환경의 영향을 덜 받고 유전의 영향을 더 크게 받는 것으로 밝혀져 있다.
② 지금까지의 연구로 밝혀진 사실에 의하면 인간의 여러 특질 중에 지능의 유전성이 가장 분명하고

확실한 것이라고 한다.
③ 열성 유전 요인일수록 자녀에게 유전되는 경우가 많고, 많은 자녀에게 유전된다.
④ 발달의 개인차는 연령이 높을수록 큰 영향을 받는다.

해설 지금까지의 연구로 밝혀진 사실에 의하면 인간의 특질 중에 지능의 유전성이 가장 분명하고 확실한 것이라고 한다.

44 발달에 영향을 주는 유전 요인 중 우성 인자는?
① 알레르기 ② 피부색 ③ 색맹 ④ 대머리

해설 유전 요인의 작용이 비교적 큰 것은 신체적 특질이다. 눈의 빛깔, 코의 모양, 피부 색깔, 머리색, 고수머리는 유전된다고 보고 있다. 특히 대머리나 쌍꺼풀 눈은 우성 유전 요인이라 하며, 색맹이나 피부색은 열성 유전 요인이라 한다. 청각장애나 시각장애, 당뇨병, 혈우병에는 유전 요인이 중요한 역할을 하는 것으로 인식된다.

45 인간발달에 영향을 미치는 환경 요인에 속하지 않는 것은?
① 대중매체 ② 부모의 종교 ③ 유전 인자 ④ 기후

해설 환경은 한 인간을 둘러싼 외적인 조건으로서 인간에게 영향을 미칠 가능성이 있는 모든 외적 조건이라고 보는데, 이 외적 조건에는 물리적 조건과 심리적 조건이 포함된다. 심리적 조건이란 인간을 양육하는 부모의 태도, 즉 육아 방식이 될 것이다. 따라서 영양, 기후, 가족, 단체, 대중매체, 계층, 문화, 부모의 양육 방식이나 가치관, 부모의 종교 등의 특성 모두가 아동의 환경이 된다.

46 지능 발달에 미치는 환경의 영향이 가장 큰 연령의 시기는?
① 출생~만 4세 ② 만 4세~8세
③ 만 8세~12세 ④ 만 12세~19세

해설 인간 지능의 발달 준거 연령을 약 17세로 보았을 때, 지능의 약 50%는 만 4세까지 발달한다고 했는데, 이때 아동의 환경 조건이 되는 영양 상태나 시적 자극이나 교육적 자극 등 문화적 환경의 차이에 따라 어떤 아동은 50%까지의 지능을 발달시킬 수 있다.

47 발달과 관련되는 설명으로 옳지 않은 것은?
① 발달의 속도는 영양 상태에 따라 다르다.
② 발달의 속도는 신체, 인지, 성격, 도덕성 등 영역마다 다르다.
③ 발달의 속도는 사람마다 다르다.

정답 39.③ 40.④ 41.④ 42.③ 43.② 44.④ 45.③ 46.① 47.④

④ 발달의 속도는 모든 단계에서 비슷하다.

해설 발달의 개인차 : 발달은 개인의 지능이나 성격, 신체적 특질, 호기심 등과 영양 상태에 따라서 개인차가 생긴다.

48 관찰법에 대한 설명으로 볼 수 없는 것은?

① 자연적인 상황에서 관찰 대상의 행동을 관찰하는 자연관찰이 있다.
② 대상의 행동을 면밀하게 관찰하여 기록하는 방법이다.
③ 구조적 관찰은 관찰하고자 하는 행동이 일어날 수 있는 상황을 만들어 관찰하는 것이다.
④ 연구 방법 중에서 가장 엄격히 변인이 통제되는 방법이다.

해설 관찰법은 인간의 발달 현상만이 아니라, 여러 가지 행동을 연구하는 데 가장 기본적인 방법으로 사용되어 왔다. 관찰법에는 가능한 한 자연적인 상황에서 관찰 대상의 행동을 관찰하여 기록하고 그 기록을 분석하는 자연관찰법이 있고, 관찰 대상의 행동에 영향을 미칠 것으로 예측되는 조건을 통제함으로써 관찰의 목적을 달성하려는 구조적 관찰법이 있다.

49 손쉬운 방법이면서 대량으로 많은 연구 대상에게 빠른 시간에 적은 비용으로 대량의 자료를 수집할 수 있는 연구 방법은?

① 질문지법　　　② 검사법　　　③ 실험법　　　④ 면담법

해설 질문지법 : 아동학, 교육학, 가족학, 소비자학, 사회학 등 사회 과학 분야에서 자주 사용되어 온 연구 방법이다.
• 장점 : 가장 손쉬운 연구 방법인 동시에 대량으로 많은 연구 대상에게 질문지를 배포하여 빠른 시간에 반응을 얻어낼 수 있다
• 단점 : 질문지 회수율이 낮거나 응답자가 질문 내용을 잘못 이해한 경우 자료의 신뢰도가 떨어질 수 있다.

50 면담법에 대한 설명으로 옳지 않은 것은?

① 표준화된 면담법은 사전에 계획을 세워 면담을 하는 것이다.
② 비표준화 면담법은 면담 상황에 따라 융통성 있게 진행시킬 수 있다.
③ 질문지법에 비해 시간과 경비가 덜 소요된다.
④ 대체로 면담자의 면담 기술이 미숙하면 편견이나 그릇된 판단을 낳을 수 있다.

해설 면담법의 장·단점
• 장점 : 심도 있는 자료의 수집, 피면담자의 태도나 표정을 보아 진실성 여부를 알 수 있음, 질문의 변경 가능
• 단점 : 시간과 경비 소요, 익명을 요하는 질문 어려움, 면담 기술이 미숙할 경우 편견이나 그릇된 판단을 낳을 가능성

51 다음 〈보기〉의 연구 방법은 어떤 것에 관한 설명인가?

> **보기**
> • 막중한 시간과 경비가 소요된다.
> • 탁 터놓고 이야기하게 될 경우 심도 있는 자료를 수집할 수 있다.

① 관찰법　　　② 면담법　　　③ 실험법　　　④ 행동측정법

해설 문제 50번 해설 참조

52 횡단적 접근법의 설명으로 옳은 것은?

① 같은 대상을 반복 측정한 것이다.
② 연령 변화에 의해 나타나는 발달 현상을 발견하기 어렵다.
③ 발달의 연속성을 알 수 있다.
④ 서로 다른 연령 집단의 대상들을 같은 시기에 측정함으로 자료를 얻을 수 있다.

해설 발달의 구체적 연구 방법에는 관찰법, 질문지법, 면담법, 검사법, 실험법 등이 있으며, 이의 접근 방법에는 횡단적, 종단적, 횡단적·단기종단적 접근법이 있다. 횡단적 접근 방법은 서로 다른 연령 집단의 대상들을 같은 시기에 측정함으로 자료를 얻을 수 있다. 그러나 종단적 접근법에 비해 신뢰성, 정확도가 낮은 흠이 있다.

53 다른 연령 집단의 대상들을 같은 시기에 측정함으로써 발달 변화를 측정하는 발달 연구의 접근법은 무엇인가?

① 횡단적·단기종단적 접근법　　　② 생애 과정 접근법
③ 종단적 접근법　　　　　　　　　④ 횡단적 접근법

해설 문제 52번 해설 참조

54 표준화된 각종 검사를 이용하여 개인이나 집단 특성을 알아내는 것으로 인간의 어떤 행동 특성을 측정하기가 비교적 쉽고 양적으로 많은 자료를 수집할 수 있는 연구 방법은?

① 면담법　　　② 검사법　　　③ 실험법　　　④ 질문지법

해설 검사법은 지능검사, 성격검사, 적성검사 등 표준화된 각종 검사를 이용하여 개인이나 집단의 특성을 알아내는 방법이다.

정답 48.④　49.①　50.③　51.②　52.④　53.④　54.②

55 종단적 발달 접근 방법의 장점으로 옳은 것은?
① 비용이 적게 든다.
② 계속 추적이 항상 가능하다.
③ 시간이 적게 걸린다.
④ 시간 경과에 따른 발달 변화를 파악할 수 있는 직접적 방법이다.

해설 동일한 개인, 집단을 3, 5, 10년 또는 수십년 등 일정한 기간 계속 추적해 가며 조사연구하는 방법으로, 연구 대상의 발달 현상을 잘 파악·이해할 수 있으나 시간, 비용이 많이 들고 조사 대상자의 개인적 사고 등으로 계속 추적이 불가능한 경우도 있다.

56 동일한 개인 또는 집단을 연구 대상으로 하여 비교적 시간 경과에 따라 장기간에 걸쳐 나타나는 행동 특성의 변화, 즉 발달 현상을 추적해가며 조사·연구하는 접근법은?
① 종단적 접근법
② 횡단적 접근법
③ 실험법
④ 관찰법

해설 종단적 접근법은 동일한 개인이나 또는 집단을 연구 대상으로 정하여, 비교적 장기간 그들에게 나타나는 행동 특성의 변화, 즉 발달 현상을 계속 추적해 가며 조사·연구하는 접근법이다.

57 발달의 연구 방법 중 변수를 가장 엄격히 통제할 수 있는 방법은?
① 관찰법
② 검사법
③ 면담법
④ 실험법

해설 실험법은 연구 방법 중에서 가장 엄격히 변인이 통제되는 방법이다. 실험의 목적에 따라 관계된 변인을 추측하며 이를 체계적으로 조작·통제하면서 실험을 되풀이할 수가 있다.

58 동일 대상을 일정 기간 추적하여 시간의 경과에 따른 대상의 변화를 조사·연구하는 방법은?
① 종단적 접근법
② 횡단적 접근법
③ 비교문화법
④ 실험법

해설 발달 연구 접근법
• 종단적 접근법 : 동일한 개인이나 또는 집단을 연구 대상으로 정하며, 일정한 기간, 즉 비교적 장기간 그들에게 나타나는 행동 특성의 변화, 즉 발달 현상을 계속 추적해 가며 조사 연구하는 접근법이다.
• 횡단적 접근법 : 다른 연령 집단의 대상들을 같은 시기에 측정함으로써 발달 변화를 측정하는 접근 방법이다.

59 같은 시기에 여러 연령 집단의 대상들을 뽑고 그 대상들을 여러 해에 걸쳐 반복 측정하는 발달 연구 방법은?

① 종단적 접근법　　　　　　　　　② 횡단적·단기 종단적 접근법
③ 횡단적 접근법　　　　　　　　　④ 비교 문화적 접근법

해설 횡단적·단기 종단적 접근법은 횡단적 접근법과 종단적 접근법의 장점만을 채택하여, 두 접근법의 약점을 극복하도록 구성된 접근법이다. 그러므로 이 접근법은 개인의 성장이나 발달에 영향을 미칠 수 있는 시간 효과 및 사회적 영향을 배제시켜, 순전히 연령 변인의 효과만을 밝혀내는 연구 목적에 사용되고 있다.

60 시간 효과 및 사회적 영향을 배제하고 순수한 연령 변인의 효과를 밝히기 위한 발달의 접근법은?

① 단기 횡단적 접근법　　　　　　② 횡단적·단기 종단적 접근법
③ 횡단적 접근법　　　　　　　　　④ 종단적 접근법

해설 문제 59번 해설 참조

61 횡단적·단기 종단적 접근법에서 알아내려고 하는 것은 무엇인가?

① 연령 변인의 효과　　　　　　　② 시간 효과
③ 사회적 영향　　　　　　　　　　④ 유전과 환경의 영향

해설 문제 59번 해설 참조

정답　55. ❹　56. ❶　57. ❹　58. ❶　59. ❷　60. ❷　61. ❶

MEMO

02 인간 발달의 제 이론

단원 개요

이 단원에서는 인간발달에 있어서 정립된 학문적 이론들을 학습한다. 그러므로 인간의 성격 발달에 대한 이론, 사회성 발달에 대한 이론, 도덕성 및 인지발달 등에 대한 학자들의 이론을 소개하게 된다. 발달에 대한 단계설과 비단계적 이론이 함께 제시되며, 비단계설로서는 인간의 발달이란 학습의 과정으로 보는 학습이론이 중심이 되어 이들 학파에 소속되는 학자들의 학설을 소개한다.

출제 경향 및 수험 대책

이 단원에서는 프로이트의 정신세계의 분류, 리비도의 정의, 프로이트에 의한 성격 발달 단계, 에릭슨의 발달의 위기, 유아의 인지적 발달 특성, 피아제의 인지 발달 단계의 특징, 콜버그의 도덕성 발달 이론, 학습 이론, 비단계 발달 이론, 반두라의 사회학습 이론, 로렌츠의 각인설 등에 대해서 묻는 문제들이 출제될 수 있는 바, 자세하고 철저한 학습이 요구된다.

01 프로이트의 성격발달이론

1 개요

프로이트(S. Freud)는 감정, 충동, 환상 등의 내적 세계를 연구한 정신분석이론의 창시자이다. 그는 히스테리아(hysteria)에 관한 연구에서 브로이어(Josef Breuer)의 최면을 이용한 치료 방법을 따랐다. 히스테리아 환자들의 욕구나 감정이 의식으로부터 억압 또는 차단되어 이러한 억압된 에너지가 신체적 이상으로 전환된다고 생각했다. 그리고 최면요법이 일부 환자에게만 가능하고 일시적이라는 것을 알고 자유 연상이라는 새로운 치료법을 발전시켰다. 프로이트는 모든 인간은 자신이 인정할 수 없는 생각이나 욕망을 가지고 있어, 이것이 억압됨으로써 내적 갈등을 겪고 있다고 생각했다.

> **추가 설명**
> 프로이트
> - 정신분석이론의 창시자이다.
> - 자유 연상이라는 새로운 치료법을 발전시켰다.
> - 자기 분석 연구를 하였다.
> - 『히스테리아에 관한 연구』, 『꿈의 해석』을 저술하였다.

2 인간의 정신 세계

① 의식 : 개인이 자기의 주의를 기울이는 바로 그 순간에 알아차릴 수 있는 정신 생활의 일부분이다.

② 전의식 : 주의를 집중하고 노력하면 의식이 될 수 있는 정신 생활의 일부분으로서, 그 위치는 주로 자아의 영역에 속한다고 보았다.

③ 무의식
  ㉠ 무의식은 전적으로 의식 밖에 존재한다. 그러므로 개인에겐 그 자신이 전혀 자각하지 못하는 정신 생활의 어떤 부분이 된다.
  ㉡ 무의식은 원본능(id)과 초자아(superego)로 구성되어 있으며, 행동과 사고를 좌우한다. 그리고 무의식은 방어 기제와 전환적 신경 증상을 일으키는 데 중요한 역할을 한다. 따라서 무의식은 생명에 대한 하층 구조이며 인간의 사고와 행동을 통제하는 보이지 않는 힘이다.

> **추가 설명**
> 프로이트의 인간 정신 세계
> - 40여 년에 걸친 장기간 자유 연상의 방법으로 인간의 무의식을 추적·탐구했다.
> - 인간의 정신 세계란 의식, 전의식 및 무의식으로 나누어진다고 보았다.

3 성격(인성)의 구조

프로이트 이론에서는 인성의 세 부분, 즉 원본능(원초아), 자아, 초자아가 5단계의 발달 과정을 거쳐 통합이 이루어진다고 한다. 원본능은 인성의 가장 큰 부분으로서 선천적으로 가지고 태어나며, 욕구를 즉각 충족시키려 하는 쾌락 원리에 따라 움직인다. 자아는 인성의 의식적이고 이성적인 부분으로 영아기 초기부터 나타나기 시작하며, 원본능의 욕구와 충동이 현실과 조화를 이루면서 충족하도록 하는 역할을 한다. 그리고 초자아는 3세에서 6세 사이에 나타난다.

① 원본능 : 인간의 정신 에너지가 저장된 창고이며, 신생아가 자라감에 따라 이 원본능(id)에서 자아와 초자아가 분화된다. 원본능은 본능적인 욕구를 관장하는 것인데, 본능적인 욕구란 주로 성욕과 공격욕을 의미한다. 원본능은 리비도(libido)라는 에너지를 방출하며, 원본능은 쾌락 원리에 의해 작동된다. 비현실적 환상으로써 욕구를

충족시키려는 시도를 프로이트는 1차적 과정이라고 한다.
② 자아 : 자아는 적절한 시간, 장소와 대상을 통해서 욕구가 충족되도록 조절을 하는 현실원리에 따르게 된다. 자아는 현실 원리에 따라 그런 욕구, 긴장, 충동을 현실적으로 합당하게 해소시킬 수 있는 현실적 상황 여건을 고려하기 때문에 2차적 과정이라고 한다.
③ 초자아 : 초자아(superego)는 개인을 양육하는 부모나 주변사람들로부터 개인에게 투사되는 도덕적·윤리적 가치가 개인에게 내면화된 표상이다. 초자아는 아동기에 양육을 담당하는 부모와 아동과의 상호작용에서 부모의 보상과 처벌을 통해서 발달하게 되는데, 양심과 이상적 자아를 포함한다.
　㉠ 양심 : 잘못된 행동에 대해 처벌이나 비난받는 경험에서 생기는 죄책감이다.
　㉡ 이상적 자아(자아 이상) : 잘한 행동에 대해 긍정적 보상을 받은 경험으로 형성되기 때문에, 보상받을 행동을 하려고 추구하게 된다.

4 성격의 발달 단계

프로이트는 성인 행동의 근원은 아동 초기의 발달 경험이 어떠하였느냐에서 찾을 수 있다고 보았다. 따라서 어렸을 때 아동 주위의 사회적 환경과의 상호작용 특성이 자란 후 학습, 사회적 적응 및 불안에 대한 대처 방법 등에 결정적 영향을 미친다고 보았다.

연령이 변화함에 따라 성의 본능인 리비도가 집중되는 신체 부위가 달라지는데, 이 변화에 따라 발달 단계를 나누고 있다. 프로이트는 발달의 각 단계에서 적절한 만족을 얻어야만 다음 단계에서의 발달이 순조롭게 이루어진다고 보았다. 프로이트에 따르면 어떤 단계에서 충분한 만족을 얻지 못하거나 반대로 너무 지나치게 과잉 충족이 되면 그 단계에 고착(fixation)된다. 고착은 해결되지 못한 갈등으로 인해 특정 발달 단계를 반영하는 행동을 말한다.

① 구강기(생후 약 1세까지) : 구강이 성감대가 되는데, 아기는 구강을 통해 유두를 빨아먹음으로써 성적인 욕구를 충족시킨다. 구강의 과소 충족으로 욕구 불만 현상이 나타나거나 과잉 충족으로 몰두·집착현상이 나타나서, 다음 단계로 이행되는 것을 방해한다.
② 항문기(약 2~3세) : 이 시기부터는 배설물의 보유와 배설에서 쾌감을 얻는다. 이 시기에는 대체로 대소변 가리기 훈련이 시작되어, 이 과업을 완성시키게 된다. 배변 훈련 방식에 있어서 부모가 너무 조급하거나 억압적인 훈련 태도를 취하게 되면, 이런 훈련을 받고 자란 사람은 성인이 되어서도 항문기에 고착된 고착 현상을 일으키게 된다. 항문기적 성격의 증상은 대소변이라는 더럽고 지저분한 대상과는 정반대인 지나치게 깨끗한 것을 추구하는 결벽증적 성격이 되는 것인데, 이렇게 정반대적 증세가 나타나는 것을 반작용 형성 또는 반동 형성이라고 한다.
③ 남근기(약 4~5세) : 남근기는 인간의 리비도가 항문에서 성기로 옮아간 시기라고

추가 설명

방어 기제
방어 기제란 내부에서 나오는 충동을 억제하여 자신을 보호하기 위한 요구로, 내적 갈등이 발생하거나 외부 환경의 요구와 자아 사이에 갈등이 발생할 때 생기는 불안으로부터 자아를 방어하는 책략들을 일컫는다.

추가 설명

자아(ego)
원본능의 욕구를 충족시키기 위해서 현실적인 방안을 찾아내는 일을 하는 것으로, 현실 원리에 따른다.

추가 설명

양심과 이상적 자아
- 양심은 잘못된 행위에 대하여 생기는 죄의식에 관련되며, 이는 부모와의 동일시를 통해서 부모의 도덕적 규범이 내면화된 처벌적이고 비판적인 부분이다.
- 이상적 자아에 대한 이상적인 열망들로 구성되며, 이상적인 열망들은 부모로부터 보상받은 경험이 기초가 된다.

추가 설명

고착
현재 여건에 대해 부적절한 행동, 사고를 유지하거나 부적절한 정서적 반응에 집착하는 것이다.

한다. 이 시기의 남아는 오이디푸스 콤플렉스를 경험하게 되고, 여아는 엘렉트라 콤플렉스를 겪게 된다. 남아는 거세 불안을 느끼고 여아는 남근 선망을 하게 되는데, 남아는 아버지를, 여아는 어머니를 동일시하게 된다.

④ 잠복기(약 6세부터 12세) : 프로이트는 이 시기부터 아동의 성적 욕구는 철저히 억압되어 외형상 '평온한 시기'가 되기 때문에 잠복기라고 불렀다. 이 시기에는 지적인 탐색이 활발해진다.

⑤ 생식기(13세 이후) : 이 시기에 들어오면 이성이란 타인으로부터 성적 만족을 얻으려고 하는 이성 애착적 경향을 보인다. 프로이트는 청년기 이후에 개인이 성취해야 할 발달 과업은 '부모로부터의 독립'이라고 지적했다.

5 프로이트 이론에 대한 비판

① 프로이트는 인간의 욕망 특히 성적 욕구를 지나치게 강조했다. 그리고 인간을 성욕과 과거의 경험에 지배되는 수동적이고 소극적인 존재로 보았다.
② 남아의 오이디푸스 콤플렉스와 여아의 엘렉트라 콤플렉스 및 여성의 열등감 등에 대한 프로이트의 편견은 비교문화 연구의 결과 그 보편성이 증명되지 못했다.
③ 양심 발달에 주변 사람들의 격려 및 인정과 처벌이 영향을 미친다는 사실을 무시했다.
④ 프로이트의 발달이론을 구축하는 데 사용된 자료가 신경증 환자들의 치료 과정에서 얻어졌기 때문에 그의 이론으로써 정상 성인이나 정상 아동의 발달을 거꾸로 추적·설명하는 데는 무리가 있으며, 더욱이 과학적 검증이나 설명이 가능하지 못하다.

02 에릭슨의 심리사회성 발달이론

1 이론의 기초

① 에릭슨(E. Erikson)의 발달이론은 인간의 심리사회적인 측면에서 인간발달이 이루어진다고 보고 있다. 그의 이론은 사회적 관계를 중요시 여겨 사회성 발달이론이라고 한다.
② 에릭슨은 프로이트의 정신분석학이론을 기초로 자신의 사회성 발달이론을 구축하였다. 프로이트가 리비도의 역동과 이동의 과정에 초점을 맞추어 발달의 단계를 나누었음에 비하여, 에릭슨은 인간이 사회 속에서 타인과 사회적 관계를 맺어가는 데 초점을 맞추어 발달 단계를 제시하고 있다. 따라서 프로이트의 성격발달이론을 심리성적 단계설이라고 하며, 에릭슨의 사회성 발달이론은 심리사회적 단계설이라고 한다.

2 발달의 단계

① 기본적 신뢰감 대 불신감(출생~약 1세까지) : 이 시기는 프로이트 이론에 의하면 구

추가 설명
오이디푸스 콤플렉스와 엘렉트라 콤플렉스
- 오이디푸스 콤플렉스와 엘렉트라 콤플렉스 : 아들이 동성인 아버지에게는 적대적이지만 이성인 어머니에게는 호의적이며 무의식적으로 성(性)적 애착을 가지는 것을 말한다.(아버지와 아들의 경쟁 관계)
- 엘렉트라 콤플렉스 : 딸이 아버지에 대해 강한 애정을 가지고 어머니에게 경쟁의식을 느끼는 것을 말한다.(딸과 어머니의 경쟁 관계)

추가 설명
동일시
스스로가 상대방을 자기가 좋아하거나 존경하는 대상인 것처럼 생각하면서 그 대상의 생각, 가치, 태도 등을 자신의 것으로 받아들여서 내면화하는 과정이다.

추가 설명
생식기
프로이트에 따르면 이 시기에 순조로운 발달을 성취하면 이타적이고 성숙한 성격을 지닐 수 있는데, 이를 생식기적 성격이라 한다. 그러나 만약 남근기를 성공적으로 거치지 못해 권위에 대해 적대감을 갖게 되고 동성을 동일시하는 데 혼란이 생겼던 청년들은 이 시기에 와서 성적 에너지를 합당하고 원만하게 처리할 능력을 키우지 못하게 된다. 따라서 권위에 반항하고 비행 행동을 보이거나 이성에 대해 적응 곤란을 보일 수 있다.

강기에 해당되는 시기가 된다. 에릭슨은 이 시기의 아기란 자기를 주로 돌봐 주는 어머니와 사회적 관계를 맺게 되는데, 인생의 초기단계에서 처음으로 맺어지는 사회적 관계는 그의 후기 인생의 기초가 된다고 했다. 즉, 어머니가 일관성 있게 아기의 신체적·심리적 욕구나 필요를 적절히 충족시켜 주면서 돌봐 주면 아기는 어머니라는 주된 양육자를 신뢰하게 된다. 그러나 아기의 필요와 욕구에 잘 응해 주지 못하거나 아기와의 관계에서 일관성을 지속시키지 못하면 아기는 불신감을 갖게 된다.

② **자율성 대 수치감(2세~약 3세까지)** : 프로이트의 이론에 의하면 항문기에 속하는 이 시기에 에릭슨은 신뢰감을 가지게 되느냐 아니냐가 결정된다고 보았다. 이 시기 유아는 여러 상반되는 충동에서 스스로 선택하려 하고, 이런 과정에서 자신의 의지를 나타내고자 하는 자율성을 키우게 된다. 주로 아동의 배변 훈련과 관련되어서 핵심적 갈등이 나타난다. 이때 아동은 대소변 통제와 더불어 걷기 시작하면서 "아니야", "내가"라는 자기주장이 나타나기 시작한다. 이러한 자기주장이 적절히 받아들여지면 자신에 대한 효능감이 생기면서 자율성이 형성된다. 그러나 스스로 행동하는 과정에서 실수를 한다든지, 원활하게 수행하지 못했을 때에는 수치심과 자신의 능력에 대해 회의감을 가지게 된다.

③ **자발성(주도성) 대 죄책감(약 4세~5세)** : 이 시기의 유아는 개인적인 욕구를 충족시키기 위해 부모에 대한 의존으로부터 벗어나 보다 복잡한 행동을 자발적으로 나타내려 한다. 이때 주위로부터 지지와 격려를 받으면 자발성이 발달하지만, 자기의 행동을 주도할 기회가 부족하거나 목표를 성취하려고 주도한 행동이 성공하지 못할 때 생기는 부적 감정은 죄책감을 가져온다.

④ **근면성 대 열등감(약 6세~12세경)** : 에릭슨은 이 시기야말로 자아성장에 결정적 시기라고 하였다. 이 시기 아동은 기초적인 지적 기술을 습득하고 가족을 벗어나 사회적 관계를 넓히면서 사회에서 생존해 나가는 데 필요한 기술들을 숙달시켜 나간다. 현대사회에서는 학교에 들어가면서 글과 셈하기, 그리고 일상생활을 영위하는 기술을 배우고, 같은 또래들과 사귀면서 사회적 기술을 습득하게 된다. 학교 학습에서나 놀이에서 실수나 실패를 하게 되면 자신감이 없어지고 열등감을 갖게 된다.

⑤ **자아정체감 대 정체감 혼미(13세 이후 사춘기, 생식기)**
　㉠ 사춘기에 들어서면 신체적 변화가 급속히 일어나고 새로운 사회적 역할이 요구되면서 아동들은 당황하고 자신에 대한 회의와 의문이 시작된다. 이러한 혼란을 정체감 위기라고 하였다. 이 시기에 자신에 대한 회의가 시작되며, 지금까지 발달해 온 자신을 정립하고 분명한 자기 인식을 가지게 되면서 자아정체감이 확립된다고 보았다. 반면 자기에 대한 의문에서 회의와 혼란, 방황이 길어지고 자아 확립이 되지 않을 경우 역할 혼미 또는 정체감 혼미로 남는다. 역할 혼미 상태에서는 미성숙함이나 과대 동일시 등이 나타날 수 있으며, 다음 단계에서도 방황이 계속된다.

추가 설명

에릭슨의 이론
- 에릭슨은 프로이트의 각 단계에서 아동이 수행해야 되는 과업에 관하여 확대된 새로운 이론을 수립했다.
- 에릭슨은 『아동기와 사회』에서 프로이트의 5단계 이론에다 성인기 이후의 세 단계를 추가하여 8단계 이론으로서 인간의 전 생애를 다루고 있다.
- 생의 전과정에서 인간이 각 단계마다 겪어야 하고 겪어 낼 수밖에 없는 발달의 위기를 서로 양립되는 양극의 개념으로 제시하여 설명하였다.

추가 설명

자아정체감
에릭슨이 처음으로 체계적으로 사용한 개념으로서 자기의 위치나 능력, 역할과 책임 등에 대한 의식이며 확신이라고 할 수 있다.

> **추가 설명**
>
> **에릭슨 이론에서의 주요 발달**
> - 신뢰감 대 불신감 : 세상에 대한 믿음과 신뢰의 발달
> - 자율성 대 수치감과 회의 : 자신이 자신을 통제할 수 있는 독립된 개체로서의 인식 발달
> - 자발성 대 죄책감 : 새로운 도전에 대한 자발성과 실패에 대한 대처 방법 발달
> - 근면성 대 열등감 : 기본적 기술과 대인 관계 형성 기술
> - 자아정체감 대 정체감 혼미 : 자아의 지속적이고 통합적인 정체감 형성
> - 친밀감 대 고립감 : 이성과의 몰입된 애정 관계 형성
> - 생산성 대 침체성 : 아동 양육이나 다른 창의적인 생산적 작업에 기여
> - 통합성 대 절망감 : 자신의 삶을 만족스럽고 가치 있는 삶으로 정리하기

　　ⓒ 자기 실험 기간은 어떤 문화에서든지 청소년들에게 불문율로 허용한다고 하여 에릭슨은 이 시기를 심리적 유예기라고 불렀다.

⑥ **친밀감 대 고립감(성인 초기)** : 이 시기는 직업을 가지고 배우자를 찾는 과정과 관련된다. 바람직한 정체감을 형성한 사람은 성인기에 접어들었을 때 타인과의 관계 속에서 친밀감을 형성할 수 있게 되며, 이성과의 관계에서도 성적으로 그리고 지적으로 진정한 관계를 이룰 수 있다고 보았다. 역할 혼미에 의해 방황하는 사람은 자신에 대하여 확신이 없고 자신감이 없으므로 타인과 친밀한 관계를 이룰 수 없어 고립감이나 자아 몰입에 빠지게 된다.

⑦ **생산성 대 침체성(성인 중기)** : 가정에서는 자녀를 생산하여 양육하고 교육하게 되는 시기이며, 사회적으로는 다음 세대를 양성하는 데 관심과 노력을 기울이게 된다. 직업적인 성취나 학문적·예술적 업적에서도 생산적으로 일하게 된다. 그러나 생산성을 제대로 발달시키지 못할 때는 침체성이 형성된다.

⑧ **통합성 대 절망감(노년기)** : 이 시기의 성공과 실패는 다가오는 신체적·사회적 퇴보를 어떻게 수용하느냐에 달렸다는 것이 에릭슨의 주장이다.

3 에릭슨 이론에 대한 비판

① **문제점** : 이론 구축의 방법상 문제 때문에 애매하고 모호한 개념들이 많이 발견되었고, 각 발달단계의 구분에서도 과학적인 정확한 근거가 제시되지 못했다. 또한 출생 후의 초기 경험의 중요성을 강조하였다는 점에서, 프로이트의 이론과 함께 인간발달을 수동적이고 비관론적으로 보았다.

② **이점** : 정상적인 인간을 대상으로 수립된 자료를 기초로 하여 구축된 이론이므로, 정상적인 인간이 사회적 관계 속에서 성장·발달되는 과정을 설명하고 있다.

4 프로이트와 에릭슨 이론의 차이점

① 프로이트의 이론은 개인의 인성발달에 치중되었다고 할 수 있는 반면에, 에릭슨의 이론은 개인이 처한 사회적 관계 속에서 개인의 자아를 분석하였다.

② 프로이트의 이론은 개인의 성격발달이 뚜렷한 5단계를 거쳐서 완성된다고 보았으나, 에릭슨은 인간의 전 생애를 통하여 계속적 발달이 이루어진다고 보아 8단계 이론을 제시하였다.

③ 프로이트는 출생 후 유아가 경험하는 모성과의 신체적 접촉이 핵심이 된 구강적 만족에 강조를 두었으나, 에릭슨은 모성과 유아와의 신체적·심리적 접촉에 의하여 모성에 대한 유아의 신뢰감 형성을 강조하였다.

④ 프로이트는 신경증적 환자들과 그들로부터 수집된 자료와 자기 자신의 과거를 분석한 자료가 위주였으나, 에릭슨은 프로이트의 이론이 추출한 대상보다는 훨씬 광범위한 다수의 정상인들로부터 수집된 자료에서 수집하였다.

> **추가 설명**
>
> **프로이트와 에릭슨 이론의 공통점**
> - 프로이트의 성격발달이론이나 에릭슨의 사회성 발달이론 모두 인간의 자아분석에 기초를 두고 있다.
> - 두 이론 모두 인간의 초기 경험을 중요하게 인정했다.
> - 두 이론 모두 발달의 단계 이론이며, 과학적인 정확성이 결여되었다.

03 피아제의 인지발달이론

1 개요

① 피아제(Jean Piaget)는 독자적으로 인지발달에 관한 포괄적인 지적 성장이론을 정립하였고, 아동의 독자적인 사고방식을 알아내기 위해 표준화된 검사 대신에 자발적인 경향의 흐름을 촉진하는 보다 개방적인 임상면담방법을 고안해 냈다.

② 피아제가 수립한 인간의 인지발달이론은 주로 인간의 지능발달에 관한 것으로 지능의 기능적이고 구조적인 두 측면으로 설명되고 있다. 그리고 이후 수학적·과학적 개념에 관한 아동의 이해에 연구의 초점을 두었다.

2 인지발달의 주요 개념

① 동화와 조절
   ㉠ 인간의 인지발달 : 인간이 환경과 끊임없는 상호작용을 통하여 이루어지는 적응과정이다. 이 적응과정은 두 개의 하위과정으로 나누어지는데, 그것이 곧 동화와 조절이다.
      • 동화 : 인간이 외계의 사물을 볼 때 기존의 틀에 맞추어 해석하는 것이다.
      • 조절 : 유기체가 새로운 대상을 기존의 체계로는 받아들일 수 없는 경우, 기존의 체제를 다소 변경시켜 가는 과정이다.
   ㉡ 적응 : 동화와 조절 중의 어느 한 쪽에 치우치지 않도록 평형을 이루는 것이며, 이것이 곧 살아 있는 유기체와 환경간의 상호작용이다.

② 도식 또는 구조 : 유기체가 가지고 있는 기존의 체제, 즉 이해의 틀을 도식 또는 구조라고 한다. 구조는 유기체가 생래적으로 가지고 태어나는 것이다.

3 인지발달의 단계

① 감각운동기(0~2세)
   ㉠ 반사기 : 이 시기의 영아는 입 가까이에 있는 것은 무엇이든 빨고 잡히는 것은 무조건 잡으며 소리가 나는 쪽으로 고개를 돌리는 등의 반사 기능을 통한 동화의 과정으로 환경에 적응해 나간다. 이때 인지적 발달의 변화는 적은 편이지만 평소와 다른 젖꼭지의 크기, 물체의 크기에 따라 반사 행동이 조금씩 바뀌는 것을 볼 때 아주 초보적인 조절 기능이 일어난다고 할 수 있다.
   ㉡ 1차 순환반응 : 반사 기능이 좀 더 정교화되고 외부 환경보다는 자신의 신체에 더 관심을 가지는 시기이다. 이때 영아는 빨기, 잡기와 같은 행동을 유도하는 자극이 없어도 반사 행동을 하게 되는데 우연히 한 행동을 통하여 재미있거나 흥미로운 결과가 보이면 그것을 계속해서 반복하려 한다. 우연히 입 주위에 있던 자신의 손가락을 빨게 되어 재미가 있었고 이후 자신의 손가락을 빨려고 찾아봄으

추가 설명

피아제(J. Piaget)
- 아동의 인지발달에서 반사운동이 기본이 되는 싹이라고 보았다.
- 독자적으로 인지발달에 관한 포괄적인 지적 성장이론을 정립하였다.
- 인지발달론에서 중심이 된 연구과제는 수학과 과학이다.

추가 설명

감각운동기
- 획득된 반응이 우연히 어떤 사건을 계기로 반복되는 가운데 다른 사건이나 자극에 대해서도 그런 반응이 나타나게 된다.
- 모방력이 급속히 향상되어 손의 움직임만이 아니라 얼굴 표정도 모방할 수 있다.
- 새 행동 유형을 만들어 내는 능력이 생긴다.
- 모델이 없어도 모방행동을 보인다. 즉 모델이 사라진 다음에도 내적 표상을 갖게 되어 지연모방을 나타내게 된다.
- 대상 영속성이란 자신을 포함하는 모든 대상들이 독립적인 실체로서 존재하며, 한 장소에서 다른 장소로 이동했을 때 비록 시야에서 그 대상이 사라지더라도 다른 장소에 지속적으로 존재한다는 것을 인식한다는 의미이다. 이는 감각운동기의 여러 하위 단계를 거쳐 발달된다.

로써 잡기, 보기, 빨기의 단편적인 반사 기능이 통합되어 잡아서 보고, 보고 빨기 등의 새로운 도식이 형성된다.

ⓒ 2차 순환반응 : 이 시기는 천천히 반응을 다른 대상에 적용시켜 새 반응을 획득하는 시기이다. 그러므로 2차 순환반응은 선천적 반사가 아닌 아기의 학습으로 획득한 반응이다. 이때 아기는 어떤 욕구가 생기면 그 욕구 충족을 위해 새 반응을 의도적으로 시도하게 되고, 점차 자기 힘으로 사건을 만들어 가는 능력이 생긴다.

ⓒ 2차 도식의 협응 : 이 단계에서는 앞 단계에서 획득한 도식이 새로운 사태에 처하여 좀더 확대된다. 예컨대 아동이 어떤 것을 잡으려는 행동을 보이자 손으로 막았더니 처음에는 그것을 무시하거나 넘어서 돌아가려고 애썼으나, 며칠이 지나자 손을 치워서 방해물을 제거하고 어떤 것을 잡는 데 성공했다. 이를 통해 잡는 도식과 치우는 도식을 협응시킨다는 것을 알게 된다.

ⓜ 3차 순환반응 : 이 단계에서는 아기가 다른 결과를 관찰하기 위해서 다른 행동을 시도해 본다. 예를 들면 아기가 고무 오리를 밟았을 때 오리가 꽥꽥거렸다. 그 후 아기는 꾹 누르거나 위에 앉는 등 다른 방식으로 꽥꽥 소리를 내려고 애썼다. 이 시기에는 활발한 시행착오적 행동이 나타나는데, 하나의 목적을 위해 여러 차례 시행을 해 보기 때문이다. 어른이 가르쳐 주지 않아도 아기 스스로 학습하고, 외부세계에 대한 선천적인 호기심으로 인해 자기의 도식을 발달시켜 간다.

ⓑ 사고 및 상징적 표상 : 이 시기에는 좀더 내면적으로 사고한 다음에 행동한다. 이전 단계의 시행착오적 문제 해결 방식에서 벗어나 행동하기 전에 특정 사건이나 상황에 대한 내재적 표상을 통하여 조작하고 변형한 다음 대처해 나가는 인지 구조를 형성한다. 이 같은 표상의 기능이 형성됨으로써 일정 시간이 지난 후에 목격한 행동을 재현하는 지연 모방이 가능해진다.

② 전조작기(약 3~5세) : 이 시기는 아동의 정신적 표상에 의한 사고가 가능하나, 아직 개념적인 조작능력이 충분히 발달되지 못하여 전조작기라고 했다. 전조작기 아동의 특징은 다음과 같다.

㉠ 상징적 활동의 증가 : 이 시기 아동의 놀이에는 비언어적 상징 행동이 많이 나타난다. 예 베개를 아기처럼 업거나 팔에 안고 잠재우는 시늉

㉡ 직관적 사고 : 사물이나 사건의 여러 측면에 주의를 할 줄 모르며, 그 속에 내재된 규칙이나 조작을 이해하지 못한다. 즉, 직관적 사고를 한다.

㉢ 자아 중심성 : 사물을 자기의 입장에서 보기 때문에 타인의 관점은 이해하지 못한다.

㉣ 물활론적 사고 : 사물은 모두 살아 있고 각자의 의지에 따라 움직인다고 본다. 그러다가 점차 움직이는 것은 모두 살아 있다고 믿고, 움직이지 않는 것은 산 것이 아니라고 믿는다.

㉤ 도덕적 실재론 : 규칙이란 지키지 않으면 벌을 받기 때문에 절대적으로 지켜야

추가 설명

감각운동기의 단계
- 반사기(출생~약 1개월) : 반사 행동에 의한 환경 적응
- 1차 순환반응(약 1~4개월) : 획득된 적응 반응의 계속 반복
- 2차 순환반응(약 4~10개월) : 의도적 행동으로의 진행, 학습으로 획득한 반응
- 2차 도식의 협응(약 10~12개월) : 환경에 대하여 직접 작용을 가하여 그 효과를 시험
- 3차 순환반응(약 12~18개월) : 시행착오적인 문제 해결 시도, 모방을 통한 학습
- 사고 및 상징적 표상(약 18~24개월) : 외부 세계에 대한 정신적 표상화

추가 설명

자아중심성
외부 세계에 대해 자신이 생각하는 것이 전부이고 유일하고 가능한 것으로 생각하기 때문에 모든 사람들이 다 자신과 똑같은 방식으로 사물을 본다고 생각한다. 자아중심성이란 유아가 자신의 조망과 타인의 조망을 구별하지 못하는 것이다.

한다고 본다.
　　ⓑ 꿈의 실재론 : 유아는 자신이 꿈꾼 것이 실재라고 생각한다.
③ 구체적 조작기(약 6~12세)
　　㉠ 이 시기의 아동은 일반적인 것으로 관점이 확대되고, 내적 표상을 여러 가지 방식으로 조정할 수도 있게 된다. 그리고 대상의 절대적 속성에 구애받지 않기 때문에 유목 포함 문제를 해결할 수가 있다. 또한 지각 우위 현상을 벗어나 담긴 그릇 크기가 달라져도 그 속의 양에는 변동이 없다는 보존 개념을 이해한다.
　　㉡ 탈중심성이 나타나 자아 중심성에서 탈피하게 된다. 또한 서열화의 능력을 갖추게 되는데, 즉 사물을 증가 또는 감소하는 순서대로 배열하는 능력을 획득한다. 따라서 전체 중에서 가장 작은 것을 고른 다음, 다시 나머지 중에서 가장 작은 것을 고르는 방식으로 서열을 구성할 수 있는 능력이 생긴다. 이 시기의 구체적 사고는 경험적 현실, 즉 현재의 여기에서 일어나는 구체적 사실에만 한정된다.
④ 형식적 조작기(약 13세~) : 이 시기에 이르러서야 비로소 추상적 추론이 가능하고, 가설을 세우고, 체계적 검증하에 하나의 법칙과 원리를 표출하고, 추상적 개념을 사용하며, 여러 가지 사태에도 일반화할 수 있게 된다. 또한 조합적 사고를 할 수 있으면서 연역적 사고도 할 수 있으며, 이상향의 개념도 갖게 된다.

4 피아제 이론에 대한 비판

① 아동은 어른으로부터 직접 교육받지 않아도 자연으로 자신의 인지 구조를 발달시켜 간다고 했으나 많은 연구자들은 훈련이나 연습의 효과를 근거로 그의 이론을 비판하고 있다.
② 모든 아동이 일정한 동일 속도로 발달하는 것은 아니다.

04 피아제의 도덕성 발달이론

1 도덕발달의 단계
인지발달단계와 도덕 판단이 병행적이 된다.
① 타율적 도덕 판단의 단계 : 11세 이전의 아동들은 규범이나 법률이 수정 불가능한 절대적인 것으로 보고 복종하는 것이 최고의 선이라고 본다.
　　㉠ 습관의 단계(4세 이전) : 자기 만족을 위해 그동안 자기가 해오던 습관대로 하려는 시기이다. 즉 자기가 하고 싶은 대로, 자기 만족을 위해 해 오던 습관대로 하려는 시기이다.
　　㉡ 성인 기준에 동조하는 단계(5~7세) : 자기만이 아니라, 성인이 바람직하다고 생각하고 기대하는 것이 곧 행위의 규범이라고 생각하고, 그런 규범에 동조하고 따

추가 설명
구체적 조작기
- 초보적이나마 논리−수학적인 사고 구조를 갖고 있다.
- 조작적 사고가 가능해져서 이전에 없었던 보존 개념과 가역성의 개념이 생기고 이 단계의 완성기에 이르면 아동은 논리적 판단을 내릴 수 있게 된다. 그러나 이 단계의 조작은 그들이 적용되는 구체적인 자료의 테두리 안에서만 일어난다. 따라서 구체적 조작기라고 한다.

추가 설명
보존 개념
사물의 양은 그 모양이 변하거나 여러 부분으로 나뉘어도 그 양이나 수가 변하지 않는다는 것이다.

추가 설명
구체적 조작기와 형식적 조작기의 사고 비교
- 구체적 조작기 : 경험적이고 귀납적인 사고, 현실성에 기초, 명제 내적 사고 가능
- 형식적 조작기 : 가설적이고 연역적인 사고, 가상성에 기초, 명제간의 사고 가능, 체계적 사고, 조합적 사고 가능

르고자 한다.
ⓒ 동료와의 상호적응단계(약 8~10세) : 부모 등의 성인들과 아동의 자아가 종적인 관계를 이루었던 데서 더 나아가, 동료, 즉 자기 또래와 횡적인 관계를 맺는 시기이다. 따라서 또래와의 관계에서 서로 간의 적응을 시도한다. 즉, 서로를 이해하고 협동하고 상호 합의에 도달하려고 하며, 그렇게 하는 것이 옳다고 생각하게 된다.

② 자율적 도덕 판단의 단계 : 규범이나 규칙에 대해 이전 시기보다 더 융통성을 보이며, 이 시기에는 행위자의 동기나 의도에 따라 판단하는 주관적 도덕 판단의 개념을 갖게 된다.
  ㉠ 동기 존중의 단계(약 11~14세) : 어떤 행동이 옳은지 그른지를 판단해야 할 때 그 행동의 이면에 있는 동기나 의도를 존중하게 되고, 그 행동을 유발시킨 동기나 의도를 고려해야 한다고 생각하게 된다.
  ㉡ 규칙이나 원리 및 이상의 설정단계(15세 이후 청년) : 모든 행동을 원리나 규칙에 준하거나 맞추려고, 이상을 설정하며 추구하려 한다.

2 피아제 이론에 대한 비판
① 피아제의 많은 도덕성 발달 연구는 어떤 특정 상황에서, 즉 어떤 특정 상황의 인지 내용에서 아동이 도덕적 판단을 한 것이지, 보편적이고 일반적인 상황에서 이루어진 도덕 판단은 아니었다.
② 피아제의 도덕 판단의 단계가 모든 문화권에 적용 가능한 것이냐는 점이다.

> **추가 설명**
> **피아제의 도덕성 발달**
> • 타율적인 도덕에서 자율적인 도덕 판단의 세계로 이행되는 과정이다.
> • 절대적 · 맹목적 복종의 타율 단계에서 벗어나 논리의 합의에 의하여 동등하고 호혜적인 고려에 이르게 되어 마침내는 정의에 근거한 규칙이나 법률의 관념을 가지게 된다.

05 콜버그의 도덕성 발달이론

1 콜버그(L. Kohlberg)의 연구 방법
① 콜버그는 피아제가 도덕성의 발달 단계를 자기규제성 여부에 근거해서 크게 타율적 단계와 자율적 단계로 나눈 것에서 크게 이탈하지 않으면서도 그의 단계를 세분화하였고, 연구방법론상의 문제점까지 보완하였다. 즉, 피아제 이론의 골격을 그대로 수용하면서도 자신의 6단계 이론을 구축하였다.
② 콜버그가 도덕적 판단의 근거로 삼기 위해 사용했던 딜레마의 상황 : 탈옥수 이야기, 중대장의 이야기, 하인즈(Heinz)의 이야기

2 도덕성 발달의 단계
① 전인습 수준 : 인습적이란 말은 사회 규범, 기대, 관습, 권위에 순응하는 것을 뜻하는데, 전인습적 수준에 있는 사람은 사회 규범이나 기대를 잘 이해하지 못한다.
  ㉠ 처벌과 복종 지향 : 결과만 가지고 행동을 판단한다. 즉 보상을 받는 행동은 좋은

> **추가 설명**
> **콜버그(Kohlberg)**
> 피아제(Piaget)의 도덕성 발달 이론을 확대 · 발전시켜 자신의 독자적 도덕성 발달이론을 구축했다.

것이고, 벌을 받는 행동은 나쁜 것이다. 이들은 어른이 복종하라고 말하기 때문에 복종한다.

ⓒ 도구적 상대주의(상대적 쾌락주의) : 아동들의 도덕적 사고는 보상과 자신의 이익에 바탕을 두고 있다. 이제 이들은 자신이 복종하길 원하고, 복종하면 자신에게 이익이 되는 경우에 복종한다. 옳은 것이란 기분이 좋고 무엇인가 보상을 주는 것이라고 생각한다.

② 인습 수준 : 이들의 도덕적 추론은 사회적 권위에 기초하며, 사회 관습에 걸맞는 행동을 도덕적 행동이라고 간주한다. 즉, 이 수준의 아동은 사회 집단의 규칙과 기준을 준수하고자 한다.

ⓐ 대인 간 조화(착한 아이 지향) : 아동은 신뢰, 보호, 타인에 대한 충성을 도덕적 판단의 기준으로 삼는다. 부모의 도덕적 규범을 받아들이지만, 이는 부모가 자신을 '좋은 아이, 착한 아이'라고 생각하기를 바라기 때문이다.

ⓒ 법과 질서 지향(사회 질서와 권위 지향) : 도덕적 판단이 사회질서, 법, 정의, 의무 등에 근거하여 이루어진다. 추상적 사고를 할 수 있는 능력으로 인해 청년은 이제 자신을 사회의 일원으로 생각하고 그래서 사회 기준에 따라 행동을 평가하게 된다. 사회질서를 위해 법을 준수하는 행동이 도덕적 행동이라고 생각하게 된다.

③ 후인습 수준 : 도덕성 발달의 최상위 수준이다. 이 수준에서는 도덕성이 완전히 내면화되며 타인의 규범을 바탕으로 하지 않는다. 법이나 관습보다는 개인의 가치기준에 우선을 둔다.

ⓐ 민주적 법률(사회적 계약과 합법성 지향) : 가치나 법이란 상대적이며, 규범이 개인마다 다르다는 것을 알게 된다. 이제 법이란 사회에 중요한 것이지만 변화될 수 있음도 안다.

ⓒ 보편적 원리 : 인간의 존엄성, 인간의 평등성, 정의 같은 것을 말한다. 이 단계의 개인은 만인의 권리를 바탕으로 한 도덕적 규범을 가진다. 법과 양심 사이에서 갈등을 느낄 때 양심을 따른다.

3 콜버그의 이론에 대한 비판과 보완

① 도덕성의 발달 단계는 불변적인 순서인가에 대한 쟁점이다. 단계 순서에 대해 콜버그의 증거는 대부분 횡단적 연구 자료였다. 종단적 연구 자료에서 이러한 단계 순서가 도출될 수 있을까 하는 의문이 있을 수 있다.

② 콜버그는 자신의 이론의 단계 순서에서 퇴행이란 없다고 했는데, 그의 어떤 연구에서 일시적이기는 하나, 대학생들이 인습적 · 도덕적 견해를 버리고 상대주의적 의문 시기로 돌아가는 것이 발견되었다.

③ 단계에서 단계로의 이행 문제이다. 그의 견해에 따르면 도덕적 단계는 아동의 자발적 행동의 결과이다. 따라서 도덕성 발달에 미칠 수 있는 교육이나 사회화의 영향력

> **추가 설명**
> **콜버그의 도덕성 발달의 단계**
> - 전인습 수준(2~6세) : 아동들이 외적 요인들에 의하여 행위를 결정하였다.
> - 인습 수준(6~12세) : 착한 행동을 하는 것과 전통적·인습적인 사회질서를 유지하는 것으로 도덕을 정의한다.
> - 후인습 수준(12~20세) : 공통적인 기준이나 권리 및 의무에 따라 행동한다.

> **추가 설명**
> **학자들이 주장한 도덕성 발달과 성차**
> - 프로이트 : 남성이 여성보다 도덕적으로 더 우월하다고 하여, 도덕성 발달에 성차가 있다는 견해를 보였다.
> - 콜버그 : 남성이 여성보다 한 단계 더 높은 발달단계에 이른다고 보고 도덕수준의 성차를 인정했다.
> - 워커(Walker) : 성차인 듯 보이는 관점과 가치의 차이란 남성이 여성보다 오랫동안 교육적·직업적으로 유리한 여건을 가져 왔기 때문이라고 보았다.
> - 길리건(Gilligan) : 남성과 여성의 도덕성 발달은 성차라기보다는 문제를 해결하는 방책을 어떤 관점, 어떤 가치에서 구하느냐의 차이라고 보아야 할 것이다.

이 간과되었다.
④ 콜버그는 서로 다른 문화권에서 자란 표집 대상을 연구 대상에 포함시키기는 했으나, 다양한 문화적 차이에 대해 그의 이론을 보편적으로 적용시킬 수 있을 지는 의문이다.
⑤ 콜버그의 이론은 아동의 도덕적 사고에 관한 것이지 도덕적 행동에 관한 것은 아니었다. 따라서 도덕적 사고와 도덕적 행동 간의 일치성이 나타날 것인가에 대한 의문이 제기된다.
⑥ 콜버그의 도덕성 발달단계에서는 도덕의 원천으로서 이타심 혹은 사랑과 같은 정의적 측면에 대한 고려가 결여되어 있다.
⑦ 콜버그는 여성이 남성보다 열등하다는 도덕 수준의 성차를 인정하였는데, 이런 성차는 많은 논란이 되고 있다.

06 학습이론

1 파블로프의 고전적 조건형성

① 파블로프(Ivan Petrovich Pavlov)의 생애 : 현대 학습이론의 아버지로서 유명한 조건반사에 대한 연구를 시작했다.
② 고전적 조건형성 : 고전적 조건형성은 구소련의 파블로프에 의해 처음 발견되었는데, 그는 개에게 다음과 같은 실험을 하여 조건형성의 원리를 발견하였다.
   ㉠ 파블로프의 실험은 종소리를 들려주고 개의 혀에 음식물을 대어주면 개는 선천적 반사인 침을 분비하게 된다. 이런 과정을 몇 차례 반복하면 일정한 기간이 지난 다음에 종소리만 들려주어도(음식물을 주지 않아도) 개가 침을 흘리면 자극 일반화가 일어난 것이라고 볼 수 있다. 음식물을 무조건자극, 종소리는 조건자극, 개가 음식물에 대해 침을 분비하는 것은 무조건반응, 종소리만 들어도 침을 분비하는 것은 조건반응이라고 한다.
   ㉡ 일단 학습되어 조건형성된 반응이라도 무조건자극이 없이 조건자극만 계속 주어졌을 때에는 조건반응이 줄고 결국에는 사라지고 만다. 이와 같은 상황에서 반응이 점차적으로 약해지고 사라지는 현상을 소거라고 한다.

2 왓슨의 조건형성 실험

① 왓슨은 파블로프의 조건형성원리를 심리학 주류의 한 부분으로 활용시킨 공헌자이다. 파블로프의 조건형성을 그의 사고의 기초로 삼아 유아 발달에 고전적 조건형성의 원리를 적용시켰다. 왓슨에 의하면 아동은 성장함에 따라 그들의 정서적 반응을 고전적 조건형성을 통해 습득하게 된다고 했다.

추가 설명

학습이론과 비단계설
- 학습이론에 따르면 인간의 모든 행동은 자극과 반응의 연합이며, 이는 곧 외적 조건과 경험에 의하여 형성된다. 이들 학파를 비단계설의 학파라고 한다.
- 학습이론에서 인간발달의 단계적 과정은 연속적 과정이라고 본다.
- 학습이론에 따르면 인간의 특정한 행동의 특징은 개인의 경험이나 훈련에 의하여 점진적으로 형성되는 것이다. 그러므로 인간의 성장 발달에서는 양적으로 증가되는 발달 곡선이 있을 뿐이다.

왓슨의 생애
- 왓슨(John B. Watson)은 파블로프 원리를 심리학의 주류로 삼는 데 가장 크게 공헌했다.
- 1918년에 어린아이에 대해 연구하기 시작하여 발달 문제에 학습원리를 적용한 최초의 심리학자가 되었다.

② 왓슨은 의식을 배제하여 객관적으로 관찰 가능한 행동만을 문제로 삼아야 한다는 것을 주장함으로써 자극(S)과 반응(R)의 연쇄에 의해 행동을 설명하는 S-R 심리학의 입장을 표명했다. 왓슨은 행동이라는 적절한 자극을 선택하여, 그로 인해 형성되는 자극에 대해 초점을 맞추었는데, 자극에 대한 반복적인 반응이 결국 습관으로 고착화되어 자극과 반응의 관계를 이룬다고 하였다. 왓슨의 실험에 따르면 아이에게 흰 쥐를 보여줄 때는 아이가 놀라지 않았지만, 흰 쥐를 보여주면서 지속적으로 놀라도록 큰 소리를 쳤고, 점차 흰 쥐를 보는 아이는 공포심을 느꼈다. 그 후 지속적으로 자극을 주었더니 아이는 털이 있는 동물을 보기만 해도 공포심을 느끼게 되었다.

❸ 스키너(B.F. Skinner)의 조작적 조건형성

① 개요 : 고전적 조건형성에서는 조건자극에 의해서 새로 학습된 반응이 나온다. 그러나 조작적 조건형성에서는 학습자가 한 상황에서 어떠한 반응을 하게 되었을 때, 그 반응과 그 반응 뒤에 따라 일어난 결과가 되풀이됨으로써 연합이 이루어지게 된다. 반응 뒤에 일어난 결과가 만족스러울 때는, 후에 동일한 상황에 놓이는 경우에 만족스런 결과를 가져온 행동을 다시 하게 될 확률이 증가한다. 이러한 조작적 조건형성을 주장한 스키너는 인간의 대부분의 행동은 자발적으로 나타난 반응이고, 그 반응과 함께 나타나는 결과에 따라 그러한 반응의 지속 여부가 결정된다고 보았다. 다시 말해서 만족스런 결과를 가져온 행동은 되풀이되는 경향이 있으며, 만족스럽지 않은 결과를 가져온 반응은 반복되지 않는 경향을 보인다는 것이다.

② 강화 : 조작적 조건형성에서, 강화란 한 반응이 발생하는 확률을 높여서 그 반응이 일어날 가능성을 높여주는 것이다. 예를 들어, 아동이 더러운 얼굴을 세수하고 났을 때, 엄마로부터 칭찬을 받았다면 칭찬은 아마도 세수하는 데 대한 정적 강화로 작용할 것이다.

  ㉠ 정적 강화 : 정적이란 특정 반응이나 행동이 출현될 가능성이 증가된다는 의미이다. 또, 위의 예에서의 강화란 세수하는 행동이 강하게 되었다는 것을 뜻한다. 따라서 정적 강화란 한 행동을 한 후에 바로 뒤따라 어떠한 것이 제공됨으로써, 그 행동이 그 이후에 나타날 가능성이 높아지는 것을 의미한다.

  ㉡ 부적 강화 : 정적 강화에서와는 달리 불쾌한 상황을 피할 수 있거나 불쾌한 자극이 제거됨으로써 강화가 되는 것이다. 예를 들어, 자동차의 운전석에 앉아서 안전벨트를 매지 않고 있으면, 불쾌한 버저 소리가 계속 지속된다고 해보자. 이때 안전벨트를 매면 이 불쾌한 소리를 끝낼 수 있다는 것을 배우게 되면서 안전벨트를 매는 행동은 증가하게 될 것이다.

③ 벌 : 벌은 모두 행동을 억제하고 그 행동이 나타날 가능성을 감소시킨다.

  ㉠ 정적 벌 : 체벌이나 야단치는 데서 볼 수 있듯이 행동이 나타난 직후에 불쾌한 결과가 가해지는 것이다.

추가 설명

스키너의 조작적 조건형성

- 유기체가 스스로 임의로 조작하는 행동으로써 이루어지는 조건형성에 대해 연구했다.
- 스키너의 실험에서는 상자의 한쪽 벽에 지렛대를 장치하여 만일 쥐가 이것을 누르게 되면 자동적으로 먹이가 나오도록 만들어졌다. 처음엔 쥐가 이리저리 움직이다가 우연히 지렛대를 누르게 되고, 그러면 먹이가 나오게 되어 있어 쥐는 시간이 갈수록 이러한 시행(trial)을 반복하게 되어 지렛대를 누르는 횟수가 증가하게 되었다. 고전적 조건형성에서는 개에게 갖다 주는 음식이 강화 인자이지만, 스키너의 조작적 조건형성에서는 쥐가 지렛대를 눌러서 나오게 되는 먹이가 강화 인자가 된다.

추가 설명

강화와 벌의 구분

- 강화는 항상 반응을 더 자주, 더 강하게 하도록 하나, 벌은 반응을 억제하거나 억누르는 것이다.
- 정적 강화는 한 행동의 발생을 증가시켜 주는 것이 되고, 부적 강화는 특정 행동을 함으로써 불쾌한 자극을 중단 또는 제거시키는 것이 되어서, 결과적으로는 두 가지 어떤 특정 반응이나 행동의 발생을 증가시키는 것이 된다.

ⓒ 부적 벌 : 잘못했을 경우 TV 시청을 못하게 하는 경우에서와 같이, 행동이 나타난 직후에 그 상황에서 즐거운 무엇을 빼앗거나 제거하는 것이다.
④ 강화 계획 : 강화는 반응 직후에 주어질 때 가장 효과적이다. 특히 영아나 걸음마를 시작한 아동들에게서는 반응과 강화와의 간격이 짧아야만 효과적이다. 강화의 빈도를 정하는 것을 강화 계획이라고 하는데 아동에게 새로운 것을 가르칠 때는 아동이 행동을 할 때마다 강화해 주는 계속적 강화가 효과적이다. 그러나 일단 새 행동을 배우고 난 후에는 가끔씩 강화해 주는 간헐적 강화로 바꾸어줌으로 해서 강화가 언젠가는 오리라는 기대 속에서 그 행동을 계속하게 하는 것이 그 행동을 오래 유지시킬 수 있다.

4 반두라의 사회학습이론(관찰학습, 대리학습)

① 이론의 내용
  ㉠ 반두라는 인간의 학습과정은 직접적인 강화에 의한 경험을 통해서 학습되기도 하지만, 타인의 행동을 관찰만 하여도 이를 모방함으로써 새로운 행동을 학습할 수도 있다고 주장하였다. 이러한 학습은 사실 일상적인 사회생활에서 많이 이루어지기 때문에 사회학습이론이라고 불렀다. 관찰을 통해 이루어지는 학습이라 하여 관찰학습이라 하고, 직접적이 아니라 대리적으로 이루어진다 하여 대리학습이라고도 한다.
  ㉡ 반두라는 관찰학습에는 내적인 인지적 변수가 포함된다고 하였고, 어떤 새로운 행동이 가져올 가능한 결과를 관찰로써 알 수 있게 될 때 대리적 강화라고 불렀다.

② 관찰학습의 요소
  ㉠ 주의 과정 : 주의 과정은 관찰학습에서 제일로 선행되어야 할 요소로서, 무엇보다도 먼저 모델에게 주의를 기울여야만 모델의 행동을 모방할 수 있기 때문이다.
  ㉡ 파지 과정 : 모델의 행동을 상징적인 형태로 기억 또는 파지하게 된다. 반두라는 이러한 상징적 과정이 자극 근접이라고 하였는데, 자극 근접은 동시에 발생되는 자극들간의 연합으로 이루어지게 된다고 설명했다.
  ㉢ 운동 재생 과정 : 행동을 정확하게 재생하려면 필요한 운동기술을 구비해야 한다는 과정이다.
  ㉣ 강화와 동기적 과정 : 수행은 강화와 동기적 변수들에 의하여 좌우될 수 있는데, 즉 모방은 외부나 내부에서 보상을 얻게 될 것 같을 때 일어날 가능성이 높다. 수행은 또한 모델이 받는 강화와 같은 대리적 강화에 의해서도 영향을 받게 되고 자기 강화에 의해서도 어느 정도 좌우된다.

사회학습이론(관찰학습)
- 다른 사람의 행동을 관찰함으로써 학습이 일어나는 것을 관찰학습이라고 한다. 거의 모든 행동이 관찰을 통해서 학습될 수 있다.
- 반두라는 아동들이 수행해 보지도 않았고 그 행동에 대하여 강화를 받아본 적이 없는 데도 다른 사람의 행동을 단지 관찰만 하고서도 학습이 일어날 수 있다고 하였다. 즉, 조건자극과 무조건 자극이 짝지어진 것도 없고 강화를 받지 않아도 학습이 일어날 수 있다고 했다.

07 각인이론

1 로렌츠의 각인론

① 로렌츠(Konrad Lorenz) : 로렌츠는 동물행동연구에 다윈의 진화론적 관점을 도입하여 독자적인 이론을 발전시켰다. 로렌츠는 현대 동물행동학의 아버지라 불리는데, 동물 연구의 방법으로 각인설을 주장하였다.

② 연구 방법
  ㉠ 로렌츠는 자연 관찰로써 동물의 고유한 행동 유형을 관찰하는 연구 방법을 주장했다. 관찰을 통하여 그 종류의 고유한 행동 패턴을 알면, 이 행동이 그 종류의 고유한 적응 행동에 어떤 역할을 하는지도 알아낼 수 있다. 자연 관찰의 연구 방법을 통하여 동물에는 본능적 행동이 나타난다는 것을 알게 된다.
  ㉡ 동물행동학에서 관심을 갖는 본능 행동의 특징 : 본능이란 외적 자극에 의해 유발되며, 동물의 종류에 특유한 것으로, 어떤 행동 유형은 어떤 특수한 종류의 구성원에게만 발견할 수 있다. 그리고 본능은 진화의 산물이며 그 종류에겐 생존적 가치가 된다.
  ㉢ 로렌츠는 그의 동물행동연구에서 자연관찰법을 통해 발견되는 동물의 상대적 본능 행동 외에도 후천적·사회적 본능이 생의 초기에 획득된다는 사실에 관심을 가졌다(로렌츠의 각인 현상).

③ 각인설
  ㉠ 로렌츠의 고전적 연구에서는 새끼 오리가 부화하자마자 처음 본 움직이는 사물, 즉 어미를 따라다니는 것이 타고난 본성이라는 것을 입증했다. 로렌츠는 오리의 알을 부화기에 넣어 부화시킨 후 부화하자마자 자신을 처음 보게 하였더니, 이 새끼 오리들은 로렌츠가 어디를 가든 졸졸 따라다녔다. 그는 이것을 각인현상이라 명명했고, 각인은 출생 후 몇 시간 안에 처음 본 대상에게 이루어지며, 이 시기를 결정적 시기라고 하였다. 각인의 결정적 시기는 동물에 따라 다르다. 새끼 오리들은 그들 생의 초기에 로렌츠를 애착의 대상으로 삼았고 그래서 그의 행동을 각인 형성한 것이다.
  ㉡ 로렌츠에 의하면 각인 현상은 새끼 때의 추종 반응만이 아니라 그 이후의 사회적 행동도 결정한다.

2 볼비(John Bowlby)의 애착이론

① 애착과 애착 기제
  ㉠ 애착 : 영아는 성장하면서 특정한 개인이 제공하는 안전을 학습하게 되고 이것이 그 사람, 즉 일반적으로 엄마와 특별한 관계를 형성하게 한다. 인간의 애착 형성에 대한 볼비의 주장에 의하면, 애착이란 모든 인간이나 유기체에 사전 프로그램

추가 설명

로렌츠의 각인설
- 각인의 정의 : 각인이란 일종의 학습이며, 사회적 유발인자의 자극 속성이 경험을 통해 습득되는 과정이다.
- 중요성 : 동물에게 나타나는 각인 현상이 인간발달을 이해하는 데 어떤 도움이 될 것인가 하는 것이다.

추가 설명

각인설에 대한 평가
- 의의 : 로렌츠의 이론은 동물행동연구를 통해 상대적 본능이 환경과 어떻게 상호작용을 거쳐서 그 종류 특유의 행동 패턴을 형성·발달시키는가를 규명하려는 시도로서 그 의의가 크다.
- 비판 : 많은 학자들은 로렌츠의 각인설이 학습과 경험의 역할을 무시했다고 하고 있다.

화된 하나의 행동 체계이다. 이 애착 행동 체계는 무기력한 영아기에 영아가 생존하기 위하여 주 보호자인 엄마에게 접촉하도록 촉진한다. 애착 행동 체계는 영아의 생존 및 안전과 밀접한 관련이 있는 것으로서 선천적으로 내재된 특성으로 진화되어 왔다.
ⓒ 애착 기제 : 아기는 자기보호의 필요에 의하여 부모라는 양육자와 가까이 있으려고 하는 몸짓과 미소, 울음 등 신호를 발달시켰을 것이다.

② 애착의 단계
㉠ 무분별한 반응성(0~3개월경) : 출생 후 처음 몇 개월 동안 사람에 대한 반응은 다양하지만, 비선택적이라고 한다. 아기는 미소와 울음 외에도 붙잡는 행동으로 부모와 애착을 형성할 수 있다. **예** 쥐기반사, 빨기반사, 수유행동
㉡ 낯익은 사람에게 초점 맞추기(3~6개월) : 이 단계에서 아기는 자기 요구에 잘 응해 주는 대상에게 강한 애착을 형성한다.
㉢ 능동적 접근 추구(6개월~3세경) : 7개월쯤 되면 능동적으로 애착 대상을 추적하기도 한다. 즉 아기 행동은 비로소 목표 수정 체계를 구축하기 시작한다. 이 시기에 아기의 애착은 더욱 강해지고 동시에 다른 대상에는 배타적이 된다.
㉣ 동반자적 행동(3세~아동기 말) : 3세 이후가 되면 어느 정도 부모의 계획을 이해하여 부모가 없는 동안에는 견뎌내며 부모가 자기 곁을 떠나는 것을 허용하게 되는 동반자의 관계로 행동하기 시작한다.

③ 각인과 애착의 관계 : 볼비는 동물의 각인과정을 인간의 초기에 형성되는 애착과 비교하여, 두 행동 간에는 동일한 기제가 존재한다고 주장했다. 각인이란 동물 새끼의 사회적 반응을 보일 대상을 학습하는 과정이듯이, 매우 느린 속도로 발달하지만, 인간의 아기도 유사한 과정을 보인다는 주장이다.

④ 각인 실패 : 볼비는 탁아소나 고아원 등 시설 수용 아동이 타인과 친밀하고 지속적 친밀관계를 형성하지 못하는 것은 마치 어떤 인물에 대한 각인의 기회가 없었기 때문이라고 주장했다. 볼비는 수용 시설의 영향을 곧 각인 실패로 설명하면서, 그 영향이 회복 불가능한 결정적 시기를 전제하였다.

3 각인이론에 대한 비판

① 로렌츠의 이론은 지나치게 유아기에만 치중 또는 한정되었다는 점에서, 그 이후 발달 시기에도 그의 이론의 적용 가능성이 검토되어야 한다.
② 아기의 웃음, 빨기, 쥐기, 추종반응 등을 모두 본능적 행동으로 간주하고 있어 개념적 문제에 무관심하였다.

추가 설명

볼비(Bowlby)의 애착이론
시설아동들이 생의 초기의 모성에 대한 확고한 애착 형성의 기회 상실이 타인들과의 정서적인 친숙감을 갖지 못하게 한다고 함으로써 생의 초기의 각인, 애착 형성이 후에 사회적 행동에 깊은 영향을 준다고 보았다.

추가 설명

애착 대상과의 격리에 의한 영향 과정(볼비)
- 반항 : 울고 소리치며 모든 보살핌을 거부하는 형태이다.
- 절망 : 아기는 조용하며 반항적인 행동을 철회하며 무기력해지고 슬픔에 빠진 것 같이 된다.
- 초월 : 아기는 좀 활발해지고 보살피는 이들의 행동을 수용한다.

08 융의 성인기 이론

1 개요

융은 인생 주기 전체를 통해 성격이 성숙에 이르며 그러한 성숙을 위한 근본적인 변화가 40세 즈음에 시작된다고 했다. 즉, 융은 생애 발달 과정에서 중년기가 성격 발달의 정점이므로 이 시기를 정서적 위기를 수반하는 발달적 위기로 통찰했다.

2 융의 주요 개념

① 자아(ego) : 자아는 대체로 의식에 해당한다. 자아는 의식이 개성화 과정에서 생기는 것으로 보았다. 개성화란 개인의 의식이 다른 사람으로부터 분리되는 과정을 말한다. 따라서 의식의 시작이 곧 개성화의 시작이며, 의식이 증가하면 개성화도 증가하게 된다. 자아란 의식의 견해를 나타내므로 의식적인 지각, 기억, 사고, 감정이 자아를 이루게 된다.

② 페르소나(persona) : 페르소나는 개인이 외부세계로 보이는 이미지인데, 자아의 가면이라 할 수 있다. 개인의 사회적 요구에 대한 반응으로 내보이는 사회적 모습이다. 즉, 사회의 기대치에 부응하는 개인의 역할을 말한다. 사회에 적응하기 위해서는 어느 정도 페르소나가 필요하나 개인이 사회적 역할에만 사로잡혀 자아와 페르소나가 동일시되면 내면세계로부터 유리될 위험이 있다.

③ 음영(그림자) : 음영이란 의식의 이면으로 무시되고 도외시되는 마음의 측면이다. 음영은 인간의 동물적 본성을 크게 포함하고 있어 용납하기 어려운 특질과 감정으로 구성되어 있다. 인간이 사회생활을 무리없이 하기 위해서는 음영에 포함되어 있는 동물적 본성을 자제해야 하므로 페르소나를 발달시키게 된다.

④ 아니마(anima)와 아니무스(animus) : 융은 인간이 생물학적으로 양성의 기질을 가지며 심리적으로도 양성의 기질을 가지고 있으나, 유전적인 성차와 사회화로 인해 남성에게선 여성적 측면이, 여성에게선 남성적 측면이 억압되고 약화된다고 보았다. 이 무시된 측면들은 무의식 속에 존재한다. 남자에겐 여성적 측면이 꿈이나 환상 속에서 '남성 속의 여성', 즉 아니마(anima)로 나타나고, 여사에게는 '여성 속의 남성', 즉 아니무스(animus)가 된다.

⑤ 개인 무의식 : 개인적 무의식은 살아온 과정에서 억압된 모든 성향과 감정을 포함한다. 음영은 대부분 개인적 무의식에 자리잡고 있다. 개인 무의식은 꿈의 형성에 중요한 역할을 한다. 개인 무의식에는 하나의 공통된 주제와 관련된 정서, 기억, 사고가 집합을 이루는 경우가 있는데, 이것이 콤플렉스이다. 즉, 콤플렉스는 특수한 종류의 감정으로 이루어진 무의식 속의 관념 덩어리이다.

⑥ 집단 무의식 : 집단 무의식은 융의 독창적 개념으로서 인류가 역사와 문화를 통해 공유해 온 모든 정신적 자료의 저장소이다. 이는 우리의 행동에 영향을 미치는 수없

추가 설명

융의 이론
- 인간의 마음은 여러 층으로 나뉜다. 우선 의식에 해당하는 자아(나 또는 에고)가 있고, 그 아래에 개인 무의식('그림자'가 있는 곳)과 집단 무의식('아니마'와 '아니무스', '원형'이 있는 곳)이 있고, 마음의 맨 한가운데에 바로 '자기'가 있다.
- 융의 이론의 핵심은 자아가 무의식의 여러 측면을 발견하고 통합하는 무의식의 자기 실현 과정이다.

추가 설명

융의 주요 개념
- 집단 무의식 : 모든 인류가 보편적으로 공유하는 신화적이고 상징적인 것
- 원형 : 여러 세대를 거쳐 축적된 영속적인 정신 내의 상징적인 의미들
- 콤플렉스 : 개개인이 원형상과 상호작용하는 경험을 하면서 발달하게 되는 감정이 응축된 사고
- 페르소나 : 개개인이 외부 세상을 접하는 인격을 덮고 있는 가면
- 아니마 : 남성에 있어서의 여성적 원형
- 아니무스 : 여성에 있어서의 남성적 원형
- 그림자 : 자아의 어두운 면으로, 무의식적 측면에 존재하는 자아의 분신
- 자기 : 자기 원형. 여러 원형과 콤플렉스를 통합해 균형을 이루려는 원형

이 많은 원형으로 구성되어 있으며, 문화를 막론하고 신화, 민속, 예술 등에서 보편적으로 등장하는 주제를 통해 드러난다. 원형은 상징을 통해서 표현되는 보편적, 집단적, 선험적인 심상들로 신, 악마, 모성 등의 원초적 이미지들을 포함한다. 대표적인 원형은 아니마, 페르소나, 아니무스 등이다.

⑦ 자기 : 자기는 중심성, 전체성, 의미를 무의식적으로 추구하는 원형이다. 자기실현의 최종 단계인 '자기'는 의식과 무의식이 온전하게 통합된 것을 말하며, 우리의 의식을 일컫는 '자아'보다는 더욱 큰 개념이다. 융은 이것을 '자기 원형'이라고 불렀다. 자기 원형은 중년이 될 때까지 거의 드러나지 않는데 이는 자기가 드러나기 위해서는 퍼스낼리티가 개성화를 통해 충분히 발달해야 하기 때문이다.

⑧ 성격 유형 : 인간 정신의 구조를 의식과 무의식으로 구분하는데, 의식은 자아(ego)에 의해 지배되는 부분으로, 인간이 자신을 외부에 표현하고 외부 현실을 인식하는 기능을 한다. 개인이 자신의 의식을 능동적으로 외적 세계에 초점을 맞추는 경향을 외향성으로 칭하며, 내적 주관적 세계로 향하는 성향을 내향성이라 한다. 융은 우리 모두가 두 가지 상반되는 태도를 가지고 있으며, 하나의 지배적인 경향에 따라 우리의 성격 및 태도가 달라진다고 보았다.

3 발달이론

① 생의 전반기 : 약 35~40세까지의 전반기에는 외적으로 팽창하는데, 성숙의 힘에 의하여 자아가 발달하며, 외부세계에 대처하는 능력이 발휘된다. 그러나 이 시기에는 외부 환경의 요구에 확고하고 단호히 대처하는 것이 과제이다.

② 중년기
  ㉠ 40세경에 이르면, 정신적인 변환을 겪게 되는데, 억압되고 잊혀진 자기의 모든 측면이 자라나 소리치고 있는 무의식의 영역에 의해 내면으로 전환이 이루어진다.
  ㉡ 성인이 자신의 생을 돌아보면서 무의식의 메시지에 유의할 때, 곧 완전성과 중심성의 상징인 자기의 이미지와 만나게 된다.
  ㉢ 외부 세계를 정복하는 데 바쳤던 힘을 내적인 자기에게도 초점을 돌리도록 자극받고, 현재까지 발달시키지 않고 방치해 둔 잠재력에 대해 알기 위하여 주의를 기울이려는 내적인 충동을 느끼게 된다.

③ 노년기 : 내적 이미지가 전보다 더 큰 비중을 차지한다고 보았다. 내세에 대한 원형적 이미지가 정작 타당한 것인지는 규명할 수 없었으나, 그것이 정신 기능의 중요한 일부분이라고 믿은 융은 이것에 대해 어떤 모습을 얻으려고 힘썼다.

4 융 이론에 대한 비판

① 개념이 너무 어려워 이해하기가 쉽지 않으며 신비적이다. 개념의 명료성이 다른 정신역동이론에 비해 부족하며 이론 간 관련성이 애매하다.

② 프로이트 이론과 마찬가지로 환자의 치료과정에서 나타난 경험적 자료를 바탕으로

한 것이기 때문에 과학적인 검증이 어렵다.
③ 문화, 종교, 신화, 상징, 연금술, 신비 등과 관련된 자료를 활용하여 연구한 것이기 때문에 실증적인 검증이나 설명이 어렵다.

09 게젤의 성숙이론

1 성숙주의 이론
① 게젤은 발달과정의 방향을 통제하는 유전자의 기제에 대해 성숙이라고 했다. 성숙은 환경의 역할과는 구별되는데, 태내 발달에서 모체로부터 받는 산소, 체온 등의 내적인 환경의 요인들은 태아가 적절하게 성장하도록 하나, 구조와 행동 유형이 순서적으로 발달하는 데에는 성숙 기제가 직접적으로 역할을 하기 때문이다.
② 출생 후에도 발달의 방향은 성숙에 의해 지속적으로 지시 받아 특수한 순서대로 진행된다고 하였는데 머리에서 발쪽으로 발달된다고 했다. 또한 아동의 성장, 인성, 능력 및 발달 속도에는 개인차가 있다고 보았다. 이 개인차는 주로 내적 유전 기제에 의하여 통제되며 모두가 같은 순서에 의해 발달하지만 발달 수준을 설명할 때에는 개인차에 대한 주의를 고려하지 않았다.
③ 성숙은 교육이나 연습의 효과와는 대조되는 것으로, 아동의 신경계가 충분히 성숙된 후에야 앉고, 걷고, 말하게 되는 것을 의미한다.

2 발달의 원리
① 패턴 : 게젤은 성장을 연구할 때 패턴화 과정을 가장 중요시했다. 게젤은 유아들을 관찰하고 실험했으며, 유아의 발달과 성숙에서 일정하게 나타나는 규칙성에 주목하였다. 그 결과 게젤은 유아가 각 연령별로 무엇을 할 수 있는지 연구하였고, 연령 단계별로 유아의 특징과 능력에 대한 표준을 만들었다. 이를 통해 게젤은 보편적인 아동 발달의 패턴을 제시하였다.
② 개체성 : 정상적인 아동은 모두가 동일한 순서를 거치지만 그 성장속도는 서로 다르다. 성장속도는 기질이나 성격상의 차이와 관계가 있을 것이라고 보았다.
③ 상호 교류 : 인간은 두 반구로 된 뇌, 두 눈, 두 손, 두 다리 등등 양측으로 이루어져서, 양측의 발달이 점차 효과적으로 체계화되어 가는 과정을 상호 교류라고 한다.
④ 기능 비대칭 : 발달의 가장 높은 단계에서 인간은 정면이 아니라 측면에서 가장 효과적으로 기능한다는 원리이다. 경직성 목반사에서 비대칭적 경향을 볼 수 있는데 아기는 머리를 한쪽 방향으로 돌리고 눕기를 좋아하며, 그렇게 할 때 자연히 머리가 돌려진 방향으로 한 팔을 내밀고, 다른 한 팔은 머리 뒤로 구부리는 경직성 목반사 자세를 취한다. 경직성 목반사는 새로운 신경계의 발달과 함께 사라지는데, 게젤은

추가 설명
게젤(Arnold Gesell)
• 게젤은 아동발달연구에 발생학적인 모델을 가장 철저하게 적용시켰다.
• 게젤의 중요한 연구의 대부분은 초기 운동발달에 관한 것이었으며, 성숙이 성장의 모든 면을 좌우한다고 믿었다.

추가 설명
패턴화 과정의 예
출생 시 아기의 눈은 목표물을 주목할 수 없어 두리번거리나, 얼마 지나지 않아 곧 시선을 고정시켜 대상을 잠시 동안 응시할 수 있게 된다. 이는 눈을 움직이는 작은 근육과 뇌에 있는 신경 흥분 간에 패턴화가 이루어지기 때문이다.

추가 설명
상호 교류의 예
손의 사용 발달과정을 보면 처음에는 한쪽 손을, 다음에는 양손을 함께, 그 다음에는 다시 다른 한 손을, 그리고 나서 다시 양손을 함께 쓰는데, 결국 어느 한 손을 더 우세하게 사용할 때까지 이런 과정을 계속한다.

이 자세가 손과 눈의 협응을 촉진시킨다고 보았다.

⑤ **자기 규제** : 모든 성장에는 자기 규제 원리가 있어서, 아동들에게 너무 일찍 많은 것을 가르치려는 시도에 대해 아동들이 저항할 때 작용한다. 자기 규제의 기제는 유동적인 성장 본질의 근저를 이룬다. 유동적인 성장 특징은 모든 영역에서 나타나 모든 발달은 안정과 불안정의 시기를 주기적으로 거치면서 진행되며, 아동의 과도한 성장을 방지한다.

3 게젤 이론의 비판

① 게젤은 발달이 내적 계획을 따른다고 주장하였으며, 그러한 발달의 중요한 기제로 성숙을 강조하였다. 그러나 게젤의 성숙이론은 지나치게 극단적이라고 평가된다. 대부분의 심리학자들은 성숙의 역할은 인정하나, 성숙이 훈육이나 단순히 내적 패턴화를 유지하는 것보다는 더 큰 역할을 하며 환경도 역시 행동을 구조화한다고 믿는다.
② 게젤이 비판받는 가장 큰 원인은 연령기준방식 때문이다. 게젤이 제시한 기준은 너무 획일적이고, 어떤 연령에도 있을 수 있는 변이 정도를 제시하지 못하고 있다. 그 기준은 중류 가정의 아동을 대상으로 하였기 때문에, 다른 문화 배경에서는 완벽하게 적용되지 못한다.

10 몬테소리의 발달이론

1 몬테소리 교육

① 몬테소리의 교육 철학은 개인의 자발성과 자기 통제에 기반을 두는 것을 특징으로 한다. 몬테소리 교구, 활동, 교육 방법들은 몬테소리가 어린이들이 스스로를 창조하는 것을 돕기 위해서 만든 것이다.
② 몬테소리 교육의 목표는 어린이들의 흥미와 발달을 존중하고 학습하고자 하는 자연스런 욕망을 길러 주는 것이다. 또한 아동의 전인격적 발달을 돕는 것 이외에도 정상화와 일상생활 경험을 통한 미래의 준비 등도 주요 교육목표이다.
③ 몬테소리는 아동들이 자율성과 자발성을 배울 수 있도록 하며, 자기 개발에 적합한 환경을 만들어 갈 수 있는 준비된 환경의 중요성을 강조하였고, 감각 훈련이 모든 정신 발달의 기초가 된다고 주장하였다. 이에 따라 여러 교육 도구(몬테소리 교구)를 고안하여 이론과 실제를 일치시키도록 하였다.
④ 몬테소리 교육의 영역
　㉠ **일상생활 영역** : 유아에게 기본적인 생활 태도의 습관화를 통하여 자립 정신과 환경 청결 의식을 배양하고 유아로 하여금 다른 사람들의 존엄성을 깨닫게 하여 교사와 유아 또는 유아 간의 신뢰감을 길러 주는데 있다.

추가 설명

몬테소리
- 몬테소리(Maria Montessori)는 대부분의 다른 발달이론 학자들과는 달리, 실제로 아동을 가르치는 데 헌신했다.
- 1907년 몬테소리는 로마 산 로렌초(San Lorenzo) 빈민가의 아동교육 책임을 맡아, 어린이 집을 설립했다.

추가 설명

정상화
- 몬테소리에 따르면 어린이들이 조직적이고 자발적으로 자기들의 활동을 전개한다면 정상화 과정은 자연적으로 이루어진다. 정상회된 어린이란 긍정적인 태도를 갖고 자기훈육된 독립적인 어린이를 가리킨다.
- 정상화는 어린이들의 자유로운 활동과 관계된다. 즉 자유롭게 자기들의 활동을 조직하고 선택함으로써 살아가는데 장애 요인을 제거할 수 있는 능력을 가지게 되는 것이다.

- ⓒ 감각 영역 : 유아가 자신의 모든 감각을 이용하여 미세한 감각적 차이를 인식할 수 있는 능력을 발달시켜 세계에 대한 인상을 조직하고 질서화시키는데 있다.
- ⓒ 언어 영역 : 언어 교육 영역 안에는 근육 조절을 발달시키고 쓰기 능력을 위한 직접적인 준비의 연습들이 포함되어 있다. 유아가 자발적으로 의미 있는 말하기를 시작할 것이라는 가정에 기초하여 주로 쓰기와 읽기 능력의 향상에 두어 말하기의 소리에 강조점을 두었다.
- ⓔ 수 영역 : 수학적 사고력을 배양하여 기초적인 수 개념을 획득하는 것이다. 이러한 목적을 위해 아동은 환경과 끊임없는 상호작용을 하게 된다. 즉, 다양한 교구를 반복적으로 작업하는 과정을 거쳐 점차 추상적인 수 개념을 학습하게 되는 것이다.
- ⓜ 문화 영역 : 문화 교육의 목적은 인간이 과거와 현재에 살고 있는 방법을 이해하고 유아가 성인의 세계를 인식하고 세상의 모든 양상을 시험해 볼 수 있는 기회를 갖게 하며 인간에게는 열정과 기본 욕구가 있음을 이해하고 사회적 태도 속에서 개인의 태도를 이해하는 데 있다.

2 몬테소리의 교육 철학을 위한 발달이론

몬테소리 이론의 중심은 민감기 개념이다. 유전적으로 계획된 기간인 민감기에 아동들은 어떤 과제를 숙달하려고 노력하여, 숙달할 수 있게 된다고 보았다.

① 질서에 대한 민감기 : 생후 3년 동안에 첫번째 민감기가 나타나는데, 이 시기에 아동들은 질서에 대해서 강한 욕구를 지닌다.
② 세부에 대한 민감기 : 생후 1년에서 2년 사이에 유아들은 작고 세밀한 것에 주의를 집중한다.
③ 양손 사용에 대한 민감기 : 세번째 나타나는 민감기는 손의 사용에 관계된다.
④ 걷기에 대한 민감기 : 이 시기에 아동들은 무력한 존재에서 능동적인 존재로 바뀌는데, 몬테소리는 걷기를 배우는 일을 일종의 제2의 탄생이라고 불렀다.
⑤ 언어에 대한 민감기 : 다섯번째 민감기는 언어습득에 관련되는 시기로 다른 민감기보다 뚜렷하다.
- ⓐ 아동들은 놀랄 만한 속도로 언어의 복잡한 과정을 학습하며, 몬테소리는 아동의 언어 획득을 일종의 각인과 흡사하다고 보았다.
- ⓑ 언어 획득은 선천적이며, 성숙적인 요인에 지배된다. 아동들은 어느 지역에서 성장하든지 같은 단계를 거쳐 성장하는데 옹알이 단계에서 단어를 말하는 단계로 다음에는 두 단어 문장을 구사하는 단계로 나가고 점점 복잡한 문장 구조로 말할 수 있게 된다. 약 3세부터 5, 6세 사이의 아동들은 언어에 대한 일반적 민감기에 무의식적으로 단어나 문법을 흡수하시 않고, 의식직으로 새로운 문법형태를 배우며 즐거워한다. 이런 일들은 가르치는 사람도 없이 일어나는 자발적인 획득이다.

> **추가 설명**
> **질서에 대한 민감기 예**
> 아기들은 움직일 수 있게 되자마자, 물건들을 제자리에 놓기를 좋아하고, 스스로 움직일 수 없는 어릴 때에도 제자리에 있지 않은 물건을 보면 동요하여 울어버린다.

> **추가 설명**
> **세부에 대한 민감기 예**
> 보통 소홀히 하는 작은 곤충들을 탐색하고, 그림을 보면 주된 대상은 무시하고 배경에 있는 작은 대상에 주목한다.

3 몬테소리 이론의 비판

① 존 듀이(John Dewey)는 몬테소리의 교육 목표에 대부분 동의하나, 그 방법이 아동의 창의성을 제한시킬 가능성이 있다고 비판했다.
② 몬테소리 교육에서는 사물이 좋은 교사이고 교사와 다른 아동과의 상호작용은 별로 이루어지지 않는다. 즉, 몬테소리는 아동의 사회적이고 정서적인 생활을 도외시하고 인지발달만을 강조했다는 점에서 비판을 받고 있다.

실전예상문제

1 프로이트가 히스테리아 치료로 이용한 최면요법이 일부 환자에게만 가능하고, 일시적임을 알고 새로이 발전시킨 치료법은 어떤 것인가?

① 운동요법
② 수면요법
③ 자기 분석
④ 자유 연상

> 해설 프로이트는 최면요법이 단지 환자들의 일부에게만 가능하고 그들에게도 그 치료 효과는 일시적이라는 것을 알았다. 대신에 자유 연상이라는 새로운 치료법을 발전시켰다.

2 감정·충동·환상 등의 내면 세계를 연구하였고, 정신분석이론의 창시자로서, 자유 연상이라는 새로운 치유법을 개발하였으며 자기 분석 연구를 한 사람은 누구인가?

① 브로이어(Breuer)
② 왓슨(Watson)
③ 에릭슨(Erikson)
④ 프로이트(Freud)

> 해설 감정, 충동, 환상 등의 내적 세계를 연구한 정신분석이론의 창시자 프로이트는 자유 연상이라는 치료법을 발전시키고 자기 분석 연구를 했다.

3 프로이트가 무의식을 추적·탐구하기 위해 사용한 연구 방법이며 정신 세계를 체계화하는 데 사용한 방법은?

① 검사법
② 면담법
③ 자유 연상
④ 관찰법

> 해설 프로이트(Freud)는 인간의 정신을 물 위에 떠 있는 빙산에 비유하여 설명하였는데 인간의 무의식은 물 속에 잠겨 있는 큰 빙산 덩이에 해당하며, 이 무의식이 인간생명의 하층, 구조의 행동, 사고를 통제하는 보이지 않는 힘으로, 이를 탐구하기 위해 장기간에 걸쳐 자유 연상의 방법을 사용하였다.

4 다음의 〈보기〉의 내용은 무엇에 대한 설명인가?

> 보기 퇴행 등과 같이 외부 환경의 요구와 자아 사이에 갈등이 발생할 때 생기는 불안으로부터 자아를 방어하는 책략을 일컫는다.

① 방어 기제
② 순환 반응
③ 각인
④ 평형화

정답 1.④ 2.④ 3.③ 4.①

해설 자아가 합리적으로 자신이 느끼는 불안을 해결할 수 없을 때, 자신이 의식하지 못하는 가운데 비현실적인 방법으로 불안감을 제거하는데, 이러한 무의식적 심리 기제를 방어 기제라고 한다. 이 방어 기제로는 개인의 궁극적인 심리사회적 적응에 부정적인 결과를 야기시키는 실연, 소극적 공격, 억압, 투사, 퇴행과 긍정적인 결과를 가져오는 승화, 유머, 예상, 억제, 금욕 등의 방어 기제들로 크게 분류할 수 있다. 이 중 퇴행은 자기 자신의 감정, 충동, 또는 생각에 내포되어 있는 불안이나 갈등을 피하기 위해서 발달의 이전 단계로 되돌아가 버리는 방어 기제이다.

5 인간의 정신 세계를 의식, 무의식, 전의식으로 나누어 설명한 학자는 누구인가?
① 콜버그 ② 에릭슨 ③ 피아제 ④ 프로이트

해설 프로이트(Freud)는 인간의 정신 세계를 의식, 무의식, 전의식으로 나누었는데, 의식은 개인이 주의를 기울이면 바로 알아차릴 수 있는 정신 생활의 부분으로 대부분 자아가 위치하는 곳이다. 전의식은 주의를 집중하고 노력하면 의식할 수 있는 정신 생활의 부분으로 자아의 영역이다. 무의식은 전적으로 의식 밖에 존재하여 개인 자신이 전혀 지각하지 못하는 정신생활의 부분으로 원본능과 초자아로 구성되어 있으며 행동과 사고를 좌우한다.

6 원본능(id)과 초자아(superego)가 위치하는 정신 세계를 무엇이라 하는가?
① 자아의식 ② 무의식 ③ 전의식 ④ 의식

해설 프로이트는 인간의 정신 세계를 의식, 무의식, 전의식으로 나누고, 성격의 구조를 원본능, 자아, 초자아로 나누어 설명하고 있는데, 자신이 전혀 자각하지 못하는 정신생활의 일부분이 무의식이며 원본능과 초자아로 구성되어 있어 우리의 행동과 사고를 좌우한다.

7 다음 중 프로이트가 말한 무의식에 관한 설명으로 거리가 먼 것은?
① 방어기제와 전환적 신경증상을 일으키는 데 중요한 역할을 한다.
② 원본능과 초자아로 구성되어 있다.
③ 전적으로 의식 밖에 존재한다.
④ 주의를 집중하고 노력하면 의식이 될 수 있다.

해설 전의식 : 주의를 집중하고 노력하면 의식이 될 수 있는 정신생활의 일부분으로서 그 위치는 주로 자아의 영역에 속한다.

8 다음 중 원본능(id)에 관한 설명으로 옳지 않은 것은?
① 쾌락 원리에 의해 작동한다. ② 리비도(Libido)를 방출한다.
③ 현실 원리에 의해 작동한다. ④ 본능적인 욕구를 관장한다.

해설 현실 원리에 따르게 되는 것은 자아이다.

9 다음 중 원본능(id)의 작동원리는 무엇인가?

① 보편적 원리 ② 이상 실현 ③ 현실 원리 ④ 쾌락 원리

해설 원본능은 원시적인 여러 쾌락 추구의 충동을 만족시키려 드는 작동을 하기 때문에 쾌락 원리에 의해 작동된다.

10 프로이트의 성격발달이론에서 성격의 구조로 옳은 것은?

① 쾌락원리, 현실원리, 자아 이상 ② 일차적 과정, 이차적 과정, 양심 체계
③ 원본능, 자아, 초자아 ④ 의식, 전의식, 무의식

해설 프로이트는 인간의 정신세계를 의식, 전의식 및 무의식으로 나눈다. 성격의 구조는 원본능(id), 자아(ego), 초자아(superego)로 설명한다.

11 다음 중 자아(ego)의 작동 원리는 무엇인가?

① 보편적 원리 ② 이상 실현 ③ 현실 원리 ④ 쾌락 원리

해설 원본능은 원시적인 여러 쾌락추구의 충동을 만족시키려드는 작동을 하기 때문에 쾌락 원리에 의해 작동된다. 반면, 자아는 원본능의 욕구를 현실적인 방법으로 해소하기 때문에 현실 원리에 따르게 된다.

12 개인을 양육하는 부모나 주변 사람들로부터 개인에게 투사되는 사회의 도덕적, 윤리적 가치가 개인에게 내면화된 것을 의미하는 것과 거리가 먼 것은?

① 양심 ② 초자아 ③ 자아이상 ④ 리비도

해설 초자아(superego)
- 초자아는 개인을 양육하는 부모나 주변 사람들로부터 개인에게 투사(projection)되는 사회의 도덕적·윤리적 가치가 개인에게 내면화된 표상이다. 그러므로 초자아는 개인으로 하여금 자기행동이 도덕적·윤리적으로 정당한지 아닌지를 판단하게 해주며, 가능한 한 이런 기준에서 완벽에 이르고자 한다.
- 초자아는 양심과 자아 이상의 두 측면이 있는데, 양심은 잘못된 행동에 대해 처벌이나 비난을 받은 경험에서 생기는 죄책감이고 후자는 잘한 행동에 대해 긍정적 보상 즉 칭찬을 받은 경험에서 생긴 것이다.

13 부모가 아동기 자녀가 잘한 행동에 대해 긍정적 보상을 줌으로써 형성되는 성격 구조는 무엇인가?

① 리비도(libido) ② 자아 이상(ego-ideal)

정답 5.❹ 6.❷ 7.❹ 8.❸ 9.❹ 10.❸ 11.❸ 12.❹ 13.❷

③ 자아(ego)   ④ 원본능

해설 문제 12번 해설 참조

14 다음 중 초자아(Superego)에 대한 설명으로 틀린 것은?
① 사회적 가치 기준·도덕 기준이 내면화된 것이다.
② 자신의 행동을 평가한다.
③ 양심과 자아 이상의 두 측면을 갖는다.
④ 현실원리와 쾌락 원리에 따른다.

해설 문제 12번 해설 참조

15 인간의 욕망, 특히 성적 욕구를 강조한 이론과 학자로 옳은 것은?
① 심리사회성 발달이론 — 에릭슨(Erikson)
② 성격발달이론 — 프로이트(Freud)
③ 학습이론 — 왓슨(Watson)
④ 인지발달이론 — 피아제(Piaget)

해설 프로이트의 이론에서는 인간의 욕망 특히 성적 욕구를 지나치게 강조했다는 비판을 받는다. 그의 이론은 특히 유아기의 성욕을 강조하고 성적 에너지가 성감대를 찾아 신체의 부위로 옮아가는 과정을 발달로 보았다는 점에서 비판되어 왔다.

16 다음 중 원본능의 욕구를 충족시키기 위해 현실적 방법을 찾아내는 일을 하는 성격 구조는?
① 초자아   ② 자아   ③ 무의식   ④ 리비도

해설 자아, 원본능, 초자아
• 리비도는 자아, 원본능, 초자아라는 세 체계의 활동에너지를 말한다. 이드(id)는 원본능으로 성욕, 공격욕 등 원시적 본능의 욕구로서 쾌락 원리에 따른다. 이에 반해 부모의 상벌에 의해 형성된 도덕적 규범을 중요시하는 초자아는 이상 추구를 목적으로 한다.
• 원본능과 초자아 사이에서 원본능의 욕구를 현실적으로 해결하도록 하고 초자아의 지나친 도덕적 규제를 완화시키는 일을 하는 것이 자아이며 자아는 현실 원리에 따라 활동한다.

17 다음 중 전단계 욕구의 과소 충족으로 욕구 불만 현상이나 과잉 충족으로 몰두·집착 현상이 나타나 다음 단계로 이행되는 것을 방해하는 방어 기제는?
① 승화   ② 억압   ③ 투사   ④ 고착

해설 고착

- 구강기에 충분한 구강 만족을 얻지 못하면 욕구불만이 생겨 아기가 구강의 만족과 쾌감에 지나치게 집착·몰두하게 되며, 다음 발달 단계로 이행하지 못하고 이 시기에 고착된다.
- 구강기에 인공유를 먹이거나 수유 시간을 지나치게 통제하면 욕구 불만이 생기고 또 수유 시간이 지나치게 오래 계속되거나 무절제한 경우 구강기에 고착된 구강적 성격이 형성되는데, 손가락 빨기, 과음, 과식, 과도한 흡연, 수다떨기, 손톱깨물기 등의 증상이 나타날 수 있다.

18 다음 중 구강기에 인공유를 먹이거나 수유 시간을 지나치게 통제하면 욕구 불만이 생기고 또 수유시간이 지나치게 오래 계속되거나 무절제한 경우 구강기적 성격이 형성될 수 있는데 이와 관련된 방어 기제는?

① 내면화   ② 투사   ③ 고착   ④ 억압

해설 문제 17번 해설 참조

19 다음 프로이트 성격발달 단계 중 첫 단계는?

① 생식기   ② 남근기   ③ 항문기   ④ 구강기

해설 약 1세까지 리비도가 입, 혀, 입술 등 구강에 집중, 즉 구강이 성감대가 된다. 이때 어머니라는 인물에 애착이 형성된다.

20 프로이트(Freud)의 발달이론에서 각 단계에서 추구하는 만족을 충분히 얻지 못해 욕구 불만으로 다음 발달 단계로 진전하지 못하고 그 단계에 멈추는 것을 무엇이라 하는가?

① 거세 불안   ② 고착
③ 오이디푸스 콤플렉스   ④ 동일시

해설 욕구의 불만이 있을 때 고착이 된다. 고착 현상은 다음 단계로 이행되는 것을 방해한다.

21 다음 프로이트의 성격발달 단계로 거리가 먼 것은?

① 감각기   ② 잠복기   ③ 남근기   ④ 구강기

해설 프로이트는 구강기, 항문기, 남근기, 잠복기, 생식기라는 5단계로 인간발달단계를 구분한다.

22 다음 중 〈보기〉의 내용과 관계가 깊은 학자는 누구인가?

정답 14.④ 15.② 16.② 17.④ 18.③ 19.④ 20.② 21.① 22.④

보기 | 오이디푸스 콤플렉스, 엘렉트라 콤플렉스, 꿈의 해석, 거세 불안, 남근 선망

① 피아제　　　② 에릭슨　　　③ 왓슨　　　④ 프로이트

해설 프로이트는 남근기가 되면, 남아는 오이디푸스 콤플렉스, 여아는 엘렉트라 콤플렉스를 겪게 된다고 하였다. 특히 남아는 동성의 부모를 경쟁자로 생각하면서 거세 불안을 느끼며, 여아는 남아가 갖는 남근을 가지지 못하였다는 생각에서 남근 선망을 하게 된다고 보았고 이러한 과정을 거치면서 동성의 부모를 동일시한다고 주장하였다.

23 프로이트의 발달단계에 관한 것으로 연결이 잘못된 것은?

① 잠복기 — 오이디푸스 콤플렉스 경험　　② 구강기 — 애착 형성
③ 항문기 — 대소변 가리기 훈련　　　　　④ 생식기 — 이성 애착 시기

해설 남근기 : 남아는 오이디푸스 콤플렉스를, 여아는 엘렉트라 콤플렉스를 겪고 부모를 동일시하게 된다.

24 다음 중 부모가 너무 조급하거나 억압적으로 배변훈련을 시킨 경우 성인이 된 후 항문기적 성격을 나타내는데 대소변이라는 더러운, 지저분한 대상과는 정반대로 지나치게 깨끗한 것을 추구하게 되는 증세를 나타내는 것을 무엇이라 하는가?

① 반동 형성　　② 사회화　　③ 모델링　　④ 동일시

해설 항문기에 고착된 결과는 항문기적 성격으로 나타나게 되는데 증상은 대소변이라는 지저분한 대상과는 정반대인 지나치게 깨끗한 것을 추구하는 결벽증적 성격이 되는 것이다. 이렇게 정반대적 증세가 나타날 때 반작용 형성 또는 반동 형성이라 한다.

25 프로이트의 발달 단계 중 대소변 가리기 훈련이 시작되고 이 과업을 완성시키는 시기는 언제인가?

① 잠복기　　② 남근기　　③ 항문기　　④ 구강기

해설 항문기 시기에는 대체로 대소변 가리기 훈련이 시작되어, 이 과업을 완성시키게 된다. 이 나이의 유아는 비로소 처음 자기의 본능적인 충동인 배변에 대해 외부로부터의 통제를 받게 된다.

26 다음 프로이트와 에릭슨의 발달 단계가 연령별로 바르게 연결된 것은?

① 항문기 — 자율성 대 수치감　　② 항문기 — 자발성 대 죄책감
③ 구강기 — 자율성 대 수치감　　④ 구강기 — 자발성 대 죄책감

해설 ① 항문기 — 자율성 대 수치감 : 약 2~3세 시기

27 다음 <보기>와 같은 일들을 경험하는 시기는 프로이트의 발달 단계에서 언제인가?

> 보기 남근 선망, 거세 불안, 엘렉트라 콤플렉스, 오이디푸스 콤플렉스

① 잠복기   ② 남근기   ③ 항문기   ④ 구강기

해설 약 4세에서 5세까지의 유아기를 프로이트(Freud)는 남근기라 했다. 이 시기에 남아는 어머니, 여아는 아버지, 즉 각각의 이성 부모에 대해 성적 애정과 접근하고자 하는 욕망을 갖게 되고 동성의 부모와 갈등을 경험하게 되며, 애정 경쟁자로서 적대감을 느끼게 된다. 그러나 남아는 강하고 큰 아버지가 자신을 해칠지 모른다는 피해의식으로 거세 불안을 느끼고, 여아는 남아가 가진 남근을 가지지 못했다는 사실을 깨닫고 열등의식을 갖고 남근을 부러워하는 남근 선망을 하게 된다.

28 프로이트 이론에 있어서 남근 선망(penis envy)이 나타나는 시기는?

① 생식기   ② 구강기   ③ 남근기   ④ 항문기

해설 남근기에는 오이디푸스 콤플렉스와 엘렉트라 콤플렉스 등이 나타난다.

29 프로이트에 따르면 이성 부모를 향한 애정으로 동성 부모에게 경쟁 의식을 강하게 느끼는 것과 관련된 것은?

① 남근 선망   ② 거세 불안   ③ 저항   ④ 오이디푸스 콤플렉스

해설 프로이트에 의하면 남근기 시기의 남아는 오이디푸스 콤플렉스를 경험하게 되고, 여아는 엘렉트라 콤플렉스를 겪게 된다. 즉 남아는 어머니라는 이성에 대해 성적인 애정과 접근하려는 욕망을 갖게 되고, 여아는 아버지라는 이성에게 그러한 애정과 욕망을 갖게 된다는 것이다. 따라서 동성의 부모와 갈등을 경험할 수밖에 없다.

30 다음 <보기>의 내용과 관련된 것은?

> 보기 남근기의 남아가 자신의 어머니에게 성적인 애착을 느끼고 아버지로부터 어머니를 쟁취하려는 애정 쟁탈을 시도한 나머지 아버지를 애정의 경쟁자로 적대감을 느끼게 된다. 그러나 아버지는 유아 자신에 비해 엄청나게 우월하고 강력하여 자신을 해칠지도 모른다는 피해의식에서 자신의 성기를 잘라 버릴지도 모른다는 상상을 하게 된다.

① 남근 선망   ② 거세 불안
③ 저항(resistance)   ④ 엘렉트라 콤플렉스

정답 23.❶ 24.❶ 25.❸ 26.❶ 27.❷ 28.❸ 29.❹ 30.❷

해설 남근기의 남아가 아버지는 유아 자신에 비해 엄청나게 우월하고 강력한 경쟁자이므로 자신을 해칠지도 모른다는 생각을 하게 되고, 이런 피해의식은 곧 거세 불안을 유발시킨다.

31 다음 중 스스로가 상대방의 생각, 가치, 태도 등을 자신의 것으로 받아들여 내면화하여 자신도 동일한 존재로 느끼는 방어 기제는?

① 고착　　　　② 승화　　　　③ 동일시　　　　④ 투사

해설 프로이트는 자아가 합리적으로 자신이 느끼는 불안을 해결할 수 없을 때, 자신이 의식하지 못하는 가운데 비현실적인 방법으로 불안감을 제거하는데, 이러한 무의식적 심리기제를 방어기제라고 하였다. 이 중 동일시는 그 대상의 생각, 가치, 태도 등을 자신의 것으로 받아들여서 내면화하여 자신도 동일한 존재로 느끼는 것이다.

32 다음의 〈보기〉에 해당하는 프로이트의 발달 단계는?

> **보기**
> ㉠ 6세~12세　　　　　　　㉡ 외형상 평온한 시기
> ㉢ 지적 탐색이 활발해짐　　㉣ 성적 욕구가 철저히 억압됨

① 생식기　　　　② 잠복기　　　　③ 남근기　　　　④ 항문기

해설 잠복기는 약 6세부터 12세까지의 시기로 프로이트는 이 시기부터 아동의 성적 욕구는 철저히 억압되어 외형상 평온한 시기가 되기 때문에 잠복기라고 불렀다.

33 다음 프로이트의 발달 단계 중 결코 평온한 시기는 아니나 활발한 지적 탐색이 일어나고 운동이나 놀이 등 또래나 연상의 아동과 어울려 지적·사회적 행동에 에너지를 집중시키는 시기로 외형상 평온한 시기는?

① 잠복기　　　　② 남근기　　　　③ 항문기　　　　④ 구강기

해설 문제 32번 해설 참조

34 프로이트에 따르면 생식기 또는 사춘기가 시작되는 시기는?

① 9세 이후　　　　　　　② 11세 이후
③ 13세 이후　　　　　　 ④ 15세 이후

해설 프로이트는 생식기가 시작되는 13세 이후는 철저히 잠복되었던 성적 에너지가 무의식에서 의식의 세계로 나오는 시기라고 보았다.

35 다음 프로이트 이론에 대한 비판 내용으로 거리가 먼 것은?

① 양심의 발달에 주변 사람들의 격려 및 인정과 처벌이 영향을 미친다는 사실을 무시했다.
② 남아의 오이디푸스 콤플렉스, 여아의 엘렉트라 콤플렉스, 여성의 열등감 등에 대한 의견은 비교 문화 연구 결과 보편성이 증명되지 못했다.
③ 인간을 현재의 생활 환경에 전적으로 지배되는 수동적, 소극적인 존재로 보았다.
④ 인간의 욕망, 성적 욕구를 지나치게 강조했다.

해설 프로이트가 인간을 성욕과 과거의 경험에 지배되는 수동적이고 소극적인 존재로 보았다는 점에서 그의 인간관은 비관적이라고 비판받았다.

36 에릭슨은 인간은 생의 전 과정에서 각 단계마다 겪어야 하는 발달의 위기를 서로 대립되는 양극의 개념으로 설명하였는데, 출생에서 약 1세까지의 시기에 나타나는 것은?

① 정체감 대 정체감 혼미
② 자발성 대 죄책감
③ 기본적 신뢰감 대 불신감
④ 생산성 대 침체감

해설 에릭슨은 심리사회적 발달이론을 주장하면서 인간이 사회 속에서 타인과 사회적 관계를 맺어가는 것에 초점을 맞추었다. 이러한 견해에 따라 인간의 전 생애를 8단계로 나누었으며, 각 단계마다 발달 위기가 있다고 보았다. 즉, 기본적 신뢰감 대 불신감, 자율성 대 수치감, 자발성 대 죄책감, 근면성 대 열등감, 정체감 대 정체감 혼미, 친밀감 대 고립감, 생산성 대 침체감, 통합성 대 절망감으로 구분하였다.

37 인간이 생의 전 과정에서 각 단계마다 겪어야 하고 겪어 낼 수밖에 없는 발달의 위기를 서로 대립되는 양극 개념으로 설명하고, 이의 극복 여부에 따라 발달의 정상적, 비정상적 측면이 나타난다고 한 사람은 누구인가?

① 볼비
② 콜버그
③ 에릭슨
④ 프로이트

해설 문제 36번 해설 참조

38 다음 〈보기〉의 내용과 관계가 깊은 학자는 누구인가?

보기 『아동기와 사회』에서 프로이트의 5단계 이론에다 성인기 이후의 세 단계를 추가하여 8단계로 인간의 전 생애를 다루고 있다.

① 콜버그
② 피아제
③ 에릭슨
④ 게젤

정답 31.③ 32.② 33.① 34.③ 35.③ 36.③ 37.③ 38.③

해설 문제 36번 해설 참조

39 다음 중 에릭슨이 심리사회적 이론을 정립하는 데 초점으로 한 것은 무엇인가?
① 발달에서의 유전의 중요성 ② 신체적인 성장 속도
③ 사회 속에서의 타인과의 사회적 관계 형성 ④ 리비도의 역동과 이동

해설 프로이트가 리비도의 역동과 이동의 과정에 초점을 맞추어 발달의 단계를 나누었음에 비해, 에릭슨은 인간이 사회 속에서 타인과 사회적 관계를 맺어가는 데 초점을 맞추어 발달 단계를 제시하고 있다.

40 다음 에릭슨의 심리사회적 발달 단계 중 프로이트 이론에 의하면 항문기에 해당하는 시기는?
① 기본적 신뢰감 대 불신감 ② 자발성 대 죄책감
③ 근면성 대 열등감 ④ 자율성 대 수치감

해설 프로이트의 발달이론에서 항문기에 속한 2세에서 약 3세까지를 에릭슨은 자율성이나 수치심이 발달하는 시기로 보았다. 이 시기 유아는 여러 상반되는 충동에서 스스로 선택하려 하고, 이런 과정에서 자신의 의지를 나타내고자 하는 자율성을 키우게 된다.

41 다음 프로이트와 에릭슨의 발달 단계 구분 중 서로 관련 있는 단계가 옳게 연결된 것은?
① 구강기 — 생산성 대 침체성 ② 항문기 — 통합성 대 절망감
③ 남근기 — 자발성 대 죄책감 ④ 잠복기 — 친밀감 대 고립감

해설 프로이트와 에릭슨의 발달 단계
• 구강기 — 신뢰감 대 불신감 • 항문기 — 자율성 대 수치감
• 남근기 — 자발성 대 죄책감 • 잠복기 — 근면성 대 열등감
• 생식기 — 정체감 대 정체감 혼미

42 인간발달을 8단계의 위기를 극복하는 것으로 설명하며, 각 단계의 위기는 상호 대립되는 양극 개념으로 설명한 학자는?
① 에릭슨 ② 콜버그 ③ 피아제 ④ 프로이트

해설 문제 36번 해설 참조

43 다음 에릭슨의 발달 단계에 속하지 않는 것은?
① 정체감 대 정체감 혼미 ② 근면성 대 침체감

③ 자율성 대 수치감   ④ 신뢰감 대 불신감

해설 에릭슨의 발달 단계 : 기본적 신뢰감 대 불신감 → 자율성 대 수치감 → 자발성 대 죄책감 → 근면성 대 열등감 → 정체감 대 정체감 혼미 → 친밀감 대 고립감 → 생산성 대 침체감 → 통합성 대 절망감

44 다음 에릭슨의 이론에 따라서 아동이 성취해야 할 발달 과업의 순서는?

① 신뢰감 → 친밀감 → 생산감 → 정체감 획득
② 근면감 → 자율성 → 자발성 → 신뢰감 획득
③ 신뢰감 → 생산감 → 통합성 → 친밀감 획득
④ 신뢰감 → 자율성 → 자발성 → 정체감 획득

해설 문제 43번 해설 참조

45 프로이트의 성격발달이론에서 잠복기에 해당하는 단계에 해당하는 에릭슨의 발달 단계는?

① 근면성 대 열등감
② 생산성 대 침체감
③ 정체감 대 정체감 혼미
④ 자발성 대 죄책감

해설 문제 41번 해설 참조

46 다음 자아정체감 확립의 의미로 알맞은 것은?

① 존경하는 위인, 영웅을 통해 자신의 행태를 정당화하려는 것
② 고민, 갈등, 방황에 따른 정서적 불안
③ 자기의 위치, 능력, 역할, 책임 등에 대한 의식과 확신
④ 자기존재에 대한 새로운 의문과 탐색

해설 자아 정체감이란 에릭슨(Erikson)이 처음으로 체계적으로 사용한 개념으로서, 자기의 위치나 능력, 또는 역할과 책임 등에 대한 의식이며 확신이라고 할 수 있다. 한편 마샤(James Marcia)는 청년기의 자아의식을 에릭슨보다 실질적으로 접근했는데, 정체감 혼미 단계, 정체감 미숙 또는 유실 단계, 정체감 유예 단계, 정체감 확립 단계로 자아 정체감이 발달되며 이 중 정체감 확립 단계가 되면 청년은 자아 완성의 단계에 이른 것이 된다고 보았다.

47 다음 〈보기〉의 특성을 갖는 에릭슨의 발달 시기는?

보기
㉠ 약 6~12세   ㉡ 기초적인 사회적 기능 습득
㉢ 기초적 지적 기술 습득   ㉣ 자아 성장의 결정적 시기

① 기본적 신뢰감 대 불신감
② 자율성 대 수치감

정답 39.❸ 40.❹ 41.❸ 42.❶ 43.❷ 44.❹ 45.❶ 46.❸ 47.❹

③ 통합성 대 절망감 ④ 근면성 대 열등감

해설 에릭슨은 근면성 대 열등감 시기야말로 자아 성장에 있어서 결정적 시기라고 했다. 즉, 이 시기 아동은 기초적인 지적 기술과 사회적 기능을 습득하게 된다.

48 다음 자신을 시험해 보는 여러 가지 시도를 하는 자기 실험 기간은 어떤 문화에서든지 청소년들에게 불문율로 허용하는데, 이 시기를 에릭슨은 무엇이라고 했는가?

① 심리적 유예기 ② 발달의 위기 ③ 결정적 시기 ④ 과도기

해설 자기 실험 기간은 어떤 문화에서든지 청소년들에게 불문율로 허용한다고 하여 에릭슨은 정체감 대 정체감 혼미의 시기를 심리적 유예기라고 불렀다.

49 다음 에릭슨의 이론에 대한 비판 내용만으로 연결된 것은?

> **보기**
> ㉠ 성적 욕구를 지나치게 강조하였다.
> ㉡ 주변사람들의 격려·인정·처벌의 영향을 무시하였다.
> ㉢ 발달이론구축의 자료를 신경증환자의 치료과정에서 얻어 정상인이나 정상아동의 발달을 설명하는 데 무리가 있다.
> ㉣ 출생 후 초기 경험의 중요성을 강조하여 인간발달을 비관적으로 보았다.
> ㉤ 발달 단계의 구분에 과학적인 근거를 제시하지 못했다.

① ㉠, ㉡ ② ㉡, ㉢ ③ ㉢, ㉣ ④ ㉣, ㉤

해설 에릭슨 이론에 대한 비판
- 애매하고 모호한 개념이 많고 각 발달 단계의 구분에서도 과학적인 정확한 근거가 제시되지 못했다.
- 인간발달을 수동적이고 비관론적으로 보았다.

50 다음 에릭슨(Erikson)의 발달이론에서 최종적으로 획득하는 인성 특성은 무엇인가?

① 친밀감 ② 정체감 ③ 통합성 ④ 신뢰성

해설 인생의 마지막 시기인 노년기에 해당되는 시기를 통합성이나 절망감을 형성하는 시기라고 했다.

51 다음 에릭슨의 이론에서 인생의 마지막 시기인 노년기에 형성되는 발달 특성은?

① 심리적 유예기 ② 친밀감 대 고립감
③ 생산성 대 침체감 ④ 통합성 대 절망감

해설 문제 50번 해설 참조

52 다음 프로이트와 에릭슨 이론의 공통점으로 거리가 먼 것은?
① 발달의 단계이론이다.
② 발달적 위기 극복 여부에 따라 양극의 개념으로 설명한다.
③ 초기 경험을 중요하게 인정한다.
④ 인간의 자아 분석에 기초를 두고 있다.

해설 프로이트와 에릭슨 이론의 공통점은 ①, ③, ④이다. 두 이론 모두 발달의 단계이론이다. 인간의 발달은 뚜렷한 몇 개의 단계를 거쳐서 이뤄진다는 발달의 단계설을 주장하고 있다.

53 다음 인간발달이론의 단계설과 관련된 학자는 누구인가?
① 피아제   ② 반두라   ③ 왓슨   ④ 스키너

해설 피아제는 인지발달단계로 설명하였다. ②, ③, ④는 비단계설인 학습이론과 관련 있는 학자이다.

54 다음 학자들이 사용한 연구 방법이 바르게 연결된 것은?
① 피아제 — 임상면담방법
② 콜버그 — 자아 분석
③ 에릭슨 — 자유 연상
④ 프로이트 — 동화와 조절

해설 피아제는 아동의 독자적인 사고방식을 알아내기 위해 일련의 질문과 답으로 구성된 인위적인 경로로 아동의 반응을 강요하는 표준화된 검사 대신에 자발적인 경향의 흐름을 촉진하는 보다 개방적인 임상면담방법을 고안해 냈다.

55 다음 피아제(Piaget)가 인지발달의 적응 과정을 설명하기 위해 사용한 2개의 하위 과정은 무엇인가?
① 퇴행과 투사
② 고찰과 진보
③ 동일시와 모델링
④ 동화와 조절

해설 동화는 인간이 외계의 사물을 볼 때 기존의 틀에 맞추어 해석하는 것이고, 유기체가 새로운 대상을 기존의 체계로 받아들일 수 없는 경우 기존의 체계를 다소 변경시켜 가는 과정을 조절이라 한다.

56 다음 인간이 외계의 사물을 볼 때 기존의 틀에 맞추어 해석하는 것을 무엇이라고 하는가?
① 동일시   ② 모방   ③ 조질   ④ 동화

정답 48.① 49.④ 50.③ 51.④ 52.② 53.① 54.① 55.④ 56.④

해설 외계의 대상이 기존의 체계에 맞지 않는 경우 기존의 체계를 다소 변경시켜 가는 과정을 조절이라 한다. 그러나 동화는 인간이 외계의 사물을 볼 때 기존의 틀에 맞추어 해석하는 것이다.

57 다음 동화와 조절이라는 2개의 하위 과정으로 아동의 인지발달을 설명한 학자는 누구인가?

① 로렌츠(K. Lorenz) ② 스키너(B.F. Skinner)
③ 볼비(J. Bowlby) ④ 피아제(J. Piaget)

해설 피아제에 의하면 인간의 인지발달은 유기체란 인간이 자기의 환경과 끊임없는 상호작용을 통해 이루어지는 적응과정이다. 이 적응과정은 두 개의 하위과정으로 나누어지는데, 그것이 동화와 조절이다.

58 다음 인지발달의 주요 개념에 관한 설명으로 옳지 않은 것은?

① 도식 — 동화적 구조
② 구조 — 유기체가 가지고 있는 기존의 체계
③ 조절 — 기존의 체계를 다소 변경시키는 과정
④ 동화 — 외계의 사물을 기존의 틀에 맞게 해석하는 것

해설 유기체가 가지고 있는 기존의 체계, 즉 이해의 틀을 도식 또는 구조라고 한다. 이는 유기체가 생래적으로 가지고 태어나는 것이다.

59 피아제의 인지발달이론에서 어떤 대상이 시야에서 사라진 다음에도, 그 대상이 계속 존재한다는 대상 영속성 개념이 발달되기 시작하는 단계는?

① 구체적 조작기 ② 형식적 조작기 ③ 감각운동기 ④ 전조작기

해설 피아제의 인지발달이론의 단계
- 감각운동기 : 대상 영속성이 감각운동기의 여러 하위 단계를 거쳐 발달된다.
- 전조작기 : 3~5세경의 시기로 정신적 표상에 의한 사고는 가능하나 아직 개념적 조작능력이 충분히 발달되지 못한 상태
- 구체적 조작기 : 6~12세까지로 내적 표상을 갖게 되고 이를 여러 가지 방식으로 조작할 수 있으나 그 출발점이 항상 현실 자체일 뿐 가능성의 세계나 가상적 세계는 생각할 수 없다. 그리고 서열화 능력을 획득한다.
- 형식적 조작기 : 13세 정도가 되어 사춘기가 시작되면서 사고의 중요한 변화를 갖게 되는 시기로 현실적 세계를 넘어서 추상적으로 사고할 수 있게 된다. 즉 조합적 사고가 가능한 단계이다.

60 다음 피아제의 인지발달 단계 중 감각운동기 발달로 거리가 먼 것은?

① 시행착오적 행동으로 문제 해결 시도 ② 지연 모방 가능
③ 도식의 협응 ④ 서열화 능력의 획득

해설 감각운동기 : ①, ②, ③ 외에 내재적 표상을 통해 조작하고 변형한 후에 대처

61 다음 피아제 인지발달 단계의 특성으로 옳지 않은 것은?

① 형식적 조작기 — 조합적 사고 가능
② 구체적 조작기 — 직관적 사고
③ 전조작기 — 자아 중심성
④ 감각운동기 — 대상영속성 발달

해설 구체적 조작기의 특징 : 내적 표상, 유목 포함 문제 해결, 보존 개념 이해, 서열화 능력

62 다음 피아제의 인지발달 단계 중 〈보기〉와 같은 특징이 나타나는 시기는?

| 보기 | • 상징적 활동의 증가 • 자아 중심성 | • 직관적 사고 • 물활론적 사고 |

① 형식적 조작기   ② 구체적 조작기   ③ 전조작기   ④ 감각운동기

해설 전조작기 아동의 특징 : 상징적 활동의 증가, 직관적 사고, 자아 중심성, 물활론적 사고, 도덕적 실재론, 꿈의 실재론

63 다음 〈보기〉와 같은 현상은?

보기 함께 놀던 아이가 갑자기 놀이방에서 나가려고 문을 두드리고 울면서 장난감을 내동댕이치고 투정을 부린 것을 본 아이가 다음날 놀이방에서 놀다 싫증이 나면 전날의 아이처럼 장난감을 던지고 울며 투정을 부린다.

① 기능적 불변성   ② 지연 모방   ③ 조절적 행위   ④ 인지적 진보

해설 감각 운동기 시기 아기는 지연된 모방이나 모델이 없어도 모방행동을 보인다. 즉 모델이 사라진 다음에도 내적 표상을 가지게 되어 지연모방을 나타내게 된다.

64 다음 전조작기 아동의 특징으로 옳지 않은 것은?

① 조합적 사고   ② 언어발달   ③ 상징적 활동 증가   ④ 자아중심적 사고

해설 전조작기는 3~5세경으로 상징적 활동이 증가하고 직관적 사고, 자아 중심성, 물활론적 사고, 도덕적 실재론, 꿈의 실재론이 이에 해당한다.

정답 57.④ 58.① 59.③ 60.④ 61.② 62.③ 63.② 64.①

65 다음 피아제의 인지발달 단계 중 사물은 모두 살아 있고 각자의 의지에 따라 움직인다고 보는 사고를 하는 시기는?

① 감각운동기　　　　　　　　　② 전조작기
③ 구체적 조작기　　　　　　　　④ 형식적 조작기

> **해설** 피아제는 3~5세경 정도의 아동에게 보이는 전조작기의 특징 중 물활론적 사고는 사물은 모두 살아있고, 각자의 의지에 따라 움직인다고 보는 것이다. 이후 6~8세경의 아동들은 움직이는 것에 생명을 부여하다가 8세 후가 되면 비로소 동물과 식물에만 생명이 있다는 것을 알게 된다.

66 다음 전조작기의 도덕적 실재론에 대한 설명으로 옳은 것은?

① 사물은 모두 살아있고 각자의 의지에 따라 움직인다고 생각한다.
② 자신이 꾼 꿈을 다른 사람들도 볼 수 있고 실재 있는 것으로 안다.
③ 낮잠에서 깨면 오후가 되었던 것을 경험한 아기는 낮잠을 안자면 오후가 안되는 줄 안다.
④ 규칙이란 절대적으로 지켜져야 하며, 변경될 수 없다고 생각한다.

> **해설** 도덕적 실재론에서 규칙이란 지키지 않으면 벌을 받기 때문에 절대적으로 지켜야 되며, 규칙은 본래 정해진 것으로 변경될 수 없는 것이다.

67 같은 양의 물을 넓은 유리컵과 좁고 긴 유리컵에 넣었을 때 그 높이만을 보고 좁고 긴 컵의 물이 많다고 생각하는 것은 어떤 사고에 의한 것인가?

① 조작적 사고　　　　　　　　　② 귀납적 사고
③ 연역적 사고　　　　　　　　　④ 직관적 사고

> **해설** 유아는 아직 사물이나 사건의 여러 측면에서 주의를 할 줄 모르며, 그 속에 내재된 규칙이나 조작을 이해하지 못한다. 즉, 직관적 사고에 의해 판단할 뿐이다.

68 외부세계에 대해 자신이 생각하는 것이 전부이고, 유일하고, 가능한 것으로 생각해서 모든 사람들이 모두 자신과 똑같은 방식으로 사물을 보고 생각한다고 여기는 아동기 특징은?

① 꿈의 실재론　　② 물활론적 사고　　③ 자아 중심성　　④ 직관적 사고

> **해설** 자아 중심성 : 사물을 자기의 입장에서 보기 때문에 타인의 관점은 이해하지 못한다. 모든 사람들이 다 자신과 똑같은 방식으로 사물을 보고 생각한다는 것이다.

69 다음 〈보기〉의 용기들에 동량의 물을 담았을 때 ⓒ의 물이 많다고 답하는 것은 아동이 어떤 개념을 아직 획득하지 못한 것인가?

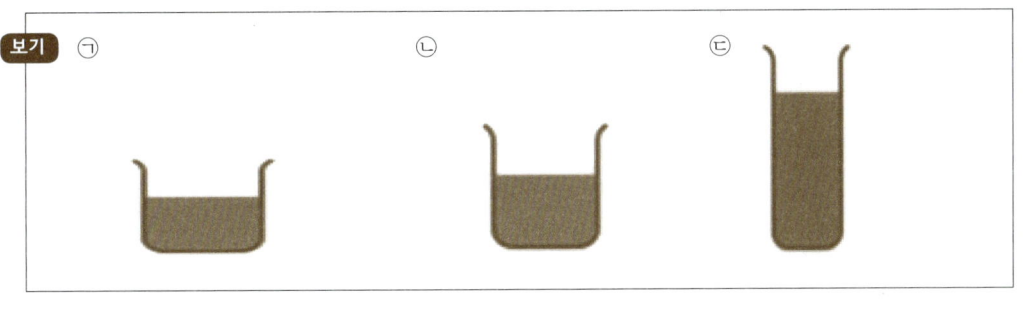

① 보존 개념　　　② 연역적 사고　　　③ 동일성　　　④ 역률

해설 구체적 조작기 시기에 보존 개념이 생긴다. 보존 개념은 사물의 양은 그 모양이 변하거나 여러 부분으로 나뉘어도 그 양이나 수가 변하지 않는다는 것이다.

70 피아제의 인지이론의 단계 중 아동의 보존 개념, 즉 사물의 양은 첨가하거나 빼버리지 않으면 그 모양이 변하거나 여러 부분으로 나뉘어져도 그 양이나 수가 변하지 않는다는 개념을 얻는 시기는?

① 감각운동기　　　　　　　　② 전조작기
③ 구체적 조작기　　　　　　　④ 형식적 조작기

해설 문제 69번 해설 참조

71 다음의 〈보기〉와 같은 발달이 이루어지는 피아제의 발달 단계는?

> **보기** 보존개념의 획득, 서열화 능력 발달, 탈중심화

① 형식적 조작기　　② 구체적 조작기　　③ 전조작기　　④ 감각운동기

해설 약 6~12세까지를 피아제는 구체적 조작기라고 불렀다. 이 시기 아동은 사고가 급격히 진전하여, 일반적인 것에까지 관점을 넓히며, 지각적으로 두드러진 대상에만 자기의 관점을 한정시키던 시기를 벗어난다.

72 다음 구체적 조작기의 특성이 아닌 것은?

① 서열화가 가능해진다.　　　　② 조합적 사고가 가능하다.
③ 보존 개념이 생긴다.　　　　　④ 탈중심성이 나타난다.

해설 ②는 형식적 조작기에 해당된다.

정답 65.❷ 66.❹ 67.❹ 68.❸ 69.❶ 70.❸ 71.❷ 72.❷

73 피아제의 인지발달 단계 중 추상적 추론이 가능하게 되며 조합적 사고를 할 수 있는 시기는?

① 감각운동기　　② 전조작기　　③ 구체적 조작기　　④ 형식적 조작기

해설 형식적 조작기는 추상적 사고, 조합적 사고, 연역적 사고, 이상향의 개념도 갖게 된다.

74 다음 구체적 조작기와 형식적 조작기의 사고 비교가 바르게 연결된 것은?

구체적 조작기	형식적 조작기
① 체계적·조합적 사고 가능	직관적 사고만 가능
② 명제 간 사고 가능	명제 내적 사고 가능
③ 경험적이고 귀납적 사고	가설적이고 연역적 사고
④ 가상성에 기초	현실성에 기초

해설 구체적 조작기와 형식적 조작기의 사고 비교
- 구체적 조작기 : 경험적이고 귀납적인 사고, 현실성에 기초, 명제 내적 사고 가능
- 형식적 조작기 : 가설적이고 연역적인 사고, 가상성에 기초, 명제간의 사고 가능, 체계적 사고 가능, 조합적 사고 가능

75 다음 〈보기〉와 같은 인지발달이 가능한 피아제의 발달 시기는?

> **보기**　조합적 사고, 연역적 사고, 이상향(utopia)의 개념, 추상적 추론 가능

① 형식적 조작기　　② 구체적 조작기　　③ 전조작기　　④ 감각운동기

해설 문제 73번 해설 참조

76 다음 피아제의 발달 단계 중 현실세계를 넘어서 추상적으로 사고할 수 있어 비로소 추상적 추론이 가능하고 가설을 세우고, 체계적 검증하에 하나의 법칙과 원리를 표출하고, 여러 가지 사태에도 일반화할 수 있게 되는 시기는?

① 형식적 조작기　　② 구체적 조작기　　③ 전조작기　　④ 감각운동기

해설 문제 73번 해설 참조

77 다음 피아제의 도덕성 발달단계 중 타율적 도덕 판단 단계의 특징으로 옳지 않은 것은?

① 필요하다면 규범이나 법칙을 변경시킬 수 있다고 생각한다.

② 법률이 수정 불가능한 것으로 본다.
③ 성인 기준에 동조하고 따르려 한다.
④ 또래와 횡적인 관계를 맺는다.

해설 타율적 도덕 판단의 단계와 자율적 도덕 판단의 단계
- 타율적 도덕 판단의 단계 : 약 11세 이전의 아동들은 규범이나 법률은 전지전능의 신이나 어른이 만든 수정 불가능의 절대적인 것이라고 생각한다. 다만 거기에 따르고 복종하는 것만이 최고의 선이라고 믿는다.
- 자율적 도덕 판단의 단계 : 약 11세 이후 연령의 아동은 도덕적 행동에 객관적 개념이 형성되어 과업의 양에 따라 판단하게 되는 도덕적 행동에 객관성이 형성된다.

78 다음 피아제에 따르면 자율적 도덕 판단이 가능한 시기는?
① 5세 이후　② 7세 이후　③ 9세 이후　④ 11세 이후

해설 문제 77번 해설 참조

79 다음 〈보기〉의 내용과 관련된 피아제의 도덕발달 단계는?

> **보기** 규범이나 법률이 인간에 의해 결정된 것임을 이해하고, 좀더 융통성있는 생각을 가지고, 변경시킬 수 있는 것이라고 생각한다.

① 횡적 도덕 판단　② 종적 도덕 판단
③ 자율적 도덕 판단　④ 타율적 도덕 판단

해설 문제 77번 해설 참조

80 다음 학자와 인간발달이론이 바르게 연결된 것은?
① 콜버그 — 도덕성 발달이론　② 피아제 — 사회성 발달이론
③ 에릭슨 — 사회학습이론　④ 프로이트 — 인지발달이론

해설 콜버그(Kohlberg)는 피아제(Piaget)의 도덕성 발달이론을 확대 발전시켜 자신의 독자적 도덕성 발달이론을 구축하였다.

81 콜버그가 도덕적 판단의 근거를 삼기 위해 사용했던 대표적인 딜레마의 상황들은 무엇인가?
① 솔로몬의 두 창녀이야기　② 하인즈의 이야기

정답 73.④　74.③　75.①　76.①　77.①　78.④　79.③　80.①　81.②

③ 지킬박사와 하이드 ④ 백설공주

해설 콜버그는 딜레마 상황을 제시하여 그런 상황에서 각 연령별 아동에게 도덕적 판단을 하도록 요구했다. 탈옥수 이야기, 중대장의 이야기, 하인즈의 이야기 등이 딜레마의 상황으로 제시되었다.

82 도덕성 발달 단계를 〈보기〉처럼 나누어 설명한 학자는?

> 보기
> • 전인습적 도덕 수준(2~6세)   • 인습적 도덕 수준(6~12세)
> • 후인습적 도덕 수준(12~20세)

① 스키너(B.F. Skinner) ② 파블로프(I.P. Pavlov)
③ 콜버그(L. Kohlberg) ④ 피아제(J. Piaget)

해설 콜버그의 도덕성 발달단계 : 전인습적 도덕 수준 → 인습적 도덕 수준 → 후인습적 도덕 수준

83 다음 콜버그의 도덕성 발달 단계에서 인습적 도덕 수준에 해당하는 것은?

① 민주적 법률 ② 법과 질서 지향
③ 보편적 원리 ④ 상대적 쾌락주의

해설 인습적 도덕 수준 : 착한 아이 지향, 법과 질서 지향

84 다음 콜버그의 도덕성 발달 단계 중에서 전인습 수준에 속하는 단계는?

① 대인간 조화 ② 처벌과 복종 지향
③ 법과 질서 지향 ④ 사회적 계약과 합법성 지향

해설 콜버그의 도덕성 발달단계
• 1단계 전인습적 도덕 수준(2~6세) : 아동들의 외적 요인들에 의해서 행위를 결정하였다. 즉 복종과 처벌 지향, 상대적 쾌락주의
• 2단계 인습적 도덕 수준(6~12세) : 착한 행동을 하는 것과 전통적 인습적인 사회질서를 유지하는 것으로 도덕을 정의한다.
• 3단계 후인습적 도덕 수준(12~20세) : 공통적인 기준이나 권리 및 의무에 따라 행동한다.

85 다음 콜버그의 도덕성 발달이론 단계에서 최상위의 도덕 발달 단계는?

① 복종과 처벌 지향 ② 상대적 쾌락주의
③ 법과 질서 지향 ④ 보편적 원리

해설 보편적 원리는 개인의 양심에 따라 행동한다. 현존하는 법칙에 따라 행동을 규정하지만 도덕적 규제자로서의 자기 양심의 소리에 우선적으로 따른다. 이 단계는 도덕발달의 최고 지점이다.

86 다음 콜버그의 도덕성 발달 단계 중 법이나 관습보다는 개인의 가치 기준에 우선을 두는 단계는?

① 타율적 도덕 수준
② 후인습적 도덕 수준
③ 인습적 도덕 수준
④ 전인습적 도덕 수준

해설 후인습적 도덕 수준에서는 도덕성이 완전히 내면화되며 타인의 규범을 바탕으로 하지 않는다.

87 콜버그의 도덕성 발달이론이 비판받는 주요 쟁점으로만 연결된 것은?

보기
㉠ 문화적 보편성을 지니지 못한다.
㉡ 도덕적 발달단계는 문화적 교육의 결과이다.
㉢ 이타심 등 정의적 측면에 대해 고려되었다.
㉣ 도덕성 발달 교육이나 사회화 영향력이 간과되었다.

① ㉠, ㉣
② ㉠, ㉡
③ ㉡, ㉢
④ ㉢, ㉣

해설 콜버그(Kohlberg)의 이론은 문화적 보편성에 대한 의문이 제기되며 도덕성 발달에 미칠 수 있는 교육이나 사회화 영향력이 간과되었다.

88 남성이 여성보다 도덕적으로 더 우월하다는 견해를 보이고 있는 학자는 누구인가?

① 피아제
② 길리건
③ 콜버그
④ 워커

해설 콜버그는 도덕성은 아동기에서 성인기에 이르기까지 발달하며, 남성은 여성보다 한 단계 더 높은 발달단계에 이른다고 하며 도덕 수준의 성차를 인정했다.

89 도덕성 발달과 성차에 관해 남성과 여성의 도덕성 발달은 성차라기보다는 문제 해결 방책을 어떤 관점·가치에서 구하느냐의 차이라고 보아야 한다고 한 학자는 누구인가?

① 길리건
② 프로이트
③ 콜버그
④ 피아제

해설 길리건은 남성과 여성의 도덕성 발달을 성차라기보다는 문제를 해결하는 방책을 어떤 가치, 어떤 관점에서 구하느냐의 차이라고 보아야 한다고 했다.

정답 82.❸ 83.❷ 84.❷ 85.❹ 86.❷ 87.❶ 88.❸ 89.❶

90 학습이론의 특성으로 옳은 것은?

① 인간발달은 비연속적으로 일어난다.
② 인간의 특정 행동 특징은 갑자기 일어난다.
③ 인간의 모든 행동은 자극과 반응의 연합이다.
④ 인간의 성장 발달이 정해진 순서에 따라 일어난다.

해설 학습이론에서 인간 발달은 연속적 과정이며, 개별 경험이나 훈련에 의해 점진적으로 형성된다.

91 파블로프(Pavlov), 왓슨(Watson), 스키너(Skinner), 반두라(Bandura)에게서 공통적으로 나타나는 발달이론은?

① 각인이론
② 애착이론
③ 학습이론
④ 인지발달이론

해설 인간의 발달은 연속적인 것으로 경험이나 훈련에 의해 점진적으로 형성되는 것이라고 주장하는 이론들이다.

92 다음 학자들과 그들의 발달이론이 바르게 연결된 것은?

① 로렌츠 — 활동이론
② 반두라 — 조작적 조건형성
③ 스키너 — 각인설
④ 파블로프 — 고전적 조건형성

해설 한 자극과 이미 특정 반응을 유도해 낸 다른 자극을 결합시켜 반응을 조건화시키는 과정이다. 파블로프는 음식이 이미 개에게 침을 흘리게 하기 때문에 음식과 다른 자극을 연결시키면 그 자극 역시 개에게 침을 흘리게 할 것이라는 가정 하에 실험했는데, 그는 그 자극으로 음식을 개에게 줄 때마다 종을 울렸다. 즉, 종소리만 울려도 침을 흘리도록 개의 반응을 조건화한 것이다.

93 파블로프는 개의 침분비 실험을 통해 고전적 조건형성이론을 정립했는데, 이 실험에서 무조건 자극에 해당한 것은 무엇인가?

① 지렛대
② 아기상자
③ 음식물
④ 전등불

해설 개에게 주는 음식물은 조건형성이 되기 전에도 개의 침 분비를 유발하였던 자극이므로 음식물을 무조건자극이라고 하며, 종소리는 조건형성의 과정을 거쳐서 개의 침을 분비하게 유발시켰으므로 조건자극이라고 한다.

94 발달의 비단계설에서 주장하는 것은?

① 발달 곡선
② 결정적 시기
③ 발달 단계의 구분
④ 순서에 의한 발달

해설 학습이론(비단계설)에 따르면 인간의 성장 발달에서는 양적으로 증가되는 발달 곡선이 있을 뿐이다.

95 대표적인 비단계 발달이론은 무엇인가?
① 에릭슨의 사회성발달이론　　② 피아제의 인지발달이론
③ 프로이트의 성격발달이론　　④ 왓슨의 학습이론

해설 단계이론에서는 인간의 성장발달이 일정한 순서에 따라 일어나며 각 발달단계는 질적으로 차이가 있다고 본다. 대표적인 단계이론으로 프로이트의 성격발달이론, 피아제의 인지발달이론 등을 들 수 있다. 이에 반해 왓슨은 특정의 행동 변화, 즉 발달이 어느 특정 단계에서 일어나는 것이 아니라 경험과 학습에 의해 점진적으로 형성된다고 본다.

96 다음 인간발달의 여러 학설 중 비단계설에 속하는 학자는 누구인가?
① 피아제　　② 에릭슨　　③ 프로이트　　④ 왓슨

해설 학습이론, 즉 비단계설의 학설에서는 인간발달의 단계적 발달을 부인하는데, 어떤 행동 특징이란 그것이 나타날 수 있는 심리적 구조가 형성되었을 때 일어날 수 있다고 보고 있다.

97 한 반응이 발생할 확률을 높여서 그 반응이 일어날 가능성을 높여주는 것을 무엇이라 하는가?
① 각인　　② 애착　　③ 연상　　④ 강화

해설 강화란 조작적 조건 형성에서 한 반응이 발생할 확률을 높여서 그 반응이 일어날 가능성을 높여주는 것이다.

98 만약 아동이 잘못했을 경우 TV 시청을 못하게 하는 경우에 해당되는 것은?
① 정적 강화　　② 부적 강화　　③ 정적 벌　　④ 부적 벌

해설 부적 벌이란 행동이 나타난 직후에 그 상황에서 즐거운 무엇을 빼앗거나 제거하는 것이다.

99 다음 〈보기〉와 관계가 깊은 학자는 누구인가?

> **보기** 관찰학습, 대리학습, 사회학습이론, 대리적 강화

① 볼비(Bowlby)　　② 융(Jung)

정답 90.❸ 91.❸ 92.❹ 93.❸ 94.❶ 95.❹ 96.❹ 97.❹ 98.❹ 99.❸

③ 반두라(Bandura)   ④ 스키너(Skinner)

해설 반두라(Bandura)는 왓슨(Watson), 스키너(Skinner) 등의 주장과 달리 사회학습이론을 주장하였다. 학습은 사회적 상황에서 타인들의 행동을 단순히 관찰하는 것만으로도 학습할 수 있다고 주장한다.

100 다음 학자들의 연구 내용이 바르게 연결된 것은?

① 반두라 — 사회학습   ② 스키너 — 고전적 조건형성
③ 왓슨 — 자연관찰   ④ 파블로프 — 조작적 조건형성

해설 문제 99번 해설 참조

101 인간의 학습과정은 직접적 강화에 의한 경험을 통해 학습되기도 하지만 타인들의 행동을 단순히 관찰만 하여도 이를 모방함으로써 새로운 행동을 학습할 수 있다고 본 학자는 누구인가?

① 몬테소리(M. Montessori)   ② 반두라(A. Bandura)
③ 스키너(B.F. Skinner)   ④ 왓슨(J.B. Watson)

해설 반두라는 인간의 학습과정은 직접적인 강화에 의한 경험을 통해서 학습되기도 하고, 즉 그렇게 학습되는 행동도 있지만, 타인의 행동을 관찰만 하여도 이를 모방함으로써 새로운 행동을 학습할 수도 있다고 주장하였다. 이러한 학습은 사실 일상적인 사회생활에서 많이 이루어지기 때문에 사회학습이론이라고 불렀다.

102 다음 반두라의 관찰학습에서 가장 먼저 선행되어야 할 관찰 요소는?

① 강화와 동기적 과정   ② 운동 재생 과정
③ 주의 과정   ④ 파지 과정

해설 반두라(Bandura)는 관찰학습의 요소로 주의 과정, 파지 과정, 운동 재생 과정, 강화와 동기적 과정의 4단계를 들어 그의 사회학습이론을 설명하였다.

103 반두라(Bandura)의 관찰학습 4가지 구성 요소에 들지 않는 것은?

① 주의 과정   ② 운동 재생 과정
③ 파지 과정   ④ 정적 및 부적 강화 과정

해설 문제 102번 해설 참조

104 다음 각인설과 관련되는 학자는 누구인가?

① 로렌츠　　　② 볼비　　　③ 아인스워즈　　　④ 왓슨

해설 로렌츠(K. Lorenz)에 의하면 각인현상은 생의 초기, 즉 어떤 행동을 결정하는 과민한 결정적 시기에 형성되어 그 이후에는 지울 수 없는 행동으로 되는 강력한 작용을 하기 때문에 학습의 과정과는 다르다고 보았다.

105 다음의 〈보기〉에서 설명하고 있는 학자는?

> **보기** 자연 관찰법을 통해 발견되는 동물의 상대적 본능 행동 외에도 후천적·사회적 본능이 생의 초기에 획득된다는 사실에 관심을 가지며 각인설을 주장했다.

① 로렌츠(Lorenz)　　　② 반두라(Bandura)
③ 볼비(Bowlby)　　　④ 스키너(Skinner)

해설 로렌츠는 종종 현대 동물행동학의 아버지로 불리는데, 다윈의 진화론적 관점을 도입하여 동물 행동을 연구하였다. 동물행동학자들은 학습되지 않은 특별한 부류의 행동인 본능에 흥미를 갖는데, 본능을 종(種)의 특유의 것으로 보며, 또한 본능은 진화의 산물로서 종을 위한 생존 가치를 갖는다고 본다.

106 다음 중 발달연구자와 연구방법의 연결이 알맞은 것은?

① 파블로프 — 단순 관찰　　　② 로렌츠 — 자연 관찰
③ 에릭슨 — 자유 연상　　　④ 프로이트 — 질문지법

해설 로렌츠는 자연 관찰로써 동물의 고유한 행동 유형을 관찰하는 연구 방법을 주장했다. 그런 관찰을 통해 그 종류의 고유한 행동패턴을 알면, 이 행동이 그 종류의 고유한 적응행동에 어떤 역할을 하는지도 알아낼 수 있다고 보았다.

107 다음 발달심리학자와 그의 이론의 특징이 바르게 연결된 것은?

① 볼비 — 애착　　　② 로렌츠 — 조건 형성
③ 스키너 — 각인　　　④ 파블로프 — 도덕성

해설 발달이론에서 중요시되는 이론 중에 대표적인 것으로 프로이트의 성격발달이론, 에릭슨의 사회성발달이론, 피아제의 인지발달이론, 로렌츠의 각인이론, 볼비의 애착이론, 스키너의 조작적 조건형성, 파블로프의 고전적 조건형성이론, 반두라의 사회학습이론, 왓슨의 학습이론 등을 들 수 있다.

108 볼비가 주장한 애착 대상과의 아동의 격리로 인해 나타나는 현상으로 거리가 먼 것은?

정답 100.❶　101.❷　102.❸　103.❹　104.❶　105.❶　106.❷　107.❶　108.❶

① 애정　　　② 초월　　　③ 절망　　　④ 반항

해설 볼비는 동물의 각인이론을 인간의 애착과 비교하여 두 행동 간에는 동일한 기제가 존재한다고 주장하였다. 따라서 아동이 애착 대상과 격리가 되면, 맨 처음에는 반항을 하면서 모든 보살핌을 거부하며, 다음 단계에서는 절망의 시기를 거치면서 무기력해지고 슬픔에 빠지며, 마지막 단계에서는 초월 상태에 들어가 좀 활발해지고 보살피는 이들의 행동을 수용하게 된다고 하였다. 그러나 이 단계에서도 겉으로는 회복된 듯 보이나 격리되었던 모성이 돌아오면 알아보지 못하는 듯, 외면하고 흥미도 관심도 상실한 듯 행동한다고 하였다.

109 볼비(Bowlby)가 제시한 애착의 단계 중 가장 마지막에 나타나는 것은?

① 낯익은 사람에 초점 맞추기　　② 무분별한 반응기
③ 능동적 접근 추구　　　　　　④ 동반자적 행동

해설 볼비(Bowlby)가 제시한 애착의 단계 : 무분별한 반응기 → 낯익은 사람에 초점 맞추기 → 능동적 접근 추구 → 동반자적 행동

110 고아원 등 수용시설에서 자란 아동들이 타인과 애착관계를 잘 형성하지 못하는 것은 어떤 인물에 대한 각인의 기회가 없었기 때문이라고 본 학자는?

① 스키너　　② 에릭슨　　③ 로렌츠　　④ 볼비

해설 볼비는 시설수용 아동이 타인과 친밀하고 지속적 친밀 관계를 형성하지 못하는 것은 마치 어떤 인물에 대한 각인의 기회가 없었기 때문이라고 주장했다.

111 융의 성인기 이론 주요 개념 중 의식이 개성화 과정에서 생기는 것으로 본 것은?

① 자아　　② 페르소나　　③ 음영　　④ 자기

해설 자아란 의식의 견해를 나타내므로 의식적인 지각, 기억, 사고, 감정이 자아를 이루게 된다.

112 융의 성인기 이론 주요 개념 중 개인 무의식과 관련 있는 것은?

① 그림자　　② 아니마　　③ 아니무스　　④ 원형

해설 음영(그림자)은 의식의 이면으로 무시되고 도외시되는 마음의 측면이다.

113 융의 독창적 개념으로 인류가 보편적으로 공유하는 신화적이고 상징적인 것을 나타내는 개념은?

① 개인 무의식　　② 집단 무의식　　③ 페르소나　　④ 자기

해설 집단 무의식은 융의 독창적 개념으로 인류가 보편적으로 공유하는 신화적이고 상징적인 것을 나타내는 개념이다.

114 융이 제시한 성인기 이론의 주요 개념 중 〈보기〉의 내용이 설명하고 있는 것은?

보기
- 개인이 외계로 보이는 이미지
- 자아의 가면이라 할 수 있음

① 집단 무의식　　　　　　　　② 음영 혹은 그림자
③ 페르소나　　　　　　　　　　④ 자아

해설 페르소나(persona)는 개인이 외계로 보이는 이미지인데, 자아의 가면이라 할 수 있다. 사회의 기대치에 부응하는 개인의 역할을 말한다.

115 성격 구조를 〈보기〉와 같이 나누어 설명한 학자는 누구인가?

보기 자아, 페르소나, 음영, 아니마와 아니무스, 개인 무의식, 집단 무의식

① 왓슨　　　② 볼비　　　③ 반두라　　　④ 융

해설 융은 성격 기능의 다양한 체계에 관해 성격이론을 발전시켰는데 성격 구조에는 자아, 페르소나, 음영, 아니마와 아니무스, 개인 무의식, 집단 무의식, 자기 등을 들고 있다.

116 융의 성인기 발달이론에서 말하는 페르소나(persona)는 무엇인가?

① 여성성 속의 남성성　　　　　② 자아의 어두운 면
③ 우리 자신이 용납하기 힘든 특징과 감정　　　④ 사회의 기대치에 부응하는 개인의 역할

해설 문제 114번 해설 참조

117 융의 성인기 발달이론 중 성격 구조를 이루고 있는 것이 아닌 것은?

① 집단 무의식　　② 개성　　③ 음영　　④ 자아

해설 융은 성격 기능의 다양한 체계에 관하여 성격이론을 발전시켰는데 먼저 성격구조는 자아, 페르소나, 음영, 아니마와 아니무스, 개인 무의식, 집단 무의식, 자기로 이루어져 있다.

정답 109.④ 110.④ 111.① 112.① 113.② 114.③ 115.④ 116.④ 117.②

118 다음 융의 개념 중 남성 속의 여성성을 의미하는 것은 무엇인가?

① 아니무스　　② 아니마　　③ 음영　　④ 페르소나

해설 남자에겐 여성적 측면이 꿈이나 환상 속에서 남성 속의 여성, 즉 아니마(anima)로 나타나고 여자에게는 여성 속의 남성, 즉 아니무스(animus)가 된다.

119 다음 게젤이 설명하는 〈보기〉의 기제는 무엇인가?

> **보기** 출생 시 아기가 목표를 주목할 수 없어 두리번거리나, 얼마 지나지 않아 눈을 움직이는 작은 근육과 뇌에 있는 신경흥분 간의 관계로 곧 시선을 고정시켜 대상을 잠시 동안 응시할 수 있게 된다.

① 양극화　　② 집단화　　③ 개별화　　④ 패턴화

해설 게젤의 성숙이론은 발생학적 모델을 가장 철저하게 적용시킨 이론으로, 이러한 입장에서 게젤은 아동중심적인 양육법을 주장하였다. 그리고 게젤은 성장을 연구할 때에는 양적인 형태로 측정하는 것이 아니라 패턴을 조사해야 한다고 주장하였다. 패턴이란 뚜렷한 모양이나 형태를 갖고 있는 것이면 어느 것이나 될 수 있다. 예를 들어 눈깜박거리기와 같은 것이다. 그러나 가장 중요한 것은 패턴화 과정으로서, 이 과정에 의해서 행위들이 체계화된다고 보았다.

120 경직성 목반사에서 찾아볼 수 있는 융의 성숙이론의 발달 원리는?

① 기능 비대칭　　② 자기 규제　　③ 개성　　④ 상호 교류

해설 기능 비대칭 : 발달의 가장 높은 단계에서 인간은 정면이 아니라 측면에서 가장 효과적으로 기능한다는 원리이다. 경직성 목반사에서 비대칭적 경향을 볼 수 있다.

121 다음 중 몬테소리 이론에서 중요시한 개념은 무엇인가?

① 상호관련성　　② 자기규제　　③ 패턴화　　④ 민감기

해설 몬테소리는 대부분의 다른 발달이론학자들과는 달리 실제로 아동을 가르치는 데 헌신을 한 학자로, 루소의 영향을 받아 아동들은 그들 자신의 성숙적 촉발로써 배우기 때문에 어른들이 원하는 대로 만들어진다는 생각은 잘못된 것이라고 주장하였다. 또한 아동들은 어른들과는 전혀 다르게 생각하고 배운다고 보았다. 몬테소리가 주장한 이론의 중심은 민감기 개념이다. 즉, 유전적으로 계획된 기간인 민감기에 아동은 어떤 과제를 숙달하려고 노력하여 숙달할 수 있게 된다고 보았다.

122 생후 6개월 된 아이가 손님이 우산을 탁자 위에 놓는 것을 보고 울다가 어머니가 우산을 우산 꽂이에 넣었더니 울음을 그쳤다. 이 아동이 처한 시기와 관련된 것은?

① 언어에 대한 민감기　　　　　　② 양손사용에 대한 민감기
③ 세부에 대한 민감기　　　　　　④ 질서에 대한 민감기

해설 질서에 대한 민감기 : 생후 3년 동안에 첫번째 민감기가 나타나는데, 이 시기에 아동들은 질서에 대해 강한 욕구를 지닌다.

123 아동의 전인격적 발달을 돕는 것 이외에도 정상화와 일상생활 경험을 통한 미래의 준비 등을 교육의 주요 목표로 본 학자는?

① 몬테소리　　② 프로이트　　③ 파블로프　　④ 왓슨

해설 몬테소리 교구, 활동, 교육 방법들은 몬테소리가 어린이들이 스스로 창조하는 것을 돕기 위해 만든 것이다.

정답 118.❷　119.❹　120.❶　121.❹　122.❹　123.❶

MEMO

03 태아기의 발달

 단원 개요

인간의 성장 발달 시기 중에서 가장 신속하고 놀라운 발달 시기는 태아기이다. 육안으로는 잘 보이지 않을 만큼 작은 한 개의 단세포가 분화되고 발달되어 제각기 서로 다른 기능을 하면서 통합된 방향으로 발달하는 수억의 세포군을 이루게 되고, 그래서 한 인간이 형성되는 시기가 곧 태아기이다.

이 단원에서는 이렇듯 급속한 발달 시기인 태아기에 있어서 인간이란 생명체의 형성과정을 학습하고 또 태아로서 발달되어 가는 과정은 어떠한지를 학습한다. 또한 태아기의 발달이 완성되면 어떤 출산의 과정을 거치게 되는지 이러한 과제를 학습한다.

 출제 경향 및 수험 대책

이 단원에서는 배우체에 대한 설명, 임신 2개월부터 출산 전까지의 기간인 태아기에 대한 설명, 사람의 출산예정일 산출 등에 대해서 묻는 문제들이 출제될 수 있는 바, 자세하고 철저한 학습이 요구된다.

3

01 생명체의 형성 과정

1 임신

① 수정 및 임신 : 남자의 정자와 여자의 난자를 배우체라고 하는데, 이 두 배우체의 결합을 수정이라 하며, 성숙된 난자가 성숙된 정자와 결합하여 수정란이 되는 것을 임신이라 한다.

㉠ 여성의 생식기는 2개의 난소와 2개의 나팔관 및 자궁으로 구성되어 있다. 난소는 난자를 저장하는 곳이며, 여성이 사춘기가 되어 월경을 하게 되면 호르몬이 난자의 성숙을 자극해 성숙된 난자가 월경이 끝나는 날 이후로 하나씩 난소에서 배출되어 나팔관으로 이동한다. 난자가 나팔관을 통해 자궁으로 이동하는 기간은 약 3일에서 7일이다. 그런데 난소를 떠나 약 24시간이 지난 난자는 24시간 이내에 정자를 만나야 수정이 이루어진다.

㉡ 정자는 성교 시에 배출되며 1회의 배출량은 약 1~5억 마리 정도나 된다. 긴 꼬리가 달려 있는 올챙이 모양으로서 유전적 정보는 머리 모양의 앞부분에 있다. 여성의 질 속에 들어간 수많은 정자 중에서 나팔관에 들어가게 되는 것은 500개 이하라고 한다. 이 중에서 하나의 정자만이 난자와 수정을 하게 되며, 일단 하나의 정자와 난자가 합해지면 난자의 표면이 변화되어 다른 정자가 들어오는 것을 막는다.

② 유전인자(유전자)와 성의 결정

㉠ 유전인자(유전자) : 유전자는 DNA라는 유전 물질 속에 들어 있다. DNA는 바로 염색체 속에 들어 있는 물질이며, 염색체는 세포의 핵 속에 있다. 정자와 난자는 각각 23개의 염색체를 가진다. 수정란은 정자와 난자의 염색체를 합쳐 23쌍, 즉 46개의 염색체를 가진다. 이러한 23쌍의 염색체는 복사되어 새로 형성된 세포 각각에 전달된다. 염색체가 운반하는 유전자에는 신체 크기, 피부색 등을 결정하는 유전적 요소가 있어 그러한 부모의 특성이 자녀에게 그대로 전달된다.

㉡ 유전적 잠재성 : 배합된 46개의 염색체

- 염색체는 발달상의 각 특성을 결정하는 유전자들이 특정 부위를 차지하고 있는데, 이를 대립 유전자라고 한다. 만일 양쪽 부모에게서 같은 대립 유전자가 전달되면 이러한 대립 유전자의 결합 형태를 동질 접합이라고 한다. 그러나 서로 다른 대립 유전자가 전달될 수도 있는데, 이 경우를 이질 접합이라고 한다.
- 예를 들어, 아버지와 어머니 모두 동일하게 갈색 눈의 대립 유전자를 가지고 있어 이것이 자녀에게 전달되면, 이 경우 대립 유전자의 결합은 동질 접합이 된다. 그러나 아버지에게서는 갈색 눈, 어머니에게서는 검은색의 대립 유전자가 전달되면, 이 경우 이질 접합이 되는 것이다. 동질 접합의 경우 그 유전자의 특성이 그대로 자녀에게 나타나게 된다. 따라서 자녀는 갈색 눈을 가지게 된다.

추가 설명

수정
- 난자에 도달하는 정자만이 난막을 뚫고 난자와 결합되며, 결합된 정자의 꼬리는 떨어져 버린다.
- 정자의 핵과 난자의 난핵이 결합하면 단핵의 수정란, 즉 접합체가 되는데, 이것을 수정, 즉 임신이라 한다.

추가 설명

인간의 유전인자
유전인자인 DNA는 염색체 속에 들어 있는데, 인간의 경우 남성의 정자로부터 23개의 염색체와, 여성의 난자로부터 23개의 염색체가 합해져서 46개의 염색체 배합이 이루어진다.

그러나 이질 접합의 경우는 유전자가 우성이냐 열성이냐에 따라 나타나는 특성이 다르게 된다. 만약 갈색이 우성인 경우 자녀는 갈색 눈을 가지게 되나, 검은색이 우성인 경우는 자녀의 눈은 검은색이 된다. 이러한 경우 양쪽 부모로부터 물려받은 대립 유전자의 결합 형태인 유전자의 특징을 유전자형이라고 하며, 실제로 나타난 유전적 특징은 표현형이라고 한다.

ⓒ 태아의 성별 : 사람의 염색체 23쌍 중 22개는 모습이 똑같은 염색체가 쌍을 이루고 있지만, 마지막 23번 염색체는 남자는 XY, 여자는 XX로 모습이 다르며, 23번 염색체는 사람의 성을 결정하는 성염색체이다. 모든 난자는 X염색체만을 가진다. 그러나 정자는 X염색체를 가진 것도 있고 Y염색체를 가진 것도 있다. 만약 Y염색체를 가지는 정자가 난자와 수정이 이루어지면 이 수정란은 남아가 되지만, X염색체를 가지고 있는 정자와 난자가 수정이 이루어지면 여아가 출생하게 된다.

> **추가 설명**
> **태아의 성별**
> 정자의 X와 난자의 X가 결합되면 여성(XX), 정자의 Y와 난자의 X가 결합되면 남성(XY)이 된다.

2 모체의 변화

① 월경이 사라진다.
② 입덧이라고 하여 식욕이 없어지고 구토와 현기증이 난다.
③ 유선(젖샘)이 발달되고 유두와 그 둘레가 점점 검어지고, 임신 3~4개월쯤에 유두를 누르면 유즙이 나온다.
④ 자궁이 커져서 방광을 누르게 되어, 임신부가 소변을 자주 눈다.
⑤ 쉽게 피로를 느끼고 두통을 자주 앓게 되며, 신경통이나 치통, 유통을 느끼는 경우도 있다.
⑥ 임신 5~6개월이 되면 태동을 느낀다.
⑦ 임신 5개월 이상이 되면 복부가 커져서 타인들이 육안으로도 임신부를 식별할 수 있게 된다.
⑧ 임신을 하면 평소보다 분비물이 많아진다.

> **추가 설명**
> **형제간에 나타나는 개인차에 대한 생리학적 원인**
> 두 개의 배우체인 정자와 난자가 감수분열을 통해서 46개의 염색체의 절반인 23개의 염색체를 가질 때 염색체의 배합이 서로 다르기 때문이다.

02 태아의 발달

1 배란기

수정 후 약 2주까지를 배란기라고 한다. 수정란은 수정이 이루어진 직후부터 세포분열을 하기 시작한다. 이렇게 세포분열을 하면서 수정란은 나팔관을 지나 3, 4일 후에 자궁에 도착하며, 수정된 후 7일에서 14일 사이에 자궁벽에 착상하게 된다.

2 배아기

① 수정 후 약 2주, 즉 배란이 자궁벽에 착상된 뒤 약 2~8주간을 배아기라고 한다. 이

기간은 짧지만, 신체의 각 부분의 약 95%가 형성되며 선천적 기형도 이 시기에 거의 이루어진다.

② **기관의 발달** : 배아세포 분열로 분비된 외배엽, 중배엽, 내배엽이 각 기관으로 발달된다.
  ㉠ 외배엽 : 피부의 표피, 손톱, 발톱, 뇌, 척추, 치아가 된다.
  ㉡ 중배엽 : 근육, 뼈, 혈관이 된다.
  ㉢ 내배엽 : 폐, 간, 소화기관이 된다.
③ 제일 먼저 순환계가 발달되며 35일경부터 소화기관이 분화되기 시작한다.

3 태아기

임신 2개월이 되면 사람의 형체를 갖추기 시작하며 이 때부터 출산 전까지를 태아기라고 한다. 이제 태아는 비교적 작은 구조, 예를 들어 손가락, 손톱, 눈꺼풀, 눈썹들을 발달시키기 시작한다. 태아는 새로 만들어진 눈꺼풀을 닫고 눈이 기본적으로 완성되기까지는 눈을 뜨지 않는다. 눈뿐 아니라 다른 신체구조도 이 시간 동안 성인과 비슷해진다.

03 출산의 과정

1 출산 예정일

보통 출산예정일은 마지막 월경 시작일로 계산한다. 수정부터 출산까지의 기간은 대개 266일로, 월경이 시작되고 2주일 정도 뒤에 수정이 이루어지기 때문에 마지막 월경이 시작된 날로부터 280일 뒤가 출산 예정일이다. 흔히 최종 월경 달수에서 9를 더하면 출산 달이고 12보다 많을 경우는 3을 뺀다. 출산일은 최종 월경의 첫날에 7을 더해 계산한다. 출산 예정일을 알았다고 해도 이것이 실제 출산일이라고 볼 수는 없다. 대체로 초산부는 예정일보다 출산일이 늦는 경우가 많고, 출신 경험이 있는 경산부는 예정일보다 일찍 출산하는 경우가 많다.

2 출산의 과정

① 이슬 : 출산월이 가까워지면 임신부의 질내에서 분비물이 많이 나온다. 분비물에 혈액이 약간 섞이는데, 이를 이슬, 즉 오로(惡露)라고 한다. 이슬은 강한 자궁 수축으로 인해 자궁 입구의 점액성 양막이 벗겨지면서 일어나는 현상이다. 따라서 이슬이 비친다면 출산을 위해 자궁이 열리기 시작했다는 것을 의미한다. 이슬은 일반 출혈과 달리 혈액이 섞인 점액으로 끈적끈적해 쉽게 구별할 수 있다.
② 진통 : 출산 수일 전에 불규칙적인 복통이 자주 오는데 이것을 전진통이라고 한다.

추가 설명

배아기
태반이 발달하고 탯줄이 태반과 태아를 연결한다. 혈액이 태아의 탯줄을 통해 배아와 태반 사이를 오감으로써 모체로부터 영양분과 산소를 공급하고 이산화탄소와 배설물을 배출한다.

추가 설명

태내 환경
- 임신부의 영양 : 태아는 모든 영양을 모체로부터 받아들이므로 임신부의 영양 상태는 태아에게 직접적 영향을 준다. 임신부의 영양 상태는 태아의 신체발달 뿐 아니라 지적 발달에도 영향을 준다.
- 임신부의 연령 : 고령 임신부의 경우 조산아 출산 가능성이 더 높아지고 저체중아를 낳을 가능성도 더 높아진다. 뿐만 아니라 고령의 임신부는 다운증후군 아동을 낳을 확률이 높다.
- 임신부의 약물 복용 : 약의 복용 시기, 복용량, 빈도, 약의 특성에 따라 태아에게 영향을 미칠 수 있다.

진통은 가벼운 생리통이나 요통처럼 시작된다. 처음에는 복부가 팽팽하게 늘어난 느낌이 들면서 허벅지가 땅기는 듯한 느낌이 든다. 진통은 시간이 지날수록 규칙적으로 반복되고 통증도 점점 강해진다.

③ 파수 : 자궁구가 전부 열린 다음 양막이 파열되면 양수가 나오는데, 이를 파수라고 한다. 대개는 진통이 시작되면 자궁구가 열린 다음 파수가 되는데, 경우에 따라서는 출산 예정일 전에 아무런 증상 없이 갑자기 파수가 되는 경우도 있다.

④ 개구기 : 진통이 시작되어 자궁구가 태아를 통과시킬 수 있을 만큼 열리는 시기를 개구기라 한다. 진통은 자궁 경부를 열기 위하여 규칙적으로 수축이 이루어지는 데서 오는 현상이다. 진통은 처음에는 20분, 30분으로 비교적 불규칙한 간격으로 짧게 오다가 개구기의 마지막 무렵에는 5분 또는 3분 간격으로 비교적 일정해지며 강도가 심해진다. 개구기는 자궁 경부가 완전히 열려 최대의 크기, 즉 약 10cm 정도가 되었을 때 끝나며, 대개 6시간에서 13시간이 걸린다. 개구기의 진통을 초래하는 근육 운동은 불수의 근육이 작용하는 과정이므로 산모가 긴장을 푸는 것이 도움이 된다.

⑤ 만산기 : 태아가 만출되는 시기이다. 출산기 또는 배출기라고도 한다. 강한 진통은 산모로 하여금 태아를 자궁 밖으로 밀어내도록 힘을 주게 한다. 태아의 머리가 자궁의 입구에 도달하게 되면, 태아는 몸의 위치를 약간 바꾸어 어깨와 몸의 나머지 부분이 쉽게 자궁을 나올 수 있도록 한다. 이러한 태아와 모체의 노력에 의해 아기가 출생한다.

⑥ 후산기(산후기) : 태아 출산 후 자궁은 급격히 수축되어 태반을 밀어 내는데, 이 마지막 단계에서 태반과 양막이 자궁 속에서 배출된다. 태반이 나오면 의사는 이를 철저히 검토한다. 왜냐하면 자궁 속에 조금이라도 찌꺼기가 남는다면 모체에 감염이나 출혈 현상이 일어날 수 있기 때문이다.

추가 설명

출산 예감 신호
- 태아가 골반으로 내려온다.
- 태동이 현저히 줄어든다.
- 위와 가슴의 압박감이 줄어든다.
- 화장실을 자주 들락거린다.
- 배가 불규칙하게 당긴다.

추가 설명

진통 구별
- 진통 : 규칙적이며 주기가 점차 짧아지고, 강도가 점점 강해진다. 이슬이 비치는 경우가 많고, 등과 상복부에 통증이 동반되는 경우가 많으며 자궁 경부가 열린다.
- 가진통 : 불규칙하며, 강도가 세졌다가 약해 졌다가 한다. 이슬이 비치지 않고, 주로 하복부에만 진통이 오며 자궁 경부는 열리지 않는다.

실전예상문제

1 다음 중 남자의 정자와 여자의 난자가 결합하는 것을 무엇이라고 하는가?
① 염색체　　② 수정란　　③ 수정　　④ 배우체

해설 남자의 정자와 여자의 난자를 배우체라고 하는데, 이 두 배우체의 결합을 수정이라 한다.

2 임신과 관련된 설명으로 옳지 않은 것은?
① 난자가 정자와 결합하여 수정란이 되는 것을 임신이라 한다.
② 난소는 미성숙한 난자를 저장하는 곳이다.
③ 정자의 경우 유전적 정보는 꼬리에 있다.
④ 난자는 난소를 떠나 약 24시간 이내에 정자를 만나야 수정이 이루어진다.

해설 정자는 올챙이 모양으로 유전적 정보는 머리 모양의 앞부분에 있다.

3 다음 여성의 생식기 중 난자를 저장하는 곳은 어디인가?
① 난소　　② 나팔관　　③ 질　　④ 자궁 경부

해설 여성 생식기는 난소와 나팔관, 자궁으로 구성되어 있다. 난소는 난자를 저장하는 곳으로 난자가 월경이 끝나는 날 이후로 하나씩 난소에서 배출된다.

4 유전인자(유전자)는 어디에 들어 있는 것인가?
① 아미노산　　② DNA　　③ 지방　　④ 단백질

해설 유전인자(유전자)는 DNA라는 유전물질 속에 들어 있다. DNA는 염색체 속에 들어 있는 물질이며 염색체는 세포의 핵 속에 있다.

5 염색체는 발달상의 각 특성을 결정하는 유전자들이 특정 부위를 차지하고 있는데 이를 무엇이라 하는가?
① 수정　　② 접합체　　③ 상동체　　④ 대립 유전자

해설 염색체는 발달상의 각 특성을 결정하는 유전자들이 특정 부위를 차지하고 있는데 이를 대립 유전자라고 한다.

6 다음 중 검은 눈의 아버지, 푸른 눈의 어머니 사이에서 태어난 아이가 검은 눈을 가진 경우 우성 대립 유전자는 무엇인가?

① 파란색   ② 회색   ③ 노란색   ④ 검은색

해설 아기의 눈이 검은색이면 검은색의 대립 유전자가 우성이고, 파란색은 열성이다.

7 다음 중 정상적인 사람의 염색체 수는?

① 42개   ② 44개   ③ 46개   ④ 48개

해설 남자의 정자로부터 받은 23개의 염색체와 여자의 난자로부터 받은 23개의 염색체가 합해져서 46개의 염색체 배합이 형성된다.

8 임신으로 인한 모체의 변화로 거리가 먼 것은?

① 임신 5~6개월이 되면 태동을 느끼고 타인들이 육안으로도 식별이 가능하다.
② 자궁이 작아진다.
③ 월경이 중지된다.
④ 평소보다 분비물이 많아진다.

해설 임신을 하면 자궁이 커져서 방광을 누르게 되어 소변을 자주 본다.

9 임신을 하게 되면 가장 먼저 모체에서 일어나는 변화는 무엇인가?

① 태동(胎動)   ② 유선(乳腺)의 발달
③ 월경 중지   ④ 유즙 분비

해설 임신을 하게 되면 모체에는 여러 변화가 일어나는데 맨 먼저 매월 정기적으로 나타나던 월경이 사라진다.

10 다음 중 임신 후 모체의 변화로 거리가 먼 것은?

① 유선 발달   ② 분비물 감소   ③ 월경 중지   ④ 입덧

해설 모체의 변화 : 월경 중지, 입덧, 유선 발달, 복부의 중앙선과 배꼽 그리고 외음부의 빛깔이 검어지고 기미도 낌, 소변이 잦음, 쉽게 피로를 느끼고 두통을 호소, 태동, 복부가 커짐, 분비물의 증가

정답 1.❸ 2.❸ 3.❶ 4.❷ 5.❹ 6.❹ 7.❸ 8.❷ 9.❸ 10.❷

11 아이의 성(性)은 무엇에 의해 결정되는가?
① 난자의 수
② 정자의 수
③ 정자의 염색체
④ 난자의 염색체

해설 난자는 모두 X염색체를 가지고 있고, 정자의 약 반수는 X염색체를, 나머지 반수는 Y염색체를 가지고 있다. 수정 시 X-X 염색체의 결합은 여성이 되고 X-Y염색체의 결합은 남성이 된다.

12 정자와 난자의 수정 후 약 2주까지의 시기를 무엇이라 하는가?
① 배란기
② 예정기
③ 태아기
④ 배아기

해설 수정란은 자체가 가진 영양으로 세포분열을 시작하여 수정 후 3일이 지나면 32개의 세포가 되고 4일경에는 자궁 안에 들어가서 헤엄쳐 다니면서 계속 세포분열을 하고 배란막에는 융모가 돋아서 수정된 후 7일에서 14일 사이에 자궁벽에 착상하게 된다.

13 다음 중 태동을 느끼고 복부가 커져 타인들이 육안으로 임산부를 식별할 수 있는 시기는?
① 임신 2개월
② 임신 3개월
③ 임신 4개월
④ 임신 5개월

해설 임신 5개월 이상이 되면 복부가 커져서 타인들이 육안으로도 임신부를 식별할 수 있게 되며, 태동을 느낀다.

14 다음 임신 2개월부터 출산 전까지의 기간을 무엇이라 하는가?
① 배아기
② 영아기
③ 태아기
④ 배란기

해설 배란기는 난소에서 난자가 배란되는 시기이며, 배아기는 배란이 자궁벽에 착상된 뒤 약 2~8주간을 말하며, 태아기는 임신 2개월부터 출산 전까지이다.

15 정자와 난자가 수정 후 사람의 형체를 갖추기 시작하는 시기는?
① 수정 후 약 20일
② 수정 후 약 4주
③ 임신 2개월
④ 임신 4개월

해설 임신 2개월이 되면 사람의 형체를 갖추기 시작하며 이때부터 출산 전까지를 태아기라고 한다.

16 수정 후, 즉 배란이 자궁벽에 착상된 뒤 약 2~8주간의 시기를 무엇이라 하나?

① 배란기 ② 태아기 ③ 배아기 ④ 정착기

해설 문제 14번 해설 참조

17 배아세포 분열로 분리된 외배엽으로부터 발달하는 기관이 아닌 것은?

① 근육, 골격 ② 손톱, 발톱
③ 척추 ④ 치아

해설 기관의 발달
- 외배엽 : 피부의 표피, 손톱, 발톱, 뇌, 척추, 치아가 된다.
- 중배엽 : 근육, 뼈, 혈관이 된다.
- 내배엽 : 폐, 간, 소화기관이 된다.

18 배아 세포 분열로 분리된 중배엽으로부터 생겨나는 것이 아닌 것은?

① 뼈 ② 소화기관
③ 근육 ④ 혈관

해설 문제 17번 해설 참조

19 임신부의 최종 월경 시작일이 2019년 10월 20일인 사람의 출산예정일은?

① 2020년 1월 27일 ② 2020년 1월 13일
③ 2020년 7월 27일 ④ 2020년 7월 13일

해설 출산예정일은 대체로 수정이 된 후 280일로 보는데, 일반적으로 최종 월경일을 기준으로 한다. 대체로 최종 월경의 월수(月數)에 9를 더하고, 월경 시작일에 7을 더하여 출산 예정일을 산출한다.

20 임신부의 출산 예감 신호로 거리가 먼 것은?

① 태아가 골반으로 내려온다. ② 태동이 현저히 늘어난다.
③ 위와 가슴 압박감이 줄어든다. ④ 배가 불규칙하게 땅긴다.

해설 임신부의 출산 예감 신호 : 태아가 골반으로 하강, 태동의 현저한 감소, 질 분비물 증가, 위와 가슴의 압박감 감소, 화장실 출입 증가, 배가 불규칙하게 땅김

정답 11.③ 12.① 13.④ 14.③ 15.③ 16.③ 17.① 18.② 19.③ 20.②

21 임신부가 출산일이 가까워지면 분비물에 혈액이 약간 섞이는데 이를 무엇이라고 하는가?

① 이슬　　　② 파수　　　③ 양수　　　④ 난막

해설 이슬은 일반 출혈과 달리 혈액이 섞인 점액으로 끈적끈적하다.

22 임신부의 자궁구가 열린 다음 양막이 파열되면 양수가 나오는데 이를 무엇이라 하는가?

① 이슬　　　② 파수　　　③ 파열　　　④ 배합

해설 파수는 대체로 진통이 시작되고 자궁구가 열린 다음 이루어진다.

23 임신부의 태반과 양막이 자궁 속에서 배출되는 시기를 뜻하는 것은?

① 개구기　　　② 만산기　　　③ 배출기　　　④ 후산기

해설 후산기(산후기)는 마지막 단계로서 태반과 양막이 자궁 속에서 배출된다.

정답　21.❶　22.❷　23.❹

04 영아기의 발달

 단원 개요

출생에서 만 2세경까지를 영아기라고 하였다. 엄격히 말하면 출생에서 약 2주경까지는 신생아라고 하지만 그 기간이 짧아 별도의 장으로 나누지 않고 영아기에 포함시켰다. 인간의 발달을 질적인 변화를 기준으로 단계적으로 나눌 때 그 분류는 학자마다 조금씩 차이가 있다. 따라서 일정하거나 합의된 발달단계는 없고 또 각 단계에 대한 명칭도 서로 다른 경우가 많다. 이는 얼핏 혼란스러워 보이나 오히려 인간발달에 대해 한 가지만의 단일 학설이 있을 수 없다는 입장에서 볼 때 오히려 바람직하다고 보겠다. 그러므로 영아기라고 명명한 출생에서 만 2세경까지를 몇몇 학자들은 더러 유아기라고도 하는데, 여기에서는 영아기라고 했다.

 출제 경향 및 수험 대책

이 단원에서는 신생아의 동공반사, 바빈스키반사, 가장 둔한 감각인 통각, 영아의 운동이 독립성을 띠게 되는 시기, 아기의 울음이 분화되기 시작하는 시기, 영아의 자기중심적 언어의 특성, 영아의 정서분화가 성인과 같이 모두 분화되는 시기, 애착 등에 대해서 묻는 문제들이 출제될 수 있는 바, 자세하고 철저한 학습이 요구된다.

4

01 영아의 신체 발달

1 신생아

① 개요

㉠ 신생아란 태아가 모체 밖으로 나와 탯줄이 끊어진 후부터 배꼽이 아무는 시기인 생후 약 2주간의 아기를 말하며, 이 시기를 신생아기라고 한다. 신생아는 평균 키가 약 50cm, 평균 몸무게가 약 3.4kg이다.

㉡ 아기가 출생한 직후부터 사용하는 검사 중 하나는 아프가(Apgar) 척도이다. 이것은 아프가(Apgar)가 1953년 개발한 것으로 외모(피부색), 맥박(심장 박동), 표정(반사자극 민감성), 활동성, 호흡(숨쉬기) 등 다섯 개의 하위 척도로 구성되어 있다.

| 표 4-1 | 아프가 척도 |

점수 하위 척도	0점	1점	2점
외모(피부색)	몸 전체가 푸르거나 창백하다.	몸은 분홍색, 팔다리는 푸른색이다.	분홍색이다.
맥박(심장 박동)	없다.	느리다(100회 이하).	빠르다(100회 이상).
표정(자극 반응)	반응이 없다.	얼굴을 찡그린다.	재채기, 기침, 울음
활동성(근육)	축 늘어져 있다.	약하고 비활동적이다.	강하고 활동적이다.
호흡(숨쉬기)	없다.	약하고 불규칙하다.	양호하다.

② 신생아의 반사 작용

㉠ 동공반사 : 시각 자극에 대해서는 불빛이 강할 때 동공을 축소하여 눈에 들어오는 양을 조절한다.

㉡ 정향반사 : 어떤 자극에 대해서도 어떤 형태로든지 반사적인 반응을 하는 것을 말한다.

㉢ 탐지반사 : 신생아는 배가 고플 때 안아 주면 입을 벌리고 좌우로 두리번거리며 무엇인가 찾는 듯한 시늉을 한다.

㉣ 빨기반사(흡인반사) : 배고픈 영아의 입가에 무엇인가 닿으면 입에 물고 빠는 반응을 보인다.

㉤ 쥐기반사(파악반사) : 신생아의 손에 무엇을 쥐어 주면 빼어 내기가 대단히 힘들 정도로 강하게 움켜쥔다.

㉥ 모로반사 : 신생아를 탁 치거나 자극적인 소리를 갑자기 들려 주면 아기는 깜짝 놀라 팔다리를 벌렸다 다시 오므린다.

㉦ 바빈스키반사 : 신생아의 발바닥을 살살 긁어주면 발가락을 폈다가 다시 오므리

추가 설명

아프가 척도

- 하위 척도에는 0점에서 2점까지를 나타내는 각 특성이 있어 의료진들은 아기가 태어난 직후 1분, 그리고 5분 후에 아프가 척도에 따라 아기를 검사해 점수를 매긴다.
- 만약 아기의 점수가 4점 이하이면 즉각적인 조치가 필요하며, 출생 후 20분이 지나도 3점 이하인 경우는 아기에게 심각한 문제가 있음을 나타낸다.

추가 설명

영아

출생에서 만 2세경까지를 영아기라고 한다. 엄격히 말하면 출생에서 약 2주경까지는 신생아라고 하지만 그 기간이 짧아 영아기에 포함시켰다.

추가 설명

출생 후 약 1주 동안 신생아의 체중이 감소되는 이유

- 태내에서 양수의 물기가 빠지기 때문
- 외부상황에 대한 적응이 힘들기 때문

곤 한다. 생후 4~6개월이면 사라진다.
  ⓗ 괄약근반사 : 신생아는 결장이나 방광이 충만되면 반사적으로 괄약근이 이완되어 배설작용이 저절로 이루어진다.
③ 신생아의 신체 기능
  ㉠ 호흡 : 신생아의 첫 울음은 아기가 이제까지 전혀 해 보지 않은 첫 호흡을 의미한다. 호흡은 1분에 35~45회 정도이며, 불규칙적인 복식호흡을 한다.
  ㉡ 소화, 배설 : 신생아는 빨기 반사와 삼키기 반사 등의 반사와 젖을 소화할 수 있는 위 분비액 등 소화에 필요한 모든 기본 요소를 가지고 태어난다. 산모의 젖은 신생아가 태어난 지 하루나 이틀 뒤에 나오기 시작하는데, 초유에는 무기염류, 비타민 A, 단백질, 지방 등이 골고루 있으며 감염에 대한 저항을 길러주는 요소가 들어 있다. 신생아가 처음 보는 변을 태변이라고 하며, 태어나서 약 8~24시간이 지난 후에 태변을 보게 된다. 끈적끈적하고 냄새가 없으며 암녹색이나 암갈색이다.
  ㉢ 체온 조절 : 신생아의 체온도 급격히 떨어지지만, 8시간 이내에 다시 정상으로 돌아온다. 그러나 체온 조절 체계는 비교적 불안정하므로 신생아에게는 옷이나 담요 또는 전열기 등이 필요하다.
  ㉣ 맥박 : 신생아는 출생 당시 120~140회 가량의 맥박이 뛰며 4~5일이 지나면 117회 정도로 줄어든다.
  ㉤ 신생아는 머리둘레가 전 신장의 약 1/4에 해당되며, 평균 머리둘레가 가슴둘레보다 크다.
④ 감각의 발달
  ㉠ 시각 : 출생 직후의 신생아는 신경 근육의 기능이 완전하지 못하다. 하루가 지나야 눈꺼풀과 안구가 율동적으로 움직인다. 뿐만 아니라 한 물체에 시선을 고정하거나 초점을 맞추지 못한다. 그러나 36시간이 지나면 아기는 동공반응을 잘할 수 있다. 신생아의 색채 구별에 관한 연구에서 신생아는 빨간색, 초록색, 노란색, 파란색을 구별하며, 특히 파란색과 초록색을 더 오랫동안 응시한다고 밝혀지고 있다. 출생 초기의 아기의 눈은 양쪽의 협응이 제대로 이루어지지 않아 마치 사팔뜨기같지만, 이러한 현상은 생후 1개월 이후부터는 사라진다.
  ㉡ 청각 : 신생아의 청각은 출생 이전부터 작용하는 것으로 밝혀지고 있다. 그러나 출생 직후의 신생아는 귓속에 점액이 차 있어 소리에 대해 별로 반응을 보이지 않다가 3, 4일이 지나면 소리에 대해 조금씩 반응을 보이기 시작한다.
  ㉢ 후각 : 상당히 일찍 발달하는데, 생후 1일이 지나면 젖 냄새와 다른 냄새를 구별한다. 인생 초기에 발달하여 나이가 많아짐에 따라서 떨어지게 된다.
  ㉣ 촉각 : 주로 촉각에 의지하여 주위 환경을 인지하며, 온도에 대해서 감각이 예민하므로 실내온도가 내려가면 신체 운동을 더 많이 한다.

> **추가 설명**
> **신생아의 소화기관**
> 수직으로 형성되어 있어 먹은 것을 잘 게운다. 또 장이 약하므로 과식을 하면 장이 팽창하기 쉽다. 따라서 양을 잘 조절하여 젖을 주어야 한다.

> **추가 설명**
> **신생아의 수면 시간**
> 하루 평균 15시간에서 20시간 정도이다. 보통 2시간마다 깨지만, 점차로 한 번에 자는 시간이 길어진다. 신생아가 깨는 것은 주로 몸이 불편하거나 또는 큰소리나 온도 변화 같은 환경적 자극 때문이다.

> **추가 설명**
> **천문(숫구멍)**
> 생후 일정 기간이 지나면 닫혀 없어진다. 신생아 또는 태아의 두개골 사이에 있는 연한 막의 구조물로 신생아의 뇌가 커짐에 따라 두개골을 신장시키고 변형될 수 있게 한다.
> • 소천문은 3개월 정도면 막히고, 대천문은 출생 후 차차 뼈로 변화되어 출생 후 14~18개월이면 막힌다.
> • 태어날 때 좁은 산도를 통해 유연하게 나올 수 있도록 하는 기능이 있다.

> **추가 설명**
> **판츠(Fants)의 실험**
> • 출생 후 5일 만에 신생아는 다른 색채나 모양보다 사람의 얼굴을 가장 오래 쳐다보았다.
> • 생후 4개월이 되면 다른 색보다 파란색이나 빨간색을 더 오랫동안 보는 경향이 있다.

📝 **추가 설명**
통각
신생아의 아픔에 대한 감수성은 체질에 따라 다르며, 여아가 남아보다 더 민감한 것으로 나타난다.

📝 **추가 설명**
영아기의 대근육 발달
- 1개월 : 대부분의 행동은 반사 운동이다.
- 2개월 : 엎드린 자세에서 턱을 든다.
- 3개월 : 엎드린 자세에서 가슴을 들고 어깨를 펴며, 목을 가눌 수 있다.
- 4개월 : 혼자서 몸을 뒤집고 받쳐 주면 앉을 수 있다.
- 5개월 : 팔, 다리, 머리, 목을 조절 하는 능력이 강화된다. 엎드린 상태에서 몸을 흔들어 댄다. 바로 누운 자세에서 발을 손으로 붙잡고 입으로 가져간다.
- 6개월 : 구를 수 있다. 복부와 등의 근육이 강해져서 혼자 앉을 수 있다.
- 7개월 : 붙잡아 주면 설 수 있고, 깡충깡충 뛰려 한다.
- 8개월 : 기어다니기 시작하는데 처음에는 뒤로 움직일 때가 많다.
- 9개월 : 가구를 잡아당기며 몸을 일으켜 세운다. 서 있는 상태에서 무릎을 구부려 앉는 법을 배운다.
- 10개월 : 가구를 붙잡고 걷기 시작한다. 붙잡아 주지 않아도 잠시 동안 혼자 서 있거나 한두 발짝 걷기도 한다.
- 11개월 : 불안하지만 몇 걸음 정도 걷는다.
- 12개월 : 처음에는 걷는 자세가 불안정하여 넘어지거나 가구 등에 부딪친다.

　ⓜ 통각 : 신생아는 통각에 둔하다. 그러나 소화기에서 오는 통증은 심한 울음을 자아낸다. 신생아가 아픔을 많이 느끼는 부위는 입술, 이마 등이며, 몸통이나 팔, 다리 등은 성인에 비해 아픔을 덜 느낀다.

2 영아기 운동 능력의 발달

① 대근육 운동 : 팔, 다리, 몸통과 같은 대근육을 사용하는 운동의 발달을 일컫는다. 출생 시 신생아는 고개도 못가누지만, 생후 2개월이면 엎드린 자세에서 고개를 들 수 있고, 3개월 경에는 가슴을 들 수 있으며, 4개월경에는 뒤집기를 할 수 있다. 10개월경에는 혼자 서거나 붙잡고 걷기 시작하며, 12개월경에는 혼자 혹은 손잡고 걸을 수 있다. 18~24개월경에는 달리기, 뒤로 걷기, 공차기 등을 할 수 있다.

② 소근육 운동 : 근원 발달의 원칙에 따라 팔과 손 그리고 손가락의 순으로 발달하게 된다. 출생 시에 신생아에게는 잡기 반사 능력이 있지만, 그것을 통제하는 능력이 없다. 6개월이 되어야 매달려 있는 물체를 팔을 뻗어 잡을 수 있다. 8~9개월경에는 자기 앞으로 던져 준 물체를 잡으려고 하지만 놓치고 첫돌이 지나서야 제대로 잡을 수 있다. 물체를 잡기 위해 처음에는 손 전체를 사용하지만, 10개월이 지나면서 손가락 중 엄지손가락과 집게손가락을 사용하여 작은 물체를 잡을 수 있게 된다.

③ 조작 기능의 발달
　㉠ 영아는 손 운동, 팔 운동 및 시각 능력의 발달과 함께 조작 기능이 발달되어간다.
　㉡ 조작 기능의 발달은 지적 활동과 밀접한 관계를 갖게 되며 신체 각 부분의 발달 및 감각의 발달과도 깊은 관련성을 갖는다.
　㉢ 영아의 손 조작 기능이 발달하는 과정
　　• 생후 4개월경 : 손을 뻗쳐 물건에 손을 대려고 한다.
　　• 생후 5개월경 : 물건에 손을 대고 스치게 되지만 잡지는 못한다. 즉, 겨우 초보적으로 움켜 잡는 형태가 나타날 뿐이다.
　　• 생후 6개월경 : 물건을 움켜 쥘 수 있다.
　　• 생후 7~8개월경 : 손으로 쥘 수 있다.
　　• 생후 9개월경 : 손으로 힘 있게 쥘 수 있고 비교적 정확하게 물건을 잡을 수 있다.
　　• 생후 12~14개월경 : 두세 손가락을 사용하여 손가락 끝으로 정확히 물건을 잡을 수 있다.
　㉣ 영아의 놀이 활동 : 놀이를 통하여 운동 기능을 익히고, 주위의 사물에 대한 기능도 실험할 수 있게 되며, 따라서 문제 해결 방법도 배우게 된다. 뿐만 아니라 상상과 창안의 기회는 놀이를 통해 포착하여 경험할 수 있다.

3 생리적 습관의 발달

① 수면 습관 : 영아가 성숙함에 따라 수면-각성 주기는 낮에 깨어 있고 밤에 자는 형태로 발전한다. 첫 한 달 동안 영아는 하루의 대부분의 시간을 자며, 생의 어느 시

기보다 렘(REM) 수면이 많다. 수면은 빠른 신체 성장과 발달을 위한 시간을 제공한다. 또한 렘(REM) 수면 주기 동안 중추 신경계와 뉴런의 급격한 발달을 겪는다. 영아가 성숙함에 따라 렘(REM) 수면 주기의 양이 감소하고 수면 요구량이 줄어든다.

② 섭식 습관 : 5~6개월경이 되면 젖니가 생기므로 6개월~1년 사이에 이유를 한다. 영아의 먹기 리듬을 알아내어 영아의 요구에 맞는, 먹는 시간표를 만들어 식습관 훈련을 하는 것이 중요하다.

③ 대·소변 가리기 : 대·소변 가리기 훈련은 전적으로 영아의 발달 상태가 준비되어 있을 때 하는 것이 바람직하다. 즉, 일반적으로 항문과 요도 괄약근의 수의적 조절 능력이 가능해지는 시기(영아가 소변을 참고 어머니의 말에 협조할 수 있는 시기)에 시작한다. 대·소변 가리기 훈련에서 대변 훈련을 소변 훈련보다 먼저 시키는데 훈련 과정은 영아의 성격 형성에 영향을 미친다. 대변은 12개월쯤에 시작하여 18개월 정도에 가릴 수 있게 되고, 소변은 16~18개월에 시작하여 24개월 정도에 완성된다. 단, 밤에 소변 가리기는 3~4세가 되어야만 가능하다. 이때는 음식과 수분 섭취를 규칙적으로 시키고 정기적으로 배설 시간을 알아 두어 그 시간에 대·소변 훈련을 시킨다.

02 언어 및 인지의 발달

1 언어 발달의 과정

영아의 언어 발달은 생후 1년간의 발성 단계와 1~2세간의 초기 언어 단계의 두 과정을 거친다.

① 발성의 단계
  ㉠ 언어발달의 첫 단계는 울음이다. 울음은 아기가 자신의 욕구를 표현할 수 있는 가장 강력한 의사소통 수단이라 할 수 있다. 생후 약 1개월간은 영아의 울음이 분화되지 못한다.
  ㉡ 생후 2개월 정도가 되면 젖을 먹고난 뒤나 장난감을 쳐다볼 때와 같이 즐거울 때 목을 울려 소리를 낮게 내게 되는데, 이를 쿠잉(cooing)이라고 한다.
  ㉢ 옹알이 : 생후 약 2개월 말에서 8, 9개월경까지 영아는 옹알이를 한다. 옹알이는 영아의 의사표시 수단은 아니며, 그저 놀이 활동의 한 형태로 볼 수 있다. 그러나 옹알이가 언어 발달의 기초를 형성한다.
  ㉣ 유사음의 발음 : 생후 6~8개월경에는 영아가 유사한 발음을 할 수 있게 된다(예 아빠를 바바, 엄마를 마마라는 식으로 발음하는 경우). 옹알이 단계에서는 의사전달을 위한 음을 그저 즐긴다면, 이 단계, 즉 옹알이 단계의 후기에 이르러서는 의사전달을 위한 소리를 낼 수 있다.

추가 설명

영아기 신체 발달

- 신장 : 건강한 영아는 출생 시 50cm의 키가 1년 후 75cm로 1.5배가 되며, 2년이 되면 성인 키의 약 절반 가량이 된다.
- 체중 : 출생 시 체중의 평균은 3.4kg 정도인데, 1년 후 3배 정도 증가하고 2년이 되면 4배가 된다.
- 머리 : 출생 시의 머리 크기가 신장 전체의 약 1/4에 해당되며 평균 머리둘레도 가슴둘레보다 약간 크다. 그러나 2년 정도 되면 다른 부분이 성장하여 머리 크기가 신체의 1/5이 된다.
- 치아 : 5~6개월에 젖니(유치)가 아래 앞니부터 나기 시작하여 생후 2년~2년 반이 되면 20개의 젖니가 전부 난다. 영구치는 젖니의 나는 순서대로 6세부터 갈며 보통 아랫니가 윗니보다 먼저 갈게 된다.

추가 설명

렘(REM) 수면과 비렘(non-REM) 수면

사람은 자는 동안 렘 수면과 비렘 수면 상태를 오가게 된다. 빠른 눈 운동 수면(렘 수면)은 눈동자가 좌우로 빠르게 움직이는 상태로, 이때는 뇌의 활동이 활발해져 꿈을 많이 꾸게 된다. 반면 느린 눈 운동 수면(비렘 수면)은 꿈을 거의 꾸지 않고 푹 자는 잠을 뜻한다.

ⓑ 성인음의 모방과 이해 : 생후 약 10개월경의 영아는 자기의 목소리와 타인의 목소리를 식별할 수 있다.

② 초기 언어의 단계
㉠ 미분화 단일 단어 : 생후 1년이 지나면서 영아는 처음으로 유의미한 단어를 말할 수 있게 된다. 영아가 처음 말하는 단어들은 발성의 처음 단계처럼 다소 미분화된 것이다.
㉡ 전문식 언어(telegraphic speech) : 2세경에는 단일한 단어의 미분화된 사용이 둘 혹은 그 이상의 단어들로 결합되기 시작한다. '엄마 아탕', '맘마 많이' 등과 같은 단순한 단어들의 나열로써 자기의 의사를 전달하기 때문에 전문식 언어가 되고 만다.

③ 영아기 언어의 특성
㉠ 자기중심적 언어 : 반복, 독백, 집단적 독백 등의 특성을 포함한다.
㉡ 사회화된 언어 : 영아기와 그 이후의 시기에 사회화된 언어는 적응적 정보와 비판, 명령, 질문, 대답 등을 포함한다.

2 인지의 발달

① 인지 : 감각적으로 흡수한 자료를 해석하고 기억해 두었다가 필요에 따라 인출·재생하여, 사고하며 추리하고 문제를 해결해 가는 데 활용하며, 환경에 대한 지식과 생각을 획득해 가는 과정이다.

② 영아의 초기 인지 과정
㉠ 정향반응(지향반응) : 갑자기 나타나는 자극 방향으로 향하는 행동으로 개체의 생존가와 관련이 있다.(예 영아가 갑자기 강한 소리가 나거나 어떤 새로운 자극이 일어나면 그 방향으로 고개를 돌려 새로운 광경을 보려고 하는 행동이다.) 조용하게 엄마와 영아가 집 안에 있을 때 누가 큰 소리로 부르면서 집 안으로 들어오면 영아는 그쪽을 바라보게 되는데, 이는 개체의 생존가(survival value : 독립된 생물체의 여러 특성이 그 생물체의 생존과 번식, 적응도 따위에 미치는 영향을 정량적으로 나타낸 값)와 관련이 있다고 한다.
㉡ 주의 집중 : 한 개 이상의 여러 자극이 있을 때 어떤 한 개의 자극이나 더러 두 개의 자극에 대해 선택적으로 초점을 맞추는 것을 의미한다.
㉢ 습관화 : 정향반응이 굳어져서 나타나는 것이다. 자극이 계속적이거나 반복될 때는 습관화가 이루어진다.
㉣ 조건화 : 영아는 자라면서 많은 것을 학습하게 되는데, 학습은 조건화로써 설명된다. 영아의 행동에는 목적성이 없는 행동이 많다. 그러므로 영아의 어떤 행동이 무조건자극과 조건자극이 연합되어 이루어진 학습의 결과인지는 분명치 않다. 그러나 어떤 특정의 행동은 어떤 목적을 달성하는 것과 부합되기 때문에 도구적이라고 할 수 있다. 영아의 우는 행동을 예로 들면 영아는 불만 때문에 울었

추가 설명

옹알이
- 영아가 구체적인 단어 및 문장을 말하기 이전에 되풀이하여 내는 동일한 또는 다양한 소리를 말한다.
- 옹알이는 단순한 울음 소리가 아닌 일종의 음성 놀이로서, 다른 사람과의 의사 소통 욕구를 촉진시켜, 타인과 보다 적극적으로 의사소통을 하고자 하는 욕구를 갖게 한다.

추가 설명

대상 영속성 개념의 발달
- 대상 영속성이란 물체가 어떤 것에 가려져서 눈에 보이지 않거나 소리가 들리지 않더라도 그 물체가 계속 존재한다는 것을 아는 것이다.
- 대상 영속성의 개념은 인지 발달 단계와 병행하여 발달하는데, 이 개념을 획득하기 위해서는 자신이 주변 세계와 분리되고 독립된 존재라는 사고를 할 수 있어야 한다. 따라서 감각 운동기에 획득하는 중요한 개념 중의 하나가 대상 영속성이다.
- 생후 18개월에서 24개월 사이에 대상 영속성 개념이 완성된다.

지만, 우는 행동이 어머니의 주의와 관심을 끌게 되면 일단 도구적 반응이 일어난 것이고 그것에 강화가 된 셈이다. 이런 도구적 반응에 강화를 받아 영아는 우는 행동을 계속 반복하게 된다.

ⓜ 문제해결력 : 영아의 문제해결은 초보적이지만, 초기형태의 시행착오, 통찰, 가설검증에 의거하여 이루어진다. 문제해결이라는 목적에 도달하기 위해 장애물을 극복하는 것이므로 학습으로도 볼 수 있다. 영아는 이 목적을 달성하기 위해서 여러 가지 전략을 사용하는데, 때로는 시행착오를 거치게 되고 통찰을 통해 문제를 해결하기도 한다. 뿐만 아니라 때로는 체계적인 문제 해결 과정에서 가설을 세우고, 점진적인 접근을 통해 이를 검증하기도 한다.

ⓗ 추리와 기억
- 추리는 기존의 정보에서 법칙을 찾아 내어 그 법칙에 의거하여 새로운 정보를 끌어내는 것이다. 추리과정의 일반적인 사실에서 구체적인 사실을 끌어 내는 추리가 연역적 추리이며, 구체적 사실에서 일반적 사실을 도출하는 것을 귀납적 추리라고 한다. 영아의 추리력에는 한계가 있겠으나, 피아제는 영아의 추리력은 초기의 감각운동적 조절에 의해 획득된다고 하였다.
- 생후 몇 주일이 지난 영아도 어머니의 냄새와 목소리를 타인의 것과 변별해 내고 기억한다. 울다가도 어머니의 냄새를 맡거나 어머니의 목소리가 들리면, 울음을 그치면서 어머니를 기다린다. 또 생후 3~4개월만 되어도, 낯선 사람에 대해 낯가림을 하지만, 가족들을 보면 반가운 표현을 한다.

> **추가 설명**
> **사회적 참조**
> 낯선 상황에서 자신의 행동을 선택하기 위하여 타인의 정서적 표현을 참고하는 것이다.

03 정서 및 사회성의 발달

1 정서의 분화

① 정서의 이해
ⓐ 일반적으로 생후 6개월경이면 엄마의 감정에 따른 얼굴 표정을 구분하기 시작한다고 한다. 생후 8개월에서 10개월경이면 다른 사람의 정서를 자신의 행동의 길잡이로 삼는 사회적 참조가 나타난다. 생후 1년이 되면 이제 타인의 정서를 인식하고 이러한 정서를 자신의 행동에 반영한다.
ⓑ 첫돌이 지나면서 언어발달로 인해 아동은 이제 단순히 얼굴표정이나 울음으로 자신의 정서를 나타내는 것이 아니라 자신의 정서를 언어로 나타낼 수 있게 된다.
ⓒ 정서 지능은 일반 지능에 대비되는 말로서 감정과 느낌을 통제하고 조정할 줄 아는 능력이다. 살로베이와 메이어(Salovey & Mayer)에 의하면 정서지능이란 사회 지능의 하위 요소로서, 자신과 타인의 감정과 정서를 평가하고 표현하는 능력, 자신과 타인의 감정을 효과적으로 조절하는 능력, 그리고 자신의 삶을 계획하고 성취

> **추가 설명**
> **골만의 5개 정서 지능 영역**
> - 자기인식 : 자신이 느끼는 감정을 빨리 인식하고 알아차리는 능력으로 정서 지능의 초석이다.
> - 자기조절 : 인식된 자신의 감정을 적절하게 처리하고 변화시키는 능력이다.
> - 자기동기화 : 어려움을 참아 내어 자신의 성취를 위해 노력할 수 있는 능력이다.
> - 감정이입 : 타인이 느끼는 감정을 자신의 것처럼 느끼고 타인의 감정을 읽어내는 능력이다.
> - 대인관계기술 : 인식한 타인의 감정에 적절하게 대처할 수 있는 정서표현 능력이다.

하기 위해서 정서를 활용하는 능력이다. 정서 지능을 대중화시키는 데 공헌한 골만(Goleman)은 살로베이와 메이어의 정서 지능의 개념을 기초로 정서 지능을 자기인식, 자기조절, 자기동기화, 감정이입 및 대인관계기술의 5영역으로 나누고 있다.

② 정서의 분화 : 브리지(Bridge)에 의하면 인간의 정서분화는 영아기에 이루어지는데, 대체로 불쾌의 정서가 보다 빨리 분화되며, 2세 말에는 성인에게 나타나는 모든 정서가 거의 나타난다.

㉠ 분노 : 3세 때 가장 심하게 나타나며, 대체로 남아가 여아보다 조금 더 심하지만 성장해 감에 따라 남녀 모두 빈도가 차차 줄어든다.

㉡ 공포 : 왓슨(Watson)은 실험을 통하여 갓난아기의 공포 중 떨어지는 것과 큰 소리에 대한 공포는 선천적이고 나머지 공포는 조건화(학습)에 의한 것이라 하였다.

㉢ 기쁨 : 영아는 생후 2개월경에는 대개 방긋방긋 미소짓기 시작하고 특히 옹알이를 할 때는 웃는다.

㉣ 애정 : 애정은 피부 접촉이라고 정의되는데 인간이 사람·동식물·사물에 대해서 갖는 정서적 반응이며, 대인관계나 개인적 적응 또는 사회생활에 지대한 영향을 미친다.

㉤ 호기심 : 호기심은 즐거운 정서적 상태인데, 건강하고 기분이 좋은 상태의 영아일수록 강하다.

㉥ 질투 : 질투는 애정을 상실했거나 상실할까 두려워하는 정서이다.

③ 자아의식의 발달

㉠ 신체적인 자기의식 : 타인과 구별되는 자아는 약 2~5세경에 눈 뜨기 시작하여 자신을 한 개인으로 점차 의식하게 되어 자신에 대해서 긍정적 및 부정적 태도를 형성하기 시작한다. 약 2세경이 되어야 자신이 자기만의 별도 신체를 가진 독립체라는 사실을 의식하게 된다.

㉡ 자율감 : 영아는 대소변을 통제하는 훈련을 받게 되는데 이 대소변 가리기 훈련이 곧 자율감을 획득시켜 준다.

2 애착행동

① 애착의 개념

㉠ 볼비(Bowlby)가 1958년 영아와 어머니와의 유대관계를 설명하면서 최초로 사용한 개념이다. 영아기 사회성 발달에 가장 중요한 것은 애착의 형성이다. 애착이란 영아와 특정 개인 사이에 형성되는 긍정적·정서적 유대이다. 즉, 시간이나 공간을 초월하여 서로를 연결하는 것으로 애착이 형성된 사람에게 접근하려 하거나 접촉하는 행동으로 나타난다.

㉡ 출생 초부터 영아는 울음이나 미소, 옹알이를 통해 다른 사람과 접근과 접촉을 촉진한다. 이러한 행동들은 애착이 형성되기 이전에는 애착의 전조행동이라 볼

볼비의 애착이론

- 영아가 약탈자를 피하려는 안전 욕구를 가지고 있으며, 이 같은 동기는 유전적으로 결정된다는 것이 기본 가정이다.
- 인간의 애착형성에 대한 볼비의 주장에 의하면, 애착이란 모든 인간이나 유기체에 사전 프로그램화된 하나의 행동체계이다. 이 애착 행동 체계는 무기력한 영아기에 영아가 생존하기 위하여 주 보호자인 엄마에게 접촉하도록 촉진한다.
- 애착 행동 체계는 영아의 생존 및 안전과 밀접한 관련이 있는 것으로서 선천적으로 내재된 특성으로 진화되어 왔다.

수 있다. 이 행동들은 애착 발달에 중요한 역할을 하며, 후에 나타나는 여러 애착 행동들에 의해 보충되어 보다 완숙한 형태의 애착행동이 된다.

② **영아의 애착행동** : 영아는 6~8개월경이면 선택적 애착을 갖게 되는데, 애착의 대상은 주로 육아 담당자인 어머니이며 간혹 아버지도 있다. 애착의 정도는 1세 전후에 절정에 달하다가 1년 반이 되면 여러 사람에게 분산된다.

③ **애착의 유형** : 에인스워스의 동료들은 낯선 상황에서 엄마와 격리되었을 때의 영아의 반응을 토대로 애착의 질을 안정애착과 불안애착으로 나누며, 불안애착은 불안-저항애착으로 나뉜다. 각 애착 유형 집단 아동의 특성을 살펴보면 다음과 같다.

　㉠ **안정애착** : 안정애착을 형성한 영아는 낯선 상황에서 주변을 탐색하려고 엄마로부터 쉽게 떨어졌다. 엄마와의 격리에 대해 불안감을 나타냈으나, 엄마와 재결합이 되었을 때는 엄마를 반가이 맞이하고 접근이나 접촉을 유지하려는 행동이 고조되었으며, 쉽게 엄마에 의해 안정이 되었다. 이들은 긍정적인 행동을 엄마에게 보였으며, 부정적 행동을 나타내지 않았다.

　㉡ **불안-저항애착** : 엄마와 격리되기 전부터 불안해하고, 엄마 옆에 붙어 낯선 상황을 탐색하려 하지 않았다. 엄마가 낯선 상황을 나가자 심하게 불안을 보였다. 엄마가 돌아오자 접촉을 하려는 시도는 하였으나, 안아 주어도 엄마로부터 쉽게 안정감을 찾지 못하고 밀쳐 내는 이율배반적 행동을 보였다.

　㉢ **불안-회피애착** : 낯선 상황에서 엄마가 방을 나가도 울지 않고 엄마가 돌아와도 접근이나 접촉 시도를 하지 않고 무시하거나 회피하였다. 엄마와 친밀감을 추구하지 않고 낯선 이에게 엄마한테와 비슷한 반응을 보였다.

④ **애착형성의 요인** : 영아와의 애착 형성에는 육아 담당자, 즉 부모의 애정이 주된 요인이 된다. 애착형성은 영아에게 자극을 주고 반응을 하는 애정의 질과 양에 좌우된다.

⑤ **낯가림과 격리불안**

　㉠ 생후 5~8개월경이 되면 낯선 이들에게 당황하거나 피하는 등 낯가림을 보인다. 낯가림은 1세경에 절정에 이르렀다가 점차 감소되어 간다. 낯선 사람이라도 잘 해주면 공포반응은 줄어든다.

　㉡ 낯선 사람을 경계하게 되면서 영아는 애착을 형성한 사람과의 격리에 불안을 느낀다. 격리불안은 낯선 이에 대한 불안반응이 사라지기 시작하는 13~18개월경에 나타난다.

> **추가 설명**
>
> **영아의 애착에 영향을 주는 부모의 양육 태도(에인스워스)**
> - 안정애착 영아의 어머니 : 자녀에 대해 민감하고 수용적이며 접근 가능성이 크다.
> - 불안-회피애착 영아의 어머니 : 자녀에 대해 민감하지 않고 거부적이었다.
> - 불안-저항애착 영아의 어머니 : 자녀에 대하여 거부적이거나 간섭을 하는 것도 아니면서, 자녀에게 민감하거나 접근 가능성도 적고 비일관적이었다.

> **추가 설명**
>
> **애착과 탐색 행동**
> 안정애착을 형성한 영아들은 어머니를 탐색을 위한 안전의 기반으로 삼고 애착 행동에서 탐색 활동으로 쉽게 이행하는 반면에, 불안하게 애착을 형성한 영아들은 그렇지 못하다.

04 영아기의 발달 장애

1 지적 지체

① **지적 지체의 의미** : 지적 발달이 평균 이하의 수준에 머물러 있어 적응 행동을 제대

로 나타내지 못하는 상태를 말한다.
② 지적 지체의 원인 : 지적 지체 중 약 15~30%는 생물학적인 불구, 약 65~75%는 뚜렷한 생물학적 이상은 없지만 가계의 어느 한 쪽의 부모편에 이상이 있기 때문이다.
③ 다운증후군(Down's syndrome)
　㉠ 선천적·생물학적인 장애로 IQ 60 이하의 저능아가 이에 해당되며, 연로한 어머니에게서 태어난 영아에게서 많이 발생한다.
　㉡ 증상 : 넓고 납작한 코, 달걀 모양의 튀어 나온 작은 눈, 짧고 넓은 네모진 모양의 손과 발 등이다.

2 자폐증

① **자폐증의 정의** : 인구 10,000명당 약 1~3명꼴로 발생하는 자폐증은 자기 자신에 비정상적으로 몰입한 상태를 말하는 용어이다. 이는 다른 사람들과 관계를 맺고 유지하는 일에 어려움을 갖는 것을 의미한다.
② **자폐증의 원인** : 자폐증은 뇌의 발달장애로 인한 질병인데 현재까지 알려진 자폐증의 원인으로는 유전적 요소, 출생 전후의 감염이나 환경적 독소, 자궁 내에서 발달하는 동안 또는 초기 영아기 동안에 일어나는 뇌 손상 또는 뇌 이상 때문이라고 알려져 있다.
③ **자폐증의 증상**
　㉠ 사회적 고립 : 자폐증으로 진단된 모든 사람들에게 나타나는 두드러진 증상이다. 사회적 고립이 극심하다고 해서 아무런 정서도 보이지 않는다는 것은 아니다.
　㉡ 정신지체 : 자폐아동들은 정신지체를 동반하며 인지적 문제가 있어 사회적 이해나 언어에 대한 능력은 떨어지지만 숨은그림 찾기와 같은 감각운동능력은 상대적으로 높다.
　㉢ 언어적 결함 : 자폐아동의 절반 이상이 전혀 말을 하지 못하고, 나머지는 말을 더듬거리거나 비명을 지르거나 다른 사람의 말을 그대로 따라 하는 방향어를 보인다.
　㉣ 행동장애 : 많은 자폐아동들은 어떠한 움직임을 아무런 목적 없이 의식적으로 반복하는 경향이 있다. 예를 들면, 빙글빙글 돌기, 손을 퍼덕거리기, 몸의 일부분을 긴장시키기, 까치발로 걷기 등이 있다.

추가 설명

다운증후군
- 염색체 이상으로 발생하는 질환으로 정상인은 염색체가 2개의 쌍으로 이루어져 있지만 다운증후군은 21번 염색체가 3개이다.
- 염색체 이상으로 특징적인 외모와 정신 지체가 나타난다. 납작한 얼굴에 눈꼬리가 올라가 있고, 눈가에 덧살이 있으며 귀, 코, 입이 작다. 이 밖에 키가 작고, 손가락과 발가락이 짧으며 지능이 낮다.

추가 설명

자폐증 치료
자폐증 치료는 조기에 시작할수록 예후가 좋다. 약물보다는 교육을 이용하게 되는데 부모, 보호자, 치료자 등 주변 사람들이 일관되게 시행하고 다양한 환경에서 적용할 때 효과적이다.

실전예상문제

1 다음 신생아 시기로 옳은 것은?

① 출생 후 약 1주까지
② 출생 후 약 2주까지
③ 출생 후 약 6개월
④ 출생 후 약 1세까지

해설 신생아란 태아가 모체 밖으로 나와 탯줄이 끊어진 후부터 배꼽이 아무는 시기인 생후 약 2주간의 아기를 말하며, 이 시기를 신생아기라고 한다.

2 다음 영아기 시기로 알맞은 것은?

① 출생 후 약 2주까지
② 출생 후 만 1세까지
③ 출생 후 만 2세까지
④ 출생 후 만 4세까지

해설 출생에서 만 2세경까지를 영아기라고 한다.

3 신생아의 평균 신장과 체중으로 가장 가까운 것은?

① 50cm, 3.4kg
② 50cm, 5.0kg
③ 70cm, 3.4kg
④ 70cm, 5.0kg

해설 신생아 : 평균 신장이 약 50cm, 체중은 약 3.4kg인데, 대체로 남아가 여아보다 크다.

4 아기의 출생 직후 검사하는 아프가 척도의 구성 요소가 아닌 것은?

① 외모
② 맥박
③ 표정
④ 신장

해설 아프가 척도의 요소 : 외모(피부색), 맥박(심장 박동), 표정(자극 반응), 활동성(근육), 호흡(숨쉬기)

5 다음 신생아의 특징에 대한 설명으로 옳지 않은 것은?

① 출생 후 약 1주 정도는 신생아 체중이 감소된다.
② 신생아의 두개골의 천문은 두개골을 신장시키고 변형될 수 있도록 하는 역할을 한다.
③ 머리의 크기가 전 신장의 약 1/6이다.
④ 출생 시 신장이 약 50cm, 체중은 약 3.4kg이다.

정답 1.② 2.③ 3.① 4.④ 5.③

해설 출생 시 머리 크기는 신체에서 차지하는 비율이 1/4이고, 2년 정도 되면 신체의 1/5이 된다.

6 양수 속에 있던 태아가 출생하면 이 양수가 빠지고 또 태내환경과 다른 외부상황에 대해 적응하느라 출생 후 약 1주 동안 체중이 출생 시보다 감소하는데, 이를 무엇이라 하는가?

① 태변 배설 ② 외상적 경험
③ 신생아 황달 ④ 신생아 체중 감소

해설 신생아는 출산과 동시에 자궁 내의 환경과는 너무 다른 외부의 상황에 적응해야 한다. 그러므로 외부의 상황에 적응하기 위해서 호흡, 소화, 배설 작용 등의 기능을 조절할 수 있어야 되는 매우 힘든 발달 과업을 수행해야 하는 적응의 문제가 생긴다. 또한 태내에서의 양수의 물기가 출생 후에는 빠지기 때문에 신생아의 체중은 출생 시보다 감소한다. 따라서 신생아의 내적, 생리적 욕구를 좌절시키지 않도록 여러 가지 적절한 보살핌이 요구된다.

7 신생아에 관한 내용으로 옳지 않은 것은?

① 출생 후 약 1주 동안 체중 감소 ② 체중 — 약 3.4kg
③ 머리 크기가 전 신장의 1/2 ④ 신장 — 약 50cm

해설 머리 크기가 전 신장의 약 1/4이다.

8 신생아 반사 작용 중 어떤 자극에 대해서 어떤 형태로든지 반사적인 반응을 하는 것을 무엇이라 하는가?

① 정향반사 ② 탐지반사 ③ 동공반사 ④ 모로반사

해설 신생아의 가장 특징적인 반사가 곧 정향반사이다.

9 다음 신생아가 배가 고플 때 안아주면 입을 벌리고 좌우로 두리번거리며 무엇인가 찾는 듯한 시늉을 하는 반사 작용은?

① 모로반사 ② 정향반사 ③ 탐지반사 ④ 빨기반사

해설 탐지반사 : 신생아는 배가 고플 때 안아주면 입을 벌리고 좌우로 두리번거리며 무엇인가 찾는 듯한 시늉을 한다.

10 다음 인간발달의 전 과정, 즉 죽기까지 계속되는 반사 작용은?

① 모로반사 ② 쥐기반사 ③ 파악반사 ④ 동공반사

해설 신생아는 인간의 능력 발달의 기초가 되는 몇 가지 반사작용을 생리적으로 할 수 있다. 동공반사는 시각 자극에 대해서는 빛이 눈에 가까이 오면 눈을 감는 반응을 하고 불빛의 강도에 따라 눈동자를 수축하기도 하고 확대하기도 하게 된다. 눈을 보호하기 위한 것으로 인간의 전 생애 동안 지속된다.

11 탁 치거나 자극적인 소리를 들려주면 깜짝 놀라 팔다리를 벌렸다 다시 오므리는 신생아의 반사작용은?

① 파악반사 ② 괄약근반사 ③ 바빈스키반사 ④ 모로반사

해설 모로반사 : 신생아를 탁 치거나 자극적인 소리를 갑자기 들려 주면 아기는 깜짝 놀라 팔다리를 벌렸다 다시 오므린다.

12 대소변 훈련과 관련된 신생아 반사작용은?

① 바빈스키반사 ② 괄약근반사
③ 정향반사 ④ 모로반사

해설 신생아는 결장이나 방광이 충만되면 반사적으로 괄약근이 이완되어 배설작용이 저절로 이루어진다.

13 다음 중 바빈스키반사의 의미로 알맞은 것은?

① 발바닥을 살살 긁어주면 발가락을 폈다 다시 오므리는 것
② 겨드랑이를 잡고 발이 바닥에 닿게 하면 걸어가듯이 무릎을 구부리면서 번갈아 움직이는 것
③ 밝은 빛이 들어오는 방향으로 고개를 돌리는 것
④ 무엇이나 손에 잡히는 것은 입으로 가져가는 것

해설 신생아는 동공반사, 정향반사, 탐지반사, 빨기반사, 쥐기반사, 모로반사, 바빈스키반사, 괄약근반사를 한다. 이 중 바빈스키반사는 신생아의 발바닥을 살살 긁어주면 발가락을 폈다가 다시 오므리는 반사로, 생후 4~6개월이면 사라진다.

14 다음 중 아기의 발바닥을 간지르면 성인과 달리 부채살 모양으로 발가락을 폈다가 오므리는 반사를 무엇이라 하는가?

① 정향반사 ② 파악반사 ③ 바빈스키반사 ④ 모로반사

해설 문제 13번 해설 참조

정답 6.④ 7.③ 8.① 9.③ 10.④ 11.④ 12.② 13.① 14.③

15 다음 신생아의 바빈스키반사가 사라지는 시기는?

① 생후 1~2개월　　　　　　　② 생후 4~6개월
③ 생후 8~12개월　　　　　　 ④ 생후 2년

해설 문제 13번 해설 참조

16 신생아 신체 기능에 대한 설명으로 옳지 않은 것은?

① 출생 후 불규칙적인 복식 호흡을 한다.
② 신생아의 소화기관은 성인의 소화기관처럼 완성되어 있다.
③ 신생아의 체온 조절 체계는 비교적 불안정하다.
④ 신생아 수면 시간은 하루 평균 15시간에서 20시간 정도이다.

해설 신생아 소화기관은 수직으로 형성되어 있어 먹은 것을 잘 게운다. 또 장이 약하므로 과식을 하면 장이 팽창하기 쉽다.

17 신생아 또는 태아의 두개골 사이에 있는 연한 막의 구조물로 두개골을 신장시키고 변형될 수 있도록 하는 역할을 하는 것은?

① 천문　　　② 해마　　　③ 연수　　　④ 소뇌

해설 천문(숫구멍)은 생후 일정 기간이 지나면 닫혀 없어진다. 이는 신생아의 뇌가 커짐에 따라 두개골을 신장시키고 변형될 수 있도록 하는 역할을 한다.

18 대체로 체중이 출생 시의 3배나 증가하게 되는 시기로 옳은 것은?

① 6개월　　　② 1년　　　③ 2년　　　④ 3년

해설 체중은 출생 후 1년이 되면 출생시의 3배나 증가하며, 2년 후에는 4배가 된다.

19 젖니가 모두 나오는 시기로 옳은 것은?

① 생후 3개월　　　　　　　② 생후 6개월
③ 생후 약1년　　　　　　　④ 생후 약 2년 반

해설 처음 젖니가 나오는 시기는 개인마다 차이가 매우 큰 것이 일반적이다. 보통 아기가 1세쯤 되면 여섯 개의 젖니가 나오고 약 2세 반이 되어야 전부 나오게 되는데, 젖니가 형성되어 나오는 시기는 여아가 남아보다 조금 앞선다.

20 출생 후 신장이 자신의 성인 키의 약 1/2에 해당되는 시기는?

① 생후 1년　　　② 생후 2년　　　③ 생후 3년　　　④ 생후 4년

> **해설** 출생 시 약 50cm이던 신생아의 키는 1년 후 1.5배가 되고, 약 2세경이 되면 성인이 되었을 때 자기 키의 1/2에 해당된다고 한다.

21 신생아의 감각에 대한 설명으로 옳지 않은 것은?

① 생후 2개월부터 음소를 구별한다.
② 주로 촉각에 의지하여 주위환경을 인지한다.
③ 후각은 인생 초기에 발달하여 나이가 듦에 따라 떨어지게 된다.
④ 출생 초기 양쪽 눈의 협응이 제대로 이루어지지 않는다.

> **해설** 생후 3개월이 되어야 가, 바, 파와 같은 음소를 구별하고 성인이 얼러줄 때 말소리의 리듬에 따라 반응이 달라진다.

22 다음 중 실험을 통해 생후 4개월이 되면 다른 색보다 파란색이나 빨간색을 더 오랫동안 보는 경향이 있다고 한 학자는 누구인가?

① 로렌츠　　　② 피아제　　　③ 프로이트　　　④ 판츠

> **해설** 판츠는 생후 4개월이 되면 다른 색보다 파란색이나 빨간색을 더 오랫동안 보는 경향이 있다고 했다.

23 대체로 영아가 목을 가눌 수 있는 시기는?

① 생후 1개월　　　　　　② 생후 3개월
③ 생후 6개월　　　　　　④ 생후 1년

> **해설** 생후 3개월 엎드린 자세에서 가슴을 들고 어깨를 펴며, 목을 가눌 수 있다.

24 영아기 운동 능력 발달에 대한 설명으로 옳지 않은 것은?

① 대근육 운동은 팔, 다리, 몸통과 같은 대근육을 사용하는 운동 발달을 일컫는다.
② 팔과 손 그리고 손가락의 순으로 발달하게 된다.
③ 출생 시 잡기 반사 능력이 없다.
④ 대체로 12개월 경 혼자 혹은 손잡고 걸을 수 있다.

정답 15.❷ 16.❷ 17.❶ 18.❷ 19.❹ 20.❷ 21.❶ 22.❹ 23.❷ 24.❸

해설 출생 시에는 잡기 반사 능력이 있지만 그것을 통제하는 능력이 없다. 6개월이 되어야 매달려 있는 물체를 팔을 뻗어 잡을 수 있다.

25 다음 중 영아의 운동발달 기제로 알맞은 것은?

① 본능과 경험
② 모방과 반사
③ 상상과 창안
④ 분화와 통합

해설 영아의 운동 발달은 일반적으로 중추신경 및 골격, 근육의 성숙 과정에 의존되어 이루어진다. 운동발달은 전체적이고 통합적인 움직임이 보다 미세하고 세련되며 더 기능적인 행동으로 나타나는 분화의 과정, 다른 하나는 통합의 과정의 두 기제로 진행된다.

26 다음 중 〈보기〉의 발달을 나타내는 시기로 알맞은 것은?

> **보기**
> • 두세 손가락을 사용하여 손끝으로 물건을 잡을 수 있다.
> • 미분화된 단일 언어를 말할 수 있게 된다.
> • 낯선 이에 대한 낯가림이 절정에 이른다.

① 생후 6개월경
② 생후 12개월경
③ 생후 2년
④ 생후 3년

해설 생후 12~14개월경에는 두세 손가락을 사용하여 손가락 끝으로 정확히 물건을 잡을 수 있다.

27 영아의 생리적 습관 발달에 대한 설명으로 옳지 않은 것은?

① 대변 훈련을 소변 훈련보다 먼저 시킨다.
② 생의 어느 시기보다 렘 수면이 많다.
③ 소변 훈련은 16~18개월에 시작하여 24개월 정도에 완성된다.
④ REM 수면은 연령의 증가에 따라서 증가한다.

해설 영아의 대부분의 수면은 REM상태이며 성숙함에 따라 렘 수면 주기의 양이 감소한다.

28 영아기 때 자율감 발달에 많은 영향을 미치는 훈련은?

① 수면훈련
② 식사훈련
③ 서기훈련
④ 배변훈련

해설 배변훈련 여하에 따라 자율감 발달에 많은 영향을 끼치며 나아가 성격형성에도 영향을 미치게 된다.

29 다음 중 아기의 울음이 분화되기 시작하며, 쿠잉을 하는 시기는?

① 생후 1주일　　② 생후 2개월경　　③ 생후 4개월경　　④ 생후 8개월경

해설 언어 발달의 기초가 되는 것이 울음이다. 생후 약 1개월간은 영아의 울음이 분화되지 못하여 양육자가 몹시 어려움을 겪게 된다. 그러나 생후 약 2개월경에는 울음이 분화되어 배고픈지, 기저귀가 젖었는지, 아픈지 등을 알 수 있다. 그리고 쿠잉을 한다.

30 영아가 구체적인 단어 및 문장을 말하기 전에 되풀이하여 내는 동일한 또는 다양한 소리로서 일종의 음성 놀이를 가리키는 것은?

① 쿠잉　　② 옹알이　　③ 모방어　　④ 전문어

해설 옹알이는 영아가 구체적인 단어 및 문장을 말하기 전에 되풀이하여 내는 동일한 또는 다양한 소리로서 일종의 음성 놀이이다. 이는 다른 사람과의 의사소통 욕구를 촉진시킨다.

31 다음 중 영아가 아빠를 바바, 엄마를 마마라는 식으로 유사음을 발음할 수 있게 되는 시기는?

① 생후 2개월 말
② 생후 6~8개월경
③ 생후 12개월경
④ 생후 16개월경

해설 생후 6~8개월경에는 영아가 유사한 발음을 할 수 있게 된다. 이 단계에서는 의사전달을 위한 소리를 낼 수 있게 된다고 볼 수 있다.

32 다음 영아기 자기중심적 언어의 특성으로 옳은 것은?

① 적응적 정보와 비판　　② 질문과 대답　　③ 명령과 요구　　④ 반복과 독백

해설 영아기의 자기중심적 언어는 반복, 독백, 집단적 독백 등의 특성을 포함한다.

33 다음 중 영아가 갑자기 강한 소리가 나거나 어떤 새로운 자극이 일어나면 그 방향으로 고개를 돌려 새로운 광경을 보려고 하는 행동을 무엇이라 하는가?

① 조건화　　② 주의 집중　　③ 정향반응　　④ 인지

해설 정향반응은 갑자기 나타나는 자극 방향으로 향하는 행동이다. 예컨대 영아의 주변에서 다른 자극이 약할 때 갑자기 강한 소리가 나거나 어떤 새로운 자극이 일어나면 그 방향으로 고개를 돌려서 새로운 광경을 보려고 하는 행동을 정향반응 또는 지향반응이라고 볼 수 있다.

정답 25.④ 26.② 27.④ 28.④ 29.② 30.② 31.② 32.④ 33.③

34 다음 중 정향반응이 굳어져서 나타나는 것으로 자극이 계속적이거나 반복될 때 이루어지는 것은?

① 주의 집중   ② 조건화   ③ 습관화   ④ 보편화

해설 습관화는 정향 반응이 굳어져서 나타나는 것으로 본다. 그러나 자극이 낯설고 새로운 것일 때는 영아가 정향 반응을 나타내지만, 그런 자극이 계속적이거나 반복될 때는 정향 반응이 사라지고 습관화가 이루어지게 된다.

35 영아의 대상 영속성 개념은 대체로 언제 완성되는가?

① 생후 6~12개월   ② 생후 8~15개월
③ 생후 12~16개월   ④ 생후 18~24개월

해설 대상 영속성이란 물체가 어떤 것에 가려져서 눈에 보이지 않거나 소리가 들리지 않더라도 그 물체가 계속 존재한다는 것을 아는 것이다.

36 다음 〈보기〉의 괄호 안에 알맞은 내용이 바르게 연결된 것은?

> **보기** 브리지는 인간의 정서 분화는 (㉠)에 이루어지는데, 대체로 (㉡)의 정서가 보다 빨리 분화되며, (㉢) 말에는 성인에게 나타나는 모든 정서가 거의 나타난다고 하였다.

① ㉠ ― 영아기, ㉡ ― 불쾌, ㉢ ― 2세
② ㉠ ― 영아기, ㉡ ― 분노, ㉢ ― 1세
③ ㉠ ― 신생아기, ㉡ ― 불쾌, ㉢ ― 2세
④ ㉠ ― 신생아기, ㉡ ― 분노, ㉢ ― 1세

해설 브리지(Bridge)는 인간의 정서 분화는 영아기에 이루어지는데 대체로 불쾌의 정서가 보다 빨리 분화된다고 했다. 그리고 2세 말에는 성인에게 나타나는 모든 정서가 거의 나타난다. 정서의 분화 발달은 이처럼 빨리 이루어지므로 성격 발달의 기초로서 중요시된다.

37 낯선 상황에서 자신의 행동을 선택하기 위해 타인의 정서적 표현을 참고하는 것을 무엇이라 하는가?

① 정서지능   ② 사회적 참조
③ 사회지능   ④ 조건화

해설 사회적 참조는 낯선 상황에서 자신의 행동을 선택하기 위해 타인의 정서적 표현을 참고하는 것이다.

38 골만의 정서 지능 영역으로 거리가 먼 것은?

① 자기인식   ② 자기조절
③ 자기동기화   ④ 민감도

해설 골만의 정서 지능 영역 : 자기인식, 자기조절, 자기동기화, 감정이입, 대인관계기술

39 다음 중 브리지에 의하면 성인에게 나타나는 모든 정서가 영아에게 나타나는 시기는 언제인가?

① 출생 후 7개월 ② 출생 후 9개월
③ 출생 후 1년 ④ 출생 후 2년

해설 브리지(Bridge) : 인간의 정서분화는 영아기에 이루어지는데 대체로 불쾌의 정서가 보다 빨리 분화된다. 2세말에는 성인에게 나타나는 모든 정서가 거의 나타난다. 정서는 분화 발달이 이처럼 빨리 이루어지므로 성격 발달의 기초로서 중요시된다.

40 다음 중 영아가 자신이 별도의 신체를 가진 독립체라는 사실을 의식하게 되는 시기는 언제인가?

① 약 8개월경 ② 약 10개월경
③ 약 1세경 ④ 약 2세경

해설 약 2세경이 되어야 자신이 자기만의 별도 신체를 가진 독립체라는 사실을 의식하게 된다. 그래서 자신의 몸을 자기 자신이 통제한다는 것을 알게 된다.

41 다음 중 영아와 어머니와의 유대 관계를 설명하면서 최초로 애착이라는 개념을 사용한 학자는?

① 몬테소리 ② 로렌츠 ③ 볼비 ④ 에인스워스

해설 볼비는 애착이라는 개념을 최초 사용했으며, 애착이란 영아와 특정 개인 사이에 형성되는 긍정적·정서적 유대라고 했다.

42 다음 〈보기〉와 관계 깊은 심리학 용어는 어떤 것인가?

보기
- 볼비(Bowlby)가 1958년 최초로 사용한 개념이다.
- 육아 담당자, 부모의 애정이 형성 요인이 된다.
- 영아와 특정 개인 사이에 형성되는 긍정적·정서적 유대이다.

① 적응 ② 통찰 ③ 승화 ④ 애착

해설 문제 41번 해설 참조

정답 34.③ 35.④ 36.① 37.② 38.④ 39.④ 40.④ 41.③ 42.④

43 에인스워스 등이 구분한 애착 유형 중 엄마와의 격리에 대해 불안감을 나타냈으나 엄마와 재결합 되었을 때는 반갑게 맞이하고 쉽게 엄마에 의해 안정이 된 유형은?

① 안정애착 ② 불안-저항애착
③ 안정-불안애착 ④ 불안-회피애착

해설 안정애착을 형성한 영아는 낯선 상황에서 주변을 탐색하려고 엄마로부터 쉽게 떨어진다. 격리에 대해 불안감이 있으나 재결합 시 안정이 되었다.

44 다음 중 영아가 낯가림을 하기 시작하는 시기는 언제인가?

① 생후 3개월 ② 생후 5~8개월경
③ 생후 1년경 ④ 생후 2년경

해설 생후 5~8개월경이 되면 낯선 이들에게 당황하거나 피하는 등 낯가림을 보인다. 낯선이에 대한 불안반응, 즉 낯가림은 1세경에 절정에 이르렀다가 점차 감소되어 간다.

45 다음 중 아기가 낯선 이들에게 당황하거나 피하는 등의 낯가림, 즉 불안반응을 나타내는 절정 시기는 언제인가?

① 생후 4개월 ② 생후 6개월
③ 1세경 ④ 3세경

해설 문제 44번 해설 참조

46 다음 〈보기〉와 같은 발달 장애를 보이는 것은?

> 보기
> • 10,000명 중 1~3명 꼴로 나타난다.
> • 주위 일에 무관심하고, 반복적인 행동을 나타낸다.
> • 뇌의 발달장애로 인한 질병이다.
> • 대인관계를 맺고 유지하는 일에 어려움을 갖는다.

① 히스테리아 ② 격리불안
③ 자폐증 ④ 다운증후군

해설 자폐증이란 뇌의 발달장애로 인한 질병인데 10,000명 중 1~3명 꼴이다. 자폐증의 증상으로는 사회적 고립, 정신 지체, 언어적 결함, 행동 장애 등이 있다.

47 다음의 〈보기〉와 같은 발달 장애를 보이는 것은?

> 보기
> - IQ 60 이하의 저능아가 이에 해당한다.
> - 염색체 이상으로 발생하는 질환이다.
> - 넓고 납작한 코, 달걀 모양의 튀어나온 작은 눈, 짧고 넓은 네모진 모양의 손과 발이 특징이다.
> - 연로한 어머니에게서 태어난 영아에게서 많이 발생한다.

① 격리불안　　　② 히스테리아　　　③ 자폐증　　　④ 다운증후군

해설 다운증후군은 선천적·생물학적인 장애로 IQ 60 이하의 저능아가 이에 해당되며, 연로한 어머니에게서 태어난 영아에게서 많이 발생한다.

MEMO

05 유아기의 발달

 단원 개요

유아기는 만 3세경에서 만 5세경에 이르는 시기로 지칭된다. 즉, 대·소변을 가리는 훈련의 과업을 성취한 후 초등학교 입학 이전의 시기가 된다. 이 시기는 언어 및 인지에서 급속한 발달이 이루어지는 시기이며, 신체적으로도 독립된 개체로서 자유의지에 의하여 몸을 움직일 수 있다. 따라서 전 시기에는 불가능했던 다양한 자조기능을 습득하며 사회적 기능과 태도에서도 놀라운 발달을 보인다. 사회성의 발달과 함께 이 시기 유아의 정서 반응도 전 시기보다 더욱 분화되어 나타난다. 이러한 발달 특징으로 유아는 급속히 사회화되어 가면서 자기의식을 발달시키고 사회적 접촉에서 사회의 가치체계를 내면화하면서 보다 확대되고 다양한 행동 양식을 형성하게 된다.

 출제 경향 및 수험 대책

이 단원에서는 유아기의 발달과업, 자조기능이 발달되는 시기, 유아(幼兒)의 언어발달 특징, 촘스키의 생리적 언어획득장치, 목적론적 인과개념, 학자들의 유아놀이에 대한 견해 등에 대해서 묻는 문제들이 출제될 수 있는 바, 자세하고 철저한 학습이 요구된다.

5

01 신체 및 운동의 발달

1 신장과 체중의 발달

① 신장 : 영아기는 제1성장 급등기라고 볼 수 있으나, 만 3세에서 만 5세의 유아기에 이르러서는 그 성장 속도가 다소 감소된다. 그러나 아동기에 비하면 급속한 성장기이다.

② 체중 : 유아기에는 체중의 발달도 신장의 크기와 비례한다. 약 2세경에는 출생 시 몸무게의 3.7배가 되다가 만 5세경이 되면 출생 시 몸무게의 약 5.5배가 되는 17.5kg 정도로 몸무게가 증가된다.

2 운동 발달

① 걷기 : 1세 이후에 걸을 수 있게 되어 나이를 먹어감에 따라 걸음걸이에 균형이 잡히게 되고 걷는 속도도 빨라지게 된다. 3~4세가 되면 미끄럼틀에 올라가 미끄러져 내려 설 수도 있다.

② 균형 잡기와 기어오르기
  ㉠ 균형 잡기 : 이 시기 아동은 자기 몸의 균형을 잡을 수 있다. 그러나 2세경에는 아직 땅에서 한 발만으로 서서 반대쪽의 팔을 몸에 붙이지는 못한다. 그러다가 5세가 되면 이런 균형 잡기를 할 수 있다. 몸의 균형 잡기는 대체로 남아가 여아보다 약간 빠른 편이다. 2세 정도의 아동은 바닥에서 좀 높이 떠 있는 평행대 위에서 있을 수는 있으나, 이 위에서 걸으려면 3세 이상이 되어야 한다.
  ㉡ 기어오르기 : 기어오르기는 보통 유아가 접근할 수 있는 계단만 있으면 할 수 있다. 처음에는 한 계단에 한 발을 올려놓고, 같은 계단에서 다시 다른 발을 올려놓는 식으로 기어오르게 된다. 그러다가 4~5세경이 되면 어른들처럼 두 발을 교대하여 계단을 오를 수 있다.

③ 세련된 동작 : 유아기에 획득된 운동기능이나 근육의 협응은 6~7세 이후에 정교화된다. 남아는 운동 발달에 있어서 여아보다 더 세련된 동작을 보여준다.

④ 자조기능(自助技能) : 유아기에는 여러 가지 자조기능을 발달시킨다. 약 2세가 되면 대체로 여아가 남아보다 배변 통제 훈련을 더 빨리 완수하지만 개인차가 있다. 이 개인차는 괄약근의 성숙도, 부모의 배변 훈련 태도 그리고 유아의 성별에 따라 다르게 나타날 수 있다. 이 시기의 유아는 배변 행동에서뿐만 아니라 섭식 행동에서도 스스로 할 수 있는 것들이 많아진다. 약 2세가 되면 혼자서 먹을 수 있다가 3세경에는 숟가락과 젓가락을 효율적으로 사용할 수 있다. 또한 약 3세가 지나면 옷을 벗을 수 있고, 4세 이후에는 옷을 입을 수도 있다. 5~6세에라야 혼자서 옷을 입고, 단추를 채우고, 지퍼를 열고 닫을 수 있다.

> **추가 설명**
> **유아기 운동 발달**
> 유아기에는 달리기, 뛰기, 공 던지기, 자전거 타기, 그네 타기 등의 대근육 운동 기술이 급속도로 발달한다. 나이가 더 해감에 따라 점차로 더 강해지고, 빨라지고, 민첩해진다.

02 언어 및 인지의 발달

1 언어 발달

① **단어와 문장의 발달** : 유아기에는 사용하는 단어의 수가 빠른 속도로 증가한다. 단어 수가 급증하는 것은 유아의 인지 성숙 때문에 사물을 범주화할 수 있는 능력이 발달하는 것과 관련된다. 유아의 나이가 더해 가면서 언어 사용이나 이해가 점차 증가하게 된다. 문장사용에 있어서도 3세경의 유아는 대개 2~4개의 단어로 된 문장을 사용한다. 4세경에는 3~7개의 단어로 된 문장을 사용하여 거의 완전한 문장으로 만들어 언어를 구사할 수 있다.

㉠ **유아기의 어휘수** : 대체로 능동적 어휘수가 수동적 어휘수보다 적다.
- **능동적 어휘** : 유아가 자발적으로 실제에 사용하는 어휘
- **수동적 어휘** : 알고는 있으나 실제에는 별로 사용하지 않는 어휘

㉡ **구체적 의미의 어휘** : 유아는 추상적 의미의 어휘보다는 구체적 의미를 지닌 어휘를 빨리 획득하고 더 많이 사용한다.

② **문법의 발달** : 초기에는 전문식 문장의 형태를 유지하는 특성을 나타내다가 점차 주어, 동사, 목적어 이외의 문장 요소들이 첨가되기 시작한다. 그러나 유아의 언어는 조사, 동사, 어미를 완벽하게 구사하지는 못하고 과잉 일반화, 부정문 등을 많이 사용하는 특징을 나타낸다.

③ **의사소통기술의 발달** : 유아기에는 사고의 자기중심성 때문에 언어 역시 독백이나 집단 고백 등 자기중심적 특성을 나타낸다. 그러나 유아기 말에는 자기중심적 언어가 줄어들고 점차 사회화된 언어를 사용하게 된다. 자기중심이란 유아가 타인의 관점이나 욕구를 무시하는 것이 아니라 타인의 관점이나 욕구가 자신의 것과 다르다는 것을 이해하지 못하기 때문에 사고가 자기 자신에게 집중되는 것을 뜻한다. 이 시기에는 스스로에게 말하는 경우가 많다. 사회화된 언어란 듣는 사람의 관점을 고려해서 사용하는 언어 형태를 의미한다.

2 언어 획득의 이론

① **스키너 등의 학습이론** : 언어란 다른 모든 행동과 마찬가지로 강화에 의하여 학습되는 행동이라고 했다.
② **반두라의 관찰과 모방학습** : 반두라는 아동의 학습은 모델 행동을 관찰하고, 관찰한 행동의 가치를 인정하여 모델의 행동을 모방하는 것이라고 했다.
③ **촘스키의 언어발달이론** : 언어 발달에 있어서 모방과 강화의 영향이 중요하다는 것을 인정한다. 인간은 고유한 자기 언어를 학습하는 데 있어서 생래적인 언어습득장치를 사용한다. 이것을 사용하여 언어 자료를 처리하고 가공하며, 규칙을 구축하고

추가 설명

유아기 언어 발달
유아기에는 언어 발달이 급속하게 이루어진다. 유아기 사고의 특성은 상징을 사용할 수 있는 능력이며, 가장 중요한 상징 표현의 수단은 언어이다. 유아가 상징 기능을 획득하게 됨에 따라 단어 획득 속도가 급격하게 빨라진다.

추가 설명

과잉 일반화
유아는 스스로 문법 규칙들을 찾아 내고 이를 적용하려고 노력한다. 이런 노력은 특정의 문법 규칙을 적용해서는 안 되는 부분에까지 모두 적용하는 과잉 일반화를 초래하기도 한다. 우리말에서 유아들이 주격 조사인 '-가'를 과잉 일반화하는 것을 쉽게 볼 수 있다. 예를 들어 '엄마가', '아빠가'에 사용하는 주격 조사 '-가'를 지나치게 규칙을 적용하여 '삼촌이가', '선생님이가'라는 식으로 말하기도 한다. 이런 과잉 일반화는 유아들이 언어의 세부 규칙을 완전히 파악하지 못했기 때문이기도 하지만, 언어 규칙을 스스로 내면화하고 있다는 증거도 된다.

추가 설명

촘스키의 문법의 성장
단일단어 → 두 단어의 전문식 언어 → 굴절, 심층구조, 구(句)구조 단위 및 다른 요소들에 관한 규칙을 작동시키기 → 마지막으로 변형생성을 시작하게 된다.

문법적 문장을 이해하게 된다고 했다.

3 인지발달

① 기억발달

　㉠ 피아제와 인헬더(Piaget & Inhelder) : 아동의 기억이 단계를 다루는 능력과 더불어 발달한다고 주장했고, 기억의 변형에 있어서 발달 차원의 측면을 강조했다.

　㉡ 기억발달에 관한 연구
- 피아제 학파와 같이 기억을 지각, 심상(心象) 등과 같이 지능 속에 통합된 것으로 보는 인지발달적 입장이 있다.
- 행동주의학파의 정보처리 이론과 같이 정보의 투입, 저장, 인출과정에서 일어나는 능동적·즉각적인 추론 및 이들의 재구성을 강조하는 입장이 있다.

　㉢ 기억을 위한 전략
- 무의미한 철자보다는 유의미한 철자가 더 오래 기억된다.
- 단순한 유의미의 단어보다는 단어끼리의 결합으로 이루어진 구(句)나 절(節)이 보다 오래 기억된다.
- 문장화된 것이 더 오래 더 쉽게 기억된다. 예 아동에게 '개 – 대문, 호랑이 – 소, 아이 – 사과'를 기억시킬 때 '개가 대문으로 도망쳤다', '호랑이가 소를 할퀴었다', '아이가 사과를 먹었다' 등으로 문장화시켜 기억하는 전략을 사용했다.

② 지각의 발달

　㉠ 유아의 연령이 증가됨에 따라 유아의 지각은 점차 자극의 부분적인 특징에 얽매이지 않게 된다. 약 4~10세에는 어느 특정자극에 대해 선택적 주의가 급속히 발달되는 시기이다. 그 이유는 중추신경계통의 생물학적 재구성능력의 발달 및 지각대상에 대한 기대의식의 발달 때문이다.

　㉡ 이 시기의 유아의 지각 발달은 자극의 특징과 동기 그리고 성격 요인에도 영향을 받는다.

　㉢ 유아의 지각 발달은 언어 발달과도 관계가 깊다. 언어는 지각적 변별에 도움이 된다. 대체로 연령이 증가됨에 따라 유아는 보다 많은 특정자극에 선택적으로 주의를 집중할 뿐만 아니라, 또 특정의 어느 대상에 보다 장시간 주의 집중을 지속할 수 있다.

③ 변별력의 발달 : 유아는 성장함에 따라 여러 대상들을 식별할 수 있는 변별력을 발달시킨다. 사과와 배는 서로 다르지만 과일이란 개념에 속한다는 것이 곧 변별이다. 또한 사과의 색이 빨강, 노랑, 파랑으로 다르다 해도 이것들은 모두 사과이며, 수박과 참외가 다르다는 사실을 아는 것, 이들의 특징과 속성을 지각하고, 이것들의 차이를 변별할 줄 알고, 또 이것들의 개념을 배워 가는 것이 된다. 유아는 이러한 개념들을 식별하여 적절하게 반응하는 것을 배우는데, 이를 변별학습이라 한다. 변별학

추가 설명
기억의 분류
- 감각기억 : 약 1/4초 정도의 짧은 기간 동안만 간직되는 기억으로 성인과 아동간에 별차이가 없다.
- 단기기억 : 최대한 30초 동안 간직될 수 있는 기억 흔적이다.
- 장기기억 : 거의 반영구적인 기억이다.

추가 설명
선택적 주의
수많은 정보 중에서 필요한 정보만을 선택하고 필요하지 않은 정보는 배제하는 것이다.

추가 설명
변별력과 변별
- 변별력 : 여러 대상의 특성 또는 속성을 지각하여 알아내는 능력이다.
- 변별 : 여러 가지 개념을 배우는 학습의 한 방식이다.

습에는 한 가지의 속성이나 특징을 기준으로 변별하기보다 두 가지 이상의 속성이나 특성을 기준으로 삼을 때 변별능력이 더 발달되었다.

4 보존과 수개념의 발달

① **보존개념** : 피아제의 실험에 의하면 용량이 같은 A, B의 물을 깊고 좁은 그릇과 얕고 넓은 그릇에 담았을 때 보존개념을 획득하지 못한 시기의 유아들은 D그릇의 물이 더 많다고 대답한다. 피아제에 의하면 보존성 개념은 만 7세가 되어서야 획득된다고 했는데, 7세 이하 연령의 유아들이 보존개념을 획득하지 못하는 이유는 지각적 특징에 의존하는 전조작기에 있어서 착시를 극복할 정신 능력을 갖지 못했기 때문이라고 했다.

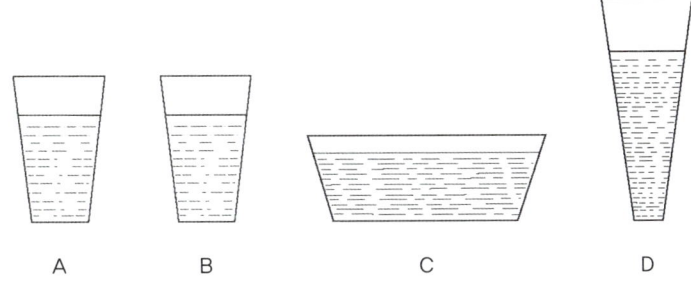

| 그림 5-1 | 4~7세의 유아의 지각 우위 현상의 실험

② **수개념의 발달** : 피아제는 논리의 발달이 수의 성립과 병행하는 것으로 보았다. 피아제는 두 줄로 구성된 대상들을 평행으로 늘어놓은 뒤 평행으로 된 두 줄의 상대적 길이나 밀도를 변화시키면서 유아기의 보존성 개념이 어떻게 발달되어 가는지 알아내려고 했다. 실험 결과, 3~4세 유아는 길이나 밀도 어느 한 곳에 주의를 집중하여, 정확한 수개념을 획득하지 못했다. 4세 반에서 5세 반경에는 약간의 시행착오가 나타나기도 하지만 직관적인 판단도 일어나고 일대일의 대응을 할 수 있다. 그러나 여전히 길이와 밀도라는 두 기준을 조정할 능력이 부족하며, 일대일의 관계가 지각적으로 변형되면 보다 정확히 판단할 수 없게 된다.

③ **인과관계 이해의 발달** : 피아제는 유아의 인과관계에 관한 연구를 통하여 유아 사고의 주관적 특징을 발견하였다.
  ㉠ **현상론적 인과관계** : 유아는 시간적으로 동시에 발생되는 두 사건 간에는 특수한 인과관계가 있다고 믿는다. 어른들 세계에서는 흔히 미신으로 발전되는 경향이 있다.
  ㉡ **물활론(物活論)적 사고** : 유아는 생명이 없는 사물도 살아 있다고 믿는다.
  ㉢ **목적론적 인과개념** : 유아는 이 세상의 모든 사물은 인간에 의해서 또는 인간을 위해서 만들어진 것이라 믿고 모든 사물에는 그것이 추구하는 목적이 있다고 생각한다. 이 시기의 유아는 왜(why)라는 질문을 자주 한다.

추가 설명

피아제
유아의 지각적 판단이 논리적 판단과 모순되는 실험결과에서 유아의 보존성 개념획득 학습과제를 창안하였다.

추가 설명

보존 개념
사물의 양은 그 모양이 변하거나 여러 부분으로 나뉘어도 그 양이나 수가 변하지 않는다는 것이다.

추가 설명

수개념의 발달
- 수개념은 분류와 서열화의 조작적인 종합의 결과로써 발달되는 것이다.
- 구체적 조작기의 시기에는 1대 1의 대응은 제대로 보다 쉽게 할 수 있고, 지각적인 대응과는 관계 없이 개별 요소를 셈하여 수에 대한 평가가 이루어지며 수축적 단위의 개념도 이해하게 된다.

추가 설명

물활론적 사고
유아는 모든 사물을 살아 있다고 생각하여 생명이 없는 대상에게 생명과 감정을 부여한다. 그러다가 점차 움직이는 것은 모두 살아 있다고 믿고, 움직이지 않는 것은 산 것이 아니라고 믿는다. 그러다가 8세쯤 되면 비로소 동물과 식물에만 생명이 있다는 것을 알게 된다.

03 정서 발달

1 정서 발달의 일반적 경향

① 경험 및 환경의 영향 : 분노, 공포, 환희 등의 정서는 환경과 밀접한 관계를 가지고 발달된다.

② 성숙과 학습의 영향 : 정서는 성숙 요인과도 밀접한 관계를 지니고 발달되며, 학습 결과에 따라 어떤 대상에 느끼는 반응이 달라진다.

③ 표현 행동의 발달 : 연령은 정서 표현의 중요한 지수가 된다. 즉, 연령의 증가에 따라 유아의 정서 표현이 더욱 분명해지기 때문이다. 유아기에는 쾌, 불쾌 등이 언어나 행동으로 나타나되 점차 공격성을 감소시켜 간다.

2 유아기의 정서의 특징

① 공포 : 3세 말에는 시각적인 것에 공포를 보이는 유아가 많아진다. 5세경에는 별로 공포반응을 나타내지 않게 되는데 이 시기의 공포는 때로 낮에 무의식 속으로 억압되었다가 밤에 꿈으로 나타나기도 한다. 4~6세경에 악몽을 가장 많이 꾸는 이유가 이 때문이다. 그리고 6세경에는 공포심이 더욱 심해지는데 상상력의 발달, 관찰학습에 의한 공포심, 유아 경험 세계의 확장 등에 기인한다.

② 울음 : 여러 가지 서로 다른 상황에서 나타나는 정서반응이다. 신체적 상태를 표현하는 수단이며, 이것만이 아니라 심리적 상태를 나타내는 수단도 되어 간다.

③ 분노 : 유아의 분노는 하는 일을 방해받거나, 원하는 것을 가질 수 없거나, 요구를 거절당할 때, 무엇을 강요당하거나 빼앗겼을 때 이에 저항하는 정서이다. 어릴 때의 분노는 떼쓰기, 반항, 불순종, 폭발적 행동, 고집부리기, 침묵, 앙심품기, 보복 등으로 나타나다가 5세 말경이 되면 공격적 행동보다는 공격적 언어로 분노를 표시하게 된다.

④ 질투 : 1세 반쯤 되면 질투를 나타내며, 대체로 3~4세경에 질투가 가장 심한데, 이 때에는 동생이 생기게 되고, 또 자기주장이 강하게 되기 때문이다.

⑤ 기쁨과 애정 : 2세경까지는 기쁨이 웃음이나 농작으로 표현되며 3세경부터 언어발달과 함께 기쁨이 언어로 표현된다. 유아의 기쁨은 애정과도 밀접히 관계된다.

04 성격과 사회적 행동의 발달

1 자아의 발달

① 개체화와 신체적 자기의식

㉠ 개체화는 약 2세경에 시작되며, 유아의 개체화를 뒷받침하는 것은 두 가지 능력의 발달이다. 즉, 조작 능력의 발달과 더불어 자아가 발달한 결과이다.

추가 설명

정서 발달
- 정서는 성격의 중요 요인으로서 과잉보호, 수용적·거부적·익애적 육아 방식 등에 따라 서로 다른 성격 특성이 형성된다.
- 정서적 안정성 등은 사회적 기능발달에도 영향을 크게 미친다.

추가 설명

유아기 정서
- 자신의 감정을 즉각적으로 자주 표현한다.
- 어떤 특정한 정서 상태의 지속 시간이 짧고 자주 바뀐다.
- 정서 상태의 기복이 심해서 작은 일에도 굉장히 좋아하는 반면 사소한 일에도 화가 나서 발버둥을 치며 울기도 한다. 그러나 4세경이 되면 정서 표현은 점차 완만해진다.

추가 설명

유아의 분노 요인
- 신체적인 것 : 몸이 아플 때, 배가 고플 때, 피곤할 때 등
- 심리적인 것 : 두렵거나 무서울 때, 흥분했을 때 등

추가 설명

기쁨을 야기시키는 요인
영아기에는 생리적인 것, 감각적·운동적인 것이다가 유아기에 이르기 시작하면서 사회적인 인간관계로 변화된다.

ⓒ 이런 시기에 유아는 자신이 독립된 신체를 가진 사실을 의식하게 된다. 그래서 자기 몸을 자신이 통제한다는 것을 알게 된다.

② 자율감의 발달 : 1~3세경의 유아는 배변훈련을 받으면서 자기를 통제·조절하는 것을 배운다. 이러한 자조기능의 발달은 곧 자율감을 성취·발달시키는 것이 되어 유아는 더욱 자기 주장을 내세운다.('나', '내꺼', '안해', '싫어' 등의 언어를 자주 사용)

③ 성취감의 발달 : 3~5세경의 유아는 자기의 몸과 주변의 환경을 능숙하게 조절할 수 있을 때 성취감 또는 자발성감을 맛본다. 이 시기에는 나무토막쌓기 등의 놀이를 즐긴다.

④ 자존감(自尊感)의 발달 : 자존감은 자신이 하는 일의 성공을 예견하고 자기에게 가치를 부여하려는 것으로 성취감을 느끼고 자기가 유능하고 능숙하게 무엇을 해낼 수 있다는 데서 발달된다.

⑤ 자아개념의 발달 : 자아개념은 자신이 자기를 어떻게 생각하고 받아들이느냐 하는 것으로 자아의 발달은 전적으로 부모의 양육 태도에 달려 있다.

> **추가 설명**
> 인간의 발달에 있어서 나타나는 2회의 개체화
> 반항기를 거치면서 독립성을 발달시켜 간다.
> • 3~4세경의 제1반항기
> • 사춘기의 제2반항기

> **추가 설명**
> 자아개념
> 사춘기에 보다 구체적으로 논의되며, 청년기의 자아정체감 발달로 이어진다.

2 양심의 발달

① 양심 및 초자아 : 유아기에는 초보적인 양심, 즉 초자아가 나타나기 시작한다. 부모를 동일시하는 과정에서 유아는 부모의 행동과 기대에 의하여 부모의 태도, 가치를 자기 것으로 내면화하면서 초자아를 발달시키게 된다. 양심의 싹은 2세경에 나타나는데, 특정행동을 금지하는 경험으로 학습된 것이다.

② 도덕적 규칙과 사회적 규칙 : 유아기는 전인습기(前因習期)인 동시에 성인의 기대에 적합하려고 하는 시기이다. 이 시기 유아는 도덕적 규칙과 사회적 규칙을 구별해 낸다.

> **추가 설명**
> 유아들의 도덕적 규칙과 사회적 규칙에 대한 연구(Siegal & Story)
> 유아들은 도덕적 규칙과 사회적 규칙을 구별해 내었다. 도덕적 규칙을 사회적 규칙보다 더 중요하다고 이해했다.

3 규칙 행동

① 놀이 이론
  ㉠ 정신분석학에서의 놀이 : 프로이트는 놀이란 유아나 아동의 소원을 충족시키는 역할을 한다고 보았는데, 아동에게 강한 인상이었던 경험일수록 여러 번 놀이에서 반복되어야 한다고 했다. 프로이트를 효시로 한 정신분석학 견해에서는 놀이란 아동의 성장 욕구로 인해 원하는 것을 주로 표현한다.
  ㉡ 에릭슨 : 프로이트의 견해에 동조하면서도 사회문화적인 관점에서 놀이를 해석하고 있는데, 놀이는 유아 아동의 주된 자아기능의 한 가지이며, 놀이를 통해 유아 아동은 자신의 내적 세계를 외적 세계에 관련시켜 조직화한다고 했다.
  ㉢ 인지이론에서의 놀이(피아제)
    • 놀이는 유아 아동의 인지발달에 있어서 본질적인 활동이며, 유아 아동 자신에게 현실을 동화시켜가는 과정이다.
    • 놀이는 때로 의식화되기도 하고 조절보다는 동화가 주된 기제를 이룬다. 그리고 유아 아동의 노는 방식이 그의 발달 수준에 따라 다르다.
  ㉣ 학습이론에서의 놀이 : 학습이론에서는 놀이도 학습된 행동으로 본다. 강화를 받

> **추가 설명**
> 유아 아동의 놀이에 대한 견해
> • 프뢰벨(Frederich Fröbel) : 지선(至善)의 표현
> • 스펜서(Herbert Spencer) : 잉여 에너지
> • 그로스(Karl Gross) : 본능의 표현
> • 홀(Stanley Hall) : 문화의 반복
> • 설리(J. Sully) : 상상의 표현
> • 프로이트(S. Freud) : 충동적 반추
> • 피아제(J. Piaget) : 동화와 조절
> • 손다이크(E. Thorndike) : 학습된 행동

은 놀이는 더 빈번히 더 강하게 나타나며, 강화받지 못한 놀이는 점차 줄어들어 소멸하게 될 것이다. 성별에 따라 놀이가 분화되는데, 이것은 학습의 결과이다.

ⓗ 로웬펠트(Lowenfeld) : 유아 아동의 놀이는 그의 생활 전체와 관련된 모든 자발적 활동이므로 다른 목적을 수반하는 수단으로서가 아닌 그 자체가 목적이 된다.

② 놀이 발달 단계와 종류 : 파튼과 뉴홀(Parten & Newhall)은 「취학 전 아동의 사회적 행동」이란 논문에서 놀이는 다음의 6단계로 발달된다고 하였다.

㉠ 보는 행동 : 영아의 놀이 형태이다.

㉡ 혼자 놀이 : 2~3세의 유아들에게 많이 관찰되는 놀이이다.

㉢ 방관자적 행동 : 대부분의 시간을 다른 아이들이 노는 것을 구경하는 데 보내는 행동이다.

㉣ 나란히 놀이(병행놀이) : 같은 공간에서 2세 유아가 비슷한 종류의 장난감을 가지고 놀지만 서로 간에 참견이나 교섭이 없으면서도 가끔 서로 쳐다보고 흉내도 내지만 간섭도 교섭도 없다.

㉤ 연합놀이 : 놀이에서 리더가 없다. **예** 어울려 놀면서 서로에게 관심을 가지고 대화를 나누지만 목표를 가지고 역할을 나누거나 조직적 전개까지는 진행이 어려운 상태이다.

㉥ 협동놀이 : 한두 명의 놀이 지도자가 지휘를 하며, 팀을 조직하거나 또는 어떤 조직으로서 규칙에 따라 각자의 역할이 정해지고 그에 따라 이루어지는 조직적인 놀이이다. 4~6세 유아들의 놀이이지만 강력한 놀이지도자가 없어 협력관계에서 이루어지는 놀이이다.

③ 격렬한 놀이 및 조용한 놀이 : 유아의 놀이는 대체로 격렬한 몸짓을 보이는 놀이와 그냥 앉아서 노는 놀이로 구분된다. 대체로 유아들에게는 이 두 가지 놀이가 조화롭게 나타나지만, 어떤 유아들은 어느 한 가지 놀이로만 치우치는 경우도 있다.

④ 핑거 페인팅 : 유아 초기에는 아직 손가락을 사용하는 기능이 미숙하므로 손가락만의 사용보다는 손바닥 전체의 사용으로 놀이한다. 유아원에서 흔히 이런 놀이를 시킨다.

⑤ 그리기 : 그리기로써 유아는 자신의 원망을 표출하고 억제된 감정을 해소시키며, 이들 그리기에서 사고와 언어가 촉진되기도 한다. 연령의 증가와 함께 상징적이던 그림은 점점 사실적으로 변모해 간다.

> **추가 설명**
> **나란히 놀이**
> 2~4세 유아에게서 많이 나타나는 놀이로서 미끄럼타기, 그네타기, 모래쌓기 등에서 많이 나타나는 놀이이다.

> **추가 설명**
> **놀이의 기능**
> • 신체 성장과 기본 운동 능력이 증진된다.
> • 감각 활동을 통해 인지 능력이 발달한다.
> • 다양한 감정 표출로 정서 순화에 도움이 된다.
> • 원만한 대인 관계를 맺을 수 있는 사회성이 발달한다.
> • 언어 능력 및 두뇌 발달과 창의력 향상에 도움이 된다.

05 사회화

1 사회화 인자

① 부모 및 가족

㉠ 부모 : 유아의 최초 사회화 인자이자 가장 밀착하고 큰 영향을 미치는 인물로서, 부모와 자녀의 관계는 유아기의 전후 그의 지적·도덕적·정서적·사회적 발달에서 대단히 중요하다. 바움린드(Baumrind, Diana)는 부모의 애정과 통제 두 차원에서 부모의 양육 유형을 네 가지로 나누어 설명하고 있다. 애정 차원은 부모가 자녀를 얼마나 사랑하고 지지하며, 얼마나 관심을 갖고 있는가 하는 것이다. 통제 차원은 자녀에게 성숙한 행동을 요구하고 행동을 통제하는 것을 뜻한다.

추가 설명
바움린드가 제시한 부모 유형
- 민주형 부모 : 애정과 통제 차원이 둘 다 높다.
- 독재형 부모 : 통제 차원은 높지만 애정 차원이 낮다
- 허용형 부모 : 애정 차원은 높은데 통제 차원이 낮다.
- 무관심형 부모 : 애정 차원과 통제 차원이 둘 다 낮다.

| 표 5-1 | 부모의 양육 유형과 자녀의 사회 행동(바움린드)

부모의 양육 유형	특 성	자녀의 사회 행동
민주형 부모	자녀와 대화를 많이 한다. 자녀의 독립심을 격려하고 훈육할 때 규칙을 따르도록 통제하지만 동시에 애정을 표현한다.	책임감, 자신감, 사회성이 높다.
독재형 부모	엄격한 통제와 설정해 놓은 규칙을 따르도록 강요한다. 훈육 시 체벌을 사용하고 논리성을 가지고 설명하지 않는다.	효율성 없는 대인 관계, 사회성 부모, 의존성·복종성·반항성이 나타날 수 있다.
허용형 부모	사랑이 많고 반응에 민감하나 통제가 거의 없다. 일관성 없이 훈육한다.	자신감이 있고 적응을 잘 하는 편이나, 규율을 무시하고 제멋대로 행동한다.
무관심형 부모	애정이 없고 냉담하며, 엄격하지도 않고 무관심하다.	독립심이 없고 자기 통제력이 부족하다. 문제 행동을 많이 보인다.

㉡ 조부모세대 : 부모 다음으로 유아 아동의 사회화 인자로서 중요하다. 취업모의 환경에서 조부모세대는 대리부모로서 손자녀와 대단히 밀착된 관계를 형성할 수 있다. 미드(M. Mead)는 문화의 전승에 있어서 양성 3세대(兩性三世代)가 각자의 위치에서 중요한 구실을 한다고 인정하면서, 이 중 어느 한 세대의 한 성이 부재할 경우 문화의 전승에는 왜곡이나 결손이 생긴다고 보았다.

추가 설명
조부모 세대의 의의
조부모와 함께 사는 아이들은 폭넓은 인간관계로 애착 형성이 다양하게 이루어지고 사회성도 발달한다. 조부모는 손자·녀에게 정서 안정감뿐만 아니라 놀이 친구로서의 역할도 한다는 점에서 유아의 사회화에 긍정적인 역할을 한다.

㉢ 형제·자매 : 형제·자매는 부모-자녀 관계에 비해 서로 교류가 원활하며 보다 평등한 관계이다. 형제 관계를 통해서 유아는 긍정의 감정뿐만 아니라 부정의 감정을 공유히는 모호한 특성을 갖는다. 이들은 서로 경쟁과 협동의 관계를, 서로 싸우면서 서로 돕는 독특한 관계를 형성한다. 형제 관계가 긍정의 관계를 유지하는지 혹은 경쟁의 관계로 발전하는지는 형제자매의 구성이나 터울보다는 어머니의 양육 방식이나 유아의 성격에 더 많은 영향을 받는다.

㉣ 또래의 영향 : 유아기부터 또래와 어울려 보내는 시간이 점차 증가된다. 사회성이 발달되어 가고 또래간의 인정감(認定感)과 사회직 관계 형성에 있어서 자신감도 갖게 된다. 그리고 자기주장이나 리더십도 배워 나가며 인지적인 세계도 확장시켜 간다.

추가 설명
형제자매의 사회적 역할
부모와 마찬가지로 형제자매도 유아의 사회적 태도, 신념, 행동에 중요한 자원이 된다. 비록 부모처럼 강력한 힘을 내지는 못하지만, 형제 지매도 서로의 행동을 통제하고자 하며 바람직한 행동뿐 아니라 바람직하지 않은 행동의 모델이 된다.

2 사회화 기제

① 상과 벌 : 상과 벌을 통하여 인사하기, 바른 생활습관의 여러 가지 자조기능(自助技

能)을 배워 익히게 되며, 지적 활동이나 창의적 놀이에도 상과 벌로 성취를 조장하고 고무한다. 그러나 상이나 벌이 어느 정도의 한계에 이르면 그 효능을 상실하는 경우가 있으며 역효과가 나타나기도 한다.

② 동일시 : 동일시는 부모나 교사 또는 또래의 지도자를 유아 아동이 동일시할 때, 그들의 감정·가치·태도·성격특성·행동 등을 모방하다가 마침내는 무의식적으로 수용하며, 내면화하게 되는 것이다.

> **추가 설명**
> **동일시에 작용하는 요인**
> 모델의 태도가 온정적일 때, 동일시 모델의 특성이 명확할 때, 동일시 행동이 보상받을 때 동일시 경향은 보다 증가된다.

06 유아기의 부적응 행동

1 언어 장애

① 조음 장애 : 혀, 이, 입술, 구개, 턱 등의 조음기관에 대한 장애로 인하여 어음의 생략, 대치, 첨가, 왜곡으로 틀리게 발음되는 언어 장애를 말한다. 또한 조음 장애는 유아의 청각장애, 기억 장애, 발음 기관의 장애 혹은 바람직하지 못한 언어 환경으로 인하여 발생될 수 있다.

② 언어 발달 지체 : 어떤 특정 연령에서 기대되는 이해력이나 표현력에서 정상적 언어 발달 수준에 미치지 못하는 경우를 말한다. 언어 발달 지체의 원인은 선천성 난청이나 유아기 동안에 청력 손실로 인하여 생길 수 있고, 지능 장애나 뇌성마비로 인해 나타날 수 있다. 또한 무엇보다 환경적인 요인으로 유아에게 양육기간동안 충분히 말을 들려주지 않거나 유아의 언어에 대해 관심이나 주의를 기울이지 않아 언어를 표현하려는 의욕을 가지지 못하여 의사소통이라는 태도를 형성하지 못하는 데 있다.

③ 말더듬이 : 어떤 소리나 음절을 반복하여 말의 유창성을 방해하는 상태를 말한다. 유아는 중요한 사실을 잘 전달하려고 할 때, 놀라움이나 긴장감, 공포심을 가지고 있을 때 말을 더듬지 않으려고 의식할 때, 적당히 말해서 얼버무릴 때, 말하고 싶지 않은 것을 억지로 말하려고 할 때, 상대의 주의를 끌기 위해 말하는 경우 말을 더듬는 장애를 보일 수 있다.

> **추가 설명**
> **말더듬의 원인**
> • 기질론 : 선천적으로 뇌의 손상으로 인하여 발생한다.
> • 강화론 : 주위 성인이 말더듬는 것을 유아가 모방하거나 유아가 잠시 말을 더듬을 때 성인이 그것을 모방함으로써 강화해주는 경우이다.
> • 환경론 : 정서적 공포나 불안으로 인하여 나타난다.

2 습관 장애

① 유아기에는 흔히 전 시기의 습관 형성이 미완성되거나 동생이 생기면서 퇴행행동이 나타나기도 하며, 습관 장애(예 손가락 빨기, 오줌 싸기, 식사 거부 등)를 보일 수 있다.

② 습관 장애에는 육아 담당자의 인내와 치료 기술이 고도로 요구되기 때문에 전문가와의 상담이 필요하다.

실전예상문제

1 다음 유아기의 시기로 알맞은 것은?

① 만 1세~만 2세
② 만 3세~만 5세
③ 초등학교 시기
④ 중학교 시기

해설 유아기는 만 3세경부터 만 5세경에 이르는 시기로 지칭된다. 즉, 대소변 가리는 훈련의 과업을 성취한 후 초등학교 입학 이전의 시기가 된다.

2 다음의 〈보기〉와 같은 특징을 갖는 시기는 언제인가?

보기
㉠ 몸의 균형을 잡을 수 있고, 여러 자조기능을 발달시킨다.
㉡ 출생 시 몸무게의 약 5.5배 정도 되며, 걸음걸이에 균형이 잡히고, 걷는 속도도 빨라진다.

① 사춘기　　② 아동기　　③ 유아기　　④ 영아기

해설 유아기에는 체중의 발달도 신장의 크기와 비례한다. 그래서 약 2세경에는 출생시 몸무게의 3.7배나 되다가 만 5세경이 되면 출생 시 몸무게의 약 5.5배가 된다. 몸의 균형을 잡을 수 있고, 여러 자조기능을 발달시킨다.

3 유아기 운동 발달에 대한 설명으로 옳지 않은 것은?

① 2~3세가 되면 두 발을 교대하여 계단을 오를 수 있다.
② 3세 이상이 되면 평행대 위에서 걸을 수 있다.
③ 대체로 운동 발달에서 남아가 여아보다 더 세련된 동작을 보여준다.
④ 유아기 대근육 운동 기술이 급속도로 발달한다.

해설 4~5세경이 되면 어른들처럼 두 발을 교대하여 계단을 오를 수 있다.

4 다음 유아기 발달과업으로 거리가 먼 것은?

① 인지 및 자기의식의 발달
② 다양한 자조기능의 습득
③ 완벽한 보존개념 습득
④ 언어 발달

해설 피아제에 의하면 보존개념은 만 7세가 되어서야 획득된다고 했다.

정답　1.❷　2.❸　3.❶　4.❸

5 유아기의 언어 발달에 대한 설명으로 옳지 않은 것은?

① 자기 중심적 언어를 많이 사용한다.
② 과잉 일반화 문법을 많이 사용한다.
③ 구체적 의미를 지닌 어휘를 많이 사용한다.
④ 말의 다양한 의미, 추상적 의미, 비유나 은유를 이해한다.

해설 유아기에는 아직 말의 다양한 의미, 추상적 의미, 비유나 은유를 이해하지 못한다.

6 유아가 많이 사용하는 언어 특징으로 옳지 않은 것은?

① 부정문　　　　　　　　　　② 과잉 일반화 문법
③ 자기 중심적 언어　　　　　　④ 추상적 어휘

해설 유아는 추상적 의미의 어휘보다는 구체적 의미를 지닌 어휘를 빨리 획득하고 더 많이 사용한다.

7 다음 유아(幼兒)의 언어발달에 대한 특징으로 옳은 것은?

① 조사, 동사, 어미를 완벽히 구사한다.
② 구체적 의미의 어휘보다 추상적 의미를 지닌 어휘를 보다 빨리 획득하고 더 많이 사용한다.
③ 유아는 대체로 수동적 어휘수가 능동적 어휘수보다 적다.
④ 유아기 언어 발달이 급속히 이루어진다.

해설 유아기에는 언어 발달이 급속히 이루어진다. 유아가 상징 기능을 획득하게 됨에 따라 단어 획득 속도가 급속하게 빨라진다.

8 언어란 다른 모든 행동과 마찬가지로 강화에 의해 학습되는 행동이라고 한 언어 획득 이론은?

① 정신분석이론　　　　　　　　② 인지이론
③ 관찰학습　　　　　　　　　　④ 학습이론

해설 스키너 등의 학습 이론 : 언어란 다른 모든 행동과 마찬가지로 강화에 의해 학습되는 행동이다.

9 다음 중 인간은 생래적인 언어습득장치(LAD)를 사용하여 고유한 자기언어를 학습한다고 주장한 학자는 누구인가?

① 비고츠키　　　② 촘스키　　　③ 반두라　　　④ 스키너

해설 촘스키에 의하면 인간은 고유한 자기 언어를 학습하는 데 있어서 생래적인 언어 습득 장치(LAD)를 사용한다. 이것은 신체 속의 장기로서 존재하는 것이 아니라 기능으로서 존재한다고 보며, 이것을 사용하여 언어 자료를 처리하고 가공하며, 규칙을 구축하고 문법적 문장을 이해하게 된다.

10 다음 촘스키(Chomsky)가 가장 관심을 갖고 있는 대표적인 연구영역으로 알맞은 것은?
① 도덕성 발달　　② 언어 발달　　③ 운동 발달　　④ 성격 발달

해설 문제 9번 해설 참조

11 다음 중 유아의 언어발달 이론에 대한 학자들의 강조점이 바르게 연결된 것은?
① 피아제 — 모방
② 반두라 — 강화
③ 스키너 — 관찰
④ 촘스키 — 언어 습득 장치

해설 문제 9번 해설 참조

12 다음 중 촘스키가 말하는 언어습득장치의 의미는?
① 언어적 성취를 위한 모방
② 자연적 호기심
③ 언어 자료를 처리·가공하는 능력
④ 신체 속의 장기의 일종

해설 문제 9번 해설 참조

13 다음 중 촘스키(Chomsky)의 언어발달이론과 관련되는 용어는?
① 언어 습득 장치
② 기본적 신뢰감
③ 자아정체감 혼미
④ 자아 중심성

해설 인간이 태어날 때 가지고 있는 언어 습득 장치는 언어자료를 처리하고 가공하며 규칙을 구축하고 문법적 문장을 이해하게 해준다.

14 기억에 관한 설명으로 옳지 않은 것은?
① 무의미한 철자보다 유의미한 철자가 더 오래 기억된다.
② 감각기억은 성인과 아동간에 기억화에 차이가 없다.
③ 감각기억은 최대한 30초 동안 간직될 수 있는 기억 흔적이다.

정답 5.④ 6.④ 7.④ 8.④ 9.② 10.❷ 11.❹ 12.❸ 13.❶ 14.❸

④ 단어보다 문장화된 것이 더 오래 쉽게 기억된다.

해설 단기기억 : 최대한 30초 동안 간직될 수 있는 기억 흔적이다.

15 다음 중 아동에게 개-대문, 아이-사과를 기억시킬 때 '개가 대문으로 도망쳤다, 아이가 사과를 먹었다' 등으로 기억하는 전략을 수용한 경우 이와 관련된 기억전략은?

① 문장화　　　② 조직화　　　③ 변별화　　　④ 범주화

해설 기억을 위한 전략 중 단순한 유의미의 단어보다는 단어끼리의 결합으로 이루어진 구나 절이 보다 오래 기억되며, 또 이들보다는 문장화된 것이 더 오래 더 쉽게 기억된다.

16 다음 약 1/4초 정도의 짧은 기간 동안만 간직되는 기억은?

① 직관적 기억　　　② 장기기억　　　③ 단기기억　　　④ 감각기억

해설 어떤 대상을 눈으로 본 다음에 그 대상에 대한 표상이 약 1/4초 동안은 생생히 기억되지만, 1/4초 이후에는 더 이상 간직되지 못하는 경우가 있다. 즉, 이렇듯 짧은 기간 동안만 간직되는 기억이 감각기억이다.

17 여러 대상의 특성 또는 속성을 지각하여 알아내는 능력을 무엇이라 하는가?

① 지각　　　② 변별력　　　③ 전문성　　　④ 모방

해설 변별력은 여러 대상의 특성 또는 속성을 지각하여 알아내는 능력이다.

18 피아제가 주장한 유아 사고의 주관적 특징으로 거리가 먼 것은?

① 목적론　　　　　　② 물활론적 사고
③ 경험적 사고　　　　④ 현상론적 인과관계

해설 유아 사고의 주관적 특징 : 목적론, 물활론적 사고, 현상론적 인과관계

19 다음의 〈보기〉에서 설명하는 유아기 인지의 특성으로 알맞은 것은?

> **보기** 크리스마스가 가까워 올수록 산타클로스의 모습을 크게 그리는 반면 이 날이 지나가 버리면 그 모습을 작게 그린다.

① 선택적 주의　　　② 보존 개념　　　③ 변별 학습　　　④ 개념 획득

해설 4~10세는 선택적 주의가 급속히 발달되는 시기이다.

20 다음 중 동량의 물을 다음과 같이 깊고 좁은 그릇(A)과 얕고 넓은 그릇(B)에 담았을 때 A의 물이 많다고 하는 것은 무엇 때문인가?

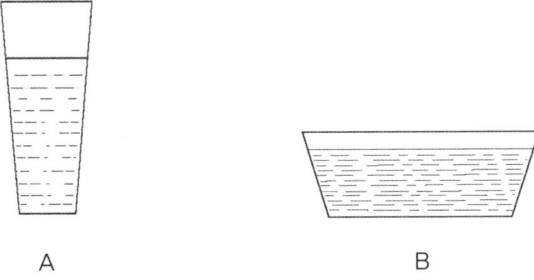

① 절편화의 능력이 없어서
② 군집화 기능이 약화되어서
③ 유목화의 능력이 발달되지 않아서
④ 보존 개념이 형성되지 않아서

해설 피아제에 의하면 보존성 개념은 만 7세가 되어서야 획득되며, 그 이하 연령의 유아들은 보존개념을 획득하지 못하는 이유가 지각적 특징에 의존하는 전조작기에 있어서 착시를 극복할 정신 능력을 갖지 못했기 때문이라고 했다.

21 유아기에 모든 사물을 살아 있다고 생각하여 생명이 없는 대상에게 생명과 감정을 부여하는 사고는?

① 형식적 사고 ② 물활론적 사고 ③ 유목화 사고 ④ 인지적 사고

해설 물활론적 사고 : 유아는 모든 사물을 살아 있다고 생각하여 생명이 없는 대상에게 생명과 감정을 부여한다. 그러다가 점차 움직이는 것은 모두 살아 있다고 믿고, 움직이지 않는 것은 산 것이 아니라고 믿는다. 예를 들어, 종이를 가위로 자르면 종이가 아플 것이라고 생각하며, 추운 날엔 꽃도 추울 것이라고 생각하고, 산너머 지는 해를 보고 해가 산 뒤로 숨었다고 생각하기도 한다. 그러다가 8세쯤 되면 비로소 동물과 식물에만 생명이 있다는 것을 알게 된다.

22 유아의 현상론적 인과 관계 사고란?

① 모든 사물은 살아 있다는 생각
② 눈에 보이는 세계만이 전부라는 생각
③ 시간적으로 동시에 일어나는 사건들은 관계가 있다는 생각

정답 15.❶ 16.❹ 17.❷ 18.❸ 19.❶ 20.❹ 21.❷ 22.❸

④ 모든 사물은 인간을 위해서 만들어진 것이라는 생각

해설 동시에 발생하는 두 사건간에는 반드시 특수한 인과관계가 있다고 믿는 것이 현상론적 인과관계로 어린이 특유의 사고 특징이라 할 수 있다. 또, 생물이 없는 사물을 살아 있다고 믿는 것이 물활론이고, 이 세상의 모든 사물은 인간에 의해, 인간을 위해 만들어진 것이라고 믿는 것이 목적론적 인과개념이다.

23 다음 〈보기〉의 밑줄친 부분과 관련하여 관계가 깊은 사항은 무엇인가?

> **보기** 이 세상의 모든 사물은 인간에 의해서 또는 인간을 위해서 만들어진 것이라 믿고 모든 사물에는 그것이 추구하는 그 무엇이 있다고 생각하는 것이다. 그러므로 이 시기의 유아는 왜(why)라는 질문을 자주 한다.
> 해는 왜 뜨느냐? 달은 왜 날 따라 오느냐? 꽃은 왜 빨간색이냐?

① 물활론적 사고 ② 목적론적 인과개념
③ 보존개념에서의 지각 우위 현상 ④ 유목포함 능력과 이해

해설 문제 22번 해설 참조

24 유아기 정서의 특징으로 거리가 먼 것은?

① 자신의 감정을 즉각 자주 표현한다.
② 어떤 특정 정서 상태의 지속 시간이 짧고 자주 바뀐다.
③ 4세 경 이후에는 정서 표현의 기복이 점차 심해진다.
④ 정서적 안정성은 사회적 기능 발달에 영향을 미친다.

해설 정서 상태의 기복이 심해서 작은 일에도 굉장히 좋아하는 반면 사소한 일에도 화가 나서 발버둥을 치며 울기도 한다. 그러나 4세경이 되면 정서 표현은 점차 완만해진다.

25 3세 어린이가 '싫어', '안해', '아니야' 등 부정의 표현을 많이 하는 현상은 어느 것과 관련이 깊은가?

① 자율감 ② 고립감 ③ 불신감 ④ 절망감

해설 자조기능의 발달은 곧 자율감을 성취 발달시키는 것이 되어 유아는 더욱 자기 주장을 내세우는 '나', '내꺼', '안해', '싫어' 등의 언어를 자주 사용한다.

26 자신이 하는 일의 성공을 예견하고 자기에게 가치를 부여하려는 유아의 자아 발달 유형은?

① 개체화 ② 자존감 ③ 사회화 ④ 표현감

해설 자존감은 자신이 하는 일의 성공을 예견하고 자기에게 가치를 부여하려는 것으로 성취감을 느끼고 자기가 유능하고 능숙하게 무엇을 해낼 수 있다는 데서 발달된다.

27 초보적인 양심, 즉 초자아가 나타나기 시작하는 시기는?

① 영아기 ② 유아기 ③ 아동기 ④ 청년기

해설 유아기에는 초보적인 양심, 즉 초자아가 나타나기 시작한다. 부모를 동일시하는 과정에서 유아는 부모의 행동과 기대에 의해 부모의 태도, 가치를 자기 것으로 내면하하며 초자아를 발달시키게 된다.

28 다음 중 유아나 아동은 놀이를 통해 실제 생활에서 이루지 못한 소원을 충족시킬 수 있다고 주장한 학자는 누구인가?

① 손다이크 ② 몬테소리 ③ 피아제 ④ 프로이트

해설 프로이트는 놀이란 유아나 아동의 소원을 충족시키는 역할을 한다고 보았다. 따라서 실제상황에서 소원의 충족이 이루어지지 못할 때 생기는 억압된 감정을 놀이에서 해소시킬 수 있다고 보았다.

29 다음 중 강화를 받은 놀이는 더 빈번히 더 강하게 나타나며, 강화받지 못한 놀이는 점차 줄어들어 소멸하게 될 것이라는 견해를 가진 발달 이론은?

① 각인이론 ② 학습이론 ③ 인지이론 ④ 정신분석학

해설 학습이론에서는 놀이도 학습된 행동으로 본다. 즉 강화를 받은 놀이는 더 빈번히 그리고 더 강하게 나타나며, 강화받지 못한 놀이는 점차 줄어들어 소멸하게 될 것이라는 견해이다.

30 다음 중 학자들의 유아 놀이에 대한 견해로 알맞은 것은?

① 손다이크 — 본능의 표현 ② 피아제 — 잉여 에너지
③ 프로이트 — 학습된 행동 ④ 프뢰벨 — 지선의 표현

해설 프로이트(Freud)는 놀이란 아동의 소원을 충족시키는 역할을 한다고 보고 아동이 실생활에서 인상깊게 경험한 일, 욕구가 충족되지 않았던 일을 놀이를 통해 반복함으로써 억압된 감정을 해소하고 욕구를 충족시킨다고 보았다. 피아제(Piaget)는 놀이는 아동의 인지발달에 기본적 활동으로서 아동 자신에게 현실을 동화시켜 가는 과정으로 보았다. 프뢰벨(Fröbel)은 놀이를 지선의 표현으로 보았으며, 손다이크(Thorndike)는 학습된 행동으로 보았다.

정답 23.❷ 24.❸ 25.❶ 26.❷ 27.❷ 28.❹ 29.❷ 30.❹

31 유아 놀이를 지선(至善)의 표현으로 본 학자는?

① 손다이크(Thorndike)　　② 피아제(J. Piaget)
③ 프로이트(S. Freud)　　④ 프뢰벨(F. Fröbel)

해설 유아아동의 놀이에 대한 견해
- 프뢰벨 : 지선(至善)의 표현
- 칼 그로스 : 본능의 표현
- 프로이트 : 충동적 반추
- J. 설리 : 상상의 표현
- 스펜서 : 잉여 에너지
- 스탠리 홀 : 문화의 반복
- 피아제 : 동화와 조절

32 다음 중 유아 아동의 놀이에 대한 학자들의 견해가 바르게 연결된 것은?

① 홀 — 동화와 조절　　② 피아제 — 충동적 반추
③ 프로이트 — 충동적 반추　　④ 프뢰벨 — 동화와 조절

해설 문제 31번 해설 참조

33 다음 파튼과 뉴홀이 분류한 놀이 발달 단계 중 둘 이상의 유아가 같은 공간에서 비슷한 종류의 장난감을 가지고 놀지만 간섭도 교섭도 없는 놀이는?

① 나란히 놀이　　② 연합놀이　　③ 협동놀이　　④ 혼자놀이

해설 나란히 놀이 : 같은 공간에서 2세 유아가 비슷한 종류의 장난감을 가지고 놀지만, 서로간에 참견이나 교섭이 없으면서도 가끔 서로 쳐다보고 흉내도 내지만 간섭도 교섭도 없다.

34 다음 중 파튼과 뉴홀의 놀이 발달 단계에서 가장 뒤에 최종적으로 오는 놀이 단계는 무엇인가?

① 방관자적 행동　　② 나란히 놀이　　③ 연합놀이　　④ 협동놀이

해설 놀이의 발달단계 : 보는 행동 → 혼자 놀이 → 방관자적 행동 → 나란히 놀이 → 연합놀이 → 협동놀이

35 그네타기, 미끄럼타기 등은 다음 어느 놀이 행동에 속하는가?

① 연합놀이　　② 병행놀이
③ 혼자놀이　　④ 방관자적 행동

해설 병행놀이(나란히 놀이) : 같은 공간에서 다른 어린이가 가지고 노는 것과 같은 종류의 장난감을 가지고서 가까이서 노는 것을 말하는데 상호간에 지켜야 할 놀이 규칙이 있는 것은 아니며 그네타기, 미끄럼타기 등이 그 예이며 대체로 2~4세경의 놀이이다.

36 다음 중 어린이의 협동놀이에서 나타나는 중요한 특징은 무엇인가?

① 놀이의 종류
② 놀이 시간
③ 놀이 장소
④ 놀이 규칙

해설 협동놀이는 규칙과 각각의 역할에 따라 하는 조직적인 놀이로 학교 놀이, 가족 놀이 등이 협동놀이에 속하며 대체로 4~6세 때의 놀이이다.

37 다음 〈보기〉의 내용과 관련 있는 놀이는?

> 보기 한두 명의 놀이지도자가 있으며 규칙에 따라 각자의 역할이 정해지는 조직적인 놀이이다.

① 방관자적 행동   ② 협동놀이   ③ 연합놀이   ④ 나란히 놀이

해설 협동놀이는 한두 명의 놀이지도자가 지휘를 하며, 팀을 조직하거나 또는 어떤 조직으로서 규칙에 따라 각자의 역할이 정해지고 그에 따라 이루어지는 조직적인 놀이이다. 그러나 강력한 놀이 지도자가 없어 협력관계에서 이루어지는 놀이이다.

38 바움린드가 구분한 부모의 양육 유형 중 애정과 통제 차원이 모두 높을 때의 양육 유형은?

① 민주형 부모
② 독재형 부모
③ 허용형 부모
④ 무관심형 부모

해설 바움린드의 부모 양육 유형 : 애정과 통제 차원이 둘다 높을 때는 민주형 부모, 통제 차원은 높지만 애정 차원은 낮을 때는 독재형 부모, 애정 차원은 높은데 통제 차원이 낮을 때에는 허용형 부모, 애정 차원과 통제 차원이 둘다 낮을 때에는 무관심형 부모

39 바움린드의 부모 양육 유형 중 허용형 부모의 특성을 나타내는 것은?

① 자녀 훈육 시 규칙을 따르도록 통제하지만 애정을 표현한다.
② 훈육 시 체벌 사용, 논리성을 가지고 설명하지 않는다.
③ 일관성 없이 훈육한다.
④ 애정이 없고 냉담하며 무관심하다.

해설 ①은 민주형, ②는 독재형, ③은 허용형, ④는 무관심형

정답 31.④ 32.③ 33.① 34.④ 35.② 36.④ 37.② 38.① 39.③

40 유아가 부모나 교사 등을 닮아가는 것으로 그들의 감정·가치·태도 등을 모방하다가 마침내는 무의식적으로 수용하며 내면화하게 되는 것을 의미하는 것은?

① 동일시　　　　② 개체화　　　　③ 자조　　　　④ 변별

해설 동일시는 유아가 부모나 교사 등을 닮아가는 것으로 그들의 감정·가치·태도 등을 모방하다가 마침내는 무의식적으로 수용하며 내면화하게 되는 것을 의미한다.

41 다음의 〈보기〉에 제시된 글과 관련이 깊은 인류학자는?

> **보기** 문화의 전승에 있어서는 3세대 모두 중요하다고 보고, 유아·아동의 사회화인자로서 조부모 세대를 강조하였다.

① 레비스트라우스　　　　② 베네딕트
③ 미드　　　　　　　　　④ 말리노프스키

해설 조부모세대는 부모 다음으로 유아·아동의 사회화 인자로서 중요하다. 취업모의 환경에서 조부모세대는 대리부모로서 손자녀와 대단히 밀착된 관계를 형성할 수 있다. 미드(M. Mead)는 문화의 전승에 있어서 양성3세대(兩性三世代)가 각자의 위치에서 중요한 구실을 한다고 인정하면서, 이 중 어느 한 세대의 한 성(性)이 부재할 경우 문화의 전승에는 왜곡이나 결손이 생긴다고 보았다.

정답　40. ❶　41. ❸

06 아동기의 발달

 단원 개요

초등학교에 취학하여 졸업하기까지, 즉 만 6세~12세까지를 아동기라고 한다. 흔히 학동기라고 부르기도 하는 이 시기에는 가정보다 더 확대된 세계에서 아동 스스로 지적·정서적·사회적 발달을 도모해 간다. 따라서 부모나 가족보다 또래와 사회의 영향을 더 받기 때문에 또래시대라고도 한다.

6세 이후 초등학교 시기에는 연령이 증가될수록 외모에서 우선 유아티를 벗어난다. 특히 신장이 전 시기보다 커지게 된다. 이러한 신장의 발달은 매년 꾸준히 증가추세를 보이고 있는데, 국민경제의 향상으로 영양 섭취와 신장 발달을 촉진시키는 신체 운동, 환경의 개선 등에서 나타나는 결과라고 볼 수 있다.

 출제 경향 및 수험 대책

이 단원에서는 학동기에 대한 내용 및 특성, 지능을 최초로 심리학에 도입한 스펜서(Spencer), 지능검사, 지능지수, 지각의 탈중심화가 나타나는 시기, 교사의 아동관과 아동의 성취와의 관계, 공격적 행동의 조절 및 통제방법 등에 대해서 묻는 문제들이 출제될 수 있는 바, 자세하고 철저한 학습이 요구된다.

6

01 신체 발달

1 개요

만 6세~12세까지를 아동기(later childhood)라고 하는데, 흔히 학동기라고 부르기도 하는 이 시기에는 가정보다 더 확대된 세계에서 아동 스스로 지적·정서적·사회적 발달을 도모해 간다. 부모나 가족보다 또래와 사회의 영향을 더 받기 때문에 또래 시대라고도 한다.

2 신장과 체중의 발달

① 신장 : 아동기의 신체적 성장률은 영아기나 청년기처럼 급속하지 않으나, 전체적인 모습이 성인과 유사해진다. 몸통이나 팔, 다리가 가늘어지고, 가슴은 넓어지며, 머리 크기는 자신의 키 1/7~1/8 정도로 성인의 모습과 비슷해진다.

② 체중 및 체격 : 체중은 유아기에 비해 크게 증가된다. 가슴둘레도 커진다. 치아의 경우, 6세경에 이미 영구치가 생기면서 입모습부터 유아의 티를 벗어난다. 그리고 얼굴의 아랫부분이 커지며 코도 커져서, 아동의 티가 나타난다. 팔과 다리의 성장은 몸통의 성장보다 빠른 편이며, 학동기 아동에게는 팔다리가 긴 모습이 전형적이다. 체격에서도 신체 각 부위의 비율이 달라지는데, 이런 변화는 아동기부터 나타나기 시작하지만, 머리와 전신의 비율을 보면 아직도 머리의 비율이 큰 편이며, 머리둘레도 성인 머리둘레의 95%까지 커진다.

3 운동 능력의 발달

① 아동기에는 획득된 운동 기술이나 근육들의 협응이 보다 정교화되고 세련화된다. 그리고 아동의 뛰기 능력과 공놀이에서의 기능이 보다 크게 발달된다.
② 운동 발달의 근거가 되는 조건
  ㉠ 5세에서 7세 사이에 중추신경 및 대뇌의 발달이 이루어지게 되는데, 이와 함께 지각이나 운동발달이 보다 세련되고 정교화된다.
  ㉡ 반응에 소요되는 동작시간과 결정시간이 모두 신속해진다.

02 인지 발달

1 지능과 지능검사

① 종합적 능력
  ㉠ 스펜서(Spencer) : 19세기에 지능이란 말을 처음으로 심리학에 도입했다. 지능을 "여러 가지 다른 인상을 종합하는 능력이며, 사람의 적응능력은 지능에 기인한

추가 설명

아동기의 신장 및 체격
- 아동기 동안 평균키는 남아가 여아보다 크다. 그러나 10~12세 사이에는 여아가 남아보다 크다.
- 팔다리가 긴 모습이 전형적이다.
- 아동기에는 획득된 운동 기술이나 근육들의 협응이 보다 정교화되고 세련화된다.
- 아동의 뛰기 능력과 공놀이에서의 기능이 보다 크게 발달된다.

추가 설명

지능 이론
- 가드너의 다중지능이론 : 인간은 여덟 종류의 서로 다른 지능을 가지고 있으며, 각 종류는 독립적이고 뇌의 특정 부위와 연결되어 있다. 여기에는 언어, 공간, 논리 ―수학, 신체 운동, 음악, 대인간, 개인 내, 자연주의자 지능이 있다.
- 스턴버그의 삼두이론 : 지능을 판단, 평가, 비교, 대조하는 능력인 분석적 지능, 설계, 발명, 고안해 내고, 상상하는 능력으로 구성되는 창조적 지능, 사용 및 적용하고, 실행에 옮기는 능력을 의미하는 실용적 지능으로 구분한다.'

다."고 정의했다.
- ⓒ 비네와 시몬(Binet & Simon) : 지진아를 판별하는 검사를 만들면서 "지능이란 옳게 판단하고, 이해하고, 추리하는 것을 본질로 하는 활동이며, 이 밖에도 환경에 적응하는 능력, 자기판단의 힘과 같은 기본적 능력"이라고 정의했다.
- ⓒ 터먼(Terman) : 스탠포드-비네(Standford-Binet)검사라는 지능검사를 제작했는데, 지능을 "추상적으로 사고할 수 있고, 모든 문제해결에 추상적인 상징을 사용할 수 있는 능력"으로 정의했다.
- ⓔ 웩슬러(Wechsler) : 지능을 "합목적적으로 행동하고 또 그렇게 사고하며, 환경을 효과적으로 처리하는 개인의 종합적·총체적 능력"이라고 정의했다.
- ⓜ 피아제(Piaget) : 지능을 "환경을 극복하고 사고와 행동을 조직하는 능력"이라고 정의했다.

② 요인설
- ⓐ 다요인설 : 서스턴(Thurstone)은 지능은 공간요인, 수요인, 언어이해요인, 언어유창요인, 지각속도요인, 기억요인, 귀납요인 및 연역요인으로 구성되어 있다고 보면서 이들 요인을 기본 정신능력으로 분석했다.
- ⓑ 2요인설 : 스피어만(Spearman)은 지능이란 두 요인으로 되어 있다고 보았다. 즉, 지능에는 일반요인(G 요인)과 특수요인(S 요인)이 있다.

③ 지능구조론 : 길포드(Guilford)는 지능을 내용, 조작, 산출의 3차원적 작용으로 보았다.
- ⓐ 내용 차원 : 도형적인 것, 상징적인 것, 언어적인 것, 행동적인 것이 있다.
- ⓑ 조작의 차원 : 인지, 기억, 확산적 생산, 수렴적 생산, 평가가 있다.
- ⓒ 생산의 차원 : 단위라는 지식, 정보의 형태와 부류라는 어떤 공통적인 특징을 지닌 일련의 사물의 집합(예 포유동물, 파충류)과 체계라는 상호 관련된 여러 부분의 복합적인 조직(예 십진법)과 변환이라는 지식, 정보를 다른 모양으로 표현하는 것, 마지막으로 함축이라는 어떤 지식이나 정보가 함축하고 있는 뜻이 있다.

2 지능검사

① 비네(Binet)검사 : 1905년 비네(Binet)와 시몬(Simon)은 지진아와 정상아의 구별을 위해 지능검사를 제작했다. 아동이 풀 수 있는 문제의 수로써 지적 발달의 수준인 정신연령(MA)을 계산하였다. 예 한 아동이 6세용 문제 여섯 개를 다 풀 수 있으면 그의 정신연령은 6세이다. 만약 이 아동 중 7세용 문제 여섯 개 중 두 개를 더 풀 수 있었다면 그의 정신연령은 6세 4개월이라고 보았다.

② 스탠포드-비네(Stanford-Binet)검사
- ⓐ 1916년 터만(Terman)이 개발한 스탠포드-비네 지능검사는 비네 검사의 결함을 보완한 것으로 생활연령(CA)에 비교한 정신연령의 개념을 표시하였다.

추가 설명
서스턴의 기본 정신 능력
- 공간 요인 : 공간을 지각화하는 능력이다.
- 수요인 : 계산하는 데 필요한 능력이다.
- 언어 이해 요인 : 언어 이해 추리, 언어 사용에 대한 능력이다.
- 언어 유창성 요인 : 언어를 유창하게 할 수 있는 능력이다.
- 지각 속도 요인 : 지시를 재빨리 이해하고 사태를 신속히 파악하는 능력이다.
- 기억 요인 : 정보를 저장했다가 재생시켜 이용한다.
- 귀납 요인 : 여러 가지 사건에서 적절한 원리를 발견한다.
- 연역 요인 : 한 가지 원리를 다양한 문제에 적용한다.

추가 설명
조작의 차원
- 인지라는 사물의 발견
- 지각 등의 조직기능과 지각한 것을 기억, 재생하는 기억
- 창의력, 문제 해결력, 계획력 등의 확산적 생산
- 제시된 정보의 범위 내에서 정답을 집약적으로 찾아내는 수렴적 생산
- 어떤 이론적 기준에 비추어 사태나 자료를 비판, 판단, 결정하는 평가

ⓒ 아동의 지적 발달 수준을 기술하려면 정신연령을 실제 나이인 생활연령과 비교하여 표시할 수 있어야 한다고 생각하고 1912년 슈테른(Stern)은 생활연령 대 정신연령의 비율을 공식화하여, IQ = 100 × MA/CA로 개념화하였는데 현재까지 널리 보급된 지능의 개념이다. IQ는 지능지수(intelligence quotient)의 약자이다.
　　ⓒ 터만이 1916년 스탠포드-비네 지능검사에 슈테른의 공식을 적용하였다. **예** 4세 2개월된 생활연령의 아동이 5세의 정신연령으로 판명되었다면 그의 IQ는 60개월/50개월 × 100 = 120이다.
　③ 웩슬러(Wechsler) 지능검사 : 웩슬러 지능검사(WISC)는 능력척도로서 곤란도가 서로 다른 문제들로 구성된 검사를 모든 연령의 피검사자에게 실시한 후 그들의 득점으로써 지능 수준을 평가하도록 한 것이다.
　④ 아동용 카우프만 검사 : 카우프만 검사는 2세에서 12세 아동을 대상으로 하는 검사로서 동시적 처리, 계열적 처리와 성취 등 세 가지를 측정한다.
　　⊙ 동시적 처리검사 : 아동이 서로 다른 정보들을 동시에 얼마나 잘 처리하는지를 측정하는 것이다.
　　ⓒ 계열적 처리검사 : 시간이 지남에 따라 정보를 얼마나 잘 통합하는지를 측정한다.
　　ⓒ 성취검사 : 표현 어휘, 수리, 읽기 등의 과제로 이루어져 있다.

3 인지 양식

① 인지 양식의 개념
　⊙ 클라인(Klein) : 인지에 있어서의 인지 통제 원칙을 인지 양식이라고 하며, 이것은 인간의 인지 행동을 결정하는 데 중요한 작용을 한다.
　ⓒ 캐건, 모스와 시겔(Kagan, Moss & Sigel) : 인지 양식을 "외계 환경에 대한 지각 조직과 개념적 범주화 방식에 의한 개인의 선호"로 정의하였다.
② 장(場) 의존성과 장(場) 독립성
　⊙ 장 독립성 : 한 개인이 환경에 대처하는 방법에 있어서 자기 자신의 내적 단서에 의존하는 것이다.
　ⓒ 장 의존성 : 외적 요인에 의거하여 판단하고 행동할 때이다.
③ 충동성과 사려성
　⊙ 충동성 : 한 개인이 그가 대처해야 할 문제에 대해 가능한 방법들을 탐색할 때 사건의 정보나 자료를 근거로 하지 않고 문제가 제시되는 즉시 그 문제에 반응하여 해결하려는 성향이다.
　ⓒ 사려성 : 문제를 해결하고자 할 때 여러 대안들을 탐색하고 여러 측면에서 검토하여 적절한 답을 구하려는 성향이다. 이는 정보를 느리게 처리하지만 과제 수행에서 실수가 적다는 장점이 있다.

추가 설명
웩슬러 지능검사의 분류
- 언어성 검사 : 상식문제, 이해문제, 어휘문제, 산수문제, 숫자암기, 공통성 찾기의 6개 하위검사로 구성
- 동작성 검사 : 토막 짜기, 모양 맞추기, 차례 맞추기, 빠른 곳 찾기, 바꿔 쓰기, 미로문제 등인데, 미로문제는 아동용 검사에만 있다.

추가 설명
아동의 연령에 따른 발달
어릴 때에는 장 의존적이다가 연령의 증가에 따라 장 독립적으로 발달적 변화를 보인다.

4 지각과 기억의 발달

① 아동기에는 여러 가지 탐색 전략을 사용할 줄 안다. 특정의 문항을 찾아내는 탐지 능력이 발달되면서 보다 신속·정확하게 탐색 전략을 활용할 수 있게 된다.
② 아동기에는 논리적 방식으로 지각 정보를 구성해 나갈 수 있다.
③ 아동기에는 피아제가 말한 지각의 탈중심화가 나타난다. 그래서 동시에 여러 특징이나 여러 측면을 고려하는 다면적 사고가 가능해진다.

추가 설명
아동기 지각과 기억의 발달
- 여러 가지 탐색 전략 사용
- 논리적 방식으로 지각 정보 구성
- 지각의 탈중심화

5 언어 발달

① 아동기에는 언어가 현저히 발달된다. 6세경에 이미 언어의 기본적 구문구조를 이해하며, 그 이후에는 어휘, 구문적 불규칙성까지도 이해한다. 또한 언어의미에서도 발달이 현저하게 나타난다. 어휘력이 급속히 발달함에 따라 어휘의 양도 풍부해지고, 같은 어휘가 발음상의 차이에 따라 서로 다른 몇 가지의 의미를 나타낸다는 것도 이해한다. 전치사의 사용 능력도 10세경에는 거의 완성된다.
② 아동기에는 어의적 이해와 이에 관련된 지식이 증가되어 단어사용을 결정하는 구문적 법칙에 대한 이해력이 증가된다(촘스키의 견해).
③ 아동기에는 특히 대상참조적 의사소통 기능이 발달된다. 즉 대화하는 상대방의 연령, 성별, 이해 정도, 사고방식 등과 같은 것을 어렴풋이나마 더듬어 알게 되고, 이런 여건에 맞도록 자기 언어를 선택·조절해서 구상할 수 있게 되는데, 이를 대상참조적 의사소통 기능이라고 한다. 이런 기능은 아동의 사회성 발달과도 서로 상호작용하며, 계속 발달한다.

추가 설명
피아제의 언어발달
아동이 자기중심성을 벗어나면서 자신과 타인의 입장의 차이를 이해할 수 있는 탈중심화 능력이 발달된다고 보았는데, 대상참조적 의사소통 기능이야말로 탈중심화 능력발달의 기본이 된다.

6 유목화 및 서열화 능력의 발달

약 7세가 되면 아동들은 단순한 유목화와 서열화의 능력을 보인다.
① 유목화(類目化) : 여러 사물이 지닌 공통의 특성에 기준해서 분류하여 한 가지 사물이 한 가지 유목에 소속되도록 하는 것이다.
② 서열화
  ㉠ 의의 : 어떤 특정의 속성이나 특징에 기준하여 서로간의 양립이 불가능한 유목으로 나누면서 동시에 상호관계에 따라 사물들을 잘 어울리게 배열하는 것이다.
  ㉡ 서열화의 종류
    • 단순서열화 : 한 가지 속성에 기준하여 두 대상씩을 비교하며 순서대로 배열한다.
    • 중다서열화 : 두 가지 속성을 동시에 고려하면서 순서대로 배열한다.
    • 변환적 추론 : 두세 가지 사물간의 관계를 이해하며, 그것의 관계를 기준하여 순서대로 배열한다. 예 A < B, B < C라면 A < C라는 서열관계를 추론하는 능력

추가 설명
유목화의 분류
- 단순유목화 : 하나의 속성 또는 특성에 기준해서 분류하는 것이다.
- 중다유목화 : 기준되는 속성이나 특성이 두 개 이상일 때 두 개 이상의 속성에 의하여 분류하는 것이다.
- 유목포함 : 한 가지 유목이 나머지 여러 유목도 포함할 수 있는 상위의 포괄적 유목보다는 작다는 것을 이해하는 것이다.

7 기억과 보존개념

① 정보의 입력과 조직화

㉠ 아동은 우연적·우발적인 정보보다는 의도적으로 학습한 정보를 보다 잘 기억한다. 즉, 학습한 정보내용을 의미 있게 분류하거나 군집화할 수 있게 되면 더 많은 것을 기억하게 되며, 연령 증가에 따라 재생하는 것도 증가한다.

㉡ 기억의 중요한 전략
- **조직화** : 일정한 단위로 나누어 외우려는 전략이다. 예 123234345456이란 일련의 숫자들은 123/234/345/456씩 세 숫자씩 단위지어 외우는 것이다.
- **암송** : 기억해야 할 자료를 받고 외우는 것인데 자발적으로 외우려는 경향이 연령의 증가에 비례하여 증가된다.
- **연상 또는 정교화** : 암기할 정보들을 상호 관련지우거나 정교화시켜 외우는 것이다. 예 의자, 아이, 인형이란 낱말을 외울 때 '의자에 앉은 아이가 인형을 갖고 논다'는 식으로 문장화하여 기억하는 것

② 인출
㉠ 털빙(Tulving)의 이론
- 인출이란 학습기간 중에 있었던 인지적 환경과 관계된다.
- 아동의 인출력을 평가하는 세 가지 기억조건으로 자유회상, 단서회상, 지시적 단서회상을 제시하였다.
- 연령이 어릴수록 그의 인지환경을 재구성·재조직할 능력이 부족하다.

㉡ 피아제와 인헬더의 이론 : 기억된 정보는 그대로 인출되는 것이 아니라 기억창고에서 정보를 인출하는 과정에서 변형이 이루어질 수 있다. 따라서 기억으로 저장된 정보는 기억 창고에 들어와서 변형되는 정신적 구성이며 재생된 자료는 아동이 자신의 발달 수준에서 사용할 수 있는 정신적 조작의 결과로서 나타나는 정신적 구성의 표출 방식이라고 보았다. 즉, 기억 자료의 변형은 기억창고에 저장되기 전이 아니라 저장된 후에 조직화된다.

③ 보존개념
㉠ 보존개념의 발달 단계
- **첫번째 단계** : 보존개념이 전혀 획득되지 않는 단계로서, 주로 전개념기이다.
- **두번째 단계** : 전개념기에서 구체적 조작기에 이르는 과도기에 나타나는데, 대략 6세경으로서 매우 짧고 불안정한 연령시기이다.
- **마지막 단계** : 모든 물체는 그 속성과는 상관 없이 지각적 변형에 영향을 받지 않는다는 것을 이해하는 단계로 주로 구체적 조작기이다(완전한 보존개념 획득).

㉡ 피아제의 수평적 격차 : 양의 보존개념은 6~7세경에 이루어지고, 무게의 보존개념은 8~10세경 그리고 부피의 보존개념은 11~12세경에 이해된다. 여러 보존 개념들을 이해하기 위해서는 동일 능력이 요구되지만 각 개념들 자체는 곤란도에 따라 차이가 난다고 보는 것이다.

연령이 증가됨에 따라 재생이 보다 효과적인 이유
- 아동은 성장함에 따라 지식의 기반이 확대되어 기억하는 정보를 약호화(略號化)하기가 보다 쉬워진다.
- 연령의 증가에 따라 정보의 약호화 및 저장을 돕는 전략의 사용도 증가된다.
- 연령 증가에 따라 기억된 정보를 인출하려는 자발적 동기와 필요한 기억전략을 사용하려는 경향이 증가된다.

보존개념
물체의 외형적 변화에도 불구하고 특정한 양과 질에는 변화가 일어나지 않는다고 판단할 수 있는 것이다.

03 성격 및 사회성의 발달

1 성역할의 학습

① 성역할의 개념
  ㉠ 성역할 : 성역할은 어떤 개인이 소속된 문화권 내에서 남성 또는 여성으로 특징을 지닐 수 있는 자질이다. 다시 말해, 성역할이란 남성이나 여성에 대한 문화적 인습과 관련된 태도 및 행동이다. 즉, 한 사회에서 남성과 여성에게 적합하다고 생각하는 특성과 행동을 말한다. 아동이 성역할 특성을 발달시켜 가는 과정을 성 유형화라고 한다.
  ㉡ 캐건(Kagan) : 대부분의 문화에서 여성에게는 동조성·양호성·수동성·의존성이 기대되는 반면에, 남성에게는 공격성·독립성·활동성이 기대된다(심리학적 특성).

② 성역할 발달이론
  ㉠ 생물학적 이론 : 생물학적 이론은 남녀 간의 유전적, 해부학적, 호르몬의 차이가 성과 관련된 행동의 차이, 다시 말해 성역할에 적응해 나가게 한다고 본다.
  ㉡ 사회학습 이론 : 성역할 행동이 관찰학습, 변별학습, 일반화학습 등으로 형성·발달된다. 특히 주변사람들로부터 받은 보상, 벌 또는 직접·간접의 조건형성으로 성역할의 형성 및 발달이 이루어진다.
  ㉢ 모델링 이론 : 프로이트의 동일시 개념을 적용한 이론으로 아동이 직접적 훈련이나 보상 없이 또한 학습하겠다는 의도가 없어도 무의식적으로 동성의 성역할을 발달시킨다는 것이다. 동일시의 강도를 결정하는 요인은 아동과 모델의 상호작용 빈도와 친밀감 그리고 관찰자의 유사성 및 자원의 통제 등이다. 모델링 이론에서는 동성의 부모와의 동일시가 성역할 발달의 필수 조건이라고 가정된다.
  ㉣ 인지발달이론 : 인지발달이론은 아동의 성역할 행동이 그가 속한 문화권 내에서 성차에 따라 남녀 행동을 다르게 대우하기 때문에 형성된다는 것을 인정하면서도, 아동이 자신의 성을 인식하고 남녀의 신체 구조나 능력을 종합적으로 식별하여 지각하는 인지발달의 과정에서 형성·발달된다고 보았다.
    • 콜버그(Kohlberg) : 아동이 성정체감 항구성을 습득한다고 주장하였다. 콜버그는 성역할 동일시에 있어서 가장 중요한 요인은 아동의 자신에 대한 인지판단으로, 즉 자신이 남자다, 여자다라는 성에 대한 인식이 선행 요소라 주장한다. 콜버그에 의하면, 아동은 성 동일시, 성 안정성, 성 항상성의 세 단계를 거치면서 성에 대해 이해하고 성이라는 것이 의미하는 바를 알게 된다.
    • 무센(Mussen) : 아동이 인지발달과정에서 사회·문화적인 성고정 관념을 느끼는 것은 부모의 양육태도에 기인된다기보다는 남녀의 신체 구조나 신체의 크기

> **추가 설명**
> **아동의 성 개념의 발달**
> • 성 동일시 : 유아가 자신의 성을 명확히 명명할 수 있고 다른 사람을 남녀로 정확히 구별할 수 있는 능력이다. 2세 반을 전후로 이 단계에 도달하지만, 성이라는 것이 불변의 속성임을 아직은 이해하지 못한다.
> • 성 안정성 : 성이란 시간이 흘러도 변화하지 않는 것임을 아는 것이다. 즉, 일생 동안 같은 성을 가지게 되는 것을 아는 것으로, 4세경에 획득된다.
> • 성 항상성 : 한 개인의 성은 자기 머리 모양, 옷, 활동이 변화여도 변하지 않는다는 것을 아는 것이다. 성 항상성은 6, 7세경이 되어야 이루어진다. 콜버그는 항상성이 나타날 때 아동이 같은 성의 사람에게 관심을 가지는 것에 의미를 부여했다.

에 대한 의식의 발달에서 생긴다.
- ⑪ 성도식 이론 : 벰(Bem)의 성도식(gender-schema) 이론은 사회학습이론과 인지발달이론을 결합한 것이다. 즉, 성도식 이론은 성 유형화가 아동의 인지발달 수준이나 사회문화적 요인의 영향을 받지만, 동시에 성 도식화 과정을 통해 형성된다고 본다. 성도식은 주어진 사회에서 남성과 여성에 대한 기대나 믿음의 총체이다. 아동은 어떤 물건, 행동, 역할이 남성의 특성인지 여성의 특성인지를 배우면서 비교적 피상적 형태의 도식을 형성하게 된다. 그리고 자신의 성에 적합한 역할에 대해 더 많은 정보를 추궁하여 자신의 성도식을 구성한다.

③ 가족 상황 변인과 아동의 성역할
- ㉠ 아동의 성역할의 형성과 발달에는 부모·자녀 관계가 결정적인 요인이며, 부성이나 모성이 없는 경우 아동은 자신과 동성의 성역할을 학습하고 이성의 성역할 특징을 변별할 기회를 잃게 된다.
- ㉡ 라반(Rabban)의 연구와 나들만(Nadelman)의 연구 : 부모의 사회계층을 성역할 형성·발달의 변인으로 볼 때, 계층별 육아 방식의 차이에서 아동의 성역할이 결정된다. 하류계층 아동이 중류층 아동보다 높은 성역할 선호성을 보였다고 하며, 특히 남아에게 이런 경향이 현저했다.
  - 하류계층 문화가 보다 전통적이기 때문에 육아태도에서 이런 계층문화가 반영되었다고 보겠으며, 교육수준이 높은 중류층 부모는 아동의 성차보다는 능력을 강조하고 보다 현대적인 가치관을 가졌기 때문에 육아 태도에서 이런 중류층 문화가 반영되기 때문이라고 볼 수 있다.
  - 일반적으로 조부모와 동거하는 확대가족, 다인수가족에서는 소수의 핵가족보다 전통적 가치를 보유할 가능성이 높기 때문에 아동에게 능력차보다는 성차를 강조한 나머지 높은 성역할 선호성을 보일 수 있다.

2 학교 생활의 적응

① 학업과 근면성의 발달
- ㉠ 아동의 학교에 대한 태도는 학교 생활 전반에 대한 적응에 있어서 대단히 중요하다. 아동의 학교에 대한 부정적 태도는 열등감의 발달을 돕게 된다.
- ㉡ 학교나 학업에 대한 적응은 부모가 학교나 학업에 대해 어떤 태도를 갖느냐와 상관이 높다. 그리고 학업을 중요하게 여기며 중요한 일의 성취에 노력을 기울여 성취감을 맛보면 아동의 근면성은 발달하게 된다. 근면감은 자기에게 부딪쳐 오는 환경의 도전을 스스로의 능력으로써 극복할 수 있다는 생각과 태도이다.
- ㉢ 아동기의 근면성이나 열등감의 발달 : 먼저 부모의 양육 및 훈육 태도와 그 다음은 아동 자신의 지적 능력이 중요하다.

② 교사의 역할 : 교사는 살아 있는 환경으로서 아동의 거의 모든 성장과 발달에 영향

추가 설명

성역할 고정관념
어떠한 것이 남성적이고 어떠한 것이 여성적인가에 대한 생각이다. 성역할 고정관념은 대체로 유아기, 즉 2세에서 7세 사이에 이루어진다. 한 연구에 의하면 3~4세경부터 직업에 대한 성역할 고정관념이 나타나며, 5~6세에 현저히 높다가, 7~8세경에는 다소 감소하는 경향을 보이고 있다. 또 일반적으로 남아는 여아보다 더 강한 고정관념을 나타내는 것으로 알려져 있다.

추가 설명

우리나라 아동의 성역할 고정관념
부모의 유무, 부모의 교육 수준이나 직업·지위, 가족형태와 관계 있다.

추가 설명

근면성을 발달시키는 아동
대체로 성취동기나 경쟁심이 높고, 긍정적 자아개념을 형성·발달시킬 수가 있다.

을 미친다. 리들과 와튼버그(Reedle & Wattenberg)는 교사의 심리적 역할을 사회 대표자, 대리 부모, 불안 제거자, 집단 지도자, 자아옹호자, 심판자 또는 판단자, 훈육자, 동일시 대상, 지식 자원자, 친구 또는 상담자, 적대 감정의 표적, 애정 상대자로 제시했다.

㉠ 교사의 아동관과 아동의 성취 : 아동의 잠재력을 믿고 그 능력의 개발을 기대하는 아동관은 아동의 학업성취에 영향을 미친다.

㉡ 교사유형과 아동의 성취 : 교사의 인성이나 그의 행동양식은 아동의 여러 면에 깊은 영향을 미치며, 교사의 성격이나 행동유형도 아동의 성격과 잘 조화될 때는 더욱 좋은 환경이 될 수 있다. 하일(Heil)과 그의 동료들의 연구에 의하면 교사의 인성검사 결과를 기초로 교사유형을 자발형, 공포형, 정돈형으로 나누고 이 세 유형에서도 각기 우수한 교사와 열등교사로 나누어 교사를 분류했다. 그리고 이들 교사 밑에서 공부하는 학생을 노력형, 순종형, 대항형으로 구분했다.

- 자발형의 교사 : 자기주장적이고 충동적이며 요란스럽고 대단히 선택적이다.
- 공포형의 교사 : 혼자 있는 것을 싫어하고 의존적이며, 지나치리만큼 양심적이다.
- 정돈형의 교사 : 자기통제력이 강하고 극기적이다. 충동적 행동을 피하고 권위에 순종적이며, 무슨 일이든지 질서정연하게 이루어져야 안정감을 느낀다. 지나칠 정도로 계획을 세우고 타인을 지휘하는 것을 좋아한다.

| 표 6-1 | 교사 유형과 아동의 학업 성취

교사유형(교사수)		아동의 인성유형별 성격			
		노력형 아동	순종형 아동	대항형 아동	전체 아동
자발형	우수교사(6)	130	162	75	101
	열등교사(6)	105	84	52	85
공포형	우수교사(11)	114	95	69	91
	열등교사(11)	98	105	80	100
정돈형	우수교사(7)	118	146	135	125
	열등교사(7)	126	91	123	106

3 또래 집단

① 또래 아동

㉠ 또래들과는 놀이활동 등을 통하여 직접적인 상호작용을 하기도 하지만, 간접적으로 상호 관찰을 통해 사회화 과정에서 영향을 받기도 한다. 성역할 행동이나 성별에 대한 태도 형성에서 또래 집단의 영향을 받는다. 그리고 또래 아동의 영향에는 또래아동의 가정 배경이 포함될 수 있다.

㉡ 코스탄초와 쇼(Costanzo & Show) : 상급학년으로 올라갈수록 또래의 의견에 영향을 더 받는다. 그리고 또래에 대한 아동의 동조는 교사에 대한 아동의 동조보

추가 설명

교사의 아동관과 아동의 성취와의 관계
아동의 잠재력을 인정하는 교사의 아동관은 아동의 학업 성취에 긍정적 영향을 준다.

추가 설명

교사유형과 아동의 학업성취
- 자발형 열등교사가 대체적으로 아동의 학업성취에 가장 좋지 못한 영향을 주며, 정돈형 우수교사가 대체적으로 학업 성취에 가장 효과적이다.
- 자발형 우수교사는 순종형의 아동에게 많은 도움을 주는 환경이 되며, 자발형의 열등교사는 대항형의 아동에게 최악의 환경이 된다.

추가 설명

또래 집단의 영향력
함께 보내는 시간이 잦고 길수록, 부모와의 의사소통이 잘 안 되거나 적을수록 또는 부모와의 친밀도가 낮을수록, 또래 집단의 응집력이 강할수록 높아지는 경향을 보인다.

> **추가 설명**
>
> 공격 행동이 연령의 증가에 따라 변화되는 이유
> - 도전자의 의도나 동기를 추론하는 아동의 능력이 발달하여 동시에 이를 방어할 수 있기 때문이다.
> - 언어와 의사소통 능력이 보다 발달하기 때문으로 연령이 증가됨에 따라 공격적 행동에서 공격적 언어 사용으로 발달적 변화를 보인다.

다 강하다.

② 또래의 역할
  ㉠ 또래집단은 아동 개인에게 소속감의 원천이 된다.
  ㉡ 또래는 서로간에 교사로서의 역할을 한다. **예** 학교에서 공부 잘하는 아동과 잘 못하는 아동을 짝지워 앉게 하여 서로를 돕게 하는 경우
  ㉢ 또래는 서로의 문제 해결을 돕는 심리 치료자의 역할을 한다.
  ㉣ 또래는 동조, 공격성 등의 다양한 모델이 된다.
③ 단짝 친구 : 단짝 친구를 갖게 되면서 우정에 눈을 뜨고, 서로의 문제, 고민-갈등을 의논하고 비밀을 지키고 장래희망, 포부 등에서 영향을 주고받게 된다. 단짝 친구는 10세경에 형성되는 소집단 친구보다 더 오래 지속되는데 짧으면 수개월, 길면 평생의 우정으로 발전되기도 한다.

4 공격 행동과 친사회적 행동

① 공격 행동
  ㉠ 공격성의 유형
    - 도구적 공격성 : 자기의 어떤 목적을 위한 공격적인 행동이다. **예** 6~7세 이전의 유아가 장난감이나 먹을 것 등을 차지하기 위해 행동하는 경우
    - 적대적 공격성 : 타인을 비판, 조롱, 꾸짖기 등 특정의 개인에게 공격적인 행동을 보이는 경우이다. 다른 사람을 해치려는 의도를 가진 행동이다.

> **추가 설명**
>
> 친사회적 행동이론
> - 정신분석이론 : 인간의 본성을 이기적이고 공격적인 것으로 본다. 친사회적 행동의 발달은 오이디푸스 갈등의 위기를 극복하기 위해 초자아를 발달시키게 되고 죄의식을 느끼게 되므로 성인의 도덕적 가치와 동일시하는 과정을 통해 이루어진다.
> - 사회학습이론 : 친사회적 행동은 유전적인 것이 아니고 학습된 것이라고 본다. 친사회적 행동에 대한 강화와 같은 보상을 통해, 그리고 친사회적 행동의 관찰과 모방학습에 의해 이루어진다.
> - 인지발달이론 : 친사회적 행동은 단계적으로 발달하며, 여기에는 역할 수용이라는 사회인지기술이 결정적 요인이라고 본다.

  ㉡ 성별의 차이 : 대체로 여아보다 남아가 공격적 행동을 더 많이 그리고 심하게 보이나, 유아기 이전이나 유아 초기에는 성별의 차이를 보이지 않는다. 또한 아동기에는 여아보다 남아가 더 적대적 공격 행동을 보인다고 한다.
  ㉢ 양육 방식 : 공격성은 육아방식과 밀접한 상관을 보인다. 즉, 부모로부터 벌을 자주 많이 받은 아동이나 처벌에 일관성이 없는 양육 방식으로 키워진 아동이 그렇지 않은 아동보다 공격적인 행동을 더 많이 보인다.
  ㉣ 공격적 행동의 조절 및 통제 방법
    - 그 행동의 원천인 욕구불만 등을 해소시켜 줌으로써 줄일 수 있다.(정화방법으로서 놀이 치료에 활용)
    - 공격적 행동과 양립 불가능한 행동으로 대치시키는 방법이다. **예** 협동작업, 친사회적 활동을 장려하고 적절한 강화를 제시
    - 공격적 행동이 존재하는 결과를 인식시키는 방법이다. **예** 공격적 행동의 유해한 결과를 보여 주거나 설명
② 친사회적 행동 : 타인의 이익을 자기의 이익보다 앞세우는 행동이다. 이는 아동의 연령이나 과거의 경험, 아동의 사회인지 능력에 영향을 받으며, 부모의 양육 태도에도 영향을 받으며, 친사회적 행동에 대한 칭찬 등의 사회적 보상도 친사회적 행동을

증가시킨다.

5 대중매체의 영향

① 대중매체와 아동 : 아동들은 대중매체를 시청하는 데 상당한 시간을 할애하고 있는데, 대중매체가 아동에게 미치는 영향(정원식)은 다음과 같다.
  ㉠ 간접적인 성질의 영향으로 전파매체에 접하는 시간이 많아짐으로써 학교학습의 복습에 방해가 된다.
  ㉡ 직접적인 영향으로 TV화면에서 나타나는 장면을 보고 정서적 반응을 일으키는 즉각적 영향의 경우와 전파매체를 통해 어떤 태도나 가치관을 습득하는 장기적 영향을 고려할 수 있다.
  ㉢ 전파매체가 시청자에게 주는 메시지에 프로그램 제작자의 의도가 스며 있기 때문에 그 의도의 영향을 받는다.
  ㉣ 똑같은 프로그램이라도 시청하는 아동의 개인차에 따라 영향이 달라진다.

② 지적 발달과 TV 매체
  ㉠ 쉐링턴(Scherrington) : TV 매체가 가장 강력한 의사소통 매체로서 듣고, 말하고, 읽고, 쓰는 기술을 효율적으로 학습시킬 수 있다고 했다.
  ㉡ TV 매체의 장점 : 아동은 TV를 통하여 청취력이 길러지고, 어휘력이 증강되며 문자를 해독하게 된다. TV는 아동의 지적 성장을 자극하는 훌륭한 교육수단 또는 환경이 될 수도 있다.
  ㉢ TV 매체의 단점 : 아동을 수동적 · 소극적으로 만든다. 문제 상황에서 쉽게 좌절 · 포기하도록 하며 추리력 · 사고력의 발달에 장애가 된다. 그리고 프로그램이 잘못 제작되면 잘못된 개념이 형성될 수도 있다.

③ 정서적 발달과 TV 매체 : 브론펜브레너(Bronfenbrenner)에 의하면 TV 화면의 공격적 행동 시청은 아동의 공격적 행동 유발에 있어서 실제 공격적 행동과 똑같은 효과를 가진다고 우려하였다. 그러나 반면 TV는 치료적 역할을 하기도 한다.

④ 신체 발달과 TV 매체 : TV 시청은 아동의 신체 발달에 부정적으로 영향을 미치는 것으로 본다. 시력과 자세에 좋지 못하며, 시청 시간이 장시간 지속되고 매일 반복될 때, 아동의 척추 발달에 장애가 된다. 그리고 TV 시청에 사로잡혀 실외 활동량이 줄어들면 신체 발달에 좋지 못한 영향을 주게 된다.

추가 설명

TV 매체의 영향
- 아동이 거의 백지상태이므로 TV 프로그램의 내용은 아동에게 흡수된다.
- TV가 아동에게 미치는 영향은 TV 프로그램의 선택에 대한 부모의 관심과 선택 기준에 따라 다를 수 있다.

추가 설명

대중매체가 아동에게 미치는 영향
- 학교학습의 복습에 방해
- 정서적 반응을 일으키는 즉각적 영향의 경우와 어떤 태도나 가치관을 습득하는 장기적 영향
- 프로그램 제작자의 의도의 영향
- 아동의 개인차에 따라 영향이 달라짐.

04 아동기의 부적응 행동

1 학교공포증

① 의의 : 학교에서의 몹시 불쾌한 경험으로 학교에 가는 것을 두려워하거나 혐오하는

증상이다. 대체로 복통, 두통, 열, 땀을 심하게 흘리는 증상 등이 있다.
② 원인 : 학교나 학업에 대한 심리적 불안감, 저학년 때에는 어머니와의 분리불안 등이다.

2 행동 장애

① 의의 : 거짓말, 도벽, 공격적 또는 가학적 행동, 방화, 반항, 무단결석 등의 증세로서 아동의 신경증적 갈등을 나타내는 행동이다.
② 원인 : 대체로 부모 괴롭히기로서 부모에 대한 보복을 하거나, 주변의 중요 인물들로부터 관심이나 애정을 얻으려는 것(심리적 갈등) 등이다. 혹은 아동의 기질이나 가족환경(예 가족들의 편애, 인정감 결여)이 원인일 수 있다.

3 학습 곤란

① 의의 : 아동의 지적 능력이 제한되어 있거나 심리적 갈등이나 불안이 심하여 학업 수행에 지장이 있는 경우이다.
② 원인 : 지능이 평균 이하인 경우, 심리적 갈등이나 불안감일 경우, 말더듬이, 두통, 신열(병으로 인한 몸의 열) 등의 신체적 증상 때문에 발생할 수 있다.

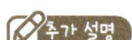
아동기의 부적응 행동
학교공포증, 행동장애, 학습곤란 등이 있다.

실전예상문제

1 다음 중 아동기에 대한 설명으로 알맞은 것은?

① 애정과 낭만의 시기
② 격동과 갈등의 시기
③ 또래 시대
④ 질풍노도의 시기

> 해설 만 6세~12세까지를 아동기라고 한다. 흔히 학동기라고 부르기도 하는 이 시기에는 가정보다 더 확대된 세계에서 아동 스스로 지적·정서적·사회적 발달을 도모해 간다. 따라서 부모나 가족보다 또래와 사회의 영향을 더 받기 때문에 또래 시대라고도 한다.

2 다음 중 아동기 신체 및 운동 발달의 특징으로 알맞은 것은?

① 팔다리의 성장이 몸통의 성장보다 빨라 팔다리가 긴 모습을 하고 있다.
② 운동 발달에 있어 동작 시간과 결정 시간이 아직은 늦다.
③ 학령기에서 사춘기 전까지는 여아가 더 크다.
④ 9세경에 영구치가 생긴다.

> 해설 학동기에는 팔다리의 성장이 몸통의 성장보다 빨라 팔다리가 긴 모습을 하고 있다.

3 지능이라는 말을 처음으로 심리학에 도입했고, 사람의 적응 능력을 지능에 기인한다고 본 사람은?

① 웩슬러(Wechsler)
② 터먼(Terman)
③ 스펜서(Spencer)
④ 길포드(Guilford)

> 해설 19세기 스펜서(Spencer)는 지능이란 말을 처음으로 심리학에 도입했다. 그는 지능이란 여러 가지 다른 인상을 종합하는 능력으로 보면서 사람의 적응 능력은 지능에 기인한다고 했다.

4 지능에 관한 이론가의 주장과 이론가가 맞게 연결되지 않은 것은?

① 지능 구조론 — 터먼(Terman)
② 2요인설 — 스피어만(Spearman)
③ 다요인설 — 서스턴(Thurstone)
④ 종합적 능력 — 스펜서(Spencer)

> 해설 터먼(Terman) : 스탠포드-비네(Standford-Binet)검사라는 지능 검사 제작

5 스턴버그의 삼두이론에서 지능의 유형으로 거리가 먼 것은?

정답 1.❸ 2.❶ 3.❸ 4.❶ 5.❹

① 분석적 지능 ② 창조적 지능
③ 실용적 지능 ④ 지각적 지능

해설 스턴버그는 지능을 분석적 지능, 창조적 지능, 실용적 지능으로 설명한다.

6 인간은 서로 다른 다중 지능을 가지고 있으며 각 종류는 독립적이고 뇌의 특정 부위와 연결되어 있다고 본 학자는?

① 가드너   ② 스턴버그   ③ 서스턴   ④ 길포드

해설 가드너의 다중지능이론 : 인간은 여덟 종류의 서로 다른 지능을 가지고 있으며 각 종류는 독립적이고 뇌의 특정 부위와 연결되어 있다.

7 다음 중 스펜서(Spencer), 비네(Binet), 터먼(Terman), 웩슬러(Wechsler), 서스턴(Thurstone), 길포드(Gilford) 등의 학자들이 공통으로 관심을 가진 발달 영역은?

① 운동   ② 신체   ③ 정서   ④ 지능

해설 19세기에 스펜서는 지능이란 말을 처음으로 심리학에 도입했다. 그리고 비네와 시몬은 지진아를 판별하는 검사를 만들었고, 터먼은 스탠포드-비네 검사라는 지능검사를 제작했다.

8 지능이 공간요인, 수요인, 언어이해요인, 언어유창성요인, 지각속도요인, 기억요인, 귀납요인, 연역요인 등으로 구성되었다고 본 학자는 누구인가?

① 길포드(Guildford)   ② 서스턴(Thurstone)
③ 터먼(Terman)   ④ 스펜서(Spencer)

해설 다요인설의 대표자는 서스턴이다. 그는 지능이란 여러 요인으로 구성되었다고 보면서 이들 요인을 기본 정신능력으로 분석했다.

9 지능 검사에 대한 설명으로 틀린 것은?

① 스탠포드-비네검사 — 생활연령에 비교한 정신연령의 개념을 표시
② 웩슬러 지능검사 — 능력척도
③ 비네검사 — 지적 발달 수준이 생활연령으로 나타난다.
④ 카우프만 검사 — 동시적 처리, 계열적 처리, 성취로 측정

해설 비네검사 : 지적 발달 수준이 정신연령(Mental Age)으로 나타난다.

10 다음 〈보기〉의 척도들이 측정하고자 하는 것은 무엇인가?

> **보기** ㉠ 스탠포드 – 비네(Standford – Binet)검사 ㉡ 카우프만 검사

① 정서 ② 지능 ③ 신체발달 ④ 성격

해설 지능검사에는 비네검사, 스탠포드–비네검사, 웩슬러 지능검사(WISC), 카우프만 검사 등이 있다.

11 다음 독일의 슈테른(Stern)이라는 심리학자는 지능지수를 IQ = 100 × MA/CA로 개념화했는데, CA의 의미는?

① 신체적 연령 ② 자각연령 ③ 정신연령 ④ 생활연령

해설 CA는 chronological age(생활연령), MA는 mental age(정신연령), IQ는 intelligence quotient(지능지수)의 약자이다.

12 다음 슈테른의 지능 지수 개념화에 따라 IQ 120인 아이의 정신연령이 5세라면 이 아이의 생활연령은 몇 세인가?

① 3세
② 4세 2개월
③ 5세
④ 6세 4개월

해설 슈테른(Stern)은 생활연령 대 정신연령의 비율을 공식화하여, IQ=100×MA/CA로 개념화하였는데 현재까지 널리 보급된 지능의 개념이다. IQ는 지능지수의 약자이다.

13 다음 중 곤란도가 서로 다른 문제들로 구성된 검사를 모든 연령의 피검자들에게 실시한 후 그들의 득점으로써 지능 수준을 평가하는 지능검사는 무엇인가?

① 베일리검사
② 웩슬러검사
③ 스탠포드–비네검사
④ 비네검사

해설 웩슬러 지능검사는 능력척도이다. 즉, 곤란도가 서로 다른 문제들로 구성된 검사를 모든 연령의 피검사자에게 실시한 후 그들의 득점으로써 지능 수준을 평가하도록 된 것이다.

14 외계 환경에 대한 지각 조직과 개념적 범주화 방식에 의한 개인의 선호를 무엇이라 하는가?

① 인지양식
② 신체발달지수
③ 언어발달정도
④ 운동능력측정

정답 6.❶ 7.❹ 8.❷ 9.❸ 10.❷ 11.❹ 12.❷ 13.❷ 14.❶

해설 캐건, 모스, 시겔은 인지양식을 외계 환경에 대한 지각 조직과 개념적 범주화 방식에 의한 개인의 선호로 정의했다.

15 한 개인이 환경에 대처하는 방식에 있어서 자기 자신의 내적 단서에 의존하는 것을 무엇이라 하는가?

① 충동적이라 한다.
② 장독립적이라 한다.
③ 장의존적이라 한다.
④ 사려적이라고 한다.

해설 개인이 환경에 대처하는 방법에 있어서 자신의 내적 단서에 의존하는 사람을 장독립적이라 하고, 외적 요인에 의존하여 판단하고 행동하는 사람을 장의존적이라고 한다. 장독립적 아동은 학급에서의 행동이나 태도가 장의존적인 아동보다 성취지향적이며 독립적이다. 이러한 장독립성은 연령이 증가함에 따라 발전적 변화를 보인다.

16 아동기 지각과 기억 발달에 대한 설명으로 옳지 않은 것은?

① 다면적 사고는 아직 불가능하다.
② 여러 탐색 전략을 사용할 줄 안다.
③ 논리적 방식으로 지각 정보를 구성해 나갈 수 있다.
④ 지각의 탈중심화가 나타난다.

해설 여러 특징과 여러 측면을 고려하는 다면적 사고가 가능해진다.

17 다음 지각의 탈중심화가 나타나는 시기는 언제인가?

① 청년기
② 사춘기
③ 아동기
④ 유아기

해설 6~12세까지를 아동기, 학동기라 하며 피아제의 인지발달이론에 따르면 구체적 조작기에 해당한다. 이 시기는 지각의 탈중심화가 나타난다. 그래서 동시에 다면적 사고가 가능해진다.

18 아동기의 언어발달에 대한 설명으로 옳지 않은 것은?

① 대상참조적 의사소통기술이 쇠퇴한다.
② 전치사의 사용능력이 10세경 거의 완성된다.
③ 급속도로 어휘력이 풍부해진다.
④ 수동형 문장은 7세가 지나야 사용할 수 있지만 그 전에도 이해는 가능하다.

해설 아동기에 대상참조적 의사소통기술이 발달한다. 이 시기의 아동들은 상대방의 나이, 성별, 이해 정도, 사고방식 등과 같은 것을 어렴풋하게나마 이해하고 그에 알맞게 자기 말을 조절해서 할 수 있게 된다. 이와 같이 상대방의 발달적 특성을 고려해 자신의 언어를 적절하게 선택해서 구사할 수 있는 능력과 기술을 대상참조적 의사소통기술이라고 한다.

19 다음 중 A < B, B < C라면 A < C라고 생각할 수 있는 능력은?

① 변환적 추론 ② 중다서열화 ③ 단순서열화 ④ 군집화

해설 변환적 추론은 두세 가지 사물간의 관계를 이해하며 그것의 관계를 기준하여 순서대로 배열하는 것이다.

20 서로간 양립이 불가능한 유목으로 나누면서 동시에 상호관계에 따라 사물들을 어울리게 배열하는 것을 무엇이라 하나?

① 유목포함 ② 유목화 ③ 보존개념 ④ 서열화

해설
- 보존개념 : 물체의 외형적 변화에도 불구하고 특정한 양과 질은 그대로 남아 있다는 판단을 할 수 있는 능력
- 유목화 : 공통의 특성에 따라 대상들의 집합을 분류하여 한 대상이 한 유목에만 소속하게 만드는 것
- 서열화 : 특정한 속성에 따라 서로 양립할 수 없는 유목으로 나누면서 동시에 상호관계에 따라, 대상들을 잘 어울리게 배열하는 것이다.

21 다음 기억의 중요한 전략 중 조직화에 대한 설명으로 옳은 것은?

① 의자, 아이, 인형이란 낱말을 기억하기 위해 '의자에 앉은 아이가 인형을 갖고 논다'는 식으로 만들어 기억한다.
② 123234345456이란 일련의 숫자를 123/234/345/456/ 세 숫자씩 단위지어서 외우는 것이다.
③ 기억해야 할 자료를 외운다.
④ 일반적 사실에서 구체적 사실을 끌어낸다.

해설 기억의 중요한 전략
- 조직화 : 일정한 단위로 나누어 외우려는 전략이다.
- 암송 : 기억해야 할 자료를 받고 외우는 것인데 자발적으로 외우려는 경향이 연령의 증가에 비례하여 증가한다.
- 연상 또는 정교화 : 암기해야 할 정보들을 상호 관련지우거나 정교화시켜 외우는 것이다.

22 다음 중 의자, 아이, 인형이란 낱말을 기억하기 위해 '의자에 앉은 아이가 인형을 가지고 논다'는 식으로 문장화하는 기억하는 전략은?

정답 15.❷ 16.❶ 17.❸ 18.❶ 19.❶ 20.❹ 21.❷ 22.❸

① 고립화　② 조직화　③ 연상　④ 암송

해설 문제 21번 해설 참조

23 다음 중 '123234345456'이란 일련의 숫자를 '123/234/345/456' 세 숫자씩 단위지어 외우는 기억의 전략은 무엇인가?

① 정교화　② 연상　③ 암송　④ 조직화

해설 문제 21번 해설 참조

24 다음 중 보존개념을 이해하는 발달 순서로 알맞은 것은?

① 부피 → 무게 → 양
② 부피 → 양 → 무게
③ 무게 → 양 → 부피
④ 양 → 무게 → 부피

해설 피아제에 의하면 물체에 외형적인 변화가 일어나리라는 특정한 양과 질에는 변화가 일어나지 않는다고 판단할 수 있는 보존의 개념이 단계적으로 이루어지는데, 대체로 양의 보존개념은 6~7세경에 이루어지고, 무게의 보존개념은 8~10세경, 그리고 부피의 보존개념은 11~12세경에 이해된다. 이런 발달 현상을 피아제는 수평적 격차라는 개념으로 설명한다.

25 다음 피아제에 의하면 무게에 대한 보존개념이 생기는 시기는 언제인가?

① 5~6세경　② 6~7세경　③ 8~10세경　④ 13세 이후

해설 문제 24번 해설 참조

26 유아가 자신의 성을 명확히 명명할 수 있고 다른 사람을 남녀로 정확히 구별할 수 있는 능력을 무엇이라 하는가?

① 성 동일시　② 성 안정성　③ 성 항상성　④ 성 선호성

해설 성 동일시는 2세 반을 전후로 도달하지만 성이라는 것이 불변의 속성임을 아직은 이해하지 못한다.

27 콜버그가 강조한 개념으로 한 개인의 성은 자기 머리 모양, 옷, 활동이 변하여도 변하지 않는다는 것을 아는 것을 지칭하여 무엇이라 하는가?

① 성 동일시　② 성 안정성　③ 성 항상성　④ 성 선호성

해설 콜버그는 항상성이 나타날 때 아동이 같은 성의 사람에게 관심을 가지는 것에 의미를 부여했다.

28 어떤 개인이 소속된 문화권 내에서 남성 또는 여성으로 특징을 지닐 수 있는 자질을 가리켜 무엇이라 하는가?

① 성가치 ② 성문화 ③ 성선호 ④ 성역할

해설 성역할은 어떤 개인이 소속된 문화권 내에서 남성 또는 여성으로 특징을 지닐 수 있는 자질이다. 다시 말해 남성이나 여성에 대한 문화적 인습과 관련된 태도 및 행동이다.

29 다음 성역할 발달이론 중 주변 사람들로부터 받은 보상, 벌 또는 직접·간접의 조건 형성으로 성역할이 이루어진다고 보는 이론은?

① 사회학습이론 ② 모델링이론
③ 인지발달이론 ④ 정신분석학이론

해설 성역할 발달이론
- 사회학습이론 : 관찰학습, 변별학습, 일반화 학습 등으로 형성 발달된다.
- 모델링이론 : 프로이트(Freud)의 동일시 개념을 적용한 것으로 동성 부모와의 동일시가 성역할 발달의 필수조건이라고 가정한다.
- 인지발달이론 : 그가 속한 문화권 내에서 성차에 따라 남녀 아동을 다르게 대우하기 때문에 형성된다는 것을 인정하면서도 아동이 자신의 성을 인식하고 남녀의 신체구조나 능력을 종합적으로 식별하여 지각하는 인지발달의 과정에서 형성, 발달된다고 보았다.

30 다음 성역할 발달이론 중 모델링에 대한 설명으로 알맞은 것은?

① 어린 아이들이 동성의 부모를 동일시하는 것
② 좌절된 동기를 충족시키기 위해 다른 행동으로 대체시키는 것
③ 현실에 더 이상 실망을 느끼지 않으려고 그럴듯한 구실을 붙이는 것
④ 의식하기에 너무 고통스러워 무의식 속으로 억눌러 버리는 것

해설 문제 29번 해설 참조

31 주어진 사회에서 남성과 여성에 대한 기대나 믿음의 총체를 무엇이라 하는가?

① 성동일시 ② 성안정성 ③ 성도식 ④ 성항상성

정답 23.④ 24.④ 25.③ 26.① 27.③ 28.④ 29.① 30.① 31.③

해설 벰의 성도식 이론은 사회학습이론과 인지발달이론을 결합한 것이다. 성도식은 주어진 사회에서 남성과 여성에 대한 기대나 믿음의 총체이다.

32 다음 라반과 나들만의 연구에서 하류계층의 아동이 중상류층 아동보다 높은 성역할 선호성을 보이는 이유는 무엇 때문인가?

① 하류계층의 핵가족구조 때문에
② 육아 태도에서 하류층 부모의 현대적 가치관이 반영되기 때문에
③ 교육수준이 낮은 하류층 부모는 아동의 성차보다 능력을 강조하기 때문에
④ 하류계층 문화가 보다 전통적이기 때문에

해설 하류계층 문화가 보다 전통적이기 때문에 남아에게 성역할 선호성이 두드러졌고, 교육수준이 높은 중류층부모는 아동의 성차보다는 능력을 강조하고 보다 현대적 가치관을 가졌다.

33 다음 중 교사의 아동관과 아동의 성취와의 관계를 바르게 설명한 것은 무엇인가?

① 아동의 잠재력을 인정하는 교사의 아동관은 아동의 학업성취에 긍정적 영향을 준다.
② 사회계층이 높은 가정의 아동일수록 교사의 기대에 더 쉽게 영향을 받는다.
③ 저학년 아동은 교사의 기대에 영향을 받지 않는다.
④ 교사의 아동에 대한 특별한 기대와 아동의 학과 성적과는 상관이 없다.

해설 교사의 아동관, 교육관, 교직관, 직업에 대한 신념, 가치, 인성특성은 아동의 거의 모든 발달에 영향을 미친다. 한 연구에 의하면, 저학년 아동일수록 교사의 기대에 더 큰 영향을 받았고, 나이든 아동에게는 이 영향이 더 오래 지속되는 것을 알 수 있다. 또, 낮은 사회계층 가정의 아동일수록 교사의 기대에 더 쉽게 영향을 받는 것으로 나타났다.

34 다음 교사 유형과 아동의 학업성취간의 관계로 볼 때 최악의 만남은 무엇인가?

	열등교사	아동		열등교사	아동
①	자발형	순종형	②	정동형	순종형
③	공포형	노력형	④	자발형	대항형

해설 하일(Heil)과 그의 동료들은 인성검사 결과를 토대로 교사를 자발형, 공포형, 정돈형으로 나누고 이 세 유형에서도 각기 우수한 교사와 열등교사로 나누어 모두 6가지 유형의 교사로 분류하였다. 그리고 6가지 유형의 교사와 상호작용하는 아동유형을 학업성적을 기준으로 비교한 결과, 자발형의 우수교사가 순종형의 아동에게 많은 도움을 주는 환경이 되며, 자발형의 열등 교사는 대항형의 아동에게 최악의 환경이 되는 것으로 나타났다.

35 다음의 〈보기〉와 같은 특성을 갖는 교사의 유형은 무엇인가?

> 보기
> ㉠ 지나칠 정도로 계획을 세우고, 타인을 지휘하는 것을 좋아한다.
> ㉡ 무슨 일이든지 질서정연하게 이루어져야 안정감을 느낀다.
> ㉢ 자기통제력이 강하고 극기적이며, 충동적 행동을 피하고 권위에 순종적이다.

① 소극형　　　　② 정돈형　　　　③ 공포형　　　　④ 자발형

해설 정돈형 교사는 자기통제력이 강하고 극기적이다. 충동적 행동을 피하고 권위에 순종적이며 무슨 일이든지 질서정연하게 이루어져야 안정감을 느낀다.

※ 다음은 교사의 유형과 아동의 학업 성취와의 관계이다. 물음에 답하시오.(36~37)

교사유형(교사수)		아동의 인성유형별 성격		
		노력형 아동	순종형 아동	대항형 아동
자발형	우수교사	A	B	C
	열등교사	D	E	F
공포형	우수교사	G	H	I
	열등교사	J	K	L
정돈형	우수교사	M	N	O
	열등교사	P	Q	R

36 위의 〈보기〉에서 최악의 관계는?

① B　　　　② E　　　　③ F　　　　④ J

해설 자발형 우수교사와 순종형 아동이 최고의 관계이며, 자발형 열등교사와 대항형 아동 및 공포형 우수교사와 대항형 아동 등이 최악의 관계이다.

37 위의 〈보기〉에서 효과적인 관계는 무엇인가?

① B　　　　② F　　　　③ I　　　　④ N

해설 문제 36번 해설 참조

정답　32.❹　33.❶　34.❹　35.❷　36.❸　37.❶

38 아동기 또래관계의 구조적 변화에 대한 설명으로 옳지 않은 것은?

① 단짝 친구는 10세경에 형성되는 소집단 친구보다 훨씬 오래 지속된다.
② 10~11세경이 되면 친구들간의 동조성이 증가함에 따라 또래집단은 보다 응집력이 강해지고 조직적이 되며 인식적 성숙과 병행해서 그들의 집단활동보다 집중적이고 목적적으로 된다.
③ 또래들과의 관계형성과 경험은 이 시기 동안은 물론 후기의 성격적 사회적 발달에도 지대한 영향을 끼친다.
④ 성역할 행동이나 성별에 대한 태도 형성에서 또래 집단의 영향은 받지 않는다.

해설 성역할 행동이나 성별에 대한 태도 형성에서 또래 집단의 영향을 받는다.

39 다음 중 혼자 바른 답을 찾아내던 아동이 옆에 아동들이 틀린 답을 골라내는 것을 보고 자신도 틀린 답을 골라내는 경향을 무엇이라 하는가?

① 동조　　　　② 동화　　　　③ 타협　　　　④ 적응

해설 아동은 초등학교 입학과 동시에 보다 다양한 친구들과 다양한 성격, 사고, 행동양식을 보이는 많은 또래와 접촉한다. 이 또래들과는 놀이활동 등을 통하여 직접적인 상호작용을 하기도 하지만, 간접적으로 상호관찰을 통해 사회화 과정에서 영향을 받기도 한다. 즉, 또래아동의 어휘, 몸짓, 동작 등을 본뜨기도 하고, 또래아동과 동일한 장난감이나 소지품 등을 갖고자 하는 등 동조 현상을 보인다.

40 다음 학교에서 공부를 잘 하는 아동과 잘 못하는 아동을 짝지워 앉게 하는 이유는 무엇 때문인가?

① 또래의 다양한 모델로서의 역할 때문에　　② 또래의 소속감의 원천이어서
③ 또래의 심리치료자의 역할 때문에　　　　④ 또래 서로간의 교사로서의 역할 때문에

해설 또래는 서로간에 교사로서의 역할을 한다. 페스팅거는 절대적 권위를 가진 교사보다 자기의 능력과 태도가 비슷한 또래가 오히려 아동에게 더 쉽게 수용된다고 했다.

41 다음 아동기 또래 집단의 영향력이 큰 상황은?

① 또래집단의 응집력이 강할수록　　② 부모와의 의사소통이 용이할수록
③ 연령이 적을수록　　　　　　　　④ 부모와 친밀도가 높을수록

해설 또래집단의 영향력은 학년의 증가, 연령의 증가와 비례하는데, 함께 보내는 시간이 잦고 길수록, 부모와의 의사소통이 잘 안 되거나 적을수록 또는 부모와의 친밀도가 낮을수록, 또래 집단의 응집력이 강할수록 높아지는 경향을 나타낸다.

42 다음 아동기 또래의 역할로 보기 힘든 것은?

① 성적 대상　　② 소속감의 원천　　③ 심리치료자　　④ 동조모델

해설 또래의 역할 : 아동 개인에게 소속감의 원천이 된다. 서로간에 교사로서의 역할을 한다. 서로의 문제해결을 돕는 심리치료자의 역할을 한다. 그리고 동조, 공격성 등의 여러 가지의 모델이 된다.

43 다음 아동의 공격적 행동 조절 및 통제 방법으로 거리가 먼 것은?

① 공격적 행동의 유해한 결과 인식제고　　② 육체적 제재와 벌
③ 협동적 친사회적 활동의 장려　　④ 정화 방법

해설 부모로부터 자주 벌을 받거나 처벌하는 데 일관성이 없는 경우, 공격적 행동이 있는 TV프로그램을 본 어린이는 그렇지 않은 어린이에 비해 오히려 공격적 행동을 더 많이 나타낸다. 공격적 행동을 조절·통제하는 데는 그 원인, 즉 욕구불만을 해소시켜주고 공격적 행동을 할 수 없는 협동작업, 친사회적 활동을 보여 주거나 이해시키는 것이 필요하다.

44 다음 중 아동기의 공격 행동에 대한 설명으로 옳은 것은?

① 연령이 증가할수록 공격적 행동에서 공격적 언어 사용으로의 변화를 보인다.
② 부모로부터 벌을 자주, 많이 받은 아동이 그렇지 않은 아동보다 공격적인 행동을 적게 보인다.
③ 자기 목적을 위해 공격적인 행동을 하는 것을 적대적 공격성이라고 한다.
④ 특정 개인을 비난·조롱하는 공격성을 도구적 공격성이라고 한다.

해설 공격성은 연령이 증가됨에 따라 공격적 행동에서 공격적 언어사용으로 발달적 변화를 보인다.

45 다음 아동기 공격 행동을 통제하는 방법으로 옳은 것끼리 묶인 항은?

보기
　㉠ 협동적 활동의 장려　　㉡ 친사회적 활동의 장려
　㉢ 욕구불만 등의 해소　　㉣ 육체적 제재와 벌

① ㉠, ㉡, ㉢　　② ㉠, ㉢, ㉣　　③ ㉡, ㉢, ㉣　　④ ㉠, ㉡, ㉣

해설 문제 43번 해설 참조

46 다음 아동의 공격 행동에 대한 설명으로 옳은 것은?

정답 38.④　39.①　40.④　41.①　42.①　43.②　44.①　45.①　46.④

① 공격행동은 유아기 이전부터 성별에 따라 차이를 나타낸다.
② 여아가 남아보다 대체로 적대적 공격적 행동을 더 많이, 심하게 한다.
③ 연령이 증가함에 따라 공격적 언어 사용에서 직접적인 공격적 행동으로 변화한다.
④ 6~7세 이전의 유아가 장난감, 먹을 것 등을 차지하기 위해서 나타나는 공격적 행동을 도구적 공격성이라 한다.

해설 6~7세 이전의 유아가 장난감이나 먹을 것 등을 차지하기 위해서 하는, 즉 자기의 목적을 위해 공격적인 행동을 나타낼 때 이를 도구적 공격성이라 한다.

47 다음 중 공격적 행동의 원천인 욕구 불만을 해소시켜주는 것으로 놀이 치료 등에 많이 활용되는 공격적 행동 조절의 통제 방법은?

① 공격적 행동의 결과 인식시키기　　② 반사회적 활동장려
③ 협동작업　　④ 정화 방법

해설 공격적 행동은 그 행동의 원천인 욕구불만 등을 해소시켜 줌으로써 줄일 수 있다. 이는 곧 정화방법으로서 놀이 치료 등에 많이 활용된다.

48 다음 타인의 이익을 자기의 이익보다 앞세우는 행동을 무엇이라 하는가?

① 양가적 행동　　② 자기우화적 행동　　③ 친사회적 행동　　④ 자기중심적인 행동

해설 친사회적 행동이란 타인의 이익을 자기의 이익보다 앞세우는 행동으로, 자신에게 조금 손해가 되더라도 자발적으로 타인을 이롭게 하는 행동을 하는 것이나 호혜적인 관계로써 타인을 돕는 행동이라고 할 수 있다.

49 대중매체가 아동에게 미치는 장점으로 거리가 먼 것은?

① 치료적 역할　　② 어휘력 증진
③ 잘못된 개념 형성　　④ 지적 성장 자극

해설 대중매체의 장점 : 치료적 역할, 어휘력 증진, 지적 성장 자극

50 아동기에 특히 두드러지는 부적응행동에 속하지 않는 것은?

① 학습 곤란　　② 자폐증　　③ 행동 장애　　④ 학교 공포증

해설 자폐증은 영아기 대표적인 발달장애이다.

정답　47.❹　48.❸　49.❸　50.❷

07 사춘기의 발달

 단원 개요

사춘기(청소년기)는 중학교에 입학하여 고등학교를 졸업하기까지의 시기이다. 연령으로 보아 13세경 이후에서 18세경 전후에 이르는 시기이나 발달이 빠른 경우 초등학교 5, 6학년 때에 제2차 성특징이 나타나기도 한다.

사춘기의 어원으로는 라틴어 pubertas, 즉 성인에 이르는 시기로서 성적 성숙이 이루어지는 시기라는 뜻이다. 이 시기는 흔히 질풍노도의 시기라고도 하는데, 신체적·생리적 변화가 오는 시기이며, 이에 따라 심리적 갈등과 행동의 적응에 있어서 수많은 문제가 야기된다. 그래서 격동과 갈등의 시기 또는 좌절과 고뇌의 시기 또는 애정과 낭만의 시기라고도 한다.

 출제 경향 및 수험 대책

이 단원에서는 제2차적 성특징과 성숙의 현상, 사춘기 행동상의 특징적 변화인 자신감의 결여 원인, 청소년의 문제 행동인 청소년의 비행과 학업 부진의 원인, 이성 의식의 변화 단계의 순서 등에 대해서 묻는 문제들이 출제되고 있는 바, 자세하고 철저한 학습이 요구된다.

7

01 신체 발달 및 특징

1 신체의 크기

① 사춘기(청소년기) 특징 : 사춘기는 10대의 시작인 13세경 이후에서 18~19세경 전후에 이르는 시기로 제2차적 성특징이 나타나기도 한다. 사춘기는 태아기 다음으로 성장이 급속하며 제2의 성장 급등기의 모든 측면에서 현저한 발달을 보인다.

② 청소년기 신체 발달의 특징
  ㉠ 청소년 전기의 성장 폭발 현상 : 청소년기에 나타나는 신체적 변화가 급속함을 의미한다.
  ㉡ 신체·생리적 발달의 가속화 현상 : 성장 폭발이 일어나는 시기가 점차 빨라지고 있다. 유방 발달, 음모 발달, 초경 및 몽정의 시작은 일반적으로 청소년기에 나타난다고 알려져 있지만, 청소년기에서 점점 연령이 어려지고 있다.
  ㉢ 개인차 : 청소년들은 신체적 성장 시기와 초경과 몽정과 같은 생리적 발달에서 개인차를 보인다.

③ 사춘기의 신체적 변화
  ㉠ 남성의 변화 : 13~15세 사이에 신장과 체중 및 가슴둘레가 급격히 증가하다가 17세 이후에는 완만히 증가한다.
  ㉡ 여성의 변화 : 여성의 가슴둘레 및 체중은 신장보다 늦게 급속한 성장이 시작되고 성장의 정지도 좀 늦다. 종적 신장(縱的 伸長) 다음에 횡적 확장이 이루어진다.
  ㉢ 여성과 남성의 비교 : 여성은 남성보다 성장에 있어서 약 2~3년 정도 앞서고, 성장의 정점도 남성보다는 낮다.

2 제2차적 성특징

① 남성의 경우 : 남성의 경우에는 턱과 코 밑에 수염이 돋아나며 음모가 나타난다. 후두(喉頭)가 사춘기에는 급속히 발달하여 성대가 굵어 목소리가 거칠게 들린다. 사춘기 남성은 몽정(夢精)을 하는데, 이에 따라 수음을 하기도 한다. 그리고 사춘기에는 남성 호르몬의 분비가 왕성해져 이마와 머리의 경계가 U자형으로 남성선이 뚜렷해진다.

② 여성의 경우 : 여성의 경우에는 유방이 커지고 둔부가 둥글어지면서 펑퍼짐해진다. 초경이 나타나면서 어깨도 넓어지고 음성도 변한다. 치골부위(恥骨部位)가 널찍해지며, 피하지방이 발달되어 살결과 피부가 통통하면서도 부드러워진다.

3 성적 성숙

① 사춘기의 도래 : 사춘기에는 남성 호르몬과 여성 호르몬의 분비량이 현저히 증가한다. 초경과 몽정, 손목뼈의 석회화 정도, 음모도 발생한다.

② 사춘기적 특징 : 여성에게 초경이 나타나면 가임 능력이 있다는 증거가 되며 남성

추가 설명

사춘기
제2차적 성특징이 나타나고 성적 성숙이 이루어진다.

추가 설명

신체 성장 곡선
- 신장과 체중, 간과 신장 등을 포함하는 일반곡선 : 처음에는 서서히 증가하다가, 12세경에 이르면 급격한 변화를 보인다.
- 생식기관의 성장곡선 : 청소년기 이전까지는 거의 변화가 없다가 청소년기에 빠른 성장을 보인다.
- 두뇌곡선 : 두뇌, 눈, 귀 등의 발달을 포함하는데, 이 부분은 신체의 다른 어느 부분보다도 일찍 성장하여 아동기를 거치면서 거의 발달을 완성한다.
- 아데노이드, 림프노이드 등의 임파성 조직곡선 : 청소년기 이전에 절정에 도달해서 성인발달의 거의 2배에 달했다가, 청년기에 이르면 증가하는 성호르몬의 영향을 받아 이때부터 급격히 감소한다.

또한 그러하다. 신체 발달에 심리적 성숙이 따르지 못할 경우 많은 청소년 문제를 야기시키게 된다.

02 심리적 변화와 행동의 변화

1 심리적 변화

① 정서 변화 : 사춘기를 질풍노도기라고 하는 것은 정서 변화를 요약한 표현이다. 청소년 전기는 감정이 격하고 기복이 심한 시기이므로 낙관적, 비관적 감정이 교차하기도 하고 자부심과 수치심을 강하게 경험하기도 한다. 또한 주변의 사람들과 공유할 수 없는 감정을 경험하고 또 그러한 것을 자각함으로써 고립감을 느끼기도 한다. 불안하고 자주 화를 내고 긍정적이기보다는 부정적 정서로 기울어지는 경향을 보인다. 부정적인 정서가 나타나는 이유는 다음과 같다.

　㉠ 신체 발달을 중심으로 한 성적 변화가 급격한 데 대한 적응이 서툴기 때문이다.
　㉡ 가족에서 한정되었던 인간관계가 이성이나 일반사회로 확대됨에 따라 수반되는 관심 및 가치관의 변화에 적응하는 과정에서 긴장과 갈등을 겪기 때문이다.

② 이성 의식의 변화
　㉠ 성적 길항기(拮抗期) : 아동기에는 남녀가 서로 꺼리고 잘 싸우며, 남아는 여아를 잘 울리곤 한다.
　㉡ 성적 혐오기 : 사춘기 초기로서 이성과 함께 놀거나 일하는 것을 싫어하는 시기로 대체로 11~13세경이 된다.
　㉢ 애착기(愛着期) : 사춘기의 성적 변화에 대한 당혹과 불쾌감이 사라지게 되면서 혐오기에 대한 반동작용으로서 애착의 대상을 추구한다. 애착의 대상은 주로 존경하는 선생님 또는 동성의 연장자가 된다. 15~17세경으로서 애착 대상을 발견하면 그에게 접근하고 주의를 끌려고 하며, 그의 언행을 모방한다.
　㉣ 이성애 단계 : 16~17세경 이후
　　• 송아지 사랑 : 연상의 선생님, 배우, 가수, 탤런트, 상급생 등을 대상으로 한 사랑이다.
　　• 강아지 사랑 : 또래 정도의 이성, 즉 덜 세련되어 서툴고 어색하고 수줍고 균형 잡히지 않은 이성에게 신선한 호감을 느끼는 시기이다.
　　• 연애 : 1대 1의 이성관계를 추구하는 형태가 나타나며, 정신적 결합에서 만족을 얻는 사랑에 몰두하다가 점차 신체적 접촉도 추구하는 성욕적 사랑으로 발전한다.

2 사고 발달

청소년기에는 육체적 변화가 일어남과 동시에 새로운 사고방식과 인지적 능력이 확

추가 설명

사춘기의 특성
- 제2차적 성특징이 나타난다.
- 여아는 초경, 남아는 몽정을 하게 된다.
- 질풍노도기라 할만큼 정서 변화가 심하다.
- 행동상의 변화로 피로감과 게으름을 들 수 있다.

추가 설명

사춘기의 특징
- 질풍노도의 시기
- 격동과 갈등의 시기
- 좌절과 고민의 시기
- 애정과 낭만의 시기

대된다. 따라서 더 수준 높게 사고하는 기술을 발달시키기 시작한다. 미래에 대해 생각하며 이상적인 것을 추구하기 시작한다. 따라서 기존의 관념에 비판적이 되기도 한다. 피아제는 이와 같은 청소년기의 사고 특징을 형식적 조작기라 칭했다.

① **추상적 사고** : 청소년기에는 실제의 사물이나 관찰 가능한 사건 및 현상에 국한하지 않고 머릿속으로만 생각할 수 있는 추상적 사고가 가능하다. 청소년들은 아동에 비해 은유 표현 또는 추상적 개념이나 관계를 보다 잘 이해한다. 청소년기 추상적 사고능력의 향상은 사회 문제나 이념 문제를 논리성이 있고 진보되게 추론할 수 있다.

② **가설 연역적 사고** : 청소년은 가설을 만들어내고 검증할 수 있게 된다. 즉, 잘 알지 못하는 사실을 '만일 ~이면 ~이다'라는 가설을 사용해 논리성 있는 결론을 이끌어내는 연역적 추론 능력을 가질 수 있게 되는 것이다.

③ **체계 및 조합의 사고** : 청소년기에는 과학자가 하는 것처럼 사고하기 시작한다. 문제 해결을 위해 사전에 계획을 세우고, 체계 있게 해결책을 시험한다.

3 행동의 변화

① **피로감** : 사춘기에는 신체성장과 성적인 변화로 에너지 소모가 증가되어 쉽게 피로감을 느낀다. 한편 우울증, 불안, 짜증 등이 별 이유없이 나타나는 것은 불안정 때문이다.

② **사회적 충돌** : 자아의식이 강화되어 사람과의 대면이 불가피할 때는 무비판적 수용보다는 비판하고 항거하려 든다.

③ **침착성의 결여** : 생리적 이유와 정서적 불안정성으로 행동에 침착성이 결여되어 있다.

03 성격 및 사회성의 발육과 성교육

1 성적 변화와 성격 및 사회성과의 관계

① 사춘기 신체적으로 나타나는 성적인 변화가 성격 및 사회성 발달에 미치는 영향
  ㉠ 제2차적 성특징은 청소년의 성에 대한 태도와 가치관의 형성에 영향을 미친다. 예를 들어 사춘기의 성특징에 대해 불만이나 당혹감을 느끼며 자기의 성에 부정적·혐오적 태도를 취한다면, 훗날 이성관계나 결혼에 대해서도 좋지 않은 태도를 갖기 쉽다.
  ㉡ 성적 조숙이나 만숙은 성격 및 사회성 발달에 영향을 미친다.
  ㉢ 외형적으로 나타나는 성적인 변화는 체격과 외모의 변화가 되기 때문에 지도성, 열등감, 대인관계의 기피현상 등 성격이나 사회성의 발달과 관계가 된다.
  ㉣ 성적인 변화에 따라 심리적·신체적 균형이 이루어져야 하며, 이 시기의 성적 변화는 발달 과업의 성취 시기 및 기회를 결정한다. 그리고 발달 과업의 성취와 이

추가 설명
형식적 조작
정신 세계 내에서 그 내용을 이리저리 변형을 시켜 재결합하는 과정을 의미한다. 이때 내용은 이전의 구체적 현실 대응물이 아니라 시각적 표상을 할 수 없는 추상적인 사상이 된다. 이러한 의미의 형식적 조작기에 이른 청소년들의 사고는 더 유연하고 상대적인 관점에서 세상을 이해할 수 있게 한다.

추가 설명
성적 조숙·만숙
- **성적 조숙의 청소년** : 대체로 성적으로 조숙한 청소년은 그렇지 못한 또래보다 숙성한 태도를 취하며, 주위 사람들로부터도 어른스런 대우를 받는다. 이와 같은 자의식과 주변의 기대가 복합되어 조숙의 청소년은 만숙의 청소년보다 숙성되고 비협동적 또는 또래활동의 구경꾼같은 방관자적 태도를 취하게 된다.
- **성적 만숙의 청소년** : 아동기에 오래 머문 듯한 대우를 받기 때문에, 의존적이고 애정이나 관심 욕구인 특성을 보인다.

성취에 영향을 받아 사회성 및 성격 발달이 이루어진다.
② 사회성 발달
- ㉠ 소속감과 동료의 영향 : 청소년들은 집단정체감을 갖고자 한다. 이런 요구는 곧 동료 집단의 영향을 중요하게 인정하고, 그에 소속되기를 원하기 때문이다. 그래서 청소년들은 자신들만의 특이한 문화를 형성하여 상호 영향을 주고받는다.
- ㉡ 이성관계 : 청소년기에 이성의 인기에 끌려 관심을 표시하여 이성관계가 시작되는데, 외모나 재능, 활동성이나 능력 등이 청소년들의 인기를 좌우한다.

2 성교육과 발달 과업

① 성교육
- ㉠ 성적 변화 : 청소년기의 성적 변화는 성에 대한 청소년의 관심을 야기시킨다. 성에 대한 적절한 지식을 갖추면 자기 성의 변화에 불안하거나 당혹되지 않고, 적절한 성정체감을 확립시킬 수 있다.
- ㉡ 성교육의 내용 : 성교육은 성적 변화에 대한 지식만이 아니라 심리적 변화에 대한 지식도 제공한다. 성교육은 성적 변화의 신체적·생리적 내용과 적절한 위생적 태도와 방안 및 긍정적 태도까지를 포함해야 한다.

② 사춘기의 발달 과업
- ㉠ 자기조절 : 신체적으로 급격히 성장하여 신체적 균형이 어색하게 되기 때문에 적절한 운동으로 몸의 건강과 자세에 있어 균형과 조화를 이룩해야 된다.
- ㉡ 동료와의 동일시 : 아동기적 자기중심적 동기와 사회적 동기의 균형을 이룩하여 사회적·정서적으로 가족·부모 이외의 동료 친구와 잘 융합한다.
- ㉢ 자아의 재체제화 : 이 시기에 들어 적응 곤란이 생기는 수가 있는데, 이의 해결을 위해 자기에 맞는 태도와 행동양식을 갖추어 나가야 한다.
- ㉣ 사회적 민감성 : 타인의 존재를 인식하게 되어 타인의 요구 기대 등을 이해하게 되며, 나아가서 대중적인 것, 일반적인 것을 취하려 한다.

04 청소년의 문제 행동

1 청소년의 비행

① 비행 소년의 범위 : 청소년의 비행은 형벌법령이나 특별법 또는 환경에 비추어 장차 형벌법령에 저촉되는 행동을 할 우려가 있는 범죄소년의 비행이다.
② 비행 소년의 종류 : 비행소년은 탈법소년, 우범(虞犯)소년, 불량행위소년, 요보호소년 등이 있다.
③ 비행 소년의 원인

추가 설명

청소년기 동조 행동
- 청소년기 또래 집단의 동조 행동은 청소년의 삶에서 가장 중요한 주제이다. 동조 행동은 다른 사람의 압력 때문에 그들의 태도나 행동을 채택하는 것을 말한다.
- 동조 행동은 청소년기에만 국한되는 것은 아니며, 어떠한 나이에도 나타난다. 그러나 청소년기 또래 압력의 동조 행동은 가장 강력하다.
- 동조 행동은 옷의 선택, 언어, 음악, 가치관, 여가 활동과 같은 모든 면에서 나타나며 긍정적인 면과 부정적인 면이 존재한다.

청소년기 성적 문제
- 다양한 서구 문화의 유입과 함께 젊은 세대의 자유로운 사고방식에 따라 성적 가치관과 성적 경험도 크게 변해가고 있다. 이러한 가운데 청소년들의 성적 행동이 점차 대담해지면서 각종 문제를 야기하고 있어서 사회 관심이 증가하고 있다.
- 인터넷 공간에서 여과 없이 쏟아지는 각종 음란물은 성의 올바른 지식과 가치관이 확립되지 못한 청소년에게 그릇된 성적 가치관을 심어주어 성적 비행 행동을 일으킬 수 있게 한다.

㉠ 사회적 원인 : 가족 불화 및 해체 등으로 청소년들이 반사회적 가치관을 갖는 하위문화에 동조할 때 비행을 시도하게 된다.

㉡ 성격적 원인 : 정신병리적인 성격 때문에 청소년비행에 가담할 때 문제가 될 수 있다. 양심 발달이 충분히 이루어지지 않거나 죄의식을 갖지 못할 때 등이다.

2 학업 부진

① 피로감과 게으름 : 생리적인 급격한 변화로서 피로감과 게으름이 나타나게 되고 따라서 점차 학업에 성실하지 못하며 악화되면 학업 부진의 결과가 된다.

② 사회문화적 요인 : 부모를 비롯한 가족이 학업에 관심이 적거나 학업을 중요시하지 않을 때 청소년 자녀의 학업생활에 좋지 못한 영향을 준다. 그리고 또래 집단의 학업 성취를 소홀히 여길 때에도 또래 집단의 인정과 욕구 및 동일시로 인해 학습 동기가 약화될 수 있다.

③ 심리적 요인 : 가족생활의 불화, 부모·자녀간의 불화는 가족생활에 대한 부적응이 되고, 부모에 대한 적대행동을 시도하는 원인이 된다. 따라서 부모에 대한 적개심 때문에 부모가 중요시하는 학업을 소홀히 여김으로써 보복을 시도할 수 있다.

추가 설명

청소년의 학업부진의 영향요인
- 피로감과 게으름
- 사회문화적 요인
- 심리적 요인

실전예상문제

1 다음 중 질풍노도 · 격동과 갈등 · 좌절과 고뇌 · 애정과 낭만의 시기라고 특징지을 수 있는 시기는?

① 청년기 ② 사춘기 ③ 아동기 ④ 영아기

해설 사춘기(청소년기)는 질풍노도의 시기라고도 하는데, 신체적 · 생리적 변화가 오는 시기이며, 이에 따라 심리적 갈등과 행동의 적응에 있어서 수많은 문제가 야기된다. 그래서 격동과 갈등의 시기 또는 좌절과 고뇌의 시기, 애정과 낭만의 시기라고도 부른다.

2 사춘기에 합당한 표현이 아닌 것은?

① 제2의 성장 급등기 ② 주변기
③ 성적 길항기 ④ 질풍노도의 시기

해설 성적 길항기는 아동기를 가리킨다.

3 다음 중 사춘기에 대한 내용으로 옳은 것은?

① 가정의 틀 안에서 아동이 존재한다.
② 인간관계가 가족에게 한정되어 있다.
③ 성적 성숙이 이루어지는 시기로 흔히 질풍노도의 시기라고도 한다.
④ 격리 불안을 심하게 느끼는 시기이다.

해설 문제 1번 해설 참조

4 다음의 〈보기〉와 같은 특성을 갖는 시기는 언제인가?

> **보기** ㉠ 제2차적 성특징이 나타나며, 여아는 초경, 남아는 몽정을 하게 된다.
> ㉡ 질풍노도기라 할만큼 정서 변화가 심하다.

① 청년기 ② 사춘기 ③ 아동기 ④ 유아기

해설 사춘기는 중학교에 입학하여 고등학교를 졸업하기까지의 시기이다. 그러므로 연령으로 보아 10대의 시작인 13세경 이후에서 18, 19세경 전후에 이르는 시기이나 발달이 빠른 경우 초등학교 5, 6학년 때에 이미 제2차적 성특징이 나타나기도 한다.

정답 1.② 2.③ 3.③ 4.②

5 다음 제2의 성장급등기라 할 정도로 신체의 모든 측면에서 현저한 발달을 보이는 시기는 언제인가?

① 청년기　　　② 사춘기　　　③ 아동기　　　④ 영아기

해설 사춘기는 태아기 다음으로 성장이 급속하며 제2의 성장급등기의 모든 측면에서 현저한 발달을 보인다.

6 사춘기와 관련된 설명으로 옳지 않은 것은?

① 사춘기적 특징은 성적 성숙을 의미한다.
② 초경이 점차 늦어지고 있다.
③ 사춘기 남성은 몽정, 여성은 초경이 나타난다.
④ 신체적 성장 시기와 기초경 같은 생리적 발달에서 개인차를 보인다.

해설 우리나라 여아의 경우 초경이 점차 빨라지고 있는 추세이다.

7 급격한 신체발달과 성적 변화에 기인하는 자기 자신의 변화로 인해 부정적 정서로 기울어지는 경향을 보이는 시기는?

① 청년기　　　② 사춘기　　　③ 아동기　　　④ 유아기

해설 사춘기의 신체적, 심리적, 정서적 변화에 대한 적응문제로 사춘기의 청소년은 불안 가운데에서 생활하기 쉽다.

8 다음 일반적으로 아동기 이성 의식에 해당되는 것은?

① 이성애 단계　　　② 애착기　　　③ 성적 혐오기　　　④ 성적 길항기

해설 성적 길항기 : 아동기에는 남녀가 서로 꺼리고 잘 싸우며 남아는 여아를 잘 울리곤 한다.

9 다음 사춘기 시기에 이성 의식의 변화 중 연상의 선생님, 배우, 가수, 탤런트, 상급생 등을 대상으로 한 사랑은?

① 성욕적 사랑　　　② 플라토닉 사랑　　　③ 강아지 사랑　　　④ 송아지 사랑

해설 이성에 대한 의식은 시기에 따라서 변화를 보이는데, 사춘기의 성적 변화에 대한 당혹과 불쾌감이 사라지게 되면 혐오기에 대한 반동작용으로서 애착의 대상을 추구한다. 이러한 애착기 다음에 이성애 단계가 오는데 송아지 사랑은 연상의 선생님, 배우, 가수, 탤런트, 상급생 등을 대상으로 하는 사랑이다.

10 다음 이성 의식의 발달 단계로 알맞은 것은?

① 성적 혐오기 → 애착기 → 성적 길항기 → 이성애 단계

② 성적 길항기 → 애착기 → 성적 혐오기 → 이성애 단계
③ 성적 길항기 → 성적 혐오기 → 애착기 → 이성애 단계
④ 성적 혐오기 → 성적 길항기 → 애착기 → 이성애 단계

해설 성적 길항기에는 남녀가 서로 꺼리고 잘 싸운다. 성적 혐오기는 11~13세경이 된다. 그리고 애착기가 오고, 다음으로 이성애 단계가 온다.

11 청소년기 사고 발달 특성으로 옳지 않은 것은?
① 추상적 사고
② 가설 연역적 사고
③ 개체화
④ 체계 및 조합적 사고

해설 청소년기 사고 발달 : 추상적 사고, 가설 연역적 사고, 체계 및 조합적 사고

12 다음 중 사춘기 아동의 행동상의 특징으로 알맞은 것은?
① 안정감
② 근면성
③ 권위에 대한 반발
④ 강한 침착성

해설 사춘기 행동의 특징 : 피로감, 사회적 충돌, 침착성 부족, 권위에 반항

13 청소년의 문제 행동에 대한 설명으로 옳지 않은 것은?
① 가족 불화와 청소년 비행은 상관관계가 없다.
② 학업부진의 원인은 피로감과 게으름 등이 원인일 수 있다.
③ 학업부진은 사회문화적 요인과 심리적 요인의 영향이 있다.
④ 비행의 원인은 사회적인 원인 및 성격적인 원인이 있다.

해설 가족 생활의 불화, 부모 · 자녀 간의 불화는 가족 생활에 대한 부적응이 되고 부모에 대한 적대 행동을 시도하는 원인이 된다.

14 다음 중 사춘기의 급격한 생리적 변화로 나타나는 피로감과 게으름, 부모나 가족의 불화, 또래의 영향 그리고 동일시 모델의 영향 등으로 인해 일어나기 쉬운 사춘기 청소년의 문제행동은 무엇인가?
① 청소년 비행
② 학업 부진
③ 자살 시도
④ 우울증

해설 학업 부진의 원인으로는 피로감과 게으름, 부모나 가족의 불화, 또래의 영향 등 다양하다.

정답 5.② 6.② 7.② 8.④ 9.④ 10.③ 11.③ 12.③ 13.① 14.②

MEMO

08 청년기의 발달

 단원 개요

청년기는 대체로 18세~23세경까지를 의미한다. 대학생의 시기를 청년기로 보면 적절할 것이다. 사춘기에 나타나는 제2차적 성특징은 지적 발달에 상당한 변화를 야기시켜 청년기에 이르면 청년들은 은유와 비유를 이해하게 된다. 뿐만 아니라 여러 가지 문제를 동시에 사고하여 처리할 수 있으며 이상과 가설을 수립할 수 있다.

청년기에 이르러 이러한 정신 능력의 변화는 양적인 측면과 질적인 측면에서 함께 나타난다. 양적인 정신능력은 청년기의 지능검사 점수로 대변되는데, 지금까지는 대체로 지능 점수가 안정적이라고 알려졌다. 청년들은 지능검사의 문항을 해석할 때 가끔 사회적 상황이나 정치와 관련된 내용을 관련시켜서 문항의 내용을 지나치게 해석하는 경향이 있다.

 출제 경향 및 수험 대책

이 단원에서는 청년기의 발달 과업, 자아정체감의 발달 단계, 뚜렷한 직업관이나 종교 및 정치관을 갖지 못한 단계인 정체감 혼미의 단계 등에 대해서 묻는 문제들이 출제되고 있는 바, 자세하고 철저한 학습이 요구된다.

8

01 지적 발달

1 청년기의 정신 능력의 변화

청년기는 18세~22세경으로 대학생의 시기를 청년기로 보면 된다.
① 양적인 측면
  ㉠ 양적 정신 능력 : 청년기의 지능검사 점수로 대변된다.
  ㉡ 청년기의 지능검사에서 유의할 점 : 청년들은 지능검사의 문항을 해석할 때 가끔 사회적 상황이나 정치와 관련된 내용을 관련시켜서 문항의 내용을 지나치게 해석하는 경향이 있다. 양적인 정신 능력에 있어서는 연령 분화 가설과 지적인 성장의 경로를 문제시하는 두 가지 견해가 쟁점이 된다.
② 질적인 측면 : 청년기의 질적인 정신 능력에는 추리 문제 해결력 등과 관련된 연구가 중심이 된다.

2 지적 발달의 측면

① 연령 분화 가설 : 연령의 증가에 따라 인간의 지적 능력이 점차 분화와 통합 및 재분화 등의 과정을 거쳐 간다는 견해이다.
  ㉠ 유아기 : 정신 능력은 서로 분리되어 있고 또 서로가 협응이 안되어 있다.
  ㉡ 아동기 : 정신 능력들이 서서히 통합되어 가서 몇 개의 고차적 정신 능력으로 흡수되고, 여러 정신 능력간의 협응도 잘 이루어진다.
  ㉢ 청년기 : 아동기보다 오히려 기본 능력이 더욱 많아지고 정교해진다.
  ㉣ 중년기 : 재통합이 이루어진다.
② 지적 성장의 경로
  ㉠ 연령 척도인 스탠포드-비네(Stanford-Binet) 지능검사의 결과로 볼 때 청년기의 지능은 일생에 있어서 절정에 도달하고, 그 이후부터는 서서히 감소한다.
  ㉡ 인간의 지능이 연령의 증가에 비례하여 증가한다는 견해에 대한 반론 : 지능이 연령에 따라 감소하는 현상은 주로 횡단적 연구에 의한 결과에서 나타나는데, 종단적 연구의 결과에 의하면 오히려 지능의 증가 현상이 나타난다.
③ 청년기 사고에 대한 견해
  ㉠ 페리(Perry)의 다원론적 사고 : 청소년기의 사고는 흔히 흑백논리에 의해 좌우되는 반면, 성인이 되면 이원론적 사고에서 벗어나 다원론적 사고로 옮겨간다고 본다. 이 다원론적 사고는 한 가지 관점과 풀이 방법에 만족하지 않고 여러 견해를 객관적으로 살펴보려고 한다.
  ㉡ 크레이머(Kramer)의 후형식적 사고 : 성인 전기인 청년기는 후형식적 사고로 이행하는 그 첫 생애 시기라고 할 수 있다. 이는 상대적인 것을 추구하는 좀 더 유

추가 설명

연령 분화 가설
- 연령이 증가될수록 인간의 지적 능력이 점차 분화와 통합 및 재분화 등의 과정을 거쳐간다는 견해이다.
- 유아와 아동을 비교하면, 아동이 유아에 비해 여러 정신 능력들을 통합할 수 있어서 기본 능력도 많으며, 더 정교한 행동을 보인다고 본다.

추가 설명

후형식적 사고
- 지식은 정신의 구성물이기 때문에 절대적인 것이 아니고 상황에 따라 상대적이다.
- 변수의 상호적 영향
- 부분은 전체에 대한 일부로서 존재한다.
- 모순을 수용하고 보다 포괄적인 전체로 통합한다.
- 현실감이 있는 실제 사건을 강조한다.

연한 사고방식으로 후형식적 사고를 하는 사람의 특성은 다음과 같다.
- 지식에 대한 상대주의적 태도를 취한다.
- 누군가에게 애정과 증오라는 상반된 감정을 갖는 등 모순을 부정하지 않는다.
- 서로 모순된 사고나 감정 또는 경험을 통합하는 능력이 있다.

02 자아정체감의 발달

1 자아정체감의 개념

① **자아정체감의 생성** : 사춘기부터 시작하여 청년기에는 나는 누구이며 어떤 사람이 될 것인가(who am I? & who am I to be?), 나는 어떤 사람이 되고 싶은가(who do I want to be?) 등의 질문을 스스로에게 던지면서 골똘히 이 문제를 생각하게 된다.

② **자아정체감의 의미** : 처음으로 에릭슨(Erikson)이 체계적으로 사용한 개념으로서 대체로 자아정체감은 개인적인 독특성의 의식적 지각이며 성격의 연속성이나 일관성을 유지하려는 무의식적 노력을 뜻하며, 동시에 집단구성원과 그들의 이상 또는 이념과의 결속성(結束性) 등을 의미하기도 한다.

③ **자아정체감의 확립** : 자아정체감이란 오랜 기간에 걸쳐 자기 지각적 일관성을 가지려는 노력에 의하여 뚜렷이 확립되는 것이지, 어느 특정 순간이나 단기간에 이루어지는 것은 아니다.

④ **정체감의 위기** : 자아정체감을 획득해 나가는 과정에서 정체감 위기가 나타날 수 있는데, 거의 모든 문화에서는 이를 인정하고 또 관용스럽게 지켜본다. 청소년의 비행이란 다름아닌 긍정적 자아정체감의 형성이 빗나간 경우이다.

2 마샤(Marcia)의 자아정체감 발달 단계

① **정체감 혼미단계** : 정체감 혼미단계에서는 뚜렷한 직업관이나 종교 및 정치관을 갖지 못한다. 정체감의 혼미란 인생을 되는 대로 사는 것이다. 청년들은 대개 자신의 현재와 과거를 분리시켜 사고하는 경향이 있고 강한 불안이나 긴장감을 느끼며, 자기 태도나 인성에 회의를 품는 경향이 있다.

② **정체감 미숙 또는 유실단계** : 부모나 기타 권위에 의해 주어진 대상을 선택의 여지없이 그대로 받아들여 그에 동조하고 있는 상태이다. 이 경우는 외견상으로는 정체감 확립단계와 같아 보이나 외적 상황이 바뀌거나 충격이 오면 정체감이 붕괴된다.

③ **정체감 유예단계** : 정체감 유예란 비상시 국가가 은행에서의 지불 정지를 명령하는 경제학 용어인데, 에릭슨을 비롯하여 미드, 마샤 등이 자신들의 학문 용어로 사용하였다.

> **추가 설명**
>
> **스턴버그와 가드너의 지능 이론**
> - 스턴버그의 삼원 이론
>   - 구성적 지능 : 문제 접근 및 문제 해결, 결과 평가와 관련된 것이다. 예 아이큐 검사
>   - 경험적 지능 : 통찰적 지능으로 과거 경험을 바탕으로 새로운 문제를 해결할 수 있는 능력을 말한다.
>   - 상황적 지능 : 환경에 대처하는 능력으로 학교에서 배우지 못하는 실용적·실제적 지식을 얻는 능력을 말한다.
> - 가드너의 다중지능
>   - 언어 지능 : 작가, 번역가, 편집자 등이 활용하는 언어 능력을 말한다.
>   - 논리적·수학적 지능 : 논리력, 수리력, 과학적인 능력이다.
>   - 음악적 지능 : 음악가, 작곡가, 지휘자 등에서 주로 나타나는 능력이다.
>   - 공간적 지능 : 공간 세계에 대한 정신적 모형을 만들어 그것을 조절하고 사용하는 능력을 말한다.
>   - 신체적·운동적 지능 : 신체를 이용해 문제를 해결하고 창조물을 만들어 내는 능력을 말한다.
>   - 대인 관계 지능 : 타인과의 관계 속에서 다른 사람을 이해하고 관계 맺는 능력을 말한다.
>   - 개인 이해 지능 : 자기 자신에 대해 정확히 판단하고 효과적인 인생을 꾸려가는 능력이다.

㉠ 에릭슨 : 개인의 성장 발달 과정에서 일정 기간 정체를 나타내는 것이다.
㉡ 미드 : 유예란 일시적인 현상이기보다는 뚜렷한 하나의 단계로 보아, 청년기의 심리적 현상이다.
㉢ 마샤 : 유예 기간은 친권위 의식이 낮고 저항감, 자신감, 불안감이 높은 특징을 보인다.

④ 정체감 확립단계 : 청년은 모든 것을 자기에 의하여 결정하고 앞으로 종교, 정치작업 등 사회생활과 가정생활에서는 그가 수립한 세계관, 인생관, 가치관에 의거하여 과거와 현재, 미래의 조정·통합을 할 수 있게 되어 자기만의 미래를 창조할 수 있다. 청년은 성취 욕구가 높고 목적 의식이 분명하며 반권위적이고 독립적이고 적응력이 강한 특성을 보인다.

추가 설명
마샤의 자아정체감 발달 단계
- 정체감 혼미단계 : 청년은 이 시기까지 어떤 위기도 경험한 적이 없거나 적극적으로 사태와 부딪쳐서 어떠한 결정을 선택하려는 의욕도 갖지 못한다.
- 정체감 미숙 또는 유실단계 : 가치체계가 고착되어 있거나 변동 없는 태도를 보인다. 그러나 타인의 의사나 조언에 얽매여 자신의 문제를 해결할 능력이 없다. 마샤는 정체감 유실 현상은 남성보다 여성들에게서 더 많이 나타난다고 했다. 정체감 유실기에 불안감이 가장 강하고 권위적인 성향이 심하다.
- 정체감 유예단계 : 유예기 동안 개인은 좀처럼 현재의 자기 위치를 바꾸려 들지 않으면서도 새로운 차원의 가치와 동일시하려고 한다.
- 정체감 확립단계 : 자아 완성의 단계에 이른 것이다. 즉 성인으로서 성숙과 발달이 이루어졌다고 본다.

03 정서 발달

1 우울증과 반항
① 청년기에는 보통 우울증에 잘 빠지고 자신이 어디서 와서 어떻게 현재에 이르게 되었는가를 생각하며 청년기에는 이상과 현실간의 모순 때문에 더욱 이상의 세계를 동경하게 되고 불만스런 현실에 반항적이 된다.
② 청년 후기에는 자기의 이성과 현실간의 적절한 행동적 균형을 취할 줄 알게 되어 반항적 감정을 완화시키며 점차 관용스러워진다.

2 자아중심성(egocentrism)
① 자아중심성의 내용 : 자신에 대한 생각과 관념에 사로잡혀 자신이 중요하고 가치롭다는 자신의 관념 세계와 타인의 관념을 구분하지 못하는 '청년기 자아중심성'이란 행동적 특징을 나타낸다. 그래서 자신은 특별한 존재라는 착각에 빠지게 되어 강한 자의식을 보이기도 한다. 청년기의 자아중심성을 반영하는 사고는 '상상적 관중'과 '자기우화' 두 가지가 있다. 논쟁에 있어서 자기 생각이나 아이디어를 몹시 고집하는 경향이나 자신이 원하는 주제로 논쟁을 시작하여 결말지으려는 주장도 지적 자아중심성의 예가 된다.

㉠ 상상적 관중 : 청년은 자신이 주인공이 되어 무대 위에 있는 것처럼 행동하고 다른 사람들을 구경꾼으로 생각하는데 이것을 '상상적 관중'이라고 한다. 실제 상황에서 청년이 관심의 초점이 아니라는 의미에서 '상상적'이며, 다른 사람들이 자신을 관심의 대상으로 생각한다고 믿기 때문에 타인들은 '관중'이다. 자의식이 강하고 대중 앞에서 유치한 행동을 하는 것들은 상상적 관중 때문이라고 할 수 있다.

㉡ 개인적 우화(자기우화) : 자신의 감정과 사고가 너무 독특해서 다른 사람들은 이

추가 설명
자아정체감
자신의 독특성에 대한 비교적 안정된 느낌을 갖는 것으로, 인지적·정의적 특성의 변화에도 불구하고 변하지 않는 부분에 대한 자각을 통해 자신이 누구인가를 아는 것이다.

해할 수 없을 것이라고 생각하는 것이다. 자신이 너무도 중요한 인물이라는 믿음 때문에 자신이 아주 특별한 사람이라고 생각한다. 예를 들어, 자신이 달콤했던 첫사랑이 이루어지지 못해 너무 슬펐다는 사실을 다른 사람은 전혀 이해하지 못할 것이라고 생각하는 것이다.

② 자아중심성의 결과 : 청년기에는 타인의 관심과 주의를 의식한 행동을 하고 옷차림을 하며 동료집단의 힘을 매우 중요하게 의식하기 때문에 동료의 반응에 신경이 예민하다.

> **추가 설명**
> 자아중심성
> 청년들이 흔히 자신이 생각하는 대상과 타인이 지향하는 대상간에 차이가 있을 수 있다는 사실을 의식하지 못하는 것을 의미한다.

3 독립성 추구와 양가적 감정

① 독립성 추구
  ㉠ 청년기에는 독립적 존재로서 자신을 의식하게 되고, 사회나 주변 사람들이 독립적 존재가 되어 줄 것을 기대하기도 한다. 청년기의 독립성 추구는 부모의 양육태도에 의하여 보다 쉽게 또는 보다 어렵게 성취될 수가 있다.
  ㉡ 청년기의 독립성은 청년기에만 형성·발달되는 것이 아니고 배변훈련기부터 계속적으로 발달되어 온 것이다.
② 독립성에 대한 양가적 감정 : 청년기에 새로운 특권을 즐기려 하면서도 그에 수반되는 책임은 회피하려는 성향이다. 청년기에는 불확실하고 불안스러우며 자신이 없는 경우에는 부모에게 의존하려 하고, 권익이 따르는 경우에는 독립하고 싶어하는 양가적 감정이 나타난다.

> **추가 설명**
> 자기우화(개인적 우화)
> 자아중심성에서 나타나는데 자신만이 특수한 존재라고 생각하기 때문에 자신의 감정이 특이하고 유일하다고 생각한다.

4 도덕성

청년기에는 자아의식이 발달하기 시작하면서 기성의 도덕성이나 관습에 의문을 갖게 된다. 또한 도덕적 판단의 기초가 튼튼하지 못할 경우에는 현실에서 유리된 이상적인 도덕을 추구하거나, 그 시대의 영향을 입어 본질에서 벗어나기도 한다. 하지만 경험을 쌓아감에 따라 사회에서 자기의 입장이나 위치를 이해하게 되어, 자주적이거나 자율적인 행동을 취하면서 그 판단이 사회의 일반적인 기준에 합치되게끔 한다.

> **추가 설명**
> 청년기 정서발달상의 특징
> 우울증과 반항, 자아중심성, 자기우화, 상상적 관중, 독립성 추구와 양가적 감정

04 사회성 발달

1 소속감과 청년 문화

청년 문화는 젊은 세대의 독특한 정체성을 표현하는 문화라고 할 수 있다.

청년 문화는 가족과 사회, 아동기와 장년기의 중간적 매체로서의 역할을 하며, '의존'으로부터 '독립'에의 이행을 순조롭게 돕는 힘을 가지고 있다. 또한 성인 사회가 갖는 가치나 규범의 습득을 촉진시키는 기능을 가지고 있다.

청년 문화는 기성세대에 비해서 높은 수준의 욕구 체제를 가지고 있다. 청년은 기성세대에 비해서 높은 이상을 가지며, 그 이상현실을 위하여 무한한 노력을 아끼지 않는다. 그러나 이상이나 욕구가 합리적인 데도 불구하고 상호의 부조리 때문에 저지받거나 좌절되어 버릴 때, 그들의 욕구 불만은 체제비판적인 반문화를 형성할 우려도 있다.

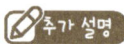

청년 문화
어느 시대에나 한 사회의 가장 새롭고 활기 있는 부분은 젊은 세대의 문화라 할 수 있다. 젊은 세대는 시대의 변화와 세태의 흐름에 가장 민감하게 반응하며 기성세대와는 다른 문화를 추구한다. 이런 젊은 세대의 문화가 기성세대의 문화와 갈등하는 과정에서 사회 전반의 문화적 지형이 변화하는 것이다.

2 이성관계

① 이성교제는 사회구성원으로서 기대되는 성인 남녀의 역할을 수행하는 준비단계라 할 수 있다. 이성 친구와 교제하면서 사회에서 기대하는 자신의 성역할을 습득하게 되며 이성과 친밀한 만남을 유지하는 방법을 터득하게 된다. 예를 들면, 데이트하면서 어떻게 대화를 시작해야 하는지를 배우며, 상대방의 말을 경청하거나 공감을 표현하는 것 등과 같은 대인관계기술을 발달시키게 된다. 때로는 이성교제 시 갈등이나 지배와 같은 상이한 경험을 통해 남녀 조화의 중요성을 깨닫기도 한다.

② 신체적으로 다른 남녀가 서로 깊은 만남을 통해 배우게 되는 성의 사회화도 이성교제의 중요한 역할이다. 이와 같이 이성교제는 상대방을 이해하고 함께 문제를 해결하는 방법, 성역할 등을 습득하는 사회화의 기능을 수행한다.

실전예상문제

1 다음 연령의 증가에 따라 인간의 지적 능력이 분화, 통합, 재분화를 통해 발달해 간다는 가설은 무엇인가?

① 보편설　　② 연령 분화 가설　　③ 진화설　　④ 영가설

> 해설 연령 분화 가설은 연령이 증가될수록 인간의 지적 능력이 점차 분화와 통합 및 재분화 등의 과정을 거쳐 간다는 견해로, 유아와 아동을 비교하면, 아동이 유아에 비해 여러 정신능력들을 통합할 수 있어서 기본 능력도 많으며, 더 정교한 행동을 보인다고 본다.

2 다음 중 연령 분화 가설에 따른 청년기의 지적 발달의 특징으로 알맞은 것은?

① 기본 능력의 재통합
② 기본 능력의 증가와 정교화
③ 고차적 정신 능력으로의 통합
④ 분리와 협응이 불가능

> 해설 연령 분화 가설 : 청년기에는 정신 능력이 다시 분화되어 아동기보다 오히려 기본 능력이 더욱 많아지고 정교해진다.

3 스턴버그의 삼원 이론에서 지능의 요소에 해당되지 않는 것은?

① 구성적 지능　　② 경험적 지능　　③ 상황적 지능　　④ 인지적 지능

> 해설 스턴버그의 삼원 이론 : 구성적 지능, 경험적 지능, 상황적 지능

4 스턴버그의 삼원 이론 중 환경에 대처하는 능력으로 학교에서 배우지 못하는 실용적·실제적 지식을 얻는 능력을 말하는 지능은?

① 구성적 지능　　② 상황적 지능　　③ 경험적 지능　　④ 공간적 지능

> 해설 상황적 지능 : 환경에 대처하는 능력으로 학교에서 배우지 못하는 실용적·실제적 지식을 얻는 능력이다.

5 가드너의 다중지능 중 자기 자신에 대해 정확히 판단하고 효과적인 인생을 꾸려가는 능력을 말하는 것은?

① 언어 지능　　② 개인 이해 지능　　③ 공간적 지능　　④ 대인 관계 지능

> 해설 개인 이해 지능 : 자기 자신에 대해 정확히 판단하고 효과적인 인생을 꾸려가는 능력이다.

정답　1.② 2.② 3.④ 4.② 5.②

6 다음의 〈보기〉와 같은 특성을 갖는 시기는 언제인가?

> **보기** 자아중심성을 반영하는 상상적 관중과 자기우화를 보인다.

① 성인기　　　② 청년기　　　③ 사춘기　　　④ 아동기

해설 청년기는 대체로 18세경부터 22세경까지가 된다. 이 시기에는 자아정체감을 비롯한 많은 발달과업을 수행하여 다음에 오는 성인기에 대비하게 된다.

7 청년기 후형식적 사고의 특징으로 거리가 먼 것은?

① 부분은 전체에 대한 일부로서 존재한다.　　② 현실감 있는 실제 사건을 강조한다.
③ 지식은 상황에 따라 상대적이다.　　　　　 ④ 모순, 불일치에 대해 회피한다.

해설 후형식적 사고
- 부분은 전체에 대한 일부로서 존재한다.
- 지식은 상황에 따라 상대적이다.
- 현실감 있는 실제 사건을 강조한다.
- 모순을 수용하고 보다 포괄적인 전체로 통합한다.

8 다음의 〈보기〉와 같은 특성을 갖는 시기는 언제인가?

> **보기** 나는 누구이며 어떤 사람이 될 것인가(who am I? & who am I to be?) 나는 어떤 사람이 되고 싶은가(who am I want to be?) 등의 질문을 스스로에게 던지면서 골똘히 이 문제를 생각하게 된다. 그러나 이런 고민스런 문제에 대한 해답은 쉽게 발견되지 않으므로 갈등과 불안을 겪게 되는데, 이런 과정은 곧 자기탐색과 자기확립의 과정인 것이다.

① 성인기　　　② 청년기　　　③ 사춘기　　　④ 아동기

해설 자아정체감 형성이 이루어지는 중요한 시기로 청년들은 자신에 대해 많은 고민, 갈등과 불안을 겪게 된다. 이러한 과정이 곧 자기탐색, 자기확립의 과정이다.

9 다음 중 자아정체감이란 개념을 처음으로 체계적으로 사용한 학자는 누구인가?

① 반두라(Bandura)　　　　　② 피아제(Piaget)
③ 에릭슨(Erikson)　　　　　 ④ 마샤(Marcia)

해설 자아정체감 : 에릭슨이 처음 사용한 개념으로 개인적인 독특성의 의식적 지각이며, 성격의 연속성이나 일관성을 유지하려는 무의식적 노력을 뜻하며, 동시에 집단구성원과 그들의 이상 또는 이념과의 결속성 등을 의미하기도 한다.

10 자신의 독특성에 대한 비교적 안정된 느낌을 갖는 것으로 자각을 통해 자신이 누구인가를 아는 것을 무엇이라 하는가?

① 서열화　　　② 자아정체감　　　③ 동일시　　　④ 자율감

> **해설** 자아정체감은 인지적·정의적 특성의 변화에도 불구하고 변하지 않는 부분에 대한 자각을 통해 자신이 누구인가를 아는 것이다.

11 마샤의 자아정체감 발달 단계로 옳은 것은?

보기	㉠ 정체감 혼미	㉡ 정체감 미숙
	㉢ 정체감 확립	㉣ 정체감 유예

① ㉠-㉡-㉢-㉣　　　② ㉠-㉡-㉣-㉢
③ ㉡-㉠-㉣-㉢　　　④ ㉡-㉣-㉠-㉢

> **해설** 자아정체감 발달 단계 : 정체감 혼미 – 정체감 미숙(유실) – 정체감 유예 – 정체감 확립

12 다음 마샤의 자아정체감 발단 단계 중 뚜렷한 직업관이나 종교 및 정치관을 갖지 못한 채 어떤 결정을 하려는 의욕도 없는 단계는 어느 것인가?

① 정체감 미숙단계　　　② 정체감 유예단계
③ 정체감 유실단계　　　④ 정체감 혼미단계

> **해설** 정체감 혼미단계에서는 뚜렷한 직업관이나 종교 및 정치관을 갖지 못한다. 청년은 이 시기까지 어떤 위기도 경험한 적이 없거나 적극적으로 사태와 부딪쳐서 어떤 결정선택을 하려는 의욕도 갖지 못한다.

13 마샤의 자아정체감 발달 단계 중 인생을 되는 대로 사는 것이라고 볼 수 있는 단계는?

① 정체감 혼미　　　② 정체감 유예　　　③ 정체감 유실　　　④ 정체감 확립

> **해설** 문제 12번 해설 참조

14 다음 중 마샤(Marcia)는 얼핏 보기에 자아정체감이 확립된 것 같으나 외부적 충격에 의해서 쉽게 정체감의 혼미 상태로 빠져버리는 상태를 무엇이라 했는가?

① 정체감 확산　　　② 정체감 혼재　　　③ 정체감 유예　　　④ 정체감 유실

정답 6.❷ 7.❹ 8.❷ 9.❸ 10.❷ 11.❷ 12.❹ 13.❶ 14.❹

해설 마샤(Marcia)의 자아정체감 발달 단계
- 정체감 혼미 단계 : 뚜렷한 직업관이나 종교 및 정치관을 갖지 못한다.
- 정체감 미숙 또는 유실 단계 : 얼핏 보아 외형상 정체감을 뚜렷이 확립한 듯 보이나 자기 힘으로 정체감 위기를 극복하지 못하는 결함을 지닌 단계
- 정체감 유예 단계 : 좀처럼 현재의 자기 위치를 바꾸려들지 않는 단계
- 정체감 확립 단계 : 자아완성의 단계, 성취욕구가 높고 목적의식이 분명하여 반권위적이고 독립적이고 적응력이 강한 특성을 보임.

15 마샤의 자아정체감 발달 단계 중 친권위 의식이 낮고 저항감, 자신감, 불안감이 높은 특징을 보이는 시기는?

① 정체감 혼미   ② 정체감 유실   ③ 정체감 유예   ④ 정체감 확립

해설 정체감 유예 단계는 유예기 동안 개인은 좀처럼 현재의 자기 위치를 바꾸려 들지 않으면서도 새로운 차원의 가치와 동일시하려고 한다.

16 다음 중 자아중심성, 자기우화, 상상적 관중, 독립성 추구와 양가적 감정 등의 정서 발달상의 특징을 나타내는 시기는?

① 중년기   ② 성인기   ③ 청년기   ④ 아동기

해설 청년기에는 자신의 사고를 대상화할 수 있게 된다. 따라서 내성적이 되고 자기분석과 자기비판도 할 수 있게 된다. 이와 같은 자신에 대한 관심은 자아중심성으로 나타난다.

17 청년들은 자신에 대한 생각과 관념에 사로잡혀 자신이 중요하고 가치롭다는 자신의 관념세계와 타인의 관념을 구분하지 못하는 행동적 특징을 보이는데 이를 무엇이라 하는가?

① 동일시   ② 자율감   ③ 자아정체감   ④ 자아중심성

해설 자아중심성이란 자신에 대한 생각과 관념에 사로잡혀 자신이 중요하고 가치롭다는 자신의 관념세계와 타인의 관념을 구분하지 못하는 행동적 특징을 말한다.

18 청년들은 자기 외모나 행동을 모든 사람들이 지켜볼 것이라고 믿는 경향이 있다. 자기우화, 상상적 관중의 특징을 보이는 이런 현상은 무엇 때문에 나타나는 것인가?

① 자아중심성   ② 자율감   ③ 동일시   ④ 자아정체감

해설 문제 17번 해설 참조

19 청년은 다른 사람들은 다 죽어도 자신은 영원히 죽지 않으리라는 불멸의 신념으로 위험한 행동을 하는 경우가 있는데 이는 어떤 생각과 관련 있는가?

① 상상적 관중 ② 개인적 우화 ③ 대상영속성 ④ 애착행동

해설 개인적 우화는 자신의 감정과 사고가 너무 독특해서 다른 사람들은 이해할 수 없을 것이라고 생각하는 것이다. 그리고 자신이 아주 특별한 사람이라고 생각한다.

20 다음 중 청년기에는 독립성에 대한 양가적 감정이라는 정서적 특성을 보이는데, 이때 양가적 감정의 의미는?

① 생활 특히 의, 식, 주를 위한 기술, 질서가 개선된 상태
② 사람의 지혜가 밝아져 야만, 미개에서 탈피한 상태
③ 집단속의 한 사람으로서 자기 존재를 확인하여 소속감을 추구함
④ 새로운 특권을 즐기려 하면서도 그에 수반되는 책임을 회피하려는 경향

해설 양가적 감정 : 청년기에는 독립성에 대한 양가적 감정이란 정서적 특징을 보이는데, 새로운 특권을 즐기려 하면서도 그에 수반되는 책임은 회피하려는 성향이다.

21 다음의 〈보기〉의 설명과 관계 깊은 것은?

> **보기** 새로운 특권을 즐기려 하면서도 그에 수반되는 책임은 회피하려 드는 성향이다.

① 반항 ② 자아중심성 ③ 양가적 감정 ④ 자기우화

해설 불확실하고 불안스럽고 자신 없는 경우에는 부모에게 의존적이 되려 하고, 권익이 따르는 경우에는 독립적이 되고 싶어하는 양가적 감정이 청년기의 특징이다.

정답 15.❸ 16.❸ 17.❹ 18.❶ 19.❷ 20.❹ 21.❸

MEMO

09 성인기

 단원 개요

성인기부터는 인생의 가장 중요한 시기가 전개된다. 이 시기 이전은 앞으로 전개될 인생을 위한 준비기간이었다고 해도 과언이 아닐 정도로 거의 모든 면에서 발달과 성숙을 완성하고, 사회에서 자신의 포부에 따라 능력을 발휘해 나가는 때가 된다. 즉 지금까지의 발달을 기초로 해서 하나의 성숙된 인간으로서의 발달 과업을 성취해야 할 시기이다.

한 개인이 신체적으로나 심리적으로 독립된 성인으로서 직업을 선택하고 배우자를 찾으며, 공민(公民)의 자격을 갖추고, 권리를 행사하고, 그에 대한 책임을 지는 사회생활을 하면서, 동시에 자기 인생을 독자적으로 설계하고 실현·성취하게 된다.

 출제 경향 및 수험 대책

이 단원에서는 성인기 이전에 이미 이루었어야 하는 발달 과업, 성인기의 특성, 자기 수용을 성숙으로 보는 이론, 정신분석학에서 성숙을 정의하는 기준 등을 묻는 문제, 올포트의 친근감과 동정, 매슬로의 성숙 인격 특성 등에 대해서 묻는 문제들이 출제될 수 있는 바, 자세하고 철저한 학습이 요구된다.

9

01 성인기의 정의

1 성인기의 구분

레빈슨(Levinson)은 성인기를 다음과 같이 구분하였다.

① 성인 초기 전환기(17~22세) : 개인은 부모로부터 독립해서 자신의 독특한 정체감을 형성하게 된다.
② 성인 생활 시작 시기(22~28세) : 결혼과 취업을 통해 자신의 꿈을 실현해 나감으로써 새로운 인생의 구조를 계획하는 '제1기의 정착기'라고 할 수 있다.
③ 30대의 전환기(28~33세) : 자신의 인생의 방향과 목표 그리고 생활 등을 재평가해 봄으로써 새로운 전환을 시도하게 된다.
④ 성인 초기의 절정기(33~40세) : 개인은 가정과 직장 그리고 자신이 관심과 흥미를 가지고 있는 분야에 보다 깊은 개입과 책임감을 가지고 자신을 투자하기 때문에 '제2기의 정착기'라고 한다.

2 성인기의 특성

성인기는 가족 주기의 중간 단계로 부모가 인생 중반에 도달하여 많은 것에 대해 내적인 정신 갈등과 인생에서 증가되는 관심의 재평가가 높아진다.

02 발달 과업

1 발달 과업 개념의 도입

① 해비거스트(Havighurst) : 발달 과업이란 개인의 생애 중의 특정 시기에 행해져야 할 과업으로서 일정 과업의 성공적인 달성은 그 개인에게 행복감을 주고, 다음 단계의 과업 성취를 용이하게 하지만, 과업 달성을 성공적으로 이루지 못하게 되면, 개인에게 불행감을 주게 됨은 물론, 사회의 인정을 받지 못하는 결과를 초래한다고 했다.
② 에릭슨(Erikson) : 인간의 심리 사회 발달 8단계 이론에서, 6단계인 성인 초기를 친밀감 대 고립으로 표현하여, 이 시기에 인간은 타인과 깊은 관계를 맺게 되고 친구관계·부부관계·전우애 등의 친밀감을 가지는데, 이러한 친밀감은 타인의 입장 이해·감정 이입의 능력이 형성되어 있을 때 가능하고 만일 친밀감이 형성되지 않은 경우에는 고립되어 살아갈 수밖에 없고, 친구·애인·배우자 등을 얻기 어렵다고 했다.

2 성인기의 발달 과업

① 성인으로서 사회적으로 적응하기 위해서는 개인이 먼저 성숙된 인격을 갖추어야 한

추가 설명

대부분 연구자들의 성인기 시기
20세 후반부터 60세 이내를 성인기로 보고 있다.

추가 설명

성인기의 특성
- 약 22세부터 35세까지의 기간이다.
- 신체적, 심리적으로 독립된 어른으로서 직업을 선택하고 배우자를 찾는다.
- 공민의 자격을 갖추고 권리와 책임을 다하는 사회생활을 한다.
- 발달과 성숙을 완성하는 단계이다.

추가 설명

성인기의 발달 과업
- 신체적·정신적 발달 과정상의 특징으로 볼 때 성인기는 청년기와 중년기의 중간에 위치한 과도기적 성격을 띠고 있다.
- 사회와 사회구성원의 구조적·기능적 역학관계를 이해하고 각 사회, 각 시대를 지배하는 윤리나 가치관 등을 이해하고 조화와 갈등의 문제 및 갈등을 건전하고 진취적으로 처리하는 능력도 발휘해야 한다.

다. 열등감과 좌절을 스스로 극복하는 방법을 찾으며, 작은 일에도 행복감을 느끼는 것은 통합된 인성의 소유자, 즉 성숙된 사람에게서 발견된다.
② 성인으로서 자기 자신을 부양하고 자신의 적성과 능력에 맞는 직업을 통해 자아를 실현하도록 해야 한다.
③ 성인기는 일생을 함께 할 동반자를 발견해서 결혼을 하고 가정을 형성하는 시기이다.
④ 취업을 하여 자신을 부양하는 개인은 결혼을 하면 가족을 부양하게 된다. 가정을 형성하고, 가족의 안전과 건강을 위해 경제적 책임을 나누어 가진다.
⑤ 성인은 결혼하면 부모가 되고, 또한 부모가 되기를 소망한다. 그런데 여기서 육아를 위한 물질적·시간적·인적 준비가 요구된다.
⑥ 다음 단계인 중년기로 돌입할 준비를 해야 한다. 이를 위해 자기발전을 추구하는 일이 필요하다. 발달과업이 더욱 성숙되고 발전되도록 계속적으로 노력해야 한다.

03 인격의 성숙

1 성숙의 개념

① 프로이트(Freud)의 정신분석학 : 인생 초기에서부터 생기는 성본능의 억제 능력에 그 기준을 두어 성적 충동이나 공격적 충동을 승화된 방법으로 표현할 수 있을 때 성숙이라고 한다.
② 에릭슨(Erikson) : 자아와 밀접한 친교 능력을 지니게 됨을 성숙으로 본다.
③ 학습이론 : 자극과 반응의 연결 체제를 개념 정의의 기준으로 잡고, 개인이 여러 가지 불안에서 해방되어 주위 자극에 대해 체계적인 반응을 보이는 것이 곧 성숙이라고 했다.
④ 자아이론 : 자기 수용을 성숙으로 보았다.
⑤ 올포트(Allport) : 통일된 인생 철학을 지니고 자아감을 확충시킴을 성숙이라고 한다.
⑥ 매슬로(Maslow) : 사회는 개인의 인간적 발달을 방해할 가능성이 많다고 보면서, 이런 상황에서도 인간적인 방향으로 나아가려는 노력 또는 욕구의 실현이 곧 성숙을 나타내는 것이라고 한다.

2 올포트의 성숙 인격 모델

① 자기감(自己感)의 확장 : 성숙인은 사회적 경험을 넓혀감에 따라서 세상의 일들 중 자기 영역의 일로 간주하는 범위를 넓혀 간다. 올포트는 자기애가 인간에게 중요하고 또 피할 수 없는 요인이지만 자기감의 확장이야말로 인간의 성숙함을 보여 주는 중요한 징표라고 주장했다.
② 타인과의 따뜻한 관계

> **추가 설명**
> **생물적·사회적·심리적 측면에서의 성숙**
> • 생물적 성숙 : 일정한 성장 단계를 체계적으로 거치면서 신체 성장, 뇌 구조의 변화, 행동 수준이나 인지기능의 변화 등이 일어나는 것을 말한다.
> • 사회적 성숙 : 사회인으로 적절한 지적 발달을 이루며 사회 속에서 문제를 이해하고 효과 있게 해결해 가면서 사회 행동의 범위를 넓히고 책임감 있는 사회인으로서의 인생관을 확립시키는 것이다.
> • 심리적 성숙 : 한 개인이 사회에 잘 적응하기 위해 가져야 할 심리 특성, 건전한 인격 특성 및 정신건강 등의 심리적 성숙성과 유사한 개념으로 사용되고 있다.

> **추가 설명**
> **올포트의 성숙 인격의 특징**
> 자기감의 확장, 타인과의 따뜻한 관계, 정서적 안정성, 현실적 지각, 과업에 대한 기술과 발달, 자기 객관화, 통합된 인생 철학

추가 설명

매슬로의 성숙 인격 특징
- 성숙인(자기성취인)의 정의 : 매슬로는 성숙인을 자기성취인이라고 하고, 자기성취인이란 "자기의 재질·역량·가능성을 최대한으로 개발·활용하려고 노력하고 또 그렇게 할 수 있는 사람"이라고 정의하였다.
- 매슬로가 제시한 성취인의 구체적인 특징 : 현실에 대한 효율적인 지각, 자연, 타인, 자신에 대한 수용, 자발성, 문제중심성, 독립성, 자율적 기능, 생신(生新)한 인지력, 신비적 경험, 사회적 관심, 대인관계, 민주적 성격 구조, 수단과 목표의 분별, 유머 감각, 창의성

　㉠ 친근감 : 성숙인은 부모, 형제는 물론이고 친구, 동료 등 주위의 많은 사람들에게 친근감을 표현한다. 친근감의 표현 능력은 자기감의 확장에서 비롯된다.
　㉡ 동정 : 인간들 누구나가 경험하는 고통이나 열정, 공포, 실패 등을 이해하고 함께 느끼고 아파해 줄 수 있는 능력은 동정에서 비롯되며, 이 감정이입이야말로 자기에서 인류까지 자신을 확장시켜 가는 일이 된다.
③ 정서적 안정성 : 성숙인은 정서적 안정성을 지님으로 인해 불안, 스트레스, 좌절 등을 일으키는 상황에서 이를 효율적으로 해결할 수 있는 내적 통제력을 갖게 된다.
④ 현실적인 지각 : 성숙인은 자신을 둘러싼 세계를 객관적으로 평가한다.
⑤ 과업에 대한 기술과 할당 : 성숙인은 주어진 과업에 대해 적합한 기술을 사용할 줄 알며 무엇보다도 그 과업에 전력투구할 줄 안다.
⑥ 자기의 객관화 : 자신에 대한 정확한 지식을 가지고 있어야 하고, 나아가 주관적 자아와 실제 자아 사이의 관계에 대한 정확한 통찰력이 요구된다.
⑦ 통합된 인생 철학 : 미래지향적이며 장기 목표를 갖고 계획을 세우고 행동한다.

04 사회적 성숙

1 사회적 이해
① 성인은 자신이 속한 지역사회의 구조, 역동관계, 성격, 그 사회인들의 요구와 필요는 물론 지리적·역사적·시대적 특수성에 의한 특유한 문화도 이해해야 한다.
② 성인은 그가 속해 있는 직장 사회, 국가 사회의 구조를 이해하고, 특유의 성격과 문화, 그 유래 과정과 변화 과정 등에 대한 정확한 지식을 갖고 있어야 한다.

2 공민적 권리와 의무
① 개인은 사회 속에서 태어나 타인과의 관계 속에서 살기 때문에 누구나 독자적 개인인 동시에 공인이다.
② 성인은 공존 의식을 갖고 사회의 이익과 자기의 개인적 이익을 조화시킬 줄 알아야 하며, 사회의 필요에 자기 능력을 동원해야 하며, 건전한 사회 변화의 방향을 주도하고 협력해야 한다.

추가 설명

성인의 진로 결정에 도움이 되는 것
취미, 적성, 능력, 성격상의 결함·장점 등이다.

추가 설명

직업 선택의 준거
일생을 몸담을 신체적·심리적 그릇이며 직업을 통해서 개인의 자아를 실현할 수 있다는 점을 생각할 때, 무엇보다도 '하고 싶어 하는 일', 즉 자신의 적성이 직업 선택의 절대적 준거가 되어야 한다.

05 취업과 적응

1 취업에의 준비
① 건전한 인생관 : 성인은 독립된 인간으로서 자신의 행동에 책임을 져야 하며, 사회

적으로 기대되는 역할을 담당해야 한다. 건전한 인생관의 확립은 일생의 생업인 직업을 선택하는 데 중요한 요건이 된다.
② 성인기의 취업과 안정이라는 발달 과업을 완수하기 위해서 성인은 먼저 자신에 대한 정확한 인식을 가질 필요가 있다. 그리고 현대사회는 산업의 발달로 전문적이고 숙련된 인력을 요구하는 현실임을 고려할 때 개개 직업에서 필요로 하는 요건들을 충분히 갖추는 준비가 필요하다.

2 직업의 탐색과 선택

① 직업 탐색 : 다양한 직업세계에 대한 정보를 수집하여 각 직업간의 차이와 진로를 알아야 한다. 직업은 사회변화에 따라 분화되기도 하고 통합되기도 하며, 심지어 소멸되기도 한다. 따라서 그 직업의 동향과 변화추세까지 내다볼수록 유리하다.
② 직업 선택
  ㉠ 직업 선택은 직업 세계에 들어가기 전에 이루어지는 과정이다. 직업 선택은 어린 시절의 경험들, 부모나 중요 인물들에 대한 동일시와 모델링, 가족의 권유 그리고 자신이 꿈꾸는 미래, 사회경제적 지위, 지적 능력, 적성, 흥미, 성격 등 다양한 요인이 영향을 미치게 된다.
  ㉡ 홀랜드(Holland)는 가장 좋은 직업은 개인 특성(흥미, 성격, 적성)과 직업 환경(요구되는 자질, 작업 환경)이 조화를 이룰 때 가능하다고 하였다. 이에 개인의 성격 특성과 직업 환경을 조화시켜 6가지의 직업과 관련된 성격 유형인 현실 유형, 탐구 유형, 관습 유형, 사회 유형, 기업가 유형, 예술가 유형을 제시하였다.

3 직업에서의 안정

① 직업에서의 안정은 자기가 추구하는 개인적 욕구와 직업에서의 요구가 일치되어야 하는 외에도, 직장에서의 인간관계, 작업 조건 등에 의해서 영향받을 수 있다.
② 직장에서 발전하기 위해 보다 최신의 전문 지식을 스스로 습득하며 참신한 기술과 선진국의 전문 기능도 쉬지 않고 습득하는 것이 직업에서의 자기 신장을 꾀하는 것이 된다.
③ 교육이란 학교교육에 한정되지 않고 태중에서 무덤까지라는 평생교육으로 변화되고 있다.

06 배우자 선택과 결혼

1 사랑

① 대부분의 성년기 남녀의 결혼 전 이성과의 관계는 사랑을 전제로 형성된다. 그러나

> **추가 설명**
> 홀랜드(Holland)의 직업과 관련된 성격 유형
> - 현실 유형 : 이 유형은 실제 및 현실성이 강하고, 체계화되고 분명하게 정의된 문제를 좋아한다. 예 기술자, 농부, 트럭 운전사, 운동선수, 측량 기사 등
> - 탐구 유형 : 이 유형은 개념적이고 이론적인 성격 유형으로, 인간관계를 회피하며, 행동가이기보다는 사색가인 편이다. 예 과학자, 의사, 컴퓨터 전문가 등
> - 관습 유형 : 이 유형은 정확하고 치밀하며 책임감이 강한 성격 유형이다. 예 사무 행정 전문가, 공인회계사, 은행원 등
> - 사회 유형 : 이 유형에 속하는 사람들은 사람 사귀는 것을 좋아하며 이해력이 빠르고, 붙임성이 있으며, 모임에서 중심인물이 되는 것을 좋아한다. 예 사회사업가, 상담사, 목사, 교사 등
> - 기업가 유형 : 이 유형은 다른 사람들을 거느리거나 지배하려는 유형으로, 대인 관계의 기술이 뛰어나고, 자기주장이 강하다. 예 부동산 중개인, 세일즈맨, 정치가, 경영자 등
> - 예술가 유형 : 이 유형은 예술 표현을 통해 자신의 세계와 교감하며 틀에 얽매이는 것을 싫어하는 유형으로, 독창성 및 창의성을 중시하며 상상력이 풍부하다. 예 작가나 화가, 음악가, 작곡가, 지휘자, 무대감독 등

이러한 사랑의 정의를 명확하게 단정짓기는 어렵다. 스턴버그(Sternberg, Robert)는 사랑은 친밀감, 열정, 결심/헌신의 세 가지 요소로 구성되어 있다고 보았다.

② 사랑의 삼각형 요소
　㉠ 친밀감 : 사랑의 정서 요소로 누군가와 가깝게 느끼는 감정이다. 상호 이해, 격의 없는 친밀한 대화, 정서 지원 등을 포함한다.
　㉡ 열정 : 사랑의 동기 유발 요소로 신체 매력, 성적 욕망 등을 포함한다. 열정은 대체로 사랑을 느끼는 순간 맨 처음 나타나는 사랑의 구성 요소이지만, 오래된 관계에서는 가장 먼저 사라지는 요소이기도 하다. 열정은 남녀 간의 사랑에서만 존재한다.
　㉢ 결심/헌신 : 인지 요소로 관계를 유지하기 위한 약속이다. 열정은 나타났다가 사라지며, 모든 관계가 만족스러운 때도, 불만족스러운 때도 있다. 그러나 결혼 서약에서 평생 신의를 지키고 상대방을 사랑하겠다는 약속을 지키기 위해 노력하는 것이 결심/헌신이다.

2 결혼의 의의

① 결혼의 의의 : 인간은 결혼과 더불어 새로운 생활을 시작하기 때문에 결혼을 가리켜 제2의 탄생이라고도 한다. 이제까지 성장해 왔던 자신의 가족을 떠나 배우자와 더불어 새로운 사회 역할과 지위를 획득하고, 나아가 가족의 인간관계를 확대하는 계기가 결혼이라고 할 수 있다.
② 결혼의 동기 : 결혼은 사랑하기 때문에, 경제적 안정을 얻기 위해서, 정서적으로 안정되기 위해서, 동반자를 얻기 위해서, 가족과 자녀를 얻기 위해 그리고 성적 만족을 얻고 보호받기 위해서, 사회적 지위를 얻기 위해서 등 그 이유는 다양하다.
　㉠ 개인적 동기 : 결혼은 인간에게 개인의 성적 만족과 정서적·감정적 안정을 가져다 준다.
　㉡ 사회적 동기 : 결혼을 통해 사회적으로 종족 계승의 기능을 달성토록 하고, 이러한 모든 역할 수행을 통해서 사회적 공인을 얻도록 하는 것이 곧 결혼의 사회적 동기이다.
　㉢ 전통적인 결혼에서 중요시했던 사항 : 결혼이란 어디까지나 집을 위한 결합, 부모를 위한 결합이었고 부부가 될 두 남녀의 개인적 행복은 큰 문제가 되지 못했다.
　㉣ 근대에 와서 중요시 하는 사항 : 개인의 욕구 충족, 개인의 발전, 개인의 행복을 그 주된 동기로 삼고 있다.
③ 독신 생활
　㉠ 독신을 원하는 이유 : 종교적인 생활에 헌신하기 위해 또는 전문적인 업무에 전념하기 위해 또는 다른 개인 사정 등으로 독신을 원하는 경향은 증대되어 가고 있다.
　㉡ 독신 생활 결정에서 고려해야 할 사항 : 고독감의 처리, 자기의 생계와 부양, 사회

추가 설명

스턴버그의 사랑의 형태
스턴버그는 열정·결심/헌신·친밀감이 인간관계에서 만들어 내는 7가지 형태의 사랑을 제시하였다.
- 좋아함 : 열정이나 결심/헌신은 없고 단지 친밀감만 있는 사랑
- 심취 : 열정만 있고 친밀감이나 결심/헌신은 아직 없는 사랑
- 공허한 사랑 : 결심/헌신만 있으며 친밀감이나 열정은 없는 사랑
- 낭만의 사랑 : 열정과 친밀감은 있고 결심/헌신이 없는 사랑
- 실체가 없는 사랑 : 열정과 결심/헌신은 있으나 친밀감이 없는 사랑
- 우애의 사랑 : 친밀감과 결심/헌신은 있으나 열정이 없는 사랑
- 완전한 사랑 : 열정, 결심/헌신, 친밀감을 다 갖춘 사랑

추가 설명

결혼
결혼은 다양한 욕구를 충족시켜 준다. 결혼은 종의 존속과 성적 욕구를 충족시켜 준다. 우정, 애정, 동반자 관계의 안전 근거를 마련해 주며 정서 면에서 도움을 준다.

적 소외감, 독신에 대한 자신의 태도 변화의 가능성 등이다.

3 결혼에의 준비

① **결혼 적령기** : 결혼의 필요성을 인정하고 절실하게 민감해지는 시기를 결혼 적령기라고 한다. 육체적 성숙도는 대체로 기준이 분명하여 판단에 큰 어려움은 없으나, 정신적 성숙도는 개인차가 커서 섣불리 판단내리기가 곤란하다. 우리나라에서는 평균 초혼 연령이 점차 늦어지고 있는데 통계에 의하면 2017년 남성의 초혼 연령은 32.9세, 여성의 초혼 연령은 30.2세로 나타났다.

② **결혼에 대한 심리적 준비** : 듀발(Duvall)이 제시한 결혼을 위한 준비도를 검사하는 항목은 다음과 같다.
  ㉠ 기꺼이 성적 상대가 될 수 있는가?
  ㉡ 자유롭게 성적 관계를 맺을 능력이 있는가?
  ㉢ 상대를 위해서 온정과 애정을 가질 수 있는가?
  ㉣ 상대의 정서생활과 그 개발에 관심을 기울일 수 있는가?
  ㉤ 상대자와 친밀감을 나누어 가질 수 있는가?
  ㉥ 개인적인 계획에 상대를 고려할 수 있는가?
  ㉦ 상대의 개인적 특성을 현실적으로 이해할 수 있는가?
  ㉧ 결혼 후에 일어날 경제적인 문제에 현실적으로 대처할 수 있는 자신이 있는가?
  ㉨ 결혼에 공헌이 되도록 나의 모든 능력을 최대한 동원할 마음이 되어 있는가?
  ㉩ 남편 또는 아내의 위치를 받아들일 준비가 되어 있는가?

③ **배우자 선택의 동기**
  ㉠ 근접성 : 학교, 서클, 교회, 여가 활동 등 어떤 계기에서든 일상생활에서 서로 잦은 상호작용을 하게 되는 경우 친밀한 관계로 발전할 가능성이 높다.
  ㉡ 이상상(理想像) 의식 : 이상상이 특정인을 배우자로 결정하는 중요한 동기가 될 수 있다.
  ㉢ 보상에의 욕구 : 평소에 자신에게 부족하다고 생각되던 면들을 잘 갖추고 있는 사람을 만나게 되면 결혼을 통해서 자신의 단점을 보상할 수 있으리란 기대에서 배우자로 선택하게 되는 경향이 크다.
  ㉣ 환경의 동질성 : 경제적·사회적·문화적 환경이 유사할수록 서로를 이해할 수 있는 범위가 넓어지므로, 동질적 요인은 분명 배우자 선택의 주요 동기임에 틀림이 없다.
  ㉤ **성향(性向)의 동질성** : 비슷한 가치관, 비슷한 취미를 가진 사람들끼리라면 서로의 생활을 이해할 수 있는 폭이 그만큼 넓고, 이는 곧 애정으로 발전할 가능성이 높다.

4 배우자 선택 시 고려할 점

① 건강 : 결혼 전에 서로의 건강을 확인한다. 배우자의 가계에 대해 알아보는 것도 질

추가 설명

우드리(Udry)의 배우자 선택의 여과 이론

배우자 선택에서 결혼 상대자로 선택하기까지 여섯 개의 여과망을 거치게 된다.

- 근접성 : 가능한 모든 대상자 가운데서 지리적으로 가깝고 만날 기회와 상호작용의 가능성이 많은 사람들로 그 대상이 제한된다.
- 매력 : 서로 매력을 느끼고 끌리는 사람들로 그 대상이 제한된다.
- 사회적 배경 : 인종, 연령, 교육 수준, 종교 등의 사회적 배경이 유사한 사람들로 그 범위가 좁아진다.
- 일치 : 태도나 가치관이 자신과 비슷한 사람(들)이 남게 된다.
- 상호 보완성 : 욕구와 성격 특성에서 서로의 단점을 보완해 줄 수 있는 사람을 선호하게 된다.
- 결혼 준비 상태 : 비로소 결혼에 이르게 되는 상태로서, 결혼 적령기, 결혼에 대한 부모의 압력, 결혼하고자 하는 강한 욕구 등이 결혼 준비 상태에 영향을 준다.

> **추가 설명**
>
> 행복한 결혼 생활을 영위할 수 있는 성장 배경의 조건(커크패트릭, Kirkpatrick)
> - 부모의 행복한 결혼생활
> - 부모와의 많은 접촉
> - 어린시절의 좋은 가정훈육
> - 성에 대한 부모의 솔직한 태도
> - 건전한 이성교제의 경험
> - 부모와 갈등 없는 어린시절

병의 유전성 여부 등을 중심으로 한다.

② 성격 : 상대의 성격이 성숙되어 있고, 사회생활에 잘 적응하고 있으며 대인관계에서도 원만한지를 살펴본다.

③ 성장 배경 : 성장 배경에는 개인이 자라나온 집안의 사회·경제적 지위를 포함해서, 그 가정의 심리적 환경이 해당된다.

④ 가치관 : 건전한 이념과 가치관을 가진 사람은 자연 행동도 성실하고 책임감이 있다. 여성의 교육수준이 향상되면서 전통사회에서의 남편의 의사에 대한 맹목적인 복종은 더 이상 미덕으로 간주되지 않고 있다.

⑤ 연령 : 연령에 대한 기준은 시대와 문화적인 환경에 따라 다른 만큼 일률적인 연령 기준을 세울 수는 없다. 다만, 연령의 차이로 나타날 수 있는 사고방식이나 생활양식 차이 등이 있을 수 있다.

⑥ 경제적 능력 : 부모로부터 받는 유산 등과는 관계없이 하나의 가정을 영위해 나갈 수 있는 능력을 말한다.

> **추가 설명**
>
> 일차적 집단과 이차적 집단
> - 일차적 집단 : 구성원 간의 대면적 접촉과 친밀감을 바탕으로 결합되어 구성원들이 전인격적인 관계를 이루는 집단을 일차적 집단 또는 원초적 집단이라고 한다. 1차 집단이라고 하는 이유는 개인의 인성이나 가치관을 형성하는 데 근본적인 영향을 주기 때문이다. 예컨대, 촌락, 문중 등이 이에 속한다. 직접적인 대면 접촉, 친밀감, 집단의 소규모성, 관계의 지속성 등이 1차 집단 형성의 기본 조건이 되며, 도덕, 관습 등 비공식적 통제가 이루어진다.
> - 이차적 집단 : 집단 구성원 간의 간접적 접촉과 특정한 목적 달성을 위한 수단적인 만남을 바탕으로 하여 인위적으로 결합되고, 구성원들이 극히 부분적 관계로 이루어진 집단이다. 인위적 집단으로, 예컨대 회사, 정당, 국가 등이 이에 속하며, 통제 수단은 주로 규칙, 법률 등의 공식적 통제를 통하여 이루어진다.

07 가정 형성과 가족 기능의 수행

1 가정 및 가족의 의의

① 가정이란 '한 개인이나 가족이 생활하는 장소'이다. 가정은 공간적 장소와 함께 그 속에서 가족들이 애정을 주고받으며 정서적 만족을 얻는 심리적 분위기를 포함하는 개념이다.

② 가족은 결혼, 출산 또는 입양을 통해 맺어진 두 사람 이상의 집단으로, 사회를 이루는 가장 기본적인 단위이자 우리 삶과 가장 가까운 사회 집단이다. 가족의 형태는 구성되는 방식과 범위를 기준으로 확대 가족과 핵가족으로 크게 구분할 수 있다. 하지만 현대 사회에서는 가치관 및 생활 양식의 변화로 이혼 가족, 재혼 가족, 한 부모 가족, 무자녀 가족, 조손 가족, 다문화 가족 등 다양한 형태의 가족이 나타나고 있다.

2 가족의 특성

① 일차적 집단 : 쿨리(C.H. Cooley)에 의해 명명된 것으로, 구성원 상호간의 친밀한 관계로 그 내부에서 인성이나 태도가 형성되는 기본적인 역할을 수행할 수 있는 집단이다.

② 공동사회집단 : 퇴니스(F. Tönnies)가 사용한 개념으로서 구성원 상호간의 애정과 이해로 형성·결합되어 외적인 요인으로 인해 분열되지 않는 본질적 결합 관계를 유지하는 집단이다.

③ 폐쇄적 집단 : 가족의 구성원이 되기 위해서는 일정한 혈연적 요건을 필요로 하고,

또 이를 거부하려 해도 혈연 관계를 지닌 한 관계를 임의로 포기할 수 없는 성격을 지닌다.
④ 형식적·비형식적 집단
　㉠ 형식적 집단 : 특정한 관습적·제도적 절차에 의해 형성·운영되는 집단으로서 구성원의 행동은 이미 정해진 지위에 대한 규범에 따라야 하는 집단이다.
　㉡ 비형식적 집단 : 가족이 형성되고 난 후의 가족관계에 있어서는 구성원 서로가 애정으로 결합되어서 다른 어떤 집단에서의 관계보다 자유롭고 솔직하며, 형식이나 예절에 구속되지 않는 비형식적인 성격이 강한 집단으로서의 특성을 갖는다.

> **추가 설명**
> 폐쇄적 집단
> 구성원이 되기 위한 자격을 획득하는 일과 그 자격을 포기하는 일이 쉽지 않은 집단을 의미한다.

3 가족의 기능

① 안식과 활력의 기능 : 가족은 가족원이 심신의 긴장을 해소하도록 도와 주고 피로를 회복시켜 정서적으로 안정된 생활을 유지할 수 있도록 한다. 그리고 휴식과 재생산을 위한 활력 제공 등을 한다.
② 성과 생식의 기능 : 가족은 부부 중심으로 성적 욕구를 충족시키면서, 생식적 기능도 아울러 수행한다. 결혼을 위한 심리적 준비에서 파트너에 대해 기꺼이 자유로운 성관계를 맺을 수 있겠는지에 대한 검토를 요구하는 것도 가족의 중요한 기능이다.
③ 자녀 양육과 사회화의 기능
　㉠ 가족은 자녀의 성장발달에 관한 지식과 기능을 갖추어서 수유기, 이유기, 배변훈련기 등을 거치는 동안 무력한 아기가 당당히 독립된 인간으로서 살아갈 능력을 갖출 수 있도록 양육한다. 또한 사회 속에서 사회적 역할을 수행할 수 있도록 돕는다.
　㉡ 부모의 양육 태도가 자녀의 발달에 미치는 영향
　　• 수용적 태도 : 부모가 자녀에게 깊은 관심과 사랑을 가지고 대하며 하나의 독립된 인격체로 인정해 주는 태도를 말한다. 이런 분위기에서 성장한 아동은 사교적이고 협동적이며 성실하고 정서적으로 안정되어 있다. 또 긍정적인 사고방식을 지니게 된다.(가장 바람직한 양육 태도)
　　• 익애(溺愛)적 태도 : 자녀를 지나치게 걱정해서 아이들이 할 수 있는 일도 대신해 주는 등 과보호적인 태도를 말한다. 이런 태도하에서 자라난 아동들은 의존성이 크고 독립성이 약할 수밖에 없다.
　　• 엄격하고 지배적인 태도 : 자녀를 지나치게 통제하고, 엄격하고 권위적으로 대하는 태도를 말한다. 엄격한 부모는 자녀에게 꾸중을 하거나 벌을 주는 일이 모두 그들을 위한 것이라고 합리화시킨다. 지배적인 태도 아래에서 자란 아동은 비교적 겸손하고 행동에 조심성이 있는 등 장점도 지닌다.
　　• 거부적 태도 : 아이들을 적대적으로 대하며, 아이의 모든 행동에 거부적·부정적인 태도를 말한다. 이런 태도 아래에서 자라는 자녀는 공격적·반항적 성격을 지녀 사회생활에 잘 적응하지 못하고 반사회적인 행동을 하기도 한다.

> **추가 설명**
> 가족의 일반적 기능
> • 사회 구성원의 재생산 : 가족의 가장 본질적인 기능에 해당한다. 가족은 자녀 출산을 통해 새로운 사회 구성원을 충원하여 사회의 영속성을 보장한다.
> • 양육과 보호 : 어린이와 노인과 같이 도움이 필요한 가족 구성원의 성장과 안정적 삶의 유지를 위해 가족은 필요한 존재이다.
> • 사회화 : 가족은 구성원에게 기본적인 욕구 충족 방법을 가르치고 인성과 태도를 형성시켜 주는 1차적 사회화를 담당한다.
> • 정서적 안정 제공 : 가족은 구성원 간 애정과 신뢰를 바탕으로 친밀한 유대 관계를 형성하여 심리적 만족과 정서적 안정을 느낄 수 있도록 한다.
> • 기타 : 전통 사회에서의 가족은 재화를 생산하고 소비하는 경제적 기능, 제사 등을 통한 조상 숭배와 같은 종교적 믿음을 수행한다.

> **추가 설명**
>
> **현대 가족 기능의 변화 추세**
> - 과거 가족의 주된 기능이었던 양육과 보호 및 사회화 기능은 전문화된 사회화 기관과 대중 매체로 이전하고 있다.
> - 재화를 생산하는 경제적 기능은 생산을 기업에서 주로 담당함에 따라 가족의 기능은 소비 중심으로 변화하였다.
> - 저출산 현상과 같은 사회 문제가 나타나 사회 구성원을 재생산하는 기능도 약화하고 있다.

- 과잉 기대적 태도 : 부모가 자녀에게 지나친 기대를 갖고 있고, 완벽에의 욕구 때문에 성공하지 못할 환경은 아예 피하려 드는 소극적인 태도이다.

④ 경제적 기능 : 대내적으로 생산과 소비의 기능이며 대외적으로는 노동력 제공과 생활보장 기능을 뜻한다. 그런데 현재는 각 가정에서의 생산 기능은 거의 사라지고 노동력 제공의 대가로 얻는 화폐 수입이 생산의 의미를 대신하고 있다.

⑤ 가족 외 협력관계의 기능 : 친척들과의 길흉사를 비롯한 전통적인 풍속에 따른 협력 관계는 농촌일수록 더욱 중요시된다.

실전예상문제

1 레빈슨의 성인기 구분 중 제2기의 정착기에 해당하는 시기는?

① 성인 초기의 절정기
② 30대의 전환기
③ 성인 생활 시작 시기
④ 성인 초기 전환기

해설 성인 초기의 절정기에 개인은 가정과 직장 그리고 자신이 관심과 흥미를 가지고 있는 분야에 보다 깊은 개입과 책임감을 가지고 자신을 투자한다.

2 다음 중 발달 단계가 순서대로 바르게 연결된 것은?

① 성인기 → 장년기 → 중년기 → 노년기
② 장년기 → 중년기 → 성인기 → 노년기
③ 중년기 → 장년기 → 성인기 → 노년기
④ 성인기 → 중년기 → 장년기 → 노년기

해설 발달단계 : 성인기 → 중년기 → 장년기 → 노년기

3 다음 신체적, 정신적 발달 과정상의 특징으로 볼 때 청년기와 중년기의 중간 시기는?

① 장년기
② 사춘기
③ 성인기
④ 노년기

해설 학교라는 보다 작은 사회에서 보다 큰 사회로 던져지는 때가 된 성인기에는 심리적으로 독립된 성인으로 사회 속에 통합된다는 것은 흥분과 두려움과 기대감을 주나 성인은 이를 감당해야 한다.

4 성인기의 발달 과업에 해당되는 것은?

① 배우자를 선택하여 가정을 꾸미는 일이다.
② 자아에 대한 개념의 재수립이다.
③ 죽음에 대해 대비한다.
④ 동반자의 의식을 배우자와 함께 결실시키며 서로의 역할을 재조정한다.

해설 성인기는 한 개인이 신체적·심리적으로 독립된 성인으로서 직업을 선택하고 배우자를 찾으며 공민의 자격을 갖추고 권리를 행사하고 그에 대한 책임을 지는 사회생활을 하면서 동시에 자기인생을 독자적으로 설계하고 실현 성취하도록 해야 한다.

5 다음 성인기 발달 과업으로 옳지 않은 것은?

정답 1.① 2.④ 3.③ 4.① 5.②

① 직업을 통한 자아실현 ② 자아정체감의 확립, 자기 연마, 학업 성취
③ 동반자의 발견과 결혼 ④ 성숙 인격을 갖추는 것

해설 성인기 발달 과업 : 직업을 통한 자아실현, 동반자의 발견과 결혼, 성숙 인격을 갖추는 것

6. 다음의 〈보기〉와 같은 특성을 나타내는 시기로 알맞은 것은?

> **보기**
> • 취업을 하여 부양을 하게 된다.   • 성숙된 인격을 갖추어야 한다.
> • 가정을 형성한다.

① 중년기   ② 성인기   ③ 청년기   ④ 사춘기

해설 성인기의 발달 과업은 성숙된 인격을 갖추고, 자신의 적성과 자질을 최대한 발휘할 수 있는 직업을 선택하고 이에 적응하며, 평생을 함께 할 배우자를 선택하고 결혼을 해서 가정을 형성, 가족의 기능을 올바르게 수행하며 계속적인 자기발전의 길을 모색하는 일이다.

7. 다음 발달 과업은 개인 생애 중 특정 시기에 행해져야 할 과업으로서 일정 과업의 성공적인 달성은 그 개인에게 행복감을 주고, 다음 단계의 과업 성취를 용이하게 한다고 한 학자는?

① 올포트   ② 프로이트   ③ 레빈슨   ④ 해비거스트

해설 해비거스트의 발달 과업 내용이다.

8. 학자들이 제시한 성숙에 대한 개념 정의를 바르게 짝지은 것은?

① 프로이트 — 자아와의 밀접한 친교 능력을 지니게 되는 것
② 매슬로 — 사회의 방해 가능성 속에서도 인간적인 방향으로 나아가려는 노력 및 욕구의 실현
③ 올포트 — 자극과 반응의 연결 체제
④ 에릭슨 — 성적 충동이나 공격적 충동을 승화된 방법으로 표현하는 것

해설 성숙의 개념
• 프로이트 : 성적인 충동이나 공격적 충동을 승화된 방법으로 표현하는 것
• 에릭슨(Erikson) : 자아와의 밀접한 친교 능력을 지니게 되는 것
• 학습이론 : 자극과 반응의 연결 체제를 개념 정의의 기준으로 잡고, 여러 가지 불안에서 해방되어 주위 자극에 대해 체계적 반응을 보이는 것
• 자아이론 : 자기 수용
• 올포트(Allport) : 통일된 인생 철학을 지니고 자아감을 확충시킴

9 다음 중 자극과 반응의 연결 체제를 성숙 개념 정의의 기준으로 삼은 이론은 무엇인가?

① 자아이론 ② 심리사회성 발달이론
③ 학습이론 ④ 정신분석학

해설 학습이론에서는 자극과 반응의 연결 체제를 개념 정의의 기준으로 잡고, 개인이 여러 가지 불안에서 해방되어 주위 자극에 대해 체계적인 반응을 보이는 것이 곧 성숙이라고 했다.

10 다음 중 자극과 반응의 연결 체제를 개념 정의의 기준으로 잡고, 개인이 여러 가지 불안에서 해방되어 주위 자극에 대해 체계적인 반응을 보이는 것을 성숙이라고 정의한 이론은?

① 신프로이트 학파 ② 자아이론 ③ 학습이론 ④ 정신분석학

해설 문제 9번 해설 참조

11 다음 중 에릭슨의 성숙 개념으로 알맞은 것은?

① 자극과 반응의 연결 체제 ② 자기 수용
③ 친교 능력 ④ 성본능의 억제

해설 프로이트가 창시한 정신분석학에서는 인생 초기에서부터 생기는 성본능의 억제능력에 그 기준을 두어 성적 충동이나 공격적 충동을 승화된 방법으로 표현할 수 있을 때 성숙했다고 하며, 신프로이트 학파에서 에릭슨은 자아와의 밀접한 친교 능력을 지니게 됨을 성숙으로 보고 있다.

12 다음 중 정신분석학에서 성숙을 정의하는데 기준으로 삼은 것은 무엇인가?

① 성적 충동을 승화된 방법으로 표현 ② 자기 수용
③ 주위 자극에 대한 체계적 수용 ④ 자아와의 밀접한 친교 능력

해설 문제 11번 해설 참조

13 다음 중 자기 수용을 성숙으로 보는 이론은 무엇인가?

① 정신분석이론 ② 학습이론 ③ 욕구이론 ④ 자아이론

해설 자기 수용을 성숙으로 보는 자아이론도 있고, 통일된 인생 철학을 지니고 자아감을 확충시킴을 성숙으로 보는 올포트와 같은 입장도 있다.

정답 6.❷ 7.❹ 8.❷ 9.❸ 10.❸ 11.❸ 12.❶ 13.❹

14 성숙 인격을 자기감의 확장, 안정된 정서, 따뜻한 대인관계, 현실적인 지각, 자기의 객관화 등으로 본 학자는?

① 피아제　　② 에릭슨　　③ 매슬로　　④ 올포트

해설 올포트(G. Allport)가 제시한 성숙 인격의 특징
- 자기감의 확장
- 정서적 안정감
- 과업에 대한 기술과 할당
- 통합된 인생 철학
- 타인과의 따뜻한 관계
- 현실적인 지각
- 자기의 객관화

15 다음 올포트(G. Allport)가 제시한 성숙 인격 중 타인과의 따뜻한 인간관계를 이루는 요인으로 알맞은 것은?

① 독립심과 의존　　② 복종과 지배　　③ 존경과 관심　　④ 친근감과 동정

해설 올포트는 성숙인의 따뜻한 인간관계로 두 가지를 설명했다. 그 하나는 친근감이요, 나머지 하나는 동정의 마음이다. 성숙인은 부모, 형제는 물론이고 친구, 동료 등 주위의 많은 사람들에게 친근감을 표현할 수 있다. 이런 친근감 표현 능력은 자기감의 확장에서 비롯되는 것이다. 인간들 누구나가 경험하는 고통이나 열정, 공포, 실패 등을 이해하고 함께 느끼고 아파해 줄 수 있는 능력은 동정에서 비롯되며, 이 감정이입이야말로 자기에서 인류까지 자신을 확장시켜 가는 일이 된다.

16 올포트(Allport)가 제시한 성숙 인격에 속하지 않는 것은?

① 자기감의 확장　　② 자기의 주관화　　③ 현실적인 지각　　④ 정서적 안정성

해설 성숙된 인격의 특징 : 자기의 객관화, 타인과의 따뜻한 관계, 통합된 인생 철학, 과업에 대한 기술과 할당, 정서적 안정성, 현실적인 지각, 자기감의 확장

17 자기 객관화란 무엇이라 할 수 있는가?

① 통합된 자기 철학을 갖는 것을 말한다.　　② 정서적인 안정감의 정도를 말한다.
③ 자기에 대한 정확한 지식, 통찰력을 말한다.　　④ 자기의 개방성을 의미한다.

해설 자기를 객관화할 수 있는 힘은 자신에 대한 적절한 지식을 갖는 것이며 나아가 주관적 자아와 실제 자아 사이의 관계에 대한 통찰을 요구한다.

18 심리적으로 성숙한 사람을 자기 성취인이라고 정의한 사람은?

① 왓슨　　② 로저스　　③ 에릭슨　　④ 매슬로

해설 매슬로는 성숙인을 자기 성취인이라고 했다.

19 다음 매슬로가 제시한 성취인이 보이는 특징으로 옳지 않은 것은?

① 문제중심성 ② 대인관계 ③ 타율적 기능 ④ 창의성

해설 매슬로(Maslow)의 성숙 인격 특징
- 자발성
- 독립성
- 생신한 인지력
- 대인관계
- 민주적 성격 구조
- 유머 감각
- 현실에 대한 효율적인 지각
- 자연, 타인, 자신에 대한 수용(가장 큰 특징)
- 문제중심성
- 자율적 기능
- 신비적 경험
- 사회적 관심
- 수단과 목표의 분별
- 창의성

20 자기성취인을 자기의 재질, 역량, 가능성을 최대한으로 개발·활용하려고 노력하고 또 그렇게 할 수 있는 사람으로 정의한 학자는?

① 융(Jung) ② 프롬(Fromm)
③ 올포트(Allport) ④ 매슬로(Maslow)

해설 매슬로는 성숙인을 자기성취인이라고 하고, 자기성취인이란 '자기의 재질, 역량, 가능성을 최대한으로 개발, 활용하려고 노력하고 또 그렇게 할 수 있는 사람'이라고 정의하였다.

21 성인의 사회적 성숙에 관한 설명 중 옳지 않은 것은?

① 사회의 지배적인 가치관, 윤리를 이해한다. ② 사회의 필요에 자기 능력을 동원한다.
③ 건전한 사회 변화의 방향을 주도하고 협력한다. ④ 사회적 이익만을 추구한다.

해설 성인은 공존 의식을 갖고 사회의 이익과 자기의 개인적 이익을 조화시킬 줄 알아야 한다.

22 성인기의 취업에 대하여 바르지 못한 내용은?

① 직업에서의 안정은 자기가 추구하는 개인적 욕구와 직업에서의 요구가 일치되어야 하는 것 외에 인간관계, 작업조건 등에 영향을 받는다.
② 직장들에 대한 정보를 수집하여 선택한다.

정답 14.❹ 15.❹ 16.❷ 17.❸ 18.❹ 19.❸ 20.❹ 21.❹ 22.❹

③ 직업에 적응하려는 마음가짐이 중요하다.
④ 어떤 직업이든 개인의 이상과 요구를 완전히 충족시켜야 한다.

해설 어떤 직업이든 개인의 이상과 요구를 완전히 충족시켜 주지는 못한다.

23 가장 좋은 직업은 개인 특성과 직업 환경이 조화를 이룰 때 가능하다고 한 학자는?
① 홀랜드   ② 스턴버그   ③ 피아제   ④ 에릭슨

해설 홀랜드는 개인의 특성과 직업 환경을 조화시켜 6가지의 직업과 관련된 성격 유형인 현실 유형, 탐구 유형, 관습 유형, 사회 유형, 기업가 유형, 예술가 유형을 제시했다.

24 홀랜드가 제시한 직업과 관련한 성격 유형 중 다른 사람들을 거느리거나 지배하려는 유형으로 대인 관계의 기술이 뛰어나고 자기 주장이 강한 유형은?
① 현실 유형   ② 탐구 유형   ③ 관습 유형   ④ 기업가 유형

해설 기업가 유형 : 다른 사람들을 거느리거나 지배하려는 유형으로 대인 관계의 기술이 뛰어나고 자기 주장이 강한 유형이다.

25 스턴버그가 제시한 사랑의 구성 요소가 아닌 것은?
① 친밀감   ② 개방성   ③ 열정   ④ 헌신

해설 스턴버그의 사랑의 구성 요소 : 친밀감, 열정, 결심/헌신

26 스턴버그의 사랑의 구성 요소 중 사랑의 동기 유발 요소로 신체 매력, 성적 욕망 등을 포함하는 것은?
① 친밀감   ② 열정   ③ 결심   ④ 헌신

해설 열정은 대체로 사랑을 느끼는 순간 맨 처음 나타나는 사랑의 구성 요소이지만 오래된 관점에서는 가장 먼저 사라지는 요소이기도 하다.

27 다음 중 결혼을 이루게 하는 긍정적 요인으로 알맞은 것은?
① 특별한 생의 단계에서의 상호간의 성취의 차이
② 정서적으로 안정되기 위해서
③ 특별한 범주(인종, 종교, 종족 등)에서의 이질성

④ 과거의 불행한 성경험

해설 결혼의 동기
- 사랑하기 때문에
- 정서적으로 안정되기 위해서
- 가족과 자녀를 얻기 위해서
- 경제적 안정을 얻기 위해서
- 동반자를 얻기 위해서
- 성적 만족을 얻고 보호받기 위해서

28 결혼의 사회적 동기는 무엇인가?
① 정서적·감정적 안정
② 자녀 출산을 통한 종족 계승과 사회적 공인
③ 애정에의 욕구 충족
④ 성적 만족

해설 결혼의 사회적 동기 : 종족 계승과 이러한 역할 수행을 통한 사회적 공인

29 다음 중 전통적인 결혼에서 우선적으로 중요시했던 것은 무엇인가?
① 가계의 계승과 부모를 위한 결합
② 당사자 상호간의 애정적 결합
③ 개인의 욕구 충족과 발전
④ 당사자 개인의 행복

해설 우리의 전통사회에서는 결혼이란 어디까지나 집을 위한 결합, 부모를 위한 결합이었고 부부가 될 두 남녀의 개인적 행복은 큰 문제가 되지 못했다.

30 우드리가 제시한 배우자 선택의 여과 이론 중 욕구와 성격 특성에서 서로의 단점을 보완해 줄 수 있는 사람을 선호하게 되는 단계는?
① 근접성
② 매력
③ 상호 보완성
④ 일치

해설 상호 보완성은 욕구와 성격 특성에서 서로의 단점을 보완해 줄 수 있는 사람을 선호하게 되는 것이다.

31 우드리의 배우자 선택의 여과 이론 중 여과 단계에 해당되지 않는 것은?
① 헌신
② 매력
③ 사회적 배경
④ 결혼 준비 상태

해설 배우자 선택의 여과 이론 중 여과 단계 : 근접성-매력-사회적 배경-일치-상호 보완성-결혼 준비 상태

32 다음 중 듀발(Duvall)이 제시한 결혼을 위한 준비도 항목으로 거리가 먼 것은?
① 결혼에 대하여 큰 기대를 갖고 있는가?

정답 23.❶ 24.❹ 25.❷ 26.❷ 27.❷ 28.❷ 29.❶ 30.❸ 31.❶ 32.❶

② 결혼 후에 일어날 경제적인 문제에 현실적으로 대처할 수 있는 자신이 있는가?
③ 자유롭게 성적 관계를 맺을 능력이 있는가?
④ 기꺼이 성적 상대가 될 수 있는가?

해설 결혼을 위한 준비도 검사 항목
• 기꺼이 성적 상대가 될 수 있는가?   • 자유롭게 성적 관계를 맺을 능력이 있는가?
• 상대를 위해 온정과 애정을 가질 수 있는가?   • 개인적인 계획에 상대를 고려할 수 있는가?
• 결혼 후 일어날 경제적 문제에 현실적으로 대처할 수 있는 자신이 있는가?

33 배우자 선택의 동기 중 〈보기〉와 같은 특성을 가장 잘 나타낸 것은 무엇인가?

> **보기** 평소 자신에게 부족하다고 생각되던 면들을 잘 갖추고 있는 사람을 배우자로 선택하게 되는 경향이 크다.

① 이상상 의식   ② 환경의 동질성   ③ 보상에의 욕구   ④ 근접성

해설 평소에 자신에게 부족하다고 생각되던 면들을 잘 갖추고 있는 사람을 만나게 되면 결혼을 통해서 자신의 단점을 보상할 수 있으리란 기대에서 배우자로 선택하게 되는 경향이 크다는 것이다.

34 배우자 선택의 동기로 거리가 먼 것은?

① 성향의 이질성   ② 근접성   ③ 보상에의 요구   ④ 이상상 의식

해설 배우자 선택의 동기 : 근접성, 이상상 의식, 보상에의 요구, 환경의 동질성, 성향의 동질성

35 다음 중 부모의 행복한 결혼생활, 부모와의 많은 접촉, 어린시절의 좋은 가정훈육, 성에 대한 부모의 솔직한 태도, 건전한 이성교제의 경험, 부모와 갈등이 없는 어린시절 등을 행복한 결혼 생활을 위한 성장 배경으로 든 학자는 누구인가?

① 에릭슨   ② 허록   ③ 프로이트   ④ 커크패트릭

해설 커크패트릭(W.H. Kirkpatrick)은 행복한 결혼생활을 영위할 수 있는 성장 배경의 조건을 첫째, 부모의 결혼생활이 행복했고 둘째, 그들의 어린시절이 부모와의 갈등없이 행복했고 셋째, 부모와의 접촉이 많았고 넷째, 부모가 성에 대해 솔직한 태도를 보여주고 건전한 이성교제의 경험을 하게 해주었을 경우로 들고 있다.

36 다음 쿨리에 의해 명명된 것으로 구성원 상호간에 친밀한 관계를 가지고 있어 그 내부에서 인성, 태도가 형성되는 기본적인 역할을 수행할 수 있는 집단은?

① 비형식적 집단   ② 형식적 집단   ③ 공동사회 집단   ④ 일차적 집단

해설 일차적 집단(primary group)이란 쿨리(C.H. Cooley)에 의해 명명된 것으로 구성원 상호간의 친밀한 관계로 그 내부에서 인성이나 태도가 형성되는 기본적인 역할을 수행할 수 있는 집단이다.

37 다음 중 퇴니스가 사용한 개념으로 외적인 요인으로 인해 분열되지 않는 본질적 결합 관계를 유지하는 집단이라는 개념은?

① 폐쇄적 집단 　　② 공동사회집단 　　③ 형식적 집단 　　④ 일차적 집단

해설 공동사회집단이란 구성원 상호간의 애정과 이해로 형성·결합되어 외적인 요인으로 인해 분열되지 않는 본질적 결합 관계를 유지하는 집단이다.

38 다음 중 가족의 특징으로 거리가 먼 것은?

① 개방적 집단 　　② 형식적 집단 　　③ 일차적 집단 　　④ 비형식 집단

해설 가족의 특성
- 일차적 집단 : 대면적 결합관계, 강한 일체감 유지
- 공동사회집단 : 외적인 요인으로 인해 분열되지 않는 본질적 결합 관계를 유지하는 집단
- 폐쇄적 집단 : 구성원의 가입·탈퇴가 불가능
- 형식적 집단 : 특정한 관습적, 제도적 절차에 의해 형성·운영되는 집단
- 비형식적 집단 : 애정으로 결합되어서 다른 어떤 집단에서의 관계보다 자유롭고 솔직하며 형식이나 예절에 구속되지 않는 집단

39 다음 중 〈보기〉와 같은 가족의 특성을 의미하는 것은?

> 보기　구성원이 되기 위한 자격을 획득하는 일과 그 자격을 포기하는 일이 쉽지 않다.

① 형식적 집단 　　② 폐쇄적 집단 　　③ 비형식적 집단 　　④ 일차적 집단

해설 폐쇄적 집단이란 구성원이 되기 위한 자격을 획득하는 일과 그 자격을 포기하는 일이 쉽지 않은 집단을 의미한다. 즉, 가족은 구성원이 되기 위해서는 일정한 혈연적 요건을 필요로 하고, 또 이를 거부하려 해도 혈연관계를 지닌 한 관계를 임의로 포기할 수 없는 성격을 지닌다.

40 일반적인 가족의 기능으로 거리가 먼 것은?

① 양육과 사회화 　　② 종교와 오락 　　③ 성과 생식 　　④ 안식과 활력

정답　33.❸　34.❶　35.❹　36.❹　37.❷　38.❶　39.❷　40.❷

해설 일반적인 가족의 기능은 애정의 기능, 성적 기능, 자녀출산 및 양육의 기능, 사회화, 정서적 안정 등이다.

41 다음 〈보기〉와 같은 특성을 갖는 부모의 양육 태도로 알맞은 것은?

보기 자녀에게 깊은 관심과 사랑을 갖고 자녀를 독립된 인격체로 인정한다.

① 지배적 태도 ② 거부적 태도
③ 익애적 태도 ④ 수용적 태도

해설 양육 태도의 종류
- 익애적 태도 : 과보호적 태도로 집단생활의 적응이 어렵다.
- 거부적 태도 : 아이들을 적대적으로 대한다.
- 지배적 태도 : 자녀를 지나치게 통제한다.
- 수용적 태도 : 자녀에게 깊은 관심과 사랑을 갖고 자녀를 독립된 인격체로 인정한다.

42 가족의 기능 중 가장 적당하지 않은 것은?

① 보호 기능 ② 숙식을 해결하는 기능
③ 자녀 양육과 사회화의 기능 ④ 안식과 협력의 기능

해설 문제 40번 해설 참조

43 다음 중 공격적, 반항적 성격을 지녀 사회생활에 잘 적응하지 못하고 반사회적인 행동을 하는 아동의 성격과 관계가 깊은 부모의 양육 태도는?

① 엄격하고 지배적인 태도 ② 과잉기대적 태도
③ 거부적 태도 ④ 익애적 태도

해설 거부적 태도 : 부모가 아이들을 적대적으로 대하며, 아이의 모든 행동에 거부적·부정적 태도를 보이는 것으로서 이런 태도 아래에서 자라는 자녀는 공격적, 반항적 성격을 지녀 사회생활에 잘 적응하지 못하고 반사회적인 행동을 하기도 한다.

정답 41.④ 42.② 43.③

10 중년기

 단원 개요

중년기는 대체로 35세~45세에 해당되는 시기를 의미한다. 성인기의 발달 과업을 제대로 완수하고 모든 면에서 정착과 안정을 얻은 이 시기의 중년은 인생의 정상을 향하여 능력과 창의성을 발휘하게 된다. 이 시기는 인간의 동기, 능력 및 인성에서 한층 통합이 잘 이루어져 보다 세련된 삶의 태도를 취하게 된다. 그래서 가장 생산적인 활동을 많이 하게 되어 가진바 모든 역량을 총동원하여 발휘하기 때문에 마치 불가능이 없을 것처럼 보이기도 한다. 완숙한 인성의 개화를 볼 수 있으며 결실된 능력이 무르익어 개인생활뿐 아니라 사회생활에서도 활동의 범위가 최고로 확대되고, 지금까지의 한 개인이 거쳐 온 성장과 발달의 전 과정이 마치 이 시기를 위하여 총동원되는 듯이 보일 정도로 성취적인 특징을 나타낸다.

 출제 경향 및 수험 대책

이 단원에서는 로저스가 제시한 완전히 기능하는 사람의 특성, 과업 지향적인 사람의 특성, 중년기의 발달 과업, 성숙된 부모의 역할, 부모 자녀 간의 갈등요인, 가족문제 해결에 근본적인 열쇠가 되는 가족원의 응집력 등에 대해서 묻는 문제들이 출제될 수 있는 바, 자세하고 철지한 학습이 요구된다.

10

01 중년기의 발달 과업

1 자기의 확대와 신장

① 개인은 성인기에 적응·정착한 개인적·공민적 경험과 지위를 기초로 자기를 신장·확대시킨다. 중년기의 개인은 자기보다 훨씬 다양해지고, 넓은 무대를 개척·흡수해서 자기 세계를 확대시켜 간다.
② 중년은 개방적인 마음으로 다양성을 받아들이고 흡수해서 자기 확대에 활용하며, 다양한 견해나 가치관의 차이를 인정하고, 다양성의 장점을 장려할 정도로 관용스러워지고 편견을 줄일 필요가 있다.

2 가치관의 변화

① 중년기는 가치관의 변화를 주도하게 되며, 젊은 세대들에게는 모델로서 지각되고 평가받게 된다.
② 중년은 자신의 가정·직장에서 생산적이고 창의적인만큼 자기보다 어린 세대가 창의적이고 생산적이 되도록 자극해야 한다.

3 동반자 의식의 결실

① 부부가 남녀의 결합이라는 의식보다는 동료 의식으로 발전되어 동반자 의식의 결실을 거두는 시기이다.
② 중년기에 들어서서는 동질성을 더 많이 소유하는 부부가 되며, 보다 밀착된 운명 공동체, 동일체 의식을 발달시켜 갈 수 있다.

4 개인의 발달 과업

① 중년기의 발달 과업 : 개인적 요구나 필요성뿐 아니라, 유기체 내부의 변화나 환경적 압력에 의해 생겨난 것들이 많고, 10대 자녀가 책임감 있는 성인으로 성장하도록 도와주는 것, 성인으로서의 사회적 책임감을 성취하는 것, 개인의 직업적 경력에서 만족할 만한 성과를 거두고 유지하는 것, 여가 시간을 활용하는 것, 배우자와의 관계에서 겪는 중년기의 생리적 변화를 수용하고 적응하는 것, 노화해 가는 부모에 대해 적응하는 것 등이다.
② 가족 단위로 생각할 때 중년기는 가족 생활을 확장하고 가족 단위의 고유한 특성을 확립하는 시기이다.

추가 설명

중년기의 특징
- 35세에서 45세에 이르는 시기
- 인생의 정상을 향하여 능력과 창의성을 발휘하는 시기
- 사회적 공헌과 성숙된 부모의 역할이 요구되는 시기

추가 설명

중년기 발달 과업인 생산성 대 침체성

자녀를 생산하여 양육·교육하며, 다음 세대를 양성하는 데 관심과 노력을 기울일 뿐만 아니라 직업적인 성취나 학문적·예술적 업적에서도 생산적으로 일하게 된다. 그러나 생산성을 제대로 발달시키지 못할 때는 타인에 대한 관심보다는 자신의 욕구에 더 치중하는 경향을 나타내며, 타인에 대해서도 관대하지도 못하게 되는 등 침체성이 형성된다.

02 자기 확대와 성취

1 완전히(충분히) 기능하는 사람

중년기는 인간으로서 자기의 경험과 능력과 기능을 더욱 통합하여 인생 목표의 방향을 향해 완전 가동하는 생의 절정기로 인성은 보다 완숙되고 통합적이며, 중년의 역량은 무한히 확대될 수 있어 도전하고 획득하며, 풍요를 누릴 수 있다. 로저스(Rogers)는 완전히 기능하는 사람의 고유 특성이 바로 중년기의 인성적 특성이라고 주장하였다.

① 경험에 대한 개방성
 ㉠ 중년기는 편견과 왜곡을 스스로 극복할 수 있는 연령으로서 다양한 인간의 경험, 사상을 인정하고, 이 다양성은 존중되어야 하며 공헌도가 크다는 것을 인정할 만큼 개방적이다.
 ㉡ 절대 선이나 절대 진리에 대한 모순도 이해하며, 자기에 대한 타인의 비판에도 귀를 기울인다.
 ㉢ 안정된 정서를 바탕으로, 주위의 모든 사건·의견들을 일단 받아들여서 살펴볼 수 있는 개방성이야말로 중년이 생산성의 절정을 이루는 기본 자질이 된다.

② 자기 신뢰 : 로저스는 '자신이 가치있다고 느끼는 행동은 가치있는 것으로 믿을 수 있음'이 자기 신뢰라고 정의했다. 자기 신뢰에서 오는 정확한 판단과 가치관이 사회의 미래를 예측하는 데 공헌할 수 있는 사회 변화를 바람직한 방향으로 이끌어가는 데 공헌하기 때문에 중년은 곧 사회의 중심 세력층이 된다. 자기 신뢰적인 행동은 보다 합리적이고 건설적이다.

③ 창의성 : 중년기는 끝없는 도전을 시도하고 좌절과 실패를 극복하는 의지력을 지녀, 도전하고 개척하고 성취하는 과정에서의 흥분과 긴장을 즐긴다. 중년기의 창의력으로 이 시기의 개인은 자기를 확대시키고 성취할 수 있다.

④ 선택과 행동의 자유 의식 : 심리적으로 건강한 사람은 보다 많은 선택과 행동 및 사고에서 자유를 향유할 수 있다.

⑤ 실존적인 생활 태도 : 실존적 태도를 취하는 개인은 그의 자아 구조가 개방적이기 때문에 항상 새로운 경험들을 자기 확대 및 성취로 통합할 수 있고, 그래서 늘 '새로운 자기'를 만들어 나간다. 실존적인 태도로 살아가는 중년은 '이상이란 것은 나 자신이 살아가고 있는 현실의 실천이다'라는 태도를 취하게 된다.

2 성취인

① 성취인의 행동 특징
 ㉠ 미래 지향성 : 장기적인 계획을 세우고 미래에 얻게 될 만족을 기대하며 자기의 능력과 노력을 투입하는 일에 열중한다.

추가 설명
완전히 기능한다는 것
자신의 잠재력을 인식하고 능력과 자질을 발휘하여 자신에 대해 완벽한 이해와 경험을 풍부하게 하는 방향으로 이동해 나가는 것을 의미한다.

추가 설명
로저스가 제시한 완전히 기능하는 사람의 특성
자기 신뢰, 경험에 대한 개방성, 창의성, 선택과 행동의 자유 의식, 실존적인 생활 태도 등이다.

추가 설명
개방적인 사람
다양한 인간의 경험, 사상을 인정하고, 절대선이나 절대 진리의 모순을 이해하며, 자기에 대한 타인의 비판에 귀를 기울일 수 있다.

ⓒ 결과에 대한 추구 : 과업의 성공, 실패 여부를 불문하고 결과에 대한 구체적이고 객관적인 정보를 추구하며 정확한 판단을 내리려고 한다.
ⓒ 자기 책임감 : 실패의 원인을 자기 책임으로 돌리고 다음의 과업에 참고로 활용한다.
② 과업 지향성 : 성취적인 개인은 자기의 능력을 적절하게 활용할 수 있는 일, 보다 의미를 찾을 수 있는 일에 흥미를 느낀다. 그리고 과업 지향적인 개인은 아무리 좋은 보수를 준다 해도 누구나 해낼 수 있는 평범하고 단순한 기능이 요구되는 과업이나 과업 자체의 의의를 찾을 수 없는 과업에는 흥미를 느끼지 못한다. 과업을 성취함으로써 자신의 탁월성을 과시하고, 또 평가받는 것을 가장 중요하게 생각한다.
ⓜ 적절한 모험성 : 보다 어렵고 새로운 문제를 좋아하기 때문에 도전하는 일에는 항상 어느 정도의 모험이 포함된다.
ⓗ 자신감 : 과업을 맡는 과정에서 자기 능력에 비추어 과업의 수준을 검토하는 과정을 거치고 또 그 일을 성취하기 위해서 모든 관련된 정보를 수집·분석하는 과정을 거치므로, 나름대로 확실한 계획과 전망을 가지고 임한다.
ⓢ 정력적 혁신성 : 보다 혁신적인 과업에 흥미를 느끼며, 자기의 창의성을 요구하는 일에는 적극적인 반면에, 단순히 현상 유지에 그치는 일에는 관심을 갖지 않는다.

② 성취 동기의 육성 : 성취 동기란 어떤 훌륭하고 어려운 일을 열심히 지속적으로 수행·성취하겠다는 의욕, 성취 동기가 자기 생활에 중요하다는 것을 깨닫고, 그것을 육성할 수 있는 가능성과 육성해야겠다는 의욕과 신념을 가지고 있을 때 성취 동기는 더 잘 육성된다. 미국 하버드 대학교의 맥클레란드(Mclelland) 교수는 많은 심리학적인 이론과 연구 결과를 종합해서 성취 동기 육성 원리를 제시했다.

> **참고** 맥클레란드의 성취 동기 육성 원리
>
> ① **목적 의식** : 학습자가 성취 동기를 육성시켜 보겠다는 의욕과 신념을 사전에 가지고 있을 때 성공할 가능성이 높아진다.
> ② **중요성 인식** : 성취 동기가 개인, 조직, 국가의 발전을 위해 현실적으로 요구되고 있다는 사실을 인식하게 되면 성취 동기 육성의 가능성은 높아진다.
> ③ **분명한 개념** : 성취 동기라는 개념을 명확하게 파악하고 있어야 동기를 보다 쉽게 습득할 수가 있다.
> ④ **사고와 행동의 일치** : 새롭게 육성한 동기가 일상에 수행하는 행동에 연결될 수 있도록 하면 그것을 육성하려는 노력은 성공할 수 있고 또 그 효과는 오래 지속된다.
> ⑤ **성취 동기의 실생활에의 구현** : 새로이 형성된 성취적 사고와 행동을 일상생활 현장에 구현시킬 수 있어야 성취 동기 육성은 보다 효과적이고 또 오래 지속될 수 있다.

⑥ **성취 동기와 문화** : 성취적 사고와 행동을 그 사회 문화가치관의 향상으로 인식하는 개인에게 성취 동기 육성의 가능성은 높아진다.
⑦ **목표 성취 노력과 새로운 동기 형성** : 어떤 구체적인 성취 목표를 설정하고 그 목표를 달성하려고 노력할 때 새로 형성된 동기는 장차의 사고와 행동에 보다 큰 영향을 미칠 가능성이 높다.
⑧ **결과에 대한 관심도** : 개인이 그가 설정한 성취 목표의 달성 과정을 상세히 기록하고 그 진도 과정을 명확히 파악하고 있을수록 새로이 형성된 동기는 장차의 사고와 행동에 계속해서 영향을 미칠 가능성이 높다.
⑨ **온정적·지지적인 인간관계** : 개인 자신이 성취적 행동을 스스로 수행할 수 있는 능력을 가진 사람임을 타인에게서 인정을 받고 존경받게 되는 경우 새로이 형성된 동기는 오래 지속된다.

03 사회적 공헌

1 공헌의 의의
① 중년기는 지역사회의 기관, 교회, 학교, 복지기관 등에도 관여하면서 자기 직업에서도 고도의 능률을 발휘하는 시기이다. 따라서 중년기는 사회적 공헌이 가장 크고 사회적 공헌에 대한 욕구도 가장 강할 때이다.
② 중년기의 건강과 능력과 경험의 통합은 창의성, 생산성이라는 형태로 나타나 창의적 활동에서 큰 성과를 거두며, 가장 풍부한 업적들을 남기게 된다. 이에 인생의 황금기인 중년기의 내적·외적 조건은 이 시기의 개인에게 사회의 주역으로서의 역할을 기대하게 한다.

2 사회의 주역
① 중년은 연령상으로는 사회의 중진급에 속하며, 사회생활의 경험으로써도 직장에서 핵심적인 지위를 차지할 때이다.
② 중년들이 발전적 가치관을 갖고 사회를 주도한다면 그 사회가 지향하는 방향도 미래지향적이며 보다 개방적이며 활달한 사회가 될 수 있다.
③ 이 시기의 중년들은 다양하고도 의미 있는 사회활동에 참가하여 중요한 역할을 맡아 수행하면서 사회적 관심을 보다 성숙시켜 나간다.

3 사회적 관심의 확대
① 중년은 그가 처한 사회에서의 지위나 담당하는 일의 중요성으로 보아 이전의 어느 시기보다 이타적인 태도를 취하게 된다.

추가 설명
중년기의 사회적 공헌
- 고도의 능률을 발휘하는 시기
- 사회적 공헌이 가장 크고 사회적 공헌에 대한 욕구도 가장 강할 때
- 창의적 활동에서 큰 성과
- 사회의 주역으로서의 역할 기대

추가 설명
중년기 사회적 관심의 확대
- 이타적인 태도
- 사회 발전을 지연시키는 여러 문제에 관심 확대

② 사회 발전을 지연시키는 사회 계층간의 차이, 즉 빈부격차의 감소 문제, 청소년 범죄 문제, 소수 약체 계층의 복지 문제 등으로 관심이 확대된다.

04 중년의 부부 관계

1 동반자 의식의 강화

① 동반자 의식이 강화되는 이유(조건)
　㉠ 성인기의 자녀 출산과 양육에 대한 육체적·정신적 부담에서 어느 정도 해방될 수 있다.
　㉡ 성장하는 자녀로 인한 공통된 만족감을 찾을 수 있다.
　㉢ 오랜 기간의 부부 생활로 식성, 취미 생활 등 여러 특성들이 동질화되어 감에 따라 심리적 공감대가 더욱 넓혀진다.
　㉣ 가정생활의 상보적 관계나 역할 수행에 익숙해져 있다.

② 반려의 의식을 결실맺기 위한 부부의 태도
　㉠ 상호 존중의 태도 : 서로를 인격적으로 대우하는 존경과 애정의 태도가 필요하다.
　㉡ 내조와 외조 : 동반자에 대한 긍지와 자부심을 지니는 계기로 받아들여 서로의 발전을 격려하는 적극적인 자세가 필요하다.
　㉢ 일체감의 발달 : 양보와 이해·타협을 모색하고, 노력하는 태도는 자신과 가족을 위해 중요한 의미를 지닌다.

2 이혼과 재혼

중년기의 이혼은 재혼을 전제로 하는데 계모와 자녀의 갈등과 마찰 등 적지 않은 가족 문제를 야기시킬 가능성이 있다.

① 이혼의 이유 : 가족간의 역학적 관계에서 일어나는 갈등을 성공적으로 처리하지 못할 때 모색된다. 각자의 지향하는 생활 유형이 다르거나 각자 달성하려는 목표에 공통점을 찾지 못할 때, 경제적인 문제, 부부간의 공감대가 형성되지 못할 때 이혼을 시도한다.

② 이혼관의 변화 : 최악의 경우에 최후의 해결책이라는 태도에서 시행착오적 과정으로 보는 태도로 바뀌었다.

③ 이혼의 증가 : 우리나라의 경우도 예외는 아니어서 해마다 이혼율은 꾸준히 증가하고 있는 추세이다.

④ 이혼과 재혼에 따른 문제 : 부부가 이혼을 하고 어느 한 쪽이 혼자서 자녀들을 키우는 경우는 편부, 편모 슬하에서 생길 수 있는 부성 실조, 모성 실조의 문제가 따르

추가 설명

중년기 결혼 생활
- 서로에게 적응하는 기간을 경험한 다음 진정한 동반자로서의 의식이 결실되는 시기
- 전보다 더 밀착된 관계로 발전
- 공적·사적인 생활에서 안정을 찾음으로써 부부 의식이 새로워질 수 있는 여유 증가

추가 설명

중년기 이혼과 재혼
- 중년기의 주된 이혼 사유는 주벽, 불성실, 무책임, 의처·의부증, 성적 갈등 등 부부간 불화가 가장 높은 비중을 차지하며, 다음으로는 경제 문제 등이다. 그러나 전문가들은 이혼을 하게 되는 부부 갈등의 근원을 대화 단절에서 찾는다.
- 중년기 재혼의 긍정적인 측면은 이 시기를 홀로 외롭게 지내는 것보다 재혼함으로써 심리 불안을 줄이고 다가올 노년의 시기를 둘이서 함께 극복할 수 있다는 데 있다. 부정적인 측면은 사회 편견이나 계부모와 자녀 간의 갈등 등이다.

고, 재혼을 했을 경우 계부나 계모와의 관계에서 자녀가 제대로 적응하지 못해 정서적 문제를 일으킬 수도 있다.

05 성숙된 부모의 역할

1 부모의 역할 규범
중년기는 대체로 자녀의 출산을 마치고 자녀의 양육과 교육에 주력하게 된다.
① 부의 역할
   ㉠ 도구적(수단적) 역할을 담당하고 대체로 가정의 경제적 담당자로서 생활비를 조달
   ㉡ 자녀들의 사회적 지위의 표본
   ㉢ 자녀의 동료적 역할
   ㉣ 이성적이고 공정한 판단자의 역할
② 모의 역할 : 어머니는 자녀의 양육과 사회화에 있어서 보다 중요한 역할을 한다.
   ㉠ 자녀의 인성 형성에 중요한 영향을 미치며, 인성의 형태를 결정
   ㉡ 자녀의 사회화 과정에 있어서 최초의 그리고 가장 장기간의 대행자 역할을 담당
   ㉢ 자녀에 대해서 표현적(정서적) 역할을 담당
   ㉣ 자녀의 건강과 위생 담당자의 역할
   ㉤ 교량적(橋梁的) 역할

2 학부모로서의 역할
결혼을 해서 가정을 형성하고 출산한다면 중년기는 대체로 자녀의 학교 교육에 보다 많은 관심을 가지게 된다. 자녀의 학교 생활에 대한 적응, 교우관계, 자녀의 자아개념 형성, 역할학습 등의 문제에 당면하게 되는데, 이것이 부모-자녀관계의 갈등과 불협화를 야기시키는 원인도 된다.
① 보호자
   ㉠ 중년기의 개인은 자녀의 신체적·지적·정서적·도덕적 발달이 제대로 이루어지도록 보호와 지원을 아끼지 말아야 한다. 한편으로는 자녀의 진학 문제나 기타의 문제에 대해서 지나치게 큰 기대를 표명하는 것도, 지나치게 본인의 의사에만 맡기는 것도 피해야 한다.
   ㉡ 성숙된 부모는 자녀에게 수용적이며, 적절한 관심과 애정을 표시하며, 부모 자신이 자녀와 함께 성장과 발달에서 겪는 감동을 경험하면서 힘께 인생을 탐색하고 개척해야 한다.
② 상담자

추가 설명

현대사회 부모의 역할
사회의 변화에 따라 전통적인 아버지의 역할은 차츰 그 정도가 흐려지고, 뚜렷이 구분되었던 아버지와 어머니의 역할이 점점 복합되어 가는 경향이 있다.

추가 설명

자녀와의 관계
자녀가 청소년기에 들어서면 부모와 자녀 관계가 돈독할지라도 갈등이 생기기 쉽다. 신체나 정서 변화를 겪고 있기 때문에 자녀는 부모가 이해하기 어려운 행동을 보이기도 한다. 청소년기의 자녀를 가진 부모는 변한 자녀의 모습에 적응해야 하는 것과 동시에 자신이 희망하는 모습과 다른 자녀의 모습을 인정해야 하는 것에 어려움을 겪게 된다. 따라서 부모와 자녀 간의 의견 충돌이 잦아지게 되며 또한 자녀가 사춘기에 재능이나 능력에 한계를 드러내고 그들의 목표 달성에 실패할 때 부모는 좌절을 경험하고 스트레스를 경험하게 된다.

추가 설명

편부·편모의 자녀가 이성에 잘 적응하지 못하는 경우
이는 편부에게서 딸은 아내의 역할, 어머니의 역할을 학습할 기회가 없었기 때문이며, 편모에게서 아들은 남편과 아버지의 역할을 학습할 기회가 없었기 때문이다.

㉠ 자녀는 학업문제, 친구관계, 이성문제 등에 부딪힐 때 부모의 조언과 협조를 기대한다.
㉡ 아동기에는 밀착되었던 부모-자녀의 관계도 자녀가 성장함에 따라 소원해질 수 있고, 성별에 따른 제2차적 성특징이 나타나기 때문에 수줍음과 수치심으로 이성의 부모보다 동성의 부모와 더 밀착되기도 한다.
㉢ 부모가 진정한 상담자가 되기 위해서는 자녀와의 대화 기술이 요구된다.
㉣ 부모 자녀 간의 심리적 유대를 강화하기 위해 자녀에게 불필요한 간섭을 하며, 부모 자신의 불안감을 해소하려고도 한다.
③ 역할 교육자 : 자녀는 부모를 동일시하면서 성역할을 학습한다. 부모는 자녀에게 이성을 배우는 기회를 제공하는 역할을 한다.

3 부모 자녀 간의 갈등

중년기 가족이 당면하는 심각한 문제 중의 하나로, 자녀들이 차츰 성장해서 사춘기·청년기로 접어들면서 심리적 독립에의 욕구가 증가함에 따라 부모 자녀 간의 갈등은 더욱 심해질 수 있다.

① 생활 의식의 차이 : 연령의 차이에 따른 시대적·문화적 차이에서 오는 갈등으로 이를 해결하기 위하여는 사회의 변화에 적응해야 할 것이며 자녀와 대화로서 융합할 수 있도록 노력해야 할 것이다.
② 생활 양식의 차이 : 이상과 현실을 구별하는 기성세대와 이상을 관철시키려는 자녀 세대와의 차이에서 오는 갈등으로 부모는 이해와 관용으로 수용해야 할 것이다.
③ 부모의 권위 의식
㉠ 가족 내에서 부모가 자녀들에 대해서 관장하는 권위는 포괄적이며 무제한적이다.
㉡ 사회 집단에서의 권위적 관계가 부분적이며 공적인 지배임에 반하여 부모의 권위는 전제적인 것이다.
㉢ 자녀의 성숙 수준을 잘 파악해서 자녀의 의사결정만으로 가능한 범위의 문제에 대해서는 자율권을 부여해 준다.

> **추가 설명**
> 세대 간의 의식의 갈등을 극복하기 위한 방안
> 부모는 자신들의 가치관과 규범을 무조건 고집하는 태도를 지양하고 사회의 변화에 맞추어 적응시켜서 자녀 세대와 대화하고 융합될 수 있도록 노력을 기울인다.

06 가족생활의 확장

1 확장의 의의

① 가족생활의 측면에서 볼 때 중년기는 가족관계가 확장되며, 가족 집단의 성격이 안정을 찾게 되는 시기이다.
② 사회·경제적으로 안정된 지위를 획득해 감에 따라 가정경제도 어느 정도 안정을 취하고, 자녀들이 성장하여 상급학교에 진학하면서 교육비가 많이 요구되나 이와 더

> **추가 설명**
> 중년기 가족생활의 확장
> • 중년기는 가족관계가 확장되며, 가족 집단의 성격이 안정을 찾게 되는 시기이다.
> • 사회적·경제적 지위가 상승되고, 따라서 가정의 경제활동도 보다 윤택해질 수 있다.

불어 가정의 수입도 증가하는 시기이다.

2 사회·경제적 안정
① 중년들은 사회적·경제적 지위가 상승되고, 따라서 수입도 늘게 되어 가정의 경제활동도 보다 윤택해질 수 있다.
② 기혼 여성의 취업이 늘어가고, 여성의 전반적인 취업률이 계속 증대해 가는 현대사회에서 여성 인력은 사회 발전에서도 크게 요구되고 있는 동시에 가정의 경제적 안정에도 커다란 기여를 할 수 있다.
③ 부모의 사회 경제적 지위는 그 가족에 대한 평가 기준이 되기도 하는 만큼 사회적 활동의 확장과 지위의 상승은 가족집단으로 하여금 긍지와 자부심을 가질 수 있다.

3 가족 집단의 성격 결정
① **가풍의 형성** : 대다수의 한국가정은 선대 조상이 구축하여 후손 대대로 지켜지기를 희망하는 정신적인 유산, 즉 가풍을 물려 받는다. 가풍은 무형적이며, 폭이 넓고도 깊은 것으로 이 시기의 중년이 지키고 발전시키고 변모시켜야 할 중요한 과업의 하나이다. 어떤 가족에는 가훈이 있는데 이는 그 나름대로의 생활방식으로서 가족 집단의 성격을 결정하게 된다.
② **가정 환경 조성**
  ㉠ 물리적 환경 : 가정의 중년이 가진 취향, 기호, 직업에 의해 각기 다르게 나타나며 가족 수, 가족 유형에 따라서도 다르다. 눈에 보이는 재화적 환경으로서 부모의 경제적 능력, 가치관에 크게 좌우되며 가족 형태, 가족 수에 따라서도 달라질 수 있다.
  ㉡ 심리적 환경 : 흔히 민주적이냐 비민주적이냐로 표현되며, 가족 관계에서의 화목 정도, 부모 자녀 간의 친밀도, 자녀에 대한 수용적 태도, 부부 간의 조화 등 다각도·다면적으로 평가된다.
③ **가족 문제와 응집력 강화**
  ㉠ 가족 문제
   • 고부관계에서의 문제 : 한국 가족의 구조적 특성과 관련해서 필연적으로 나타날 수밖에 없는 어려운 문제가 되고 있으며, 부부관계에서의 문제도 이 고부관계의 불화에서 기인한 경우가 많다.
   • 부모-자녀관계의 문제 : 우선 자녀의 사춘기적 증세에서 자녀와 부모가 함께 겪는 문제와 자녀의 학교생활과 진로선택에서 겪는 문제가 있을 수 있다.
   • 경제생활에서의 문제 : 가족을 부양하는 책임을 지고 있던 가족원의 실직 또는 사업의 실패나 불의의 사고, 질병으로 인한 재난으로 생기는 문제이다.
  ㉡ 가족원의 응집력 : 중년은 여러 가지 예기치 못한 재난에 대비하는 대책들을 마련해 두어야 하며, 불의의 재난에 부딪힌 경우 전 가족원의 협력과 지원으로 함께 극복하도록 더욱 가족원의 응집력, 일체감을 강화하는 주도적 역할을 해야 한다.

추가 설명

가풍의 전수
- 선조로부터 전수되어 지켜지는 집안의 가훈과 가풍이 있어, 그 가풍을 주축으로 하여 시대에 적응하는 분위기가 형성되기도 한다.
- 선대로부터 물려받은 가풍이나 가훈이 뚜렷이 없이 새로이 자수성가하는 가정의 경우에는 가장이나 가족원의 인생관, 가치관에 의해서 가족 집단이 지향하는 성격이 새로이 구축되기도 한다.

추가 설명

가족 문제
고부관계에서의 문제, 부모-자녀관계의 문제, 경제생활에서의 문제

실전예상문제

1 다음의 〈보기〉와 같은 특징을 갖는 시기는 언제인가?

> **보기** ㉠ 사회적 공헌과 성숙된 부모의 역할이 요구되는 시기
> ㉡ 인생의 정상을 향하여 능력과 창의성을 발휘하는 시기

① 장년기 ② 중년기 ③ 성인기 ④ 청년기

해설 중년기는 대체로 연령 35~45세에 이르는 때를 의미한다. 성인기의 발달 과업을 제대로 완수하고 모든 면에서 정착과 안정을 얻은 이 시기의 중년은 인생의 정상을 향하여 능력과 창의성을 발휘하는 때가 된다.

2 다음 중 가장 활발한 사회생활을 유지하면서, 부부간 동반자 의식의 결실, 성숙된 부모 역할, 가족생활의 확장이 발달 과업으로 강조되는 인간의 발달 단계는?

① 장년기 ② 중년기 ③ 성인기 ④ 청년기

해설 중년기의 과제 : 자기 확대와 성취, 사회적 공헌, 중년 부부 관계, 성숙된 부모의 역할, 가족생활의 확장

3 다음의 〈보기〉와 같은 특징을 보이는 시기는?

> **보기** ㉠ 자신의 가정·직장에서 생산적이며, 가치관의 변화를 주도하게 된다.
> ㉡ 여러 개인 및 집단들과 다양한 관계를 맺으며 사회생활에서 가장 활발한 시기로, 지역사회의 기관, 교회, 학교, 복지기관 등에도 관여하면서 자기 직업에서도 고도의 능률을 발휘한다.

① 노년기 ② 중년기 ③ 성인기 ④ 청년기

해설 중년으로서의 개인은 사회 변화 특히 가치관의 변화를 주도하게 되며 사회적 위치로도 크게 공헌해야 할 의무가 있다. 자신의 가정·직장에서 생산적이고 창의적인 만큼 자기보다 어린 세대가 창의적이고 생산적이 되도록 자극해야 한다. 이러한 공민의식, 공민으로서의 태도가 곧 사회 발전의 원동력이 되기 때문이다.

4 다음 중년기의 특징을 가장 잘 표현한 것은?

① 자기 세계를 확대시키고 가치관의 변화를 주도한다.
② 신체적 능력에서 정점에 이르는 시기이다.
③ 인생의 개척기라 할 수 있다.

④ 보다 나은 사회적 지위로의 이동을 위해 자신의 능력 개발과 자기 발전을 추구하는 시기이다.

해설 성인기가 신체적 능력에서 절정에 이르는 건강과 쾌적의 시기라면 중년기는 자기를 신장·확대시키며, 가치관의 변화를 주도하게 된다.

5 다음 중년기의 발달 과업으로 적당하지 않은 것은?
① 완전히 기능하는 사람
② 성숙된 부모로서의 역할
③ 젊은 세대의 모델
④ 자아정체감

해설 중년기의 발달 과업 : 성숙된 부모로서의 역할, 사회에 대한 능동적 활동, 젊은 세대의 모델, 완전히 기능하는 사람

6 다음의 〈보기〉와 같은 특징을 나타내는 시기로 알맞은 것은?

> 보기 ㉠ 자녀들의 자율적 생활의 시작   ㉡ 가족 단위의 고유한 특성 확립
>   ㉢ 부부 간 진정한 동반자로서의 의식 결실   ㉣ 부부의 밀착된 관계 발전

① 중년기　　② 장년기　　③ 노년기　　④ 성인기

해설 중년기의 특징 : 자녀들의 자율적 생활의 시작, 부부의 밀착된 관계 발전, 부부 간 진정한 동반자로서의 의식 결실, 가족 단위의 고유한 특성 확립

7 다음 로저스(K. Rogers)가 제시한 〈보기〉와 같은 인성을 가진 사람으로 알맞은 것은?

> 보기 ㉠ 선택과 행동의 자유 의식   ㉡ 실존적인 생활 태도
>   ㉢ 경험에 대한 개방성   ㉣ 창의성
>   ㉤ 자기 신뢰

① 자아실현인
② 성취인
③ 성숙인
④ 완전히 기능하는 사람

해설 로저스(Rogers)가 제시한 완전히 기능하는 사람의 특성 : 자기 신뢰, 경험에 대한 개방성, 창의성, 선택과 행동의 자유 의식, 실존적인 생활 태도

정답 1.❷ 2.❷ 3.❷ 4.❶ 5.❹ 6.❶ 7.❹

8 다음 다양한 인간의 경험, 사상을 인정하고, 절대 선이나 절대 진리의 모순을 이해하며, 자기에 대한 타인의 비판에 귀를 기울일 수 있는 중년기 완전히 기능하는 사람의 특성에 해당되는 것은?

① 자유 의식   ② 자기 신뢰   ③ 독립성   ④ 개방성

> **해설** 주위의 사건·의견들을 받아들여서 살펴볼 수 있는 개방성이야말로 중년이 생산성의 절정을 이루는 기본 자질이 된다.

9 다음 중년기 성취인의 행동 특성과 관계 없는 것은?

① 자기 책임감   ② 지위 지향성
③ 과업 지향성   ④ 적절한 모험성

> **해설** 성취인의 행동 특성 : 자기 책임감, 과업 지향성, 적절한 모험성, 자신감, 정력적 혁신성, 결과에 대한 추구, 미래 지향성

10 다음 과업 지향적인 사람의 특성으로 알맞은 것은?

① 노력과 시간이 적게 드는 일을 선호하는 경향이 짙다.
② 이상이란 나 자신이 살아가고 있는 현실의 실천이라는 태도를 갖는다.
③ 좋은 지위나 물질적 보상을 받을 수 있는 일에 흥미를 느낀다.
④ 자신의 탁월성이 평가받을 수 있는 일에 흥미를 느낀다.

> **해설** 과업 지향성은 과업 성취 결과가 가져다 줄 지위, 보상보다는 과업 자체를 성취해 가는 과정에서 만족을 얻는 것으로 능력을 평가받는 것에 가치를 둔다.

11 다음 성취인의 행동 특성이 아닌 것은?

① 과업 지향적이고 적절한 모험성을 가진다.   ② 폐쇄적이고 방어적이다.
③ 미래 지향적이고 결과에 대한 관심도가 높다.   ④ 자신감과 책임감을 가진다.

> **해설** 성취인은 의욕적으로 남보다 열심히 연구하고 혁신적 과업에 흥미를 느끼며 자기의 창의성을 요구하는 일에 적극적이며 적절한 모험성이 포함된 일에 자신의 능력의 탁월성을 발휘하는 것에 매력을 갖는다.

12 맥클레란드가 제시한 성취 동기 육성 원리가 아닌 것은?

① 성취 동기를 육성시켜 보겠다는 의욕과 신념   ② 성취 동기 개념의 명확한 파악
③ 성취 동기의 실생활에의 구현   ④ 타인보다는 자기 우선적인 인정 및 행동

해설 성취 동기 육성 원리 : 성취 동기를 육성시켜 보겠다는 의욕과 신념, 성취 동기 개념의 명확한 파악, 성취 동기의 실생활에의 구현, 성취 동기에 대한 중요성 인식, 육성한 동기가 일상에 수행하는 행동에 연결될 수 있도록 함, 성취 동기와 문화, 목표 성취 노력과 새로운 동기 형성, 결과에 대한 관심도, 온정적 지시적인 인간관계

13 중년기의 사회적 공헌에 관한 내용으로 적당하지 않은 것은?
① 젊은 세대의 모델
② 사회적 공헌에의 관심 감소
③ 사회적인 안정과 발전에 가장 관심이 높은 시기
④ 사회적 공헌에 대한 가치의 인식

해설 중년기는 사회적 공헌이 크고 사회적 공헌에 대한 욕구도 가장 강할 때이다.

14 부모 자녀 간의 갈등의 요인으로 가장 적당하지 않은 것은?
① 생활 의식의 차이
② 부모의 권위 의식
③ 조부모 부양 여부
④ 생활 양식의 차이

해설 부모 자녀 간의 갈등
- 생활 의식의 차이 : 행동이나 판단의 기준에서 의식의 차이가 생기며, 통용될 수 있는 규범은 적다.
- 생활 양식의 차이 : 이상이나 원칙은 따로 두고 현실에서 그대로 적응하려는 기성세대의 이중성을 관대하게 받아들이지 못한다.
- 부모의 권위 의식

15 중년의 부부 관계에 있어서 긍정적 측면의 요인에 들지 않는 것은?
① 자녀로 인한 공통적 만족감을 찾는다.
② 자녀 출산과 양육에 대한 육체적, 정신적 부담이 최고치이다.
③ 가정생활의 상보적 관계나 역할 수행에 익숙해진다.
④ 식성, 취미 생활 등 여러 특성들이 동질화된다.

해설 중년의 부부 관계에 있어서 긍정적 측면의 요인(동반자 의식이 강화되는 이유)
- 성인기의 자녀 출산과 양육에 대한 육체적·정신적 부담에서 어느 정도 해방될 수 있다.
- 자녀로 인한 공통적 만족감을 찾는다.
- 식성·취미 생활 등 여러 특성들이 동질화된다.
- 가정생활의 상보적 관계나 역할 수행에 익숙해진다.

16 진정한 동반자로서의 의식을 부부 관계에서 이룩하는 시기는?

정답 8.④ 9.② 10.④ 11.② 12.④ 13.② 14.③ 15.② 16.②

① 노년기　　② 중년기　　③ 성년기　　④ 청년기

해설 중년기에는 자녀들이 어느 정도 성장하며 학교에 다니게 되고 심리적으로도 부모에게 덜 의존적이 되면서 부부는 전보다 더 밀착된 관계로 발전해 간다.

17 부부가 진정한 반려 의식을 갖는데 방해가 되는 요인은?
① 상호 존중하는 태도
② 일체감의 발달
③ 내조와 외조
④ 상호 의존과 독점

해설 부부가 진정한 반려 의식을 결실맺기 위해서는 상호 존중하는 태도, 내조와 외조, 일체감을 발달시켜야 한다.

18 다음 중 이혼에 대한 설명으로 옳지 않은 것은?
① 가족간의 역학적 관계에서 일어나는 갈등을 성공적으로 처리하지 못할 때 모색된다.
② 우리나라의 경우 예외적으로 해마다 이혼의 수가 감소하고 있다.
③ 인간관계에서는 누구나 겪을 수 있는 갈등의 한 측면이다.
④ 경제적인 문제가 사유가 되기도 한다.

해설 우리나라의 경우 해마다 이혼의 수가 증가하고 있다.

19 다음 중 이혼에 대한 설명으로 옳지 않은 것은?
① 우리나라의 이혼율은 꾸준히 증가하는 추세이다.
② 현대생활에서는 쉽게 행할 수 있으나 일생 죄의식을 가지고 살아가는 이유여야 한다.
③ 인간관계의 갈등의 한 측면이다.
④ 부부간의 공감대 형성이 되지 않을 때 시도된다.

해설 이혼이 쉽게 행할 수 있는 과정은 아니나 그렇다고 죄의식을 지니고 살아가야 할 이유도 못되며, 인간관계에서 누구나 겪을 수 있는 갈등의 한 측면으로 보는 태도로 변해가고 있다. 최악의 경우에 이르는 최후의 해결책이란 태도에서 시행착오적 과정으로 보는 태도로 변하는 것이 현대인의 이혼에 대한 태도이다.

20 다음 중 중년기의 아버지에게 더욱 강조되는 역할은 무엇인가?
① 자녀의 양육
② 정서적 안정
③ 물질적 조달
④ 위생 담당

해설 중년기는 사회에서 가장 활동적으로 일할 수 있는 시기이고, 가정에서는 취학 자녀의 교육비와 장래 혼인에 대한 물질적 대비가 이루어져야 하는 시기이므로 물질적 담당의 역할이 강조된다.

21 아버지의 역할로 적당하지 않은 것은?

① 도구적 · 수단적 역할
② 자녀의 동료적 역할
③ 사회적 지위의 표본
④ 감정적인 판단자의 역할

해설 부(父)의 역할
- 도구적 · 수단적 역할을 담당하고 가정의 경제적 담당자로서의 생활비를 조달한다.
- 자녀들의 사회적 지위의 표본이 된다.
- 자녀의 동료적 역할, 이성적이고 공정한 판단자의 역할을 한다.

모(母)의 역할
- 자녀의 인성 형성에 중요한 영향을 미치며, 인성의 형태를 결정한다.
- 자녀의 사회화 과정에 있어서 최초의, 그리고 가장 장기간의 대행자 역할을 담당한다.
- 표현적 · 정서적 역할을 담당하며, 교량적 역할을 한다.
- 자녀의 건강과 위생 담당자의 역할을 한다.

22 중년기 학부모로서의 부모의 역할로 거리가 먼 것은?

① 상담자의 역할
② 보호자의 역할
③ 치료자의 역할
④ 역할 교육자

해설 학부모의 역할 : 상담자의 역할, 보호자의 역할, 역할 교육자

23 다음 중년기 가족이 흔히 당면하는 부모 자녀 간의 갈등을 해결하는데 가장 도움이 되는 것은 무엇인가?

① 가족간의 밀접한 접촉과 대화
② 자율성 제한
③ 전통방식의 고수
④ 부모의 권위 의식 주장

해설 세대간의 의식의 갈등을 극복하기 위해서는 부모는 자신들의 가치관과 규범을 무조건 고집하는 태도를 지양하고 사회의 변화에 맞추어 적응시켜서 자녀 세대와 대화하고 융합될 수 있도록 노력을 기울인다.

24 다음 가정의 물리적 환경에 가장 영향을 주는 것은 무엇인가?

① 부모의 경제적 능력과 가치관
② 부부 간의 조화와 화목 정도

정답 17.❹ 18.❷ 19.❷ 20.❸ 21.❹ 22.❸ 23.❶ 24.❶

③ 자녀에 대한 부모의 수용적 태도 ④ 부모 자녀 간의 친밀도

해설 가정의 분위기, 즉 가정 환경은 물리적 환경과 심리적 환경으로 나눌 수 있다. 물리적 환경은 눈에 보이는 재화적 환경으로서 부모의 경제적 능력, 가치관에 크게 좌우되며 가족 형태, 가족 수에 따라서도 달라질 수 있다. 심리적 환경은 화목 정도, 자녀에 대한 수용적 태도, 부모 자녀 간의 친밀도 및 부부 간의 조화 등으로 평가된다.

25 다음 가족 문제 해결에 근본적인 열쇠가 되는 것은 무엇인가?

① 가족의 사회·경제적 지위
② 가족원의 다양한 개성
③ 가족원의 응집력
④ 가족원의 수

해설 가족 문제는 어떤 문제를 겪게 되든지 그 해결책은 언제나 가족원의 응집력과 관계된다. 어려운 때에 가족이 해체되는 가정이 있는가 하면 재난을 당해서 평소에 보이지 않던 강한 응집력이 나타나 애정과 단결, 협력으로 위기를 극복하는 가정도 있다.

정답 25. ❸

11 장년기

 단원 개요

장년기는 인생의 성취를 완성하는 시기로서, 개인의 이상과 꿈의 실현이 비단 이 시기에만 이루어지는 것은 아니라 하더라도 성년기에 성장하여 중년기에 결실한 이상과 꿈은 장년기에 이르러서는 더욱 무르익어 사회나 개인의 필요를 충족시키는 사명을 다한다고 볼 수 있다. 장년기야말로 각 개인이 그의 인생에서 성취하기로 목표한 것을 거의 다 성취할 수 있는 시기가 된다.

장년기는 그 동안의 풍요한 경험과 지혜를 구비해서 더욱더 멀리, 높이 도약하는 시기라고 할 수 있다. 이러한 경험과 경륜과 지혜의 축적으로 대다수의 장년들은 고도의 직업적 성취를 이룩하게 되고 상당한 책임을 맡아 수행하게 되어 때로는 자기를 과도하게 활용하게 되기도 한다.

 출제 경향 및 수험 대책

이 단원에서는 이 단원에서는 갱년기에 대한 적응, 장년기의 특성, 자기 쇄신과 발전과정, 클럭흔의 가치관 모형에서 현재지향적인 인간관계의 특성 등에 대해서 묻는 문제들이 출제될 수 있는 바, 자세하고 철저한 학습이 요구된다.

11

01 발달 과업

① 장년기는 개인적으로나 사회적으로 그 동안 축적한 풍요한 경험으로 최고의 지위를 점유하고 최선의 역할을 수행하는 시기이다.
② 장년기의 신중성은 보다 젊은 세대의 눈에는 보수적이고 폐쇄적이며 현상 유지만을 시도하는 안일한 태도로 보일 수도 있다.
③ 장년기는 갱년기적 증상, 즉 기본 체력의 감퇴, 각종 성인병의 위협, 감각 기능의 노화 등의 현상들을 겪으면서 생활의 의욕이 감퇴되고, 적극적인 생활자세가 위축되기 쉽다.
④ 장년기에는 자기 쇄신과 발전을 향해 계속 정진해야 한다.
⑤ 장년기에는 자아개념을 재수립하고 능동적인 생활 태도를 고쳐시켜 주는 여러 가지 재훈련 프로그램이 제공될 필요가 있겠고, 보다 중요한 것은 장년 자신의 자기 가치에 대한 깨우침이라고 하겠다.
⑥ 장년은 부부간의 동반자 의식을 더욱 성숙시키는 것이 중요한 발달 과업이 된다.

추가 설명
장년기의 특성
- 45~64세에 이르는 시기이다.
- 동반자적 부부관계와 자아개념이 재수립된다.
- 경험과 경륜을 바탕으로 대다수의 장년들은 직업적 성취를 이룩하고 상당한 책임을 지는 시기이다.
- 급진적 변화를 억제하고 신중하며, 이러한 신중함이 젊은이들에게 보수적, 폐쇄적으로 보일 수도 있다.
- 갱년기를 겪는 시기이기도 하며 신체적, 정신적 적응이 요구되며 강인한 자아개념의 재수립과 자기 쇄신이 요구된다.

02 갱년기의 변화와 적응

1 신체의 변화

① 신체의 힘과 지구력이 감소하고 젊음의 특징인 활력을 잃어 간다. 신체의 근육 조직이 감소하고 지방 조직이 증가하면서 살이 찌고 특히 배 부분이 불룩해진다. 살이 잘 찌지 않는 사람들도 몸통만 두꺼워져서 결국 팔과 다리가 가늘어지는 현상이 나타난다.
② 갱년기에는 피부 탄력성이 떨어지고 눈 가장자리와 입 주변, 이마에 주름이 생기기 시작한다. 머리카락의 양도 감소하고 흰머리도 많아지며, 치아와 잇몸이 마모되고, 체모가 뻣뻣해진다.

추가 설명
장년기의 신체 변화
체중의 증가, 신체의 불균형 초래, 탈모와 흰머리의 증가, 피부 탄력의 감소, 유연성의 감소

2 감각 기능의 변화

① **시각** : 40세까지 일정하게 유지되다가 40대 중반부터 점점 원시성 시각으로 변하기 시작한다. 즉 빛으로부터의 회복과 암순응이 더 오래 걸리게 되며, 야간 운전이 어려워진다. 중년기부터 수정체의 탄력성이 감소하게 되어 사물에 초점을 맞추고 망막에 상을 유지하는 능력이 저하된다. 이 때문에 가까운 물체를 잘 보지 못하게 된다. 그리고 백내장 위험이 증가된다.

② 청각 : 40세경에 감소하기 시작한다. 낮게 울리는 소리를 듣는 능력은 성인기 동안 일정하게 유지되지만, 남성은 고음조의 소리에 청각 예민성을 상실한다.
③ 기타 : 미각은 50세경부터 감소하기 시작하지만 그 변화는 그리 크지 않다. 후각은 중년기까지 별다른 변화를 보이지 않는 기본 감각으로 노년기에 이르러 다소 감소하게 된다.

3 질병

① 장년기에는 만성적 흡연 및 음주와 관련된 건강 문제들이 나타나며, 간장 및 소화기 질환, 갑상샘암이나 위암, 폐기종, 심장 및 혈관 질환 등이 많이 나타난다. 대체로 50대 후반의 사망 원인은 심장 및 혈관 질환 등으로 장년기 후반 이후부터 사망률이 급격히 가속화된다.
② 원인별 사망 확률을 살펴보면 악성신생물(암), 순환계 질환, 호흡기계 질환, 심장 질환, 뇌혈관 질환 등이 높다.

> **추가 설명**
> **심장계통의 질환**
> - 동맥경화증 : 동맥의 벽에 콜레스테롤 등의 성분이 축적되어 순환 기능에 장애가 일어나는 질병이다.
> - 고혈압 : 혈압이 높아진 것으로, 유전, 음주, 흡연, 고지혈증, 당뇨, 나트륨이나 지방의 과잉 섭취, 약물, 스트레스 등 원인이 다양하다.

4 남성과 여성의 갱년기

갱년기는 노화의 신체 장애를 경험하는 시기로, 여성의 생식 능력의 중단과 남성의 성적 활동이 감소되는 중요한 생리 변화가 일어나는 때이다.

① 여성의 갱년기
  ㉠ 여성의 갱년기는 폐경 전 생식이 가능한 상태부터 폐경 후 생식 능력이 상실된 상태로 변화되는 시기를 말한다. 즉, 갱년기는 소포(난포) 호르몬의 분비 감소와 함께 배란, 월경 등 생식 기능을 위한 생리 현상이 불규칙해지는 내분비 혼란 시기부터 폐경이 되어 생식 능력을 상실한 후 다시 안정을 찾을 때까지의 기간을 말한다.
  ㉡ 폐경은 월경의 종료를 말하며, 모든 여성에게 일어나는 생리 변화로 중년 여성들에게 심리상 여러 가지 영향을 끼친다. 우리나라 여성의 갱년기는 평균 48세 전후 5~10년이다. 폐경의 증상으로는 안면 홍조, 야간 발한, 두통, 요실금, 불안, 과민, 우울, 피로와 근심, 호흡 곤란, 골다공증 등이 나타나며, 건망증이 심해질 수 있다.
② 남성의 갱년기 : 갱년기는 주로 여성에게 나타나는 것으로 알지만 남성에게도 나타난다. 남성은 40대 중반이나 50대 초반이 되면 젊었을 때에 비해 남성 호르몬이 결핍되는데 이때 경미하지만 갱년기 증상이 나타난다. 중년기 남성들의 테스토스테론을 생성할 수 있는 능력은 매년 1%씩 감소하고 생성되는 정자의 수도 감소한다. 정력 감퇴, 남성 호르몬인 테스토스테론 분비의 감소, 성욕 감퇴 등은 남성 갱년기의 징후가 된다. 또한 남성들도 갱년기 여성이 경험하는 증상들을 경험하기도 한다. 즉, 과민이나 안절부절, 우울, 피로, 불안 등 잦은 기분 변동이 나타나기도 한다.

> **추가 설명**
> **여성의 갱년기**
> 보통 50세를 전후로 폐경이 되면 여성들은 신체적 변화나 심리적 어려움을 겪는다. 여성 호르몬의 처방 외에 꾸준한 운동과 식이 요법(칼슘, 단백질, 비타민 D 섭취)으로 신체 증상은 웬만큼 치료가 되지만 갱년기를 겪는 많은 여성들은 심리·정신 문제를 극복하는 것이 쉽지 않다.

> **추가 설명**
> **할버그(Hallberg)**
> 남성의 갱년기를 메타포스 신드롬이라고 했다.

③ 갱년기의 적응
- ㉠ 갱년기적 증상은 건강관리를 위한 장년 자신의 노력 여하에 따라 쉽게 극복될 수도 있다. 갱년기의 증상은 자신에게만 닥치는 비정상적 불행이 아니며 누구나 인생의 주기에서 겪게 되는 필연적인 과정임을 인식하고, 긍정적인 태도로 받아들이는 자세가 필요하다.
- ㉡ 장년기는 인격의 완성만이 아니라 인생의 완성기라고도 할 수 있는 만큼, 장년기의 개인은 이 시기에 나타나는 여러 신체적 감퇴로 인한 손상감을 정신적 성숙을 위한 자극으로 전환시켜 보다 완전한 자신을 형성하는 노력으로 승화시켜 가야 한다.

03 자기 쇄신과 발전

1 자아개념의 재수립

① 갱년기적 신체 및 정신 변화 : 장년의 개인은 중년기까지만 해도 거의 느낄 수 없었던 신체적·정신적 능력의 쇠퇴를 경험하면서 자기에게 가장 가치 있었던 부분들을 상실해 가고 있다는 생각으로 심한 정서적 갈등, 불안을 겪게 된다.

② 자녀의 독립 : 자녀는 청년기로 접어들면서 이미 정신적으로 부모로부터 독립하려는 강한 욕구를 보이고, 학업을 마친 후에는 결혼, 취업 등으로 완전히 부모의 보호 그늘에서 벗어나 독립하게 된다. 자녀의 독립은 부모의 물질적·정신적 부담을 덜어주고, 자녀를 키워 온 보람을 안겨 주기도 하나 동시에 갑작스러운 상실감·손상감 등으로 충격을 줄 수 있다.

③ 긴장감 감소 : 사회에서 어느 정도 안정된 지위도 획득했고 가정생활도 안정을 찾게 되어 긴장감이 풀어지면서 자신의 존재의의에 대해서도 재평가를 한다. 자아에 대한 회의, 재평가의 증상으로 심한 우울증, 신경증적 증세를 보이는 장년이 있는가 하면 잃어버린 지난 시간에 대한 집착으로 과도한 운동 등으로 체력을 소모하는 사람도 있다.

2 발전적 생활 태도

① 개방적 자세 : 장년은 지금까지의 경험에서 터득한 지혜를 갖추고 있다는 자신감에서 보수적으로 되기 쉽다. 장년은 사회·경제적으로 성숙된 지위를 획득하게 되고, 직업이나 가정에서 최고의 지도자의 위치에 있기 때문에 젊은 세대의 참신한 아이디어를 무시해 버릴 수도 있으며 조언이 권위를 가진 명령으로 나타날 수도 있다.

② 미래지향적 태도의 도모 : 장년기의 개인은 새로운 모험을 시도하기보다는 익숙한 방법을 고수하려는 경향이 있어 자칫 미래지향적이 아닌 현재지향적인 태도를 취하

추가 설명

자아개념의 재정립(재수립)
장년기는 고민 없이 지내왔던 자신을 되돌아보고, 재평가하게 된다. 장년기 자아개념의 재정립은 갱년기의 신체 변화를 비롯해 자녀의 독립, 안정된 사회의 지위 취득으로 나타나는 긴장감 감소, 죽음에 대한 의식의 시작 등에 의해서 이루어진다.

추가 설명

장년기 자아개념 재수립을 위한 과제
장년은 주변적 상황을 잘 이해하고 그 동안 이룩해 놓은 가정과 사회에서의 업적들에 대한 긍정적 자부심 위에서 자신의 개인적 자아감 문제를 생각할 필요가 있다.

추가 설명

발전적인 장년이 되기 위한 조건
- 의사결정에 보다 많은 신뢰를 하고 정보를 활용한다.
- 보다 많은 관계 인사의 참여를 요구한다.
- 자신의 판단에 대한 타인의 비판과 평가에 귀를 기울인다.
- 효율성과 효과 증대를 위해 새로운 아이디어의 개발을 위한 감각을 가진다.

기 쉽다. 따라서 오늘보다는 나은 내일을 이룩하기 위해서 끊임없이 자기 쇄신을 도모하는 미래지향적 태도를 지닐 필요가 있다.

| 표 11-1 | 클럭혼(F. Kluckhohn)의 가치관 모형

가치 \ 측면	과거지향적	현재지향적	미래지향적
인간성	성악설	중립설	성선설
인간과 자연과의 관계	종속	조화	정복
시간	과거	현재	미래
활동	존재형	생성 과정 속의 존재형	실행형
인간관계	종적	횡적	개인주의

3 지도자적 특성

① 지도자로서 갖추어야 할 특성

 ㉠ 스톡딜(Stogdill) : 지도자의 위치에 있는 상당수의 사람들은 지성, 학식, 책임감, 활동력, 사회참여 등의 측면에서 다른 구성원보다 우월하다.

 ㉡ 깁(Gibb) : 지도자의 특성이라는 것은 어떤 특정 상황에 따라 결정되는 인성적 특성의 일부 또는 전부가 될 수 있다.

 ㉢ 배스(Bass) : 모든 상황, 모든 문화에 있어서 특성을 지닌 사람이 지도자가 된다.

 ㉣ 기셀리(Ghiselli) : 독자적으로 행동하고, 자신감을 갖고 있는 지도자는 조직의 목표 달성에 성공적인 참여를 보이며, 지도자의 언어 능력, 판단 능력이 특히 중요한 의미를 지닌다.

 ㉤ 피들러(Fiedler) : 성공적인 지도자는 비성공적인 지도자보다 총명하고 우수한 구성원을 판단하는 데 더 능숙하고 구성원과 자신과의 관계 유지도 더 원만하게 해 나간다.

② 민주적 지도자의 특성 : 책임감, 활동성, 지성 및 지구력, 사교성, 의지력, 분석력, 판단력, 자제력 및 열의 등이 있다.

> **추가 설명**
> **장년기 지도자적 특성**
> 장년기는 연령상 보다 젊은 세대를 거느리게 되며, 자신의 경험과 인생 경륜을 빌려 주도록 요구된다.

04 사회생활의 확장

1 직업적 성취

장년은 일이라는 영역에서 최고조의 능률과 성취를 이룩하게 된다.

① 프로이트(Freud) : 정상인이 지니는 가장 중요한 능력은 사랑할 수 있는 능력과 일할 수 있는 능력이다.

> **추가 설명**
> **장년기 사회생활의 확장**
> 장년의 대인 관계 능력은 그의 직업적 능력과 서로 상호작용하여 장년기 개인의 사회적 지위를 더욱 탄탄하게 한다.

② 킴멜(Kimmel) : 직업생활의 주기를 설명하면서, 3대 전환점으로 성인기의 직업 지위 획득, 장년 초기의 직업에의 재검토 경향, 노년기의 은퇴를 든다.

2 대인 관계의 확장

① 원만한 대인 관계 : 상호간의 욕구, 관심, 문제 등을 서로 공유함으로써 개인이 자신의 삶에 적응하고, 위기에 대처해 나가는 원동력을 제공한다.
② 장년의 개인은 대인 관계의 폭을 최대로 넓힐 수 있으며 그 깊이 또한 충실해진다.
③ 녹스(Knox)가 제시한 우정 관계의 성격
  ㉠ 경험적 관계 : 생활 경험의 공유 영역이 넓어서 형성된다.
  ㉡ 호혜적 관계 : 서로 의지하고 지지해 주며 인정해 주고 신의를 지켜줌으로써 형성된다.
  ㉢ 양립적 관계 : 호의와 즐거움을 가짐으로써 형성된다.
  ㉣ 구조적 관계 : 지리적 근접성, 장기적인 상호작용, 상호작용의 용이성 등으로 형성된다.
  ㉤ 비대칭적 관계 : 한쪽이 다른 한쪽의 역할 모델로서 형성된다.

05 장년의 부부 관계

1 동반자 의식의 성숙

① 장년기는 성인 자녀들이 결혼을 하고 새로운 가정을 형성하며, 분가를 하여 부모의 슬하를 떠나게 되므로 부모들은 물리적·심리적으로 커다란 공허감을 갖게 된다. 부부는 동질의 연민과 소외 의식을 나누어 가지면서, 인생에서 어느 정도 책임질 일을 다하였다는 보람을 함께 느끼게 된다.
② 생년기적 증상에서 나타나는 건강 문제 등으로 배우자의 배려와 협조는 물론 헌신적인 봉사까지 요구하게 되어 부부 관계는 더욱 가까워진다.
③ 부부는 대체로 동반 외출이 점점 잦아지고 독서, 종교 활동, 취미 생활 등 모든 영역에서 가장 무난하고 미더운 동료이며 친구가 되어 간다.

2 황혼 이혼과 재혼

① 황혼 이혼 : 대체로 황혼 이혼은 광의로 자녀들이 출가하였거나 대학생이 되어 독립할 수 있게 된 후의 이혼을 포함한다. 대체로 결혼 생활을 20년 넘게 해왔던 50대 이상의 부부가 혼인 관계를 해소하는 것이다.
  ㉠ 대체로 황혼 이혼은 남성 중심의 가부장적 삶과 집단주의 사회에서 참고 살았던 여성들의 의식이 양성평등의 사회 정서와 맞물려 일어나는 현상이다.

추가 설명

장년기 대인 관계
대인 관계 기술은 곧 업무능력으로 반영되며, 그 개인의 사회적 지위 구축의 중요한 수단이 된다.

추가 설명

녹스(Knox)가 제시한 우정 관계의 성격
경험적 관계, 호혜적 관계, 양립적 관계, 구조적 관계, 비대칭적 관계

추가 설명

빈 둥지 증후군
빈 둥지 증후군은 마지막 자녀가 대학에 입학하거나 취직을 하는 등 자녀들이 모두 독립하여 집을 떠나는 시기에 부모가 느끼는 상실감과 슬픔을 뜻한다. 이러한 빈 둥지 증후군은 주 양육자의 역할을 맡는 여성에게서 주로 나타난다. 주로 빈 둥지 증후군은 퇴직이나 정리해고, 사별, 폐경과 같은 다른 어려운 생활 사건 또는 삶의 중요한 변화와 함께 나타난다.

ⓒ 평균수명의 증가와 함께 여성은 자신의 생을 스스로 선택하고자 하는 욕구가 강해졌으며, 여성의 사회적 지위가 향상되고 경제활동 기회가 늘어나는 현상도 황혼 이혼의 한 원인이 된다. 근래에는 여성뿐만 아니라 남성도 황혼 이혼을 신청하는 사례가 많아지고 있다.

② 재혼 : 황혼 이혼의 증가와 함께 재혼 또한 늘고 있는 추세인데, 황혼 재혼은 이혼 후 남은 긴 시간을 함께 하는 동반자적인 역할도 있지만, 젊을 때 앞뒤 돌아볼 겨를 없이 살아온 시간을 만회할 문화와 정서를 함께 할 수 있는 친구로서의 역할도 중요시한다.

> **추가 설명**
> 황혼 이혼의 특징
> • 연령대가 주로 50대에서 60대 이상이다.
> • 자녀가 대부분 성인이 되어 독립한 후이다.
> • 원인은 만성적인 경우가 많다.

06 가족생활의 변화와 성숙

1 자녀와 노부모와의 관계

① 자녀와의 관계 : 자녀가 성인이 된만큼, 부모가 자녀를 대할 때도 한 사람의 성인으로 대하는 태도가 요구된다. 이때 부모는 단지 자녀를 지원해주는 협조자, 상담자로서의 역할이 요구된다.

② 노부모와의 관계

ⓐ 장년기 성인은 부모에게 예전과 같이 더 이상 의지할 수 없음을 알고 오히려 부모가 자신에게 의지한다는 것을 깨닫게 된다. 부모가 신체의 노화나 질병으로 어려움을 경험하고, 경제나 심리적 측면에서 의존하는 시기이므로 부양자로서의 역할이 강조된다.

ⓑ 노부모를 위한 부양
- 경제적 부양 : 노부모를 부양해야 하는 시기가 자녀들의 결혼 비용 부담과 자신의 노후를 위한 저축을 해야 하는 시기가 겹치고 있어 노부모의 경제적 부양을 성실히 이행하기 쉽지 않은 상황이다.
- 정서적 부양 : 노부모는 배우자의 죽음, 역할 상실과 건강 악화 등으로 인해 고독감, 소외감 등을 경험하게 된다. 이때 노부모의 감정과 정서적인 소외감과 외로움을 해소하며, 인격적, 정서적 욕구의 충족을 제공하는 부양을 하게 되는 것이다.
- 신체적 부양 : 노부모는 연령이 증가할수록 신체 기능의 저하와 질병의 증가로 다른 사람에게 의존적일 수밖에 없고, 가족의 도움을 필요로 하게 된다.

2 분가와 재정리

① 분가 : 성인이 된 자녀가 배우자를 선택하여 결혼을 하고, 경제적으로 독립된 생활을 할 수 있게 되면, 이 시기의 장년 부모는 성인 자녀의 새로운 세계를 위해 분가를

> **추가 설명**
> 상담자로서의 부모의 의미
> 상담은 자녀에게는 자칫 무모한 용기와 경험부족으로 잘못 내려질 수도 있는 방향 설정에 대해 견제 작용을 해서 보다 자녀가 심사숙고할 수 있는 계기가 된다는 점에서 커다란 의미를 지닌다.

> **추가 설명**
> 노인 학대의 문제
> 고령사회로 급속하게 진입하고 있는 한국에서도 서구에서와 마찬가지로 노인 학대와 방임의 문제가 최근 중요한 사회적 관심사로 부각되고 있다. 아동 학대나 아내 학대에 비해 노인 학대는 최근에 사회 관심을 받기 시작하였다.
> 노인을 학대하는 학대 행위자는 남자가 여자에 비해 월등히 높으며, 학대 행위자와 학대 피해 노인과의 관계를 살펴보면 아들이 가장 많은 비중을 차지하고 있으며 다음으로는 배우자, 딸의 순서였다.

시키게 된다.
② 재정리 : 외형적으로 집을 재정리한다는 것은 심리적인 면으로도 그 동안의 관계를 재정리하는 결과를 줄 수 있다. 자녀들의 독립된 생활이 부모에게는 애정의 단절과 동일하게 느껴지는 서운함으로 다가서게 되는데, 이는 이 시기 장년들에게 중요한 심리적 재정리의 문제가 된다.

> 추가 설명
> 자녀 분가에 따른 재정리
> 자녀들의 독립된 생활이 부모에게는 애정의 단절과 동일하게 느껴지는 서운함을 처리하는 문제는 장년들에게 심리적 재정리의 문제가 된다.

3 조부모로서의 역할

① 조부모의 역할 : 장년들은 성인 자녀가 배우자를 선택하여 결혼을 하면, 성인의 부모인 동시에 유아(乳兒) 또는 유아(幼兒)의 조부모가 된다. 조부모가 된다는 것은 가정내의 자기 지위에 하나의 변화가 생긴 것을 의미한다. 조부모로서 무경험자인 자녀에게 갖가지 귀중한 경험과 지혜를 나누어 주는 교사로서의 역할도 요구된다.
② 문화인류학자인 미드(M. Mead)는 문화의 전승과 발전에는 양성 삼세대, 즉 조부, 조모, 부, 모, 자식이 있어 각기 자기 위치에서 제대로 활동을 하면서 서로 밀도 있는 인간관계를 유지하는 경험이 필요하다고 주장한다.

> 추가 설명
> 조부모의 역할 수행의 형태(뉴가르텐과 와인스타인)
> • 공식형 : 손자녀 양육은 주로 자녀 세대에게 맡기고 특별한 경우를 제외하고는 손자녀들과 상호작용이 그리 많지 않고 조부모로서 꼭 필요한 공식적인 역할만 수행하는 형태
> • 기쁨 추구형 : 손자녀들과의 상호작용에 시간을 투여함으로써 기쁨을 누리는 형태
> • 대리 부모형 : 부모의 취업, 이혼, 사망 등으로 인해 조부모가 부모의 역할을 대신하면서 생활하고 있는 형태
> • 권위형 : 가정 내에서 조부모가 삶의 지혜의 근원임을 내세우는 형태
> • 원거리형 : 공식적인 가족 모임 외에는 거의 가족 관계에 참여하지 않는 형태

07 경제적 안정 유지와 준비

1 경제적 책임

장년기는 자녀의 교육과 결혼 등 부모로서 자녀를 위해 져야 하는 경제적 부담을 막바쳐 가는 기간이라고 볼 수 있다. 이에 따라 가족 대소사를 성공적으로 수행하기 위해서 커다란 경제적 부담이 요구된다. 이로 인한 가정의 수입·지출곡선을 비교해 볼 때, 수입이 최고에 이르지만 오히려 지출분이 수입분을 초과하는 가정도 많다.

2 은퇴 준비와 노후 대책

① 은퇴 준비 : 은퇴는 단순히 직업의 상실이라는 차원을 넘어 새로운 신체적, 심리적 적응이 필요한 생애의 일대 사건이다. 개인에게 자아정체감을 심어 주고, 자아실현의 의미를 부여하던 직업으로부터 이탈은 개인의 정체감 및 역할의 상실을 가져오기 때문에 은퇴에 대한 재사회화와 자아정체감의 재확립이 중요하다. 따라서 은퇴 전에 얼마나 충분히 준비를 해두느냐가 중요하다. 그리고 은퇴를 위한 계획에는 인생이 즐겁고 성공적인 것이 될 수 있도록 인생을 설계하며, 재정적인 필요에 대비해 그것을 적절히 준비하고, 신체적 또는 정서적 문제를 얼마간 예상하며 은퇴가 자신에게 어떠한 영향을 끼칠지에 관해 충분히 생각해 두어야 한다.
② 노후 대책
 ㉠ 돈을 벌 수 있는 시기는 한정되어 있지만 소비 생활은 평생에 걸쳐 이루어진다.

은퇴로 소득이 중단되지만 지출은 꾸준히 이루어진다. 60세 전후를 은퇴 시기로 봤을 때, 고령화로 인해 100세까지 살게 된다면 은퇴 후 수입 없이 40여년 동안 지출을 하면서 살아야 하기 때문이다. 이에 따라 은퇴 후에도 새로운 일을 통해 경제적 자립을 하려는 사람들이 늘고 있다.

ⓒ 나이가 들어 은퇴하게 되면 소득이 사라지거나 많이 감소하기 마련이므로 노후 생활을 안정적으로 하기 위한 대비가 필요하다. 노후 생활의 안정을 위해 필요한 것 중 하나가 연금이다. 연금에는 국가가 보장하는 공적 연금, 기업이 보장하는 퇴직 연금, 개인이 준비하는 개인 연금이 있다. 이외에도 부동산, 저축 등이 그 방안이 될 수 있다.

> **추가 설명**
>
> **애칠리(Atchley)의 은퇴 과정**
>
> - 먼 단계 : 은퇴 전 단계로서 대부분의 사람들이 은퇴에 대한 준비를 전혀 하지 않는다.
> - 근접 단계 : 은퇴에 대해 구체적으로 생각하며, 은퇴 후 경제 문제, 신체적, 정신적 건강 문제를 생각한다.
> - 밀월 단계 : 은퇴 바로 후에는 많은 사람들이 행복감을 느끼며 여가 시간을 즐긴다.
> - 환멸 단계 : 은퇴 전에 세웠던 은퇴 후에 대한 계획이 환상이었으며 현실적이지 못함을 깨닫게 된다.
> - 적응 단계 : 자신의 재정 상태, 한계성 등을 검토하고 현실을 정확하게 인식한다.
> - 안정 단계 : 은퇴자로서 새로운 역할과 자아정체감을 받아들이게 되고, 새로운 행동 기준, 사회적 규범, 기대를 습득하게 된다.
> - 종결 단계 : 재취업을 통해 은퇴자의 역할이 종결되는 단계이지만, 대부분 나이가 많아 병들거나 무능력하게 됨으로써 더 이상 독립적으로 기능하지 못하게 되어 은퇴자의 역할이 소멸되는 것이다.

실전예상문제

1 다음 중 그동안 축적한 풍요한 경험으로 최고의 지위를 점유하고 최선의 역할을 수행하는 시기로서 자기 쇄신과 발전을 향해 계속 정진해야 하는 시기는?

① 노년기 ② 장년기 ③ 청년기 ④ 사춘기

> 해설 장년기 : 45세에서 64세에 이르는 시기로 각 개인이 그의 인생에서의 목표를 거의 다 성취하는, 성취할 수 있는 시기로 경험과 연륜, 지혜의 축적으로 직업적 성취와 상당한 사회적 책임을 지는 시기이다.

2 다음 빈둥우리 시기, 동반자적 부부관계의 성숙, 자아개념의 재수립, 갱년기 등의 특징을 갖는 시기는?

① 노년기 ② 장년기 ③ 중년기 ④ 성인기

> 해설 성년의 자녀들이 결혼하여 분가하는 시기가 바로 장년기이다. 따라서 이 시기의 장년들은 물리적, 심리적으로 큰 보람과 허탈, 공허함을 함께 맛보게 되는데 자녀들로 북적대던 집이 자녀들의 분가로 텅 비게 된다.

3 다음 장년기의 발달 과업 특성으로 거리가 먼 것은?

① 자아정체감 발달 ② 자기 쇄신 ③ 사회 생활의 확장 ④ 갱년기 변화와 적응

> 해설 45세~64세에 이르는 시기로, 경험과 경륜을 바탕으로 대다수의 장년들은 직업적 성취를 이룩하고 상당한 책임을 지는 시기이며, 급진적 변화를 억제하고 신중하며, 이러한 신중함이 젊은이들에게 보수적, 폐쇄적으로 보일 수도 있다. 갱년기를 겪는 시기이기도 하며 이로 인한 적응이 필요하며, 강인한 자아 개념의 재수립과 자기 쇄신이 요구된다. 그리고 사회 생활의 확장과 가족생활의 변화가 이루어진다.

4 중년기와 노년기 중간에 위치하는 시기의 명칭은?

① 장년기 ② 중년기 ③ 성인기 ④ 사춘기

> 해설 신체적 정신적 발달 과정 단계 : 태아기-영아기-유아기-아동기-사춘기-청년기-성인기-중년기-장년기-노년기의 발달 단계를 거친다.

5 다음의 〈보기〉와 같은 특징을 갖는 시기로 알맞은 것은?

> 보기
> • 갱년기에 장애를 호소한다.
> • 빈 둥지 증후군이 나타날 수 있다.
> • 강인한 자아개념의 재수립, 자기 쇄신이 요구된다.

① 노년기   ② 장년기   ③ 성인기   ④ 청년기

해설 문제 3번 해설 참조

6 다음 중 갱년기에 대한 적응, 자기 쇄신과 발전, 사회적 확장, 가족생활의 변화와 성숙, 경제적 안정 유지와 준비 등의 발달과업이 이룩되어야 하는 시기는?

① 중년기   ② 성인기   ③ 장년기   ④ 노년기

해설 문제 3번 해설 참조

7 인생에 있어서 가장 보수적이 될 수 있으며, 은퇴 준비와 노후 대책을 마련해야 하는 시기는?

① 청년기   ② 성인기   ③ 장년기   ④ 중년기

해설 장년기는 이미 개인적으로나 사회적으로 많은 경험을 쌓았고 경험에서 터득한 여러 가지 지혜를 갖추고 있다는 자신감에서 대체로 보수적으로 되기 쉽다.

8 다음 중 갱년기 적응 및 자기 쇄신과 발전이 요구되는 시기로 알맞은 것은?

① 장년기   ② 중년기   ③ 성인기   ④ 청년기

해설 문제 3번 해설 참조

9 다음 여성의 갱년기에 따른 폐경 증상으로 거리가 먼 것은?

① 안면 홍조   ② 근육 증가   ③ 불안   ④ 야간 발한

해설 폐경 증상 : 안면 홍조, 야간 발한, 두통, 요실금, 불안, 과민, 우울, 피로와 근심, 호흡 곤란, 골다공증 등이다.

10 다음 중 여성의 생식 능력의 중단과 남성의 성적 활동이 감소되는 중요한 생리 변화가 일어나는 때를 지칭하는 것은?

① 갱년기   ② 노년기   ③ 사춘기   ④ 회춘기

해설 갱년기는 노화의 신체 장애를 경험하는 시기로, 여성의 생식 능력의 중단과 남성의 성적 활동이 감소되는 중요한 생리 변화가 일어나는 때이다.

정답 1.❷ 2.❷ 3.❶ 4.❶ 5.❷ 6.❸ 7.❸ 8.❶ 9.❷ 10.❶

11 다음 남성의 갱년기를 메타포스 신드롬이라고 한 사람은?

① 피들러　　　② 할버그　　　③ 기셀리　　　④ 스톡딜

> **해설**　할버그(Hallberg)는 남성의 갱년기를 메타포스 신드롬이라고 했다.

12 다음의 〈보기〉와 같은 특성을 갖는 질병은 무엇인가?

> **보기**
> ㉠ 장년기에 많이 발생한다.
> ㉡ 유전, 나트륨의 과잉 섭취, 음주, 고지혈증, 스트레스 등이 원인이다.
> ㉢ 침묵의 살인자라고도 한다.

① 치매　　　② 심장병　　　③ 당뇨병　　　④ 고혈압

> **해설**　고혈압은 장년기에 많이 발생하며, 유전, 나트륨의 과잉 섭취, 음주, 고지혈증, 스트레스, 약물 등 요인이 다양하다.

13 장년기 자아개념 재수립의 이유로 거리가 먼 것은?

① 자녀 독립에 따른 상실감　　　② 신체 변화로 인한 불안
③ 긴장감의 감소　　　　　　　　④ 신체 발육

> **해설**　장년기 자아개념 재수립 : 갱년기적 신체·정신 변화로 인한 불안, 자녀 독립에 따른 상실감, 긴장감 감소, 자아에 대한 회의 등이 나타날 수 있으므로 긍정적 자부심 위에서 개인적 자아감 문제를 다시 생각해 보도록 한다.

14 다음 클럭혼(Kluckhohn)의 가치관 모형 중 괄호에 들어갈 것은?

가치＼측면	과거지향적	현재지향적	미래지향적
인간관계	종적	횡적	(　)

① 전체주의　　　② 자유방임주의　　　③ 가족주의　　　④ 개인주의

> **해설**　클럭혼은 과거, 현재, 미래지향적 사람들이 갖는 가치를 인간성, 인간과 자연과의 관계, 시간, 활동, 인간관계로 나누었으며, 인간관계에서 과거지향적인 사람이 종적, 현재지향적인 사람이 횡적인 데 반해 미래지향적인 사람은 개인주의적 특성을 갖는다고 하였다.

15 다음 클럭혼의 가치관 모형에 따를 때 현재지향적인 사람의 인간관계 특징으로 알맞은 것은?

① 전제적　　　② 이기적　　　③ 횡적　　　④ 종적

> **해설** 장년기에는 새로운 모험, 급진적 변화를 되도록 억제하고 신중을 기하고 익숙한 방법을 고수하여 현재지향적인 태도를 갖기 쉽다. 인간관계에 있어 현재지향적인 사람은 횡적인 데 반해 미래지향적인 사람은 개인주의적 특성을 나타낸다.

16 성공적인 지도자는 비성공적인 지도자보다 총명하고 우수한 구성원을 판단하는데 더 능숙하고 구성원과 자신과의 관계 유지도 더 원만하게 해 나간다고 보는 학자는?

① 피들러(Fiedler)　　　② 배스(Bass)
③ 깁(Gibb)　　　④ 스톡딜(Stogdill)

> **해설** 피들러(Fiedler)는 성공적인 지도자는 비성공적인 지도자보다 총명하고 우수한 구성원을 판단하는 데 더 능숙하고 구성원과 자신과의 관계 유지도 더 원만하게 해나간다고 했다.

17 장년기 개인에게 중요한 비중을 차지하는 녹스가 제시한 우정 관계의 성격에 대한 설명이 바르게 연결된 것은?

① 호혜적 관계 — 한쪽이 역할 모델로서 존경과 부러움을 받는 상태로 형성된다.
② 구조적 관계 — 지리적 근접성, 장기적인 상호작용, 상호작용의 용이성 등으로 형성된다.
③ 양립적 관계 — 직업, 취미가 비슷해서 생활 공유 영역이 넓어 의사소통, 이해의 기회가 많이 형성된다.
④ 경험적 관계 — 서로 의지하고 지지, 인정, 신의를 지켜줌으로써 형성된다.

> **해설** 구조적 관계는 지리적 근접성, 장기적인 상호작용, 상호작용의 용이성 등으로 인해 형성되는 우정 관계이다.

18 장년기 가족생활의 변화로 적당하지 않은 것은?

① 자녀 출산에 대한 과중한 책임　　　② 조부모 역할의 요구
③ 가족 대소사에 따른 경제적 부담　　　④ 자녀 분가에 따른 재정리

> **해설** 장년기는 대체로 자녀가 독립을 하는 시기이다.

19 자녀들이 출가했거나 대학생이 되어 독립할 수 있게 된 후의 이혼으로 50대 이상의 부부가 혼인 관계를 해소하는 것을 지칭하는 것은?

① 재판 이혼　　　② 황혼 이혼　　　③ 조정 이혼　　　④ 협의 이혼

정답 11.❷　12.❹　13.❹　14.❹　15.❸　16.❶　17.❷　18.❶　19.❷

해설 황혼 이혼은 남성 중심의 가부장적 삶과 집단주의 사회에서 참고 살았던 여성들의 의식이 양성평등의 사회 정서와 맞물려 일어난다.

20 가정 내에서 조부모가 삶의 지혜의 근원임을 내세우는 조부모 역할 수행의 형태는?

① 대리 부모형　　② 권위형　　③ 공식형　　④ 원거리형

해설 조부모의 역할 수행 형태
- 원거리형 : 공식적인 가족모임 외에는 거의 가족관계에 참여하지 않는 형태
- 공식형 : 조부모로서 꼭 필요한 공식적인 역할만 수행하는 형태
- 대리 부모형 : 조부모가 부모의 역할을 대신하면서 생활하고 있는 형태
- 권위형 : 가정 내에서 조부모가 삶의 지혜의 근원임을 내세우는 형태
- 기쁨 추구형 : 손자녀들과의 상호작용에 시간을 투여함으로써 기쁨을 누리는 형태

21 다음 뉴가르텐과 와인스타인이 설명한 조부모의 역할 수행 형태 중 손자녀 양육은 주로 자녀 세대에게 맡기고 특별한 경우를 제외하고는 손자녀들과 상호작용이 그리 많지 않고 조부모로서 꼭 필요한 역할만 수행하는 형태는?

① 대리 부모형　　② 원거리형　　③ 공식형　　④ 권위형

해설 공식형은 손자녀 양육은 주로 자녀 세대에게 맡기며 특별한 경우를 제외하고는 손자녀들과의 상호작용이 그리 많지 않다.

22 자녀들이 모두 독립하여 집을 떠나는 시기에 부모가 느끼는 상실감과 슬픔을 뜻하는 개념은?

① 빈 둥지 증후군　　② 파랑새 증후군　　③ 피터팬 증후군　　④ 리플리 증후군

해설 빈 둥지 증후군은 주 양육자 역할을 맡는 여성에 많이 나타난다. 파랑새 증후군은 한 직장에 안주하지 못하고 이리저리 옮겨다니는 것이고, 피터팬 증후군은 어른이지만 여전히 어린이로 남아 있기를 바라는 심리이다. 리플리 증후군은 자신이 만든 허구를 진실이라고 믿고 거짓말과 행동을 반복하는 반사회적 인격 장애를 지칭한다.

23 애칠리가 제시한 은퇴 과정 중 은퇴 바로 후에 많은 사람들이 행복함을 느끼며 여가 시간을 즐기는 단계는?

① 근접 단계　　② 밀월 단계　　③ 적응 단계　　④ 안정 단계

해설 밀월 단계는 은퇴 바로 후에 많은 사람들이 행복함을 느끼며 여가 시간을 즐기는 것이다.

정답　20.❷　21.❸　22.❶　23.❷

12 노년기

 단원 개요

인간의 노화는 하나의 자연적이고도 필연적인 과정으로서 신체의 구조와 기능이 쇠퇴하며, 운동 능력이나 감각 기능도 쇠퇴되어 가고, 욕망·감정·지능 등 정신적인 면에서도 변화가 생긴다. 그러므로 노화되어 가는 인간으로서 끝없는 고통과 공허의 경험을 극복해야 하는 시기가 곧 노년기이다. 이와 더불어 오랜 시간 동안 커다란 의미를 부여해 왔던 직업에서의 은퇴를 경험하는 것도 이 시기이며, 배우자의 죽음이라는 커다란 상실을 겪고 자신의 죽음에 대해서도 인식하고, 준비해 가게 되는 시기이기도 하다.

 출제 경향 및 수험 대책

이 단원에서는 노년기의 발달 과업에 대한 내용 및 특징, 노화의 상태, 일반적인 성격 특성의 변화, 동질정체의 개념, 노년기 적응 유형, 은퇴와 적응, 노년기의 치매, 등에 대해서 묻는 문제들이 출제될 수 있는 바, 자세하고 철저한 학습이 요구된다.

12

01 노년기의 발달 과업

1 신체적·정신적 노화에 대한 적응
① 노년기는 신체적·정신적 노화에 대해 적응하는 것이 중요한 발달 과업이 된다.
② 노년기의 신경증적 행동이나 우울증은 대체로 신체적 기능 쇠퇴에 동반되는 정신적 증상이다.
③ 기억력, 추리력에서도 현저한 감퇴 현상이 나타나고 지각이나 사고 등에서도 속도 및 강도에서 쇠퇴 현상이 나타난다.

2 노인의 역할, 활동이론과 이탈이론
① 활동이론 : 노인은 노화로 인하여 생리적 변화를 경험하기는 하나 심리적·사회적 욕구는 장년기 때와 마찬가지로 꽤 안정되게 유지되므로 장년기의 활동이나 태도를 계속 유지하고자 한다. 활동이론을 지지하는 학자들은 노인들이 사회의 이탈을 최소화하기 위하여 노력해야 한다고 주장한다.
② 이탈이론 : 노년기에 나타나는 사회적인 이탈은 하나의 자연스러운 과정에 불과한 것이지 결코 사회적 압력에 의해서 밀려난 것을 의미하지는 않는다. 대인관계의 감소나 사회로부터의 이탈이 노인의 만족도에 부정적인 영향을 미치는 것은 아니고, 사회적 활동이나 책임감으로부터 해방시켜 줌으로써 오히려 만족도를 더 높여 준다.

3 은퇴 및 고독에의 적응
① 직업 세계로부터의 은퇴는 노년기에 대처해야 하는 하나의 발달 과업이다.
② 노년기는 삶과 죽음에 대한 바른 인식과 닥쳐올 죽음에 대한 심리적 준비를 갖출 필요가 있다.
③ 노년기의 부부관계는 은퇴 이후의 시간적·정신적 여유 등의 요인이 결합되어 더욱 완벽한 농료 의식으로 성숙된다.

4 클라크와 앤더슨(Clark & Anderson)이 주장한 노년기의 적응 과업
① 노화의 현실과 이것으로 인한 활동 및 행동에 제약이 오는 것을 자각하는 것
② 신체적 및 사회적 생활반경을 재정립하는 것
③ 노화로 인한 제약 때문에 종전처럼 만족시킬 수 없는 욕구를 다른 방법으로 만족시키는 것
④ 자아의 평가 기준을 새로이 설정하는 것
⑤ 노령기의 생활에 맞도록 생활의 목표와 가치를 재정립하는 것

추가 설명

노인
정책적으로 노인 기준을 65세 이상으로 정한 것은 인간의 평균 수명이 50세에도 미치지 못했던 19세기 후반의 독일 재상 비스마르크(Bismarck)였다. 그런데 현재 우리나라의 기대 수명은 2017년 기준 82.7세이다. 100세 시대라는 말이 낯설지 않은 시대에 살고 있는 것이다.

추가 설명

해비거스트(Havighurst)가 제시한 노년기 과업
- 악화되는 신체적 힘과 건강에 따른 적응
- 퇴직과 경제적 수입 감소에 따른 적응
- 배우자의 죽음에 대한 적응
- 동년배 집단과의 유대 관계 강화
- 사회적 역할을 융통성 있게 수행하고 적응하는 일
- 생활에 적합한 물리적 생활 환경의 조성

02 노화와 적응

1 노화의 의미

① 노화의 정의
  ㉠ 노화, 즉 '늙어간다는 것'은 신체적 쇠퇴, 허약, 무기력, 생리적 기능의 쇠퇴 등을 복합적으로 나타내는 표현이다. 즉, 노화란 신체 및 정신적인 면에서의 쇠퇴 현상을 의미하며 그 속도나 시기는 개인에 따라서 조금씩 다르다.
  ㉡ 노화를 단순히 생활 연령만으로 규정하는 것은 위험한 일이며, 생활 연령과 더불어서 심리적 특성, 사회적 배경 등을 복합적으로 고려해서 관찰해야 한다.

② 노화와 수명
  ㉠ 노화 과정
    - 컴포트(Comfort) : 노화 과정이란 개인이 타고 태어난 일정한 유전적 프로그램을 점차 소모해 가는 과정이다.
    - 비렌(Biren) : 노화에 관한 역작용 이론을 내세워, 젊은 시절에는 생존과 성장을 위해서 도움이 되었던 특성들이 노년기에 이르면 오히려 역작용을 일으켜 부정적으로 작용해서 노화와 퇴화가 일어난다.
  ㉡ 수명에 영향을 주는 요인 : 거주 지역, 결혼 여부, 질병, 공해, 의료 환경 등의 외적·환경적 요인이다.

③ 노인 인구의 특성 및 내용
  ㉠ 우리나라에서는 노인을 행정적·법적으로 65세 이상의 인구로 규정하고 있으나, 고령 인구의 증가와 평균 수명의 증가로 노인에 대한 기준을 높이려는 견해가 많이 대두되고 있다.
  ㉡ 노인 인구의 증가추세는 더욱 가속화되고 있는데, 2019년 기준 우리나라 65세 이상 노인 인구 비율은 약 14.8% 정도이다. 우리나라는 이미 고령 사회에 들어선 선진국의 인구 고령화 속도(프랑스 125년, 미국 65년, 영국 60년, 일본 25년이 소요됨)에 비하여 매우 빠르다.

2 신체적 노화

① 외형적 변화 : 피부, 모발, 치아 등에서 변화가 일어난다. 피부에 멜라닌의 공급이 원활하게 이루어지지 않아 반점이 늘게 되며 피하 지방 조직의 감소와 탄력의 저하로 주름이 생기게 된다. 팔과 다리가 가늘어지고 복부와 대퇴부의 형태가 변화하며, 땀 분비 기능의 감소와 함께 피하 조직의 손실 때문에 체온의 조절 기능도 감퇴한다. 또 피지선이 감소하여 피부가 건조하고 거칠어진다. 모발은 흰머리가 많아지고 모발의 양이 감소하며 윤기를 잃고 가늘어진다. 치아는 색깔이 탁해지고 골밀도가

추가 설명

노년기의 특징
- 외모, 골격 및 근육, 감각기관 그리고 신경계통 등 신체 구조면에서 퇴화가 일어나고, 소화, 내분비작용, 호흡, 순환 및 동질정체 등의 신체 기능면에서도 퇴화와 더불어 때로는 병리 현상으로 나타나기도 한다.
- 기억력, 추리력, 지각능력, 사고능력, 언어능력 등 제반 정신 기능에서 쇠퇴 현상을 보이고, 때로는 정신질환의 형태로 표출되기도 한다.
- 신체 기능, 정신 기능의 쇠퇴와 함께 욕구, 태도, 정서 등 성격적 측면에서도 대체로 둔화 현상을 보이거나 문제 상태를 보인다.

추가 설명

고령화의 특징
- 65세 이상의 노인 인구가 증가하면서 전체 인구에서 차지하는 노인 인구의 비율이 높아지는 현상이다.
- 고령화의 요인은 의학 발달에 따른 평균 수명의 증가와 출생률의 저하를 꼽을 수 있다.
- 국제연합(UN)이 정한 바에 따르면 65세 이상 노인 인구 비율이 전체 인구의 7% 이상을 차지하는 사회를 고령화 사회, 노인 인구 비율이 14% 이상이면 고령 사회, 21% 이상이면 초고령 사회로 구분하고 있다.

🔍 **추가 설명**

노인의 신체 변화

- 세포의 노화 : 뼈와 근육의 위축으로 키가 줄어들고 피하 지방이 감소하여 전신이 마르고 주름이 많아진다.
- 방어 능력 저하 : 잠재 질병이 출현되거나 질병이 발생하면 상태가 악화될 수 있다.
- 예비 능력의 저하 : 일상생활의 활동에서 벗어난 생활에 지장을 초래할 수 있다.
- 회복 능력의 저하 : 만성 질환을 가진 노인은 다른 합병증도 쉽게 올 수 있어서 사소한 원인으로도 중증 상태에 빠질 수 있다.
- 기억력 : 전반적으로 기억력이 감퇴한다.

감소하며, 치열의 불균형으로 입 모양과 얼굴 모양이 변하기도 한다. 어깨가 구부러지고 키가 줄어들며, 제2차 성징의 쇠퇴 때문에 성별 특징이 점차 사라진다.

② 신체 내부의 변화 : 노화로 호흡 작용의 효율성이 점차 떨어져 폐활량이 감소하면서 호흡기 질환의 감염 가능성이 높아진다. 순환 기능의 부진으로 혈액 순환이 둔화되고 혈액 순환을 방해하는 동맥경화증이 흔히 발생하게 된다. 나이가 들면서 기초 대사율도 감소하게 되며, 탄수화물 대사가 늘어나 혈당량이 높아지는 경향이 있는데, 이것이 당뇨의 원인이 될 수도 있다. 뼈 구조의 밀도가 낮아져, 그 결과로 생기는 골다공증 등으로 쉽게 골절상을 입을 수 있다. 또한 수면 시간이 줄어들고, 수면의 깊이가 얕아져서 자주 깨거나, 불면증적 증상이 나타나기도 한다.

③ 감각 기능의 변화 : 노년기에 이르면 자극에 대한 민감성이 둔화되고, 감각기관의 효율성이 쇠퇴해진다. 수정체의 탄력성이 떨어지며, 눈에 들어오는 빛의 양을 조절하는 홍채 기능이 떨어져 빛의 변화에 민감하지 못해 밤길 혹은 야간 운전 시 사고의 위험이 높다. 노인성 난청은 나이가 들어감에 따라 발생되는 퇴행성 변화에 의해 청력이 약화되는 현상이다. 이로 인해 의사소통이 어려워져 사회적 관계의 위축 및 외로움 등 정서 장애를 겪는다. 미각이 둔화되며, 촉각 둔화로 인해 온도 식별 기능이 저하되어 화상 등을 입는 경우가 많아지고, 접촉 강도가 높아야 접촉을 느낄 수 있다.

④ 운동 기능의 변화 : 운동 기능은 중년기, 장년기를 지나면서 감퇴가 현저하게 나타나며 노년기에 이르러서는 급속히 쇠퇴한다. 노년기 운동 기능의 감퇴는 운동 기술의 퇴화로 나타난다.

🔍 **추가 설명**

노인의 인지 변화

- 감각과 지각의 변화 : 노인은 시력과 안구 조절 능력의 감퇴 및 청력 장애 같은 감각 기관의 기능이 저하되고 지각적 예민성이 줄고 지각 속도가 느려짐과 아울러 환경의 변화에 즉각적으로 대처하는 능력이 감소한다.
- 학습 능력과 속도의 변화 : 노인은 지적 호기심, 동기 및 상황의 요구에 대처하는 능력이 부족하다.
- 기억의 변화 : 노인은 기억 내용을 장기적으로 옮기는 전이 과정이나 저장능력에 심한 감퇴 현상을 보인다.
- 사고와 문제 해결의 변화 : 노인들은 논리적 추리나 창의적 사고력과 융통성이 부족하다.

> **참고** 노년기 동질정체 기능의 변화
>
> ① **동질정체의 의미** : 생체가 환경에 적응하기 위해서 또는 생명을 유지하기 위해서 보이는 동적 평형상태를 말한다. 생리적·심리적 평형상태를 유지하기 위해서는 동기가 발생한다.
> ② **동질정체의 기능** : 체온을 조절하고 적당한 칼슘을 유지시키며, 혈액 농도 등을 통제하는 일을 함으로써 유기체의 상태를 일정하게 유지하게 하도록 하는 동질정체의 기능도 노년기에 이르면 점차 비효율적으로 되어간다.

3 노인의 지적 특성

① 노인의 인지 변화 : 인지란 지식을 획득, 저장, 인출, 활용하는 일련의 심리적 과정으로서 대상에 대한 지각, 새로운 경험과 지식을 획득하고 저장하는 학습과 기억 및 사고 과정을 일컫는다. 노화에 따라 감각과 지각, 학습 능력과 속도, 기억, 문제 해결 등에 변화를 보인다.

② 지능의 변화 : 지능이란 학습 능력, 문제 해결력, 추상적 사고력 또는 적응 능력 등

을 말한다.
- ㉠ 지능 수준의 저하 : 지능지수(IQ)의 평균은 20~24세 전후까지는 증가하나 30~34세 이후는 점차 감소하며, 65~69세 이후는 급격히 하강한다.
- ㉡ 능력의 탈분화(脫分化) : 노년기에 접어들면 지능은 일종의 생물학적 노화 현상과 환경 자극으로부터의 격리나 박탈에 의해서 능력의 탈분화 현상을 보인다.
- ㉢ 사고의 자기중심화 : 자기중심성이란 대상이나 사상에 대한 입장 외에 타인의 입장이 있음을 인지하지 못하는 것이다. 노인의 사회적 소외는 사고의 자기중심화를 가속화하고 사고의 유연성과 창의성을 저해한다.

③ 언어 능력의 변화
- ㉠ 음성의 변화 : 음성의 변화는 후두연골이 경화되어 탄력성을 잃음으로써 생기며 연령이 증가됨에 따라 음성이 고음으로 변하며, 성대가 서서히 힘을 잃어가고 폭도 줄어든다.
- ㉡ 어휘 능력 : 아동기까지 습득되어서 일상생활에서 사용되기 때문에 다른 정신 능력에 비해서 감퇴 정도가 약하고, 감퇴 속도도 느리다. 어휘력은 연령보다는 노인의 흥미, 교육 정도, 언어 사용의 기회, 언어 사용의 질과 정도 등의 요인들이 더 영향력이 있다.

> **추가 설명**
> 지능의 연령차
> 연령보다는 교육 수준, 직업 수준, 능력 수준, 연습 수준 및 동기나 불안 수준 같은 지적이지 않은 요인 때문에 나타나는 경우가 많다.

4 노인의 성격 특성의 변화 및 정서 변화

① 일반적 성격 특성의 변화
- ㉠ 시간 전망의 변화(중년기 이후는 수명이 한 해씩 짧아지는 것으로 파악)
- ㉡ 우울증 경향의 증가
- ㉢ 내향성 및 수동성의 증가
- ㉣ 경직성의 증가
- ㉤ 인지 양식의 문제(장 의존적 경향)
- ㉥ 조심성 경향의 증가
- ㉦ 신체적 변화에 대한 민감한 변화
- ㉧ 개인 특성에 따른 은둔 성향 혹은 활동 성향의 지향

② 정서의 변화 : 노년기의 정서는 자신의 삶에 대한 스스로의 판단에 의하여 영향을 받는다. 에릭슨(Erikson)에 의하면 노인들은 삶의 마지막 단계에서 자신의 삶을 되돌아보며 '통합감'을 느끼거나 '절망감'을 맛보게 된다고 한다. 통합감에 도달한 노인은 자신의 삶을 만족스럽고 완벽하다고 느낀다. 가족과의 관계, 친구 관계, 사회 참여 등에서 일어나는 다양한 일에 잘 적응해 왔으며 그 과정에서 자신이 선택한 행동들이 현재 자신의 모습을 완성하는 데 모두 긍정적인 힘이 작용했다고 믿는다. 반면에 인생을 살면서 자신의 선택이 잘못된 것이라 판단했는데 그것을 만회할 시간이 없다고 느낄 때 노인들은 절망감을 느끼게 된다고 본다. 때로는 자신의 부정적인 정

> **추가 설명**
> 노년기의 성격 발달 이론
> 융(Carl Gustav Jung)의 정신분석적 전망, 에릭슨(Frik Homburger Erikson)의 사회심리적 이론, 버틀러(Robert Butler)의 노년기 성격역동이론, 펙(Robert Peck)의 위기이론, 레빈슨(Daniel Levinson)의 인생계절론 등이 있다.

서를 감추기 위해 타인을 향해 부정적인 행동을 표출하기도 한다.

5 적응의 노력

① 노년기 적응 유형
　㉠ 성숙형 : 자신의 활동이나 대(對)인간관계를 통해 생활의 의미를 추구한다.
　　• 재구성형 : 자신의 시간과 생활양식을 재구성하여서 모든 분야의 활동에 더욱 더 적극적으로 참여하고, 일상생활에 잘 적응하는 사람
　　• 초점형 : 생활에 잘 적응하고 활동적이나, 재구성형에 비해서 관심분야를 한 두 군데에 집중시키면서 만족을 추구하는 사람
　　• 유리형 : 신체도 건강하며, 일상생활에의 적응수준도 높지만 스스로 자원해서 능동적인 활동을 펴는 일은 별로 없이 조용히 지내는 사람
　㉡ 무장 방어형 : 노화의 결과에 대한 두려움을 지니고, 이를 잊기 위해서 더욱 왕성하게 활동하려고 노력하는 형이다.
　　• 계속형 : 심리적 만족감도 비교적 높고 적응 상태가 좋으나, 왕성한 활동의 기본 동기가 노화방지에 있으며, 만일 활동을 중지하면 빨리 늙어 버릴까 두려워 활동에 얽매이는 사람
　　• 제한형 : 심리적 안정 상태는 비교적 양호하나, 타인과의 능동적인 사회적 접촉을 꺼리고 폐쇄적으로 살아가는 사람
　㉢ 수동 의존형 : 생활 태도에서 활동성과 능동성을 상실하고 소극적이고 수동적인 태도를 취하는 형이다.
　　• 구원 요청형 : 주위의 가족이나 친척에게 의존할 수 있는 것으로부터 심리적 만족과 안정을 얻으며 살아가는 사람
　　• 무감각형 : 신체적 건강 유지를 위한 활동 외에는 거의 활동하지 않는 가운데 무기력, 무감각하고 완전히 수동적이 되어 버린 사람
　　• 와해(瓦解)형 : 심리적 기능, 즉 사고, 지능 그리고 판단능력이 결핍되고 정시 반응도 일관성이 없는 가운데 생활에의 만족도 매우 낮은 사람
② 가족과 사회의 협조
　㉠ 노인에 대한 가족의 태도 : 은퇴한 노인은 인생의 마지막 발달 단계에서 성숙한 일생을 정리하며, 그 일생의 경험을 아래 세대에게 전해 주는 중요한 존재로 보아야 한다. 한편 노인은 자기에게 주어진 인생 단계에서 가정과 사회에서의 필요한 역할을 적절히 수행함으로써 당당하고 떳떳하게 여생을 마칠 수 있도록 해야 한다.
　㉡ 성숙형 및 무장방어형 노인은 계속 활동할 수 있는 영역을 제공함으로써 생활에 대한 만족도와 사기를 높여 줄 수 있을 것이고, 제한형, 구원 요청형 노인에게는 활동을 권하기보다는 오히려 조용히 쉴 수 있는 여러 뒷받침을 제공함으로써 행복한 여생을 마칠 수가 있게 해야 한다.

추가 설명

성숙형
자신의 지나온 삶을 강·약점 모두 인정하여 긍정적으로 받아들이며 대인 관계에 만족을 느끼고 자신의 일생을 값진 것이었다고 느낀다. 그리고 과거에 대한 후회나 미래에 대한 두려움이 없는 유형이다.

추가 설명

기타 노년기 적응 유형
• 흔들의자형 : 일생 지녔던 무거운 짐을 벗어던지고 복잡한 사회생활에서 해방되어 다행스럽게 여기며, 노년기를 수동적으로 살고 싶은 욕구를 충족시키게 되어 좋아하는 유형이다.
• 분노형 : 젊은 시절의 인생 목표를 달성하지 못하고 늙어버린 것에 대한 비통함을 느끼는가 하면 젊은 시절 실패의 원인을 불행한 시대, 경제 사정, 부모·형제, 자녀의 탓으로 돌림으로써 남을 탓하고 자신의 늙어감을 인정하지 못하고 젊은 세대를 부러워함과 동시에 비판하는 유형이다.
• 자학형 : 열등감이 많고 인생의 실패 원인을 자기 자신에게 돌리고 자신을 꾸짖는다. 나이가 들수록 더욱 우울증에 빠지고 심하면 자살 충동을 느끼기도 한다.

03 은퇴와 적응

1 은퇴의 의의

① **사건으로서의 은퇴** : 은퇴 당사자에게 있어서 은퇴라는 사건은 자신의 일생 중 '일'의 시대를 종결짓고 '휴식'의 시대를 시작하는 커다란 분기점이 된다.

② **과정으로서의 은퇴**
  ㉠ 미래에 대한 설계시기 : 퇴직금·연금 등의 운용 계획, 적절한 주택 선정과 이사 준비, 기타 은퇴 생활에 필요한 여러 가지 정보를 수집한다.
  ㉡ 은퇴의 시점 : 은퇴 직후 며칠간의 생활 리듬 파괴에 대한 대책과 자신에게 맞는 시간 계획을 세운다.
  ㉢ 은퇴 직후 : 건강이나 경제적 여유가 양호할 경우 활동이 상당히 활발하다.
  ㉣ 은퇴 생활 안정기 : 일정한 은퇴 생활 양식에 적응하고, 남은 여생을 현실적으로 보고 받아들인다.
  ㉤ 마지막 단계 : 신체적·정신적 기능이 극도로 쇠퇴하고, 현실 적응이 어렵고 의존적으로 된다.

> **추가 설명**
> 은퇴의 의미
> - 긍정적 측면 : 은퇴란 후배에게 사회적 책임과 의무, 승진의 기회를 넘겨 주고, 막중한 책임과 역할에서 벗어나는 합법적인 기회이다.
> - 부정적 측면 : 스트레스를 가져올 수 있으며, 경제적 어려움에 처할 수 있다. 그리고 자존심과 사기가 저하되고 사회적 역할의 상실로 자아정체의 기준이 모호해질 수 있다.

2 은퇴기 이후의 생활

① 우리 사회에서 노인이 점유하는 위치는 과거와 같은 존경받는 권위의 주체가 아니라 다음 세대에게 주역의 위치를 넘기고 난 은퇴자이다.

② 노인 세대에게 불리한 사회적 환경을 개선하기 위해서 노인들에게 적절한 일과 역할을 제공하고, 정년 퇴직을 대비한 은퇴 교육 등의 다양한 사회화 과정을 통하여 인생의 후반기에 대한 적절한 사회적 규준을 제공, 사회적 은퇴 이후의 자신에 대하여 확고한 정체감을 형성할 수 있도록 한다.

3 은퇴에 대한 적응

① **경제적 적응** : 줄어드는 소득에 자신의 생활을 적응시키기 위해서 주택지의 축소, 생활의 간소화 등 여러 가지로 평안한 생활을 위한 대책을 마련한다.

② **새로운 활동과 흥미개발**
  ㉠ 노인 인력의 활용 : 노인 세대의 경험과 인생경륜은 무엇보다도 값진 자산으로서 노인 인력의 활용 가능성을 제시하는 지표가 된다.
  ㉡ 노인의 활동 : 노인은 손자녀나 지역사회 학교의 학습을 도와 주는 역할을 해낼 수 있으며 지역사회의 일에 참여하며, 지역사회의 발전에 공헌하고 각종 봉사활동에도 공헌할 수 있다.

③ **안락한 생활** : 노년기 부부는 안락한 일상생활을 위해 조용한 주거지를 선택하여 사생활의 보장을 받으면서, 자유롭게 활동하고 사교생활도 할 수 있는 교통이 편리한

> **추가 설명**
> 은퇴 이후의 모습
> - 단기적으로 은퇴시기와 은퇴 이유에 따라 그 상황 지각이 다르고, 정서적 안녕감이 달라질 수 있다.
> - 장기적으로 은퇴 이후의 삶의 만족도를 좌우하는 것은 개인의 건강상태, 경제적 자원, 성격과 같은 요인들이다.

곳을 선택하는 것이 좋다.

04 죽음에 대한 인식과 적응

1 죽음에 대한 학자들의 견해

① 하이데거(Heidegger) : 인간은 죽음과 직결된 존재라 하여 죽음의 의식 없이는 인간의 존재가 무가치하다.
② 프로이트(Freud) : 사람들이 비록 죽음이 타인의 문제인 것처럼 행동한다 해도 분명히 죽음은 자연적인 것이며 거부될 수도 회피할 수도 없다.
③ 로스(Ross) : 죽음은 삶의 과정 속에서 공존하는 한 부분이며 삶을 모르면 죽음도 모른다.
④ 토인비(Toynbee) : 죽음으로부터 뒷걸음질하는 것은 서구 세계 전체의 공통된 특징이다.

2 죽음에 대한 인식

① 죽음의 개념 및 의미
  ㉠ 서양 문화권에서 나타나는 죽음관 : 거의 절망적인 것으로 죽음은 존재가 비존재로 되는 것이며 존재의 근거가 되는 시간과 공간이 끝나는 것, 삶을 정복하는 무의미한 성과의 제휴, 삶과 선에 반대되는 최고의 공포이며 악이라고 보았다.
  ㉡ 고대 한국의 죽음관
    • 현세적 질서를 파괴하지 않았다.
    • 현세적 의지와 원망을 변경하지 않았다.
    • 죽음은 언제나 삶과 서로 교통하였다.
    • 물실적 요구를 벗어나지 않았다.
    • '너'와 '나'를 만나게 하는 것으로 이해한다.

3 죽음의 과정

인간이 죽어가는 것은 하나의 연속적인 과정으로, 퀴블러로스(Kübler-Ross)는 다음과 같은 죽음의 과정을 제시하였다.
① 부정 : 사망의 진단을 받으면 이를 인정하지 않으려는 태도를 보이며, 의사의 진단을 믿지 않고 계속해서 다른 병원을 찾는다.
② 분노 : 왜 하필이면 자기인지 분노의 감정을 갖는다.
③ 협상 : 죽음에 대한 부정과 분노가 자신에게 아무 소용이 없으며, 죽음을 면할 방법이 없다고 생각되면 신 또는 질병 자체와 협상의 태도를 보인다.

추가 설명

한국인의 죽음관
죽음을 생에 대한 반대개념으로 보지 않았음은 물론, 죽음을 또 다른 삶의 표현, 삶 그 자체라고까지 인식한다.

추가 설명

그네부흐(Gnewuch)가 제시한 죽음의 유형
• 영혼적인 죽음 : 신으로부터 이탈을 의미
• 생물학적인 죽음 : 뇌·심장 그 밖에 인간의 생명과 관계되는 장기의 기능이 멈추는 것
• 정신·심리적인 죽음 : 회복될 수 없는 혼수상태에 빠지는 것
• 사회적 죽음 : 인간이 사회 환경에 더 이상 적응될 수 없는 상태로 현실 세계로부터 완전히 위축된 경우

④ 우울 : 위의 3가지가 모두 불가능함을 인식하게 되면 우울증 증세를 나타낸다. 우울증은 반응적 우울증과 예비적 우울증의 두 가지로 나눌 수 있다.
⑤ 수용 : 위 4단계를 거치면서 재기할 수 없다고 인식하면 스스로 죽음을 수용하게 되는데 이 단계를 '최후의 성장'이라고도 한다.

4 호스피스 케어(hospice care)

① 원래 호스피스(hospice)는 참배자, 순례자를 위한 숙박소로, 중세에 수도원에서 빈민이나 고아, 만성병 환자들을 여기에 수용하여 의학적 치료와 휴식을 제공한 데서 호스피스 케어(hospice care)가 시작되었다.
② 호스피스 케어의 목적은 우선 불치병 환자들의 신체적 고통을 덜어 줄 뿐만 아니라 심리적 위안을 통해 죽는 날까지 평안하게 지내다가 죽도록 도와주는 데 있다. 그리고 환자뿐만 아니라 가족들과도 긴밀한 유대관계를 갖고 이들의 정서적 안녕감을 증진시키는 것이다.

> **추가 설명**
> 호스피스의 일반적인 특징
> - 호스피스의 주요 차원은 환자의 신체적·정신적 고통의 감소와 통제이다.
> - 호스피스는 환자뿐 아니라 가족들에게도 동료의식과 사기를 북돋아 주는 역할을 해야 한다.
> - 호스피스 담당자는 여러 관련 분야의 사람들이 되며, 이들은 항상 서로 연결되어 협동 체제를 구축한다.

05 노년기의 부부생활

1 은퇴 후의 부부생활

① 노년기의 남편 : 노년기의 남편은 취미활동, 관심사를 부인과 공동으로 개발하는 것이 좋다. 일상생활의 위축이 신체적·심리적 노화와 병리현상을 촉진하게 되는만큼, 노년기의 남편은 보다 적극적인 자세로 생활에 임할 필요가 있다. 그리고 노년기에는 축적된 재산을 잘 파악하고 정리하여 수입에 알맞는 생활로 재정리해 감이 바람직하다.
② 노년기의 부인 : 남편이 은퇴 후에도 적극적이고 긍정적인 태도로 일상생활을 영위해 갈 수 있도록 격려하고 도와 주는 것이 필요하다. 자녀들을 모두 분가시키고 노부부만 살게 될 경우에는 집의 규모를 줄여서 경제적인 면에서도 무리가 가지 않게 한다. 남편의 건강에도 신경을 쓰지만 자신의 건강에도 관심을 가질 것이 요구된다.

2 사별과 그 이후의 생활

① 배우자와의 사별 : 서로 간호하고 도와 줄 수 있는 상대를 잃었다는 생활상의 불편도 크지만 그보다는 심리적인 충격이 더욱 크다.
② 사별에의 적응 : 사별 이후에 생활에 어느 정도 적응하기 위해서는 종교생활에의 몰입, 새로운 취미생활에 열중, 안정된 정서를 유지하는 것이 필요하다.
③ 노년기에 사별한 여성의 경우 재혼의 대상이 될 수 있는 남성의 연령층이 좁고 따라서 수적으로도 많지 않으며, 여성의 재혼에 대한 사회적 편견 등이 복합적으로 작용, 노년기 여성의 재혼율은 남성에 비해 낮다.

> **추가 설명**
> 노년기의 친밀한 부부 관계를 위한 적응 노력
> - 나이가 들면서 찾아오는 신체 노화와 사회 활동이 감소되는 상황들을 자연스럽게 받아들이고 이해해야 한다.
> - 남편과 아내의 역할을 부부 공동으로 상의하고 결정하여 일상사를 공유할 수 있도록 재조정할 필요가 있다.
> - 심리·정서적으로 친밀도를 더욱 높이려는 자세가 필요하다. 상대를 존중하며 배려와 동반자 의식을 발휘하는 것이 더욱 필요한 시기이다.

> **참고** 볼비(Bowlby)의 애도의 단계
>
> ① **충격** : 얼마 동안은 격렬한 슬픔에 압도되어 충격과 의혹의 상태에 빠진다. 분노와 부정의 단계와 유사하다.
> ② **그리움** : 고인에 대한 그리움으로 고인이 살아 있다는 느낌에 사로잡힌다. 불면증, 극심한 슬픔, 불안 등의 증상을 보인다.
> ③ **절망** : 시간이 지나면 고인에 대한 그리움과 슬픔의 감정은 약해지지만, 우울증, 절망감에 빠진다. 매사에 무관심하고 냉담한 반응을 보이며, 심지어 패배감을 느끼기도 한다. 이 단계는 일종의 우울의 단계이다.
> ④ **회복** : 일상 활동을 재개하게 되는 회복 단계는 사별 후 1년 이내에 나타난다. 새로운 취미 활동을 하거나 새로운 사회적 관계를 형성한다.

06 노년기의 가정생활

1 자녀와의 관계

이 시기 부모와 자녀의 관계는 양육하는 관계에서 친구와 같은 관계로 변화해 간다. 따라서 부모와 자식 간의 관계는 '내리사랑'으로 표현되었던 일방적인 관계에서 서로 돌봄이 일어나는 호혜적인 관계가 된다. 그러나 부모와 자녀 간의 호혜의 균형 관계가 무너지고 일방적인 노부모 모시기 관계로 여겨질 때 부모와 자녀의 관계는 위축될 수 있다. 나이가 들수록 의존 관계가 찾아올 수 있으므로 사회와 각 세대가 공동으로 현명한 방안을 찾아가야 한다.

> **추가 설명**
> 노년기 부모와 자녀의 관계
> - 노인 세대 : 자녀 세대의 독립성과 그 세대 나름의 가치관을 인정해야 하며, 독재적이고 권위주의적인 태도를 고친다.
> - 자녀 세대 : 자녀 세대도 자신의 진취적 태도에 비추어 사려 깊고 경험이 풍부한 세대로서의 노인의 태도를 가치롭게 받아들여야 한다.

2 손자·손녀와의 관계

맞벌이가 증가하면서 육아를 담당하는 조부모들이 증가하고 있다. 과거에 비해 부모로서의 기간보다 조부모로서의 기간이 길어지는 추세이다. 조부모와 손자·손녀의 깊은 애정 관계는 손자·손녀의 심리적 발달에 중요한 영향을 미치며, 조부모는 손자·손녀를 통해 삶의 연속성을 느끼고 이들에게 인생을 통한 경험과 지혜를 제공함으로써 생산감을 가지게 된다.

07 노년기의 이상 상황과 치료

> **추가 설명**
> 노년기 이상 상황의 원인
> - 은퇴
> - 배우자와의 사별
> - 신체 및 정신적 노화

1 이상 상황의 원인

① 환경적 요인 : 직업에서의 은퇴와 배우자와의 사별, 직업의 상실에 따른 생활의 의

미 상실 등이다.
② 개인 내적 요인 : 신체적이고 정신적인 노화이다.

2 이상 상황과 치료

① 노인의 우울증 : 생물학적, 유전적 요인도 있지만 질병, 퇴직으로 인한 경제력 상실, 배우자의 죽음, 신체적 능력이 떨어지고 이로 인해 주변 사람들에게 의지해야 하는 일이 많아지거나, 죽음에 대한 두려움의 증가 등으로 노인의 특성이나 사회적인 요인들로 인해 나타난다. 치료를 받지 않으면 우울증으로 인해 절망에 사로잡혀 지내거나, 퇴행되거나, 경제적으로 손실을 입게 될 뿐만 아니라 영양실조, 신체 질환, 망상, 환각, 자살 등 심각한 문제점을 유발하게 된다. 치료에는 정신 치료와 약물 치료, 전기 충격 요법 등이 사용될 수 있다. 정신 치료는 인지 기능 손상이 없거나 극미하고, 지적 능력이 높은 환자들에게 효과적이다.

② 치매
  ㉠ 치매는 주로 노년기에 많이 생기며 그 자체가 하나의 질환을 의미하는 것은 아니고, 여러 가지 원인에 의한 뇌손상에 의해 기억력을 위시한 여러 인지 기능의 장애가 생겨 예전 수준의 일상생활을 유지할 수 없는 상태를 의미하는 포괄적인 용어이다. 치매는 일단 정상적으로 성숙한 뇌가 후천적인 외상이나 질병 등 외인에 의하여 손상 또는 파괴되어 전반적으로 지능, 학습, 언어 등의 인지 기능과 고등 정신 기능이 떨어지는 복합적인 증상이다.
  ㉡ 치매를 일으키는 원인 질환은 매우 다양하지만 퇴행성 치매인 알츠하이머병, 뇌혈관성 치매, 루이체 치매가 주요 3대 치매이며 그 외 전두엽 및 알코올성 치매 등이 주요 원인 질환이다.
  ㉢ 치매의 치료는 현재까지는 완전한 것은 없다. 대부분의 치매가 만성적으로 진행되는 뇌의 질병이기 때문에 일관성 있게 지속적으로 대처하는 것이 중요하다. 약물 치료를 통한 증상의 완화 및 병의 급속한 진행을 억제한다. 그리고 비약물인 치료는 환경 치료, 지지적 정신 치료, 행동 치료, 특히 회상 치료를 통한 인지 치료 및 다양한 재활훈련 치료 등이 있다.

③ 망상(妄想) 장애
  ㉠ 망상 장애는 환자의 현실 판단력에 장애가 생겨서 망상이 생기는 질환이다. 망상은 현실에 맞지 않는 잘못된 생각이며 실제 사실과 다르고, 논리적인 설명으로 시정되지 않고, 교육 정도나 문화적인 환경에 걸맞지 않은 잘못된 믿음 또는 생각이다. 피해망상, 과대망상, 관계망상, 질투망상, 신체망상 등의 증상을 나타내는데, 망상은 조직적이고 체계적인 형태로 표출되는 것이 특징이다.
  ㉡ 망상증상은 상담, 정신치료의 과정을 통해 완화될 수 있고, 증상이 심한 경우에는 약물요법이 첨가되기도 한다.

추가 설명

건망증과 치매의 차이
- 건망증 : 사건의 세세한 부분만을 잊으며(전체 사건에 대해서는 잘 기억한다.) 귀띔을 해주면 금방 기억을 한다. 대부분의 기억력 감소를 인지하고 메모 등을 이용하여 보완하려 노력한다.
- 치매 : 사건의 광범위한 부분을 잊으며(사건 발생 자체를 잊는 경우도 있다.) 귀띔을 해주어도 기억하지 못한다. 본인의 기억력 저하를 모르거나 부인하는 경우도 있다.

추가 설명

알츠하이머병
가장 흔하고 원인적 치료가 불가능한 질환으로 기억, 사고 및 행동에 장애를 초래하는 뇌의 진행성, 퇴행성 병변이다. 알츠하이머병은 노인성 치매라고 하며 치매의 원인 중 가장 흔한 질환이다. 뇌에 베타-아밀로이드라는 펩타이드가 축적되어 대뇌피질의 신경세포들이 감소하게 되고 대뇌 기능이 저하되면서 증상들이 나타나게 된다.

실전예상문제

1 다음 노인의 생활 적응을 설명하는 기초 이론 중 대인관계의 감소, 사회로부터의 퇴진이 노인의 만족도에 부정적인 영향을 미치지 않고, 사회적 활동, 책임감으로부터 어느 정도 해방시켜줌으로써 오히려 만족도를 높여준다고 본 이론은?

① 위기이론　　　② 역작용이론　　　③ 이탈이론　　　④ 활동이론

해설 이탈이론에서는 노년기에 나타나는 사회적인 이탈은 하나의 자연스러운 과정에 불과한 것이지 결코 사회적 압력에 의해 밀려난 것을 의미하지는 않는다고 했다.

2 해비거스트가 제시한 노년기 과업으로 옳지 않은 것은?

① 퇴직과 경제적 수입 감소에 따른 적응　　② 배우자의 죽음에 대한 적응
③ 동년배 집단과의 유대 관계 강화　　　　④ 육아 능력 함양

해설 해비거스트가 제시한 노년기 과업 : 퇴직과 경제적 수입 감소에 따른 적응, 배우자의 죽음에 대한 적응, 동년배 집단과의 유대 관계 강화, 약화되는 신체적 힘과 건강에 따른 적응, 사회적 역할을 융통성 있게 수행하고 적응하는 일, 생활에 적합한 물리적 생활 환경의 조성

3 다음의 〈보기〉와 같은 특성이 나타나는 시기로 알맞은 것은?

- 시력이나 청력이 떨어진다.
- 기억력의 쇠퇴 현상이 보인다.
- 자극에 대한 민감성이 둔화된다.
- 신체 회복 능력이 저하된다.

① 노년기　　　② 중년기　　　③ 청년기　　　④ 사춘기

해설 노년기의 특징
- 신체 기능, 정신 기능의 쇠퇴와 함께 욕구, 태도, 정서 등 성격적 측면에서도 대체로 둔화 현상을 보이거나 문제 상태를 보인다.
- 외모, 골격 및 근육, 감각기관 그리고 신경계통 등 신체 구조면에서 퇴화가 일어나고, 소화, 내분비작용, 호흡, 순환 및 동질정체 등의 신체 기능면에서도 퇴화와 더불어 때로는 병리 현상으로 나타나기도 한다. 또 운동 기능의 속도와 강도에서도 퇴화 현상을 보인다.
- 정신 기능에서 쇠퇴 현상을 보이고, 때로 정신질환의 형태로 표출되기도 한다.

4 다음 중 노화현상에 대한 설명으로 옳지 않은 것은?

① 수면의 양, 질에 변화가 생기며, 깊은 수면상태가 짧다.
② 혈액 순환이 둔화되고 동맥경화증이 나타나기 쉽다.

③ 소화기능이 활발하고 폐활량이 급증한다.
④ 시각, 청각 등 감각기관의 효율성이 떨어진다.

해설 노년기에는 신체적·정신적 쇠퇴가 나타나는데, 외형, 신체 내부 기능의 약화, 감각기능의 둔화, 지적 퇴보 등이 그것이다.

5 고령화와 관련된 설명으로 옳지 않은 것은?

① 의학 발달은 고령화를 촉진시켰다.
② 우리나라는 현재 초고령 사회이다.
③ 노인 인구의 비중이 높아지고 있다.
④ 다른 선진국에 비해 우리나라의 고령화 속도가 빠르다.

해설 우리나라는 2017년 기준 65세 이상 노인 인구 비율이 14.8%이다. 따라서 고령 사회이다.

6 다음 UN이 정하는 고령화 사회란?

① 전체 인구 중 65세 이상 노인인구의 비율이 21% 이상
② 전체 인구 중 65세 이상 노인인구의 비율이 14% 이상
③ 전체 인구 중 65세 이상 노인인구의 비율이 7% 이상
④ 전체 인구 중 65세 이상 노인인구의 비율이 5% 이상

해설 UN은 노인인구의 비율이 전체 인구에서 차지하는 비율이 7% 이상인 사회를 고령화 사회, 노인 인구의 비율이 14% 이상이면 고령 사회라고 명명하고 있다.

7 노년기의 감각기관에 대해 잘못 설명한 것은?

① 자극에 대한 민감성이 둔화된다.
② 대부분의 노인들은 수정체의 탄력성이 떨어진다.
③ 운동기술은 증진된다.
④ 미각이 둔화된다.

해설 노년기 운동기능의 감퇴는 운동기술의 퇴화로 나타난다.

8 생체가 환경에 적응하기 위해 또는 생명을 유지하기 위해 보이는 동적 평형 상태를 말하는 것은?

정답 1.❸ 2.❹ 3.❶ 4.❸ 5.❷ 6.❸ 7.❸ 8.❹

① 조절기능　　　② 감각기능　　　③ 수면기능　　　④ 동질정체

해설 동질정체의 기능 : 신체 내부에서 환경을 조절하고 안정을 꾀하는 생리적 기제로 체온을 조절하고 적당한 칼슘을 유지시키며 혈액 농도 등을 통제하는 일을 해준다.

9 노인의 인지 변화에 대한 내용으로 옳지 않은 것은?

① 지각적 예민성이 줄고 지각 속도가 느려진다.　② 상황의 요구에 대처하는 능력이 부족하다.
③ 창의적 사고력이 부족하다.　④ 환경의 변화에 즉각 대처하는 능력이 증가한다.

해설 노인은 환경의 변화에 즉각적으로 대처하는 능력이 감소한다.

10 다음 중 노인의 인지 변화에 속하지 않는 것은?

① 창의적 사고력 증진　② 지각 속도 저하　③ 기억의 감퇴　④ 지적 호기심 저하

해설 노인들은 논리적 추리, 창의적 사고력과 융통성이 부족하다.

11 노인기 지능 및 언어에 관한 설명으로 옳지 않은 것은?

① 노인기 지능 수준이 저하된다.
② 노인의 사회적 소외는 사고의 자기중심회를 가속화한다.
③ 노인의 음성은 저음으로 변한다.
④ 노인의 어휘 능력은 다른 정신 능력에 비해 감퇴 정도가 약하다.

해설 음성의 변화는 후두 연골이 경화되어 탄력성을 잃음으로써 생기며 연령이 증가됨에 따라 음성이 고음으로 변한다.

12 노년기의 성격발달이론과 학자를 연결한 것이다. 옳지 않은 것은?

① 레빈슨 — 인생 계절론　③ 프로이트 — 성격역동이론
③ 에릭슨 — 사회심리적 이론　④ 융 — 정신분석적 전망

해설 노년학자인 버틀러(Robert Butler)가 노년기의 성격역동이론을 주장하였다.

13 노년기의 일반적인 성격 특성의 변화로 볼 수 없는 것은?

① 외향성 및 능동성의 증가　② 우울증 경향의 증가
③ 신체적 변화에 대한 민감한 변화　④ 조심성 경향의 증가

해설 노년기 성격 특성의 변화
- 시간 전망의 변화
- 내향성 및 수동성의 증가
- 인지 양식의 문제(장의존적 경향)
- 신체적 변화에 대한 민감한 변화
- 우울증 경향의 증가
- 경직성의 증가
- 조심성 경향의 증가

14 사물이나 환경을 다루는 데 있어서 새로운 방법을 채택하기를 꺼리고 구태의연한 방법을 고집하는 경향과 관계있는 것은?

① 내향성　　② 조심성　　③ 인지양식　　④ 경직성

해설 경직성이란 융통성에 반대되는 개념으로서 새로운 방법을 채택하기를 꺼리고 구태의연한 방법을 고집하는 경향을 말한다. 지능이 낮을수록 경직성이 높다.

15 일상생활에서의 적응수준이 높지만 스스로 자원해서 능동적인 활동을 펴는 일은 별로 없이 조용히 지내는 노년기의 적응 유형은?

① 재구성형　　② 유리형　　③ 초점형　　④ 제한형

해설 노년기 적응 유형
- 재구성형 : 자신의 시간과 생활양식을 재구성하여서 일상생활에 잘 적응하는 사람
- 유리형 : 일상생활에의 적응수준이 높지만 스스로 자원해서 능동적인 활동을 펴는 일은 별로 없이 조용히 지내는 사람
- 초점형 : 관심분야를 한 두 군데에 집중시키면서 만족을 추구하는 사람
- 제한형 : 타인과의 능동적인 사회적 접촉을 꺼리고 폐쇄적으로 살아가는 사람
- 계속형 : 만일 활동을 중지하면 빨리 늙어버릴까 두려워 활동에 얽매이는 사람
- 무감각형 : 무기력, 무감각하고 완전히 수동적이 되어버린 사람
- 구원 요청형 : 주위의 가족이나 친척에게 의존할 수 있는 것으로부터 심리적 만족과 안정을 얻으며 살아가는 사람

16 주위의 가족이나 친척에게 의존할 수 있는 것으로부터 심리적 만족과 안정을 얻으며 살아가는 노년기의 적응 유형은?

① 무감각형　　② 계속형　　③ 제한형　　④ 구원 요청형

해설 문제 15번 해설 참조

17 다음 일생 지녔던 무거운 짐을 벗어던지고 복잡한 사회 생활에서 해방되어 다행스럽게 여기며, 노년기를 수동적으로 살고싶은 욕구를 충족시키게 되어 좋아하는 노년기의 적응 유형은?

정답　9.❹　10.❶　11.❸　12.❷　13.❶　14.❹　15.❷　16.❹　17.❷

① 계속형　　② 흔들의자형　　③ 분노형　　④ 자학형

해설 흔들의자형은 일생 지녔던 무거운 짐을 벗어던지고 복잡한 사회생활에서 해방되어 다행스럽게 여기며, 노년기를 수동적으로 살고 싶은 욕구를 충족시키게 되어 좋아하는 것이다.

18 인간은 죽음과 직결된 존재라고 하여 죽음의 의식 없이는 인간의 존재는 무가치하다고 한 학자는?

① 로스　　② 하이데거　　③ 토인비　　④ 프로이트

해설 하이데거는 죽음의 의식 없이는 인간의 존재는 무가치하다고 했다.

19 고대 한국의 죽음관으로 볼 수 없는 것은?

① 너와 나를 만나게 하는 것으로 이해한다.
② 죽음은 언제나 삶과 서로 단절되었다.
③ 현세적 의지와 원망을 변경하지 않았다.
④ 현세적 질서를 파괴하지 않았다.

해설 고대 한국의 죽음관에서 죽음은 언제나 삶과 서로 교통하였고, 물질적 요구를 벗어나지 않았다.

20 그네부흐가 주장한 죽음의 유형이 아닌 것은?

① 사회적 죽음
② 정신·심리적인 죽음
③ 윤리적인 죽음
④ 영혼적인 죽음

해설 그네부흐(Gnewuch)가 제시한 죽음의 유형
- 영혼적인 죽음 : 신으로부터 이탈을 의미
- 생물학적인 죽음 : 뇌·심장 그 밖에 인간의 생명과 관계되는 장기의 기능이 멈추는 것
- 정신·심리적인 죽음 : 회복될 수 없는 혼수상태에 빠지는 것
- 사회적 죽음 : 인간이 사회환경에 더 이상 적응할 수 없는 상태로 현실 세계로부터 완전히 위축된 경우

21 다음 그네부흐가 제시한 죽음의 유형 중 현실 세계로부터 완전히 위축된 경우에 해당되는 것은?

① 영혼적인 죽음
② 생물학적인 죽음
③ 정신·심리적인 죽음
④ 사회적 죽음

해설 문제 20번 해설 참조

22 다음 퀴블러로스가 제시한 죽음의 과정에 포함되지 않는 것은?

① 부정　　② 협상　　③ 분노　　④ 미움

> **해설** 퀴블러로스(Kübler-Ross)가 제시한 죽음의 과정
> - 부정 : 죽음을 인정하지 않으려 한다.
> - 분노 : 분노의 감정을 갖는다.
> - 협상 : 신 또는 질병 자체와 협상 태도를 보인다.
> - 우울 : 부정도, 분노도 그리고 협상조차 불가능함을 인식할 때 나타나는 현상이다.
> - 수용 : 스스로 죽음을 수용한다.

23 다음 퀴블러로스에 의하면 개인이 죽음이라는 진단을 받았을 때 첫번째로 나타내는 방어기제는 무엇인가?

① 부정 ② 우울 ③ 분노 ④ 협상

> **해설** 퀴블러로스가 제시한 죽음의 과정 : 부정 → 분노 → 협상 → 우울 → 수용

24 다음 퀴블러로스가 제시한 죽음을 수용하기까지의 인간의 심리적 변화 과정을 순서대로 잘 나타낸 것은?

① ㄹ → ㄷ → ㄴ → ㄱ → ㅁ
② ㄹ → ㄴ → ㄱ → ㄷ → ㅁ
③ ㄴ → ㄱ → ㄹ → ㄷ → ㅁ
④ ㄱ → ㄴ → ㄷ → ㄹ → ㅁ

> **해설** 문제 23번 해설 참조

25 다음 중 불치병이나 고령으로 죽음을 기다리는 사람에게 고통을 덜어주고 좀더 평안하게 죽음을 맞을 수 있도록 도와주는 것을 무엇이라 하는가?

① 방어기제 ② 호스피스 ③ 해약이론 ④ 자아통합

> **해설** 호스피스(호스피스 케어)
> - 호스피스의 가장 중요한 목적은 죽어가는 사람을 돌보는 것이다.
> - 호스피스의 주요 차원은 환자의 신체적, 정신적 고통의 감소와 통제이다.
> - 호스피스는 그 가족들에게도 동료 의식과 사기를 북돋아주는 역할을 해야 한다.
> - 호스피스 담당자는 여러 관련 분야의 사람들이 되며, 이들은 항상 서로 연결되어 협동 체제를 구축한다.

26 은퇴 후의 부부생활에 관한 기술 중 잘못된 것은?

정답 18.❷ 19.❷ 20.❸ 21.❹ 22.❹ 23.❶ 24.❷ 25.❷ 26.❸

① 노년기의 부인은 남편뿐만 아니라 자신의 건강에 관심을 가져야 한다.
② 노년기의 남편은 적극적인 자세로 생활에 임할 필요가 있다.
③ 일상생활의 위축은 노년기의 병리 현상을 감소시키는 측면이 있다.
④ 상대를 존중하며 배려와 동반자 의식을 발휘하는 것이 더욱 필요하다.

해설 노년기에 일상생활의 위축은 신체적·심리적 노화와 병리 현상을 촉진하게 되는만큼, 노년기의 남편은 보다 적극적인 자세로 생활에 임할 필요가 있다.

27 사별에 따른 볼비가 제시한 애도의 단계 중 매사에 무관심하고 냉담한 반응을 보이며 심지어 패배감을 느끼기도 하는 것으로 일종의 우울의 단계는?

① 충격　　　　② 그리움　　　　③ 절망　　　　④ 회복

해설 절망 단계는 시간이 지나면 고인에 대한 그리움과 슬픔의 감정은 약해지지만 우울증, 절망감에 빠진다.

28 노년기 이상 상황 중 여러 원인에 의한 뇌손상에 의해 기억력을 위시한 여러 인지 기능의 장애가 생겨 예전 수준의 일상생활을 유지할 수 없는 상태를 의미하는 포괄적인 용어는?

① 우울증　　　　② 치매　　　　③ 건강증　　　　④ 망상 장애

해설 치매는 일단 정상적으로 성숙한 뇌가 후천적인 외상이나 질병 등 외인에 의해 손상 또는 파괴되어 전반적으로 지능, 학습, 언어 등의 인지 기능과 고등 정신 기능이 떨어지는 복합적인 증상이다.

29 건망증과 치매의 차이 중 치매에 관한 내용은?

① 사건의 세세한 부분만을 잊는다.　　② 전체 사건에 대해서는 잘 기억한다.
③ 귀띔을 해주면 금방 기억을 한다.　　④ 본인의 기억력 저하를 부인하는 경우도 있다.

해설 치매
• 사건의 광범위한 부분을 잊는다.(사건 발생 자체를 잊는 경우도 있다.)
• 귀띔을 해주어도 기억하지 못한다.　　• 본인의 기억력 저하를 모르거나 부인하는 경우도 있다.

30 다음 노년기의 이상 증상으로 흔히 나타나는 것은?

① 망상 장애　　　② 정신분열증　　　③ 행동장애　　　④ 공격행동

해설 노년기 이상증상 : 우울증, 노인성 치매, 망상 장애

정답 27.❸　28.❷　29.❹　30.❶

부록

최종 모의고사

제1회 모의고사

1 다음 〈보기〉의 ( ) 속에 가장 알맞은 단어가 바르게 열거된 것은?

> 보기 인간에 관한 한 발달이라고 말하자면 인간의 행동이 (㉠)(으)로 또는 (㉡)(으)로 변화될 때 이를 발달이라고 할 수 있다.

① ㉠ 균등화, ㉡ 다양화
② ㉠ 무향적, ㉡ 개념적
③ ㉠ 하향적, ㉡ 기능적
④ ㉠ 상향적, ㉡ 지향적

 상향적이나 지향적이라고 할 수 있는 변화란 어떤 변화인가? 그것은 변화의 방향이 바람직한 방향으로 변화되는 것을 의미한다. 즉 양적으로 전보다 더 증대되기도 하고, 기능적으로도 전보다 더 유능해지고 세련화될 때 발달이라고 할 수 있다.

2 다음 중 성장의 의미와 관련된 것은?

① 눈동자의 움직임이 활발해지는 등의 감각 기능이 유능하게 되는 것
② 여러 내분비선의 변화에 의하여 생기는 신체 기능이 유능해지는 것
③ 기기, 앉기, 서기 등과 같은 운동 기능의 발달
④ 신체적으로 키가 커지고 몸무게가 늘어나는 등의 양적 변화

해설 성장과 성숙
  • 성장 : 신체적으로 신장, 몸무게가 증가하는 양적 변화
  • 성숙 : 신체적인 변화 중에서도 기기, 앉기, 서기 등과 같은 운동 기능, 피부가 외부 자극에 대해 민감한 반응을 보이거나 눈동자의 움직임이 활발해지는 등의 감각 기능과 여러 가지 내분비선의 변화로 신체 기능이 유능하게 되는 것

3 다음 〈보기〉의 내용이 의미하는 발달의 원리는 어떤 것인가?

> 보기 아기가 걸을 수 있기 전에 먼저 일어설 수 있어야 하고 뛸 수 있게 되려면 뒤뚱거리지 않고 설을 수 있어야 한다.

① 발달의 각 측면이 상호 밀접히 관련되어 있다. — 상호관련성
② 연령, 성별이 같다 해도 차이가 있다. — 개인차
③ 계속적인 과정이지만 속도는 일정하지 않다. — 속도와 계속성
④ 일정한 순서가 있다. — 순서

 아기는 걸을 수 있기 전에 먼저 일어설 수 있어야 하고, 뛸 수 있게 되려면 뒤뚱거리지 않고 걸을 수가 있어야 한다. 이처럼 인간의 운동 발달에는 일정한 방향으로 진행되는 일정한 순서가 있어 이 원리에 따라 발달된다.

4 발달의 최적기를 놓치게 되면 그 시기 이후에 이를 보완하거나 교정하기가 매우 힘들다는 발달의 기본 성격은?

① 불가역성 ② 누적성 ③ 적기성 ④ 기초성

해설 인간 발달의 기본 성격
- 발달의 기초성 : 아동의 발달에서 경험되는 모든 경험은 성인기 행동의 여러 특성을 결정하는 원인이 된다는 것이다.
- 발달의 적기성 : 어떤 특정한 발달 과업을 성취하는 데는 가장 적절한 시기가 있다는 것이다.
- 발달의 누적성 : 인간의 성장 발달에 어떤 결손이 생기면 그 결손은 계속 누적되어 보다 심각한 결손을 일으킨다는 것이다.
- 발달의 불가역성 : 발달의 최적기를 놓치게 되면 그 시기 이후에 이를 보완하거나 교정하기가 매우 힘들다는 것이다.

5 다음의 〈보기〉의 내용은 무엇에 대한 설명인가?

> **보기** 퇴행 등과 같이 외부 환경의 요구와 자아 사이에 갈등이 발생할 때 생기는 불안으로부터 자아를 방어하는 책략을 일컫는다.

① 방어 기제 ② 순환 반응 ③ 각인 ④ 평형화

해설 자아가 합리적으로 자신이 느끼는 불안을 해결할 수 없을 때, 자신이 의식하지 못하는 가운데 비현실적인 방법으로 불안감을 제거하는데, 이러한 무의식적 심리 기제를 방어 기제라고 한다. 이 방어 기제로는 개인의 궁극적인 심리사회적 적응에 부정적인 결과를 야기시키는 실연, 소극적 공격, 억압, 투사, 퇴행과 긍정적인 결과를 가져오는 승화, 유머, 예상, 억제, 금욕 등의 방어 기제들로 크게 분류할 수 있다. 이 중 퇴행은 자기 자신의 감정, 충동, 또는 생각에 내포되어 있는 불안이나 갈등을 피하기 위해서 발달의 이전 단계로 되돌아가 버리는 방어 기제이다.

6 개인을 양육하는 부모나 주변 사람들로부터 개인에게 투사되는 사회의 도덕적, 윤리적 가치가 개인에게 내면화된 것을 의미하는 것과 거리가 먼 것은?

① 양심 ② 초자아 ③ 자아이상 ④ 리비도

해설 초자아(superego)
- 초자아는 개인을 양육하는 부모나 주변 사람들로부터 개인에게 투사(projection)되는 사회의 도덕적·윤리적 가치가 개인에게 내면화된 표상이다. 그러므로 초자아는 개인으로 하여금 자기행동이 도덕적·윤리적으로 정당한지 아닌지를 판단하게 해주며, 가능한 한 이런 기준에서 완벽에 이르고자 한다.
- 초자아는 양심과 자아 이상의 두 측면이 있는데, 양심은 잘못된 행동에 대해 처벌이나 비난을 받은 경험에서 생기는 죄책감이고 후자는 잘한 행동에 대해 긍정적 보상 즉 칭찬을 받은 경험에서 생긴 것이다.

7 다음 〈보기〉와 같은 일들을 경험하는 시기는 프로이트의 발달 단계에서 언제인가?

정답 1.④ 2.④ 3.④ 4.① 5.① 6.④ 7.②

> **보기** 남근 선망, 거세 불안, 엘렉트라 콤플렉스, 오이디푸스 콤플렉스

① 잠복기　　② 남근기　　③ 항문기　　④ 구강기

> **해설** 약 4세에서 5세까지의 유아기를 프로이트(Freud)는 남근기라 했다. 이 시기에 남아는 어머니, 여아는 아버지, 즉 각각의 이성 부모에 대해 성적 애정과 접근하고자 하는 욕망을 갖게 되고 동성의 부모와 갈등을 경험하게 되며, 애정 경쟁자로서 적대감을 느끼게 된다. 그러나 남아는 강하고 큰 아버지가 자신을 해칠지 모른다는 피해 의식으로 거세 불안을 느끼고, 여아는 남아가 가진 남근을 가지지 못했다는 사실을 깨닫고 열등의식을 갖고 남근을 부러워하는 남근 선망을 하게 된다.

8 다음 프로이트와 에릭슨의 발달 단계 구분 중 서로 관련 있는 단계가 옳게 연결된 것은?

① 구강기 — 생산성 대 침체성　　② 항문기 — 통합성 대 절망감
③ 남근기 — 자발성 대 죄책감　　④ 잠복기 — 친밀감 대 고립감

> **해설** 프로이트와 에릭슨의 발달 단계
> - 구강기 — 신뢰감 대 불신감
> - 남근기 — 자발성 대 죄책감
> - 생식기 — 정체감 대 정체감 혼미
> - 항문기 — 자율성 대 수치감
> - 잠복기 — 근면성 대 열등감

9 다음 콜버그의 도덕성 발달 단계 중에서 전인습 수준에 속하는 단계는?

① 대인간 조화　　② 처벌과 복종 지향
③ 법과 질서 지향　　④ 사회적 계약과 합법성 지향

> **해설** 콜버그의 도덕성 발달단계
> - 1단계 전인습적 도덕 수준(2~6세) : 아동들의 외적 요인들에 의해서 행위를 결정하였다. 즉 복종과 처벌 지향, 상대적 쾌락주의
> - 2단계 인습적 도덕 수준(6~12세) : 착한 행동을 하는 것과 전통적 인습적인 사회질서를 유지하는 것으로 도덕을 정의한다.
> - 3단계 후인습적 도덕 수준(12~20세) : 공통적인 기준이나 권리 및 의무에 따라 행동한다.

10 다음의 〈보기〉에서 설명하고 있는 학자는?

> **보기** 자연 관찰법을 통해 발견되는 동물의 상대적 본능 행동 외에도 후천적·사회적 본능이 생의 초기에 획득된다는 사실에 관심을 가지며 각인설을 주장했다.

① 로렌츠(Lorenz)　　② 반두라(Bandura)
③ 볼비(Bowlby)　　④ 스키너(Skinner)

해설 로렌츠는 종종 현대 동물행동학의 아버지로 불리는데, 다윈의 진화론적 관점을 도입하여 동물 행동을 연구하였다. 동물행동학자들은 학습되지 않은 특별한 부류의 행동인 본능에 흥미를 갖는데, 본능을 종(種)의 특유의 것으로 보며, 또한 본능은 진화의 산물로서 종을 위한 생존 가치를 갖는다고 본다.

11 정자와 난자의 수정 후 약 2주까지의 시기를 무엇이라 하는가?

① 배란기   ② 예정기   ③ 태아기   ④ 배아기

해설 수정란은 자체가 가진 영양으로 세포분열을 시작하여 수정 후 3일이 지나면 32개의 세포가 되고 4일경에는 자궁 안에 들어가서 헤엄쳐 다니면서 계속 세포분열을 하고 배란막에는 융모가 돋아서 수정된 후 7일에서 14일 사이에 자궁벽에 착상하게 된다.

12 다음 신생아가 배가 고플 때 안아주면 입을 벌리고 좌우로 두리번거리며 무엇인가 찾는 듯한 시늉을 하는 반사 작용은?

① 모로반사   ② 정향반사   ③ 탐지반사   ④ 빨기반사

해설 탐지반사 : 신생아는 배가 고플 때 안아주면 입을 벌리고 좌우로 두리번거리며 무엇인가 찾는 듯한 시늉을 한다.

13 대소변 훈련과 관련된 신생아 반사작용은?

① 바빈스키반사   ② 괄약근반사   ③ 정향반사   ④ 모로반사

해설 신생아는 결장이나 방광이 충만되면 반사적으로 괄약근이 이완되어 배설작용이 저절로 이루어진다.

14 다음 중 〈보기〉의 발달을 나타내는 시기로 알맞은 것은?

> 보기
> • 미분화된 단일 언어를 말할 수 있게 된다.   • 낯선 이에 대한 낯가림이 절정에 이른다.
> • 두세 손가락을 사용하여 손끝으로 물건을 집을 수 있다.

① 생후 6개월경   ② 생후 12개월경   ③ 생후 2년   ④ 생후 3년

해설 생후 12~14개월경에는 두세 손가락을 사용하여 손가락 끝으로 정확히 물건을 잡을 수 있다.

15 다음의 〈보기〉와 같은 특징을 갖는 시기는 언제인가?

정답 8.❸ 9.❷ 10.❶ 11.❶ 12.❸ 13.❷ 14.❷ 15.❸

| 보기 | ㉠ 몸의 균형을 잡을 수 있고, 여러 자조기능을 발달시킨다.
㉡ 출생 시 몸무게의 약 5.5배 정도 되며, 걸음걸이에 균형이 잡히고, 걷는 속도도 빨라진다. |

① 사춘기　　　　② 아동기　　　　③ 유아기　　　　④ 영아기

해설 유아기에는 체중의 발달도 신장의 크기와 비례한다. 그래서 약 2세경에는 출생시 몸무게의 3.7배나 되다가 만 5세경이 되면 출생 시 몸무게의 약 5.5배가 된다.

16 다음 중 인간은 생래적인 언어습득장치(LAD)를 사용하여 고유한 자기언어를 학습한다고 주장한 학자는 누구인가?

① 비고츠키　　　　② 촘스키　　　　③ 반두라　　　　④ 스키너

해설 촘스키에 의하면 인간은 고유한 자기 언어를 학습하는 데 있어서 생래적인 언어 습득 장치(LAD)를 사용한다. 이것은 신체 속의 장기로서 존재하는 것이 아니라 기능으로서 존재한다고 보며, 이것을 사용하여 언어 자료를 처리하고 가공하며, 규칙을 구축하고 문법적 문장을 이해하게 된다.

17 다음의 〈보기〉에서 설명하는 유아기 인지의 특성으로 알맞은 것은?

| 보기 | 크리스마스가 가까워 올수록 산타클로스의 모습을 크게 그리는 반면 이 날이 지나가 버리면 그 모습을 작게 그린다. |

① 선택적 주의　　　　② 보존 개념　　　　③ 변별 학습　　　　④ 개념 획득

해설 4~10세는 선택적 주의가 급속히 발달되는 시기이다.

18 다음 중 학자들의 유아 놀이에 대한 견해로 알맞은 것은?

① 손다이크 — 본능의 표현　　　　② 피아제 — 잉여 에너지
③ 프로이트 — 학습된 행동　　　　④ 프뢰벨 — 지선의 표현

해설 프로이트(Freud)는 놀이란 아동의 소원을 충족시키는 역할을 한다고 보고 아동이 실생활에서 인상깊게 경험한 일, 욕구가 충족되지 않았던 일을 놀이를 통해 반복함으로써 억압된 감정을 해소하고 욕구를 충족시킨다고 보았다. 피아제(Piaget)는 놀이는 아동의 인지발달에 기본적 활동으로서 아동 자신에게 현실을 동화시켜 가는 과정으로 보았다. 프뢰벨(Fröbel)은 놀이를 지선의 표현으로 보았으며, 손다이크(Thorndike)는 학습된 행동으로 보았다.

19 지능이라는 말을 처음으로 심리학에 도입했고, 사람의 적응 능력을 지능에 기인한다고 본 사람은?

① 웩슬러(Wechsler)　　② 터먼(Terman)　　③ 스펜서(Spencer)　　④ 길포드(Guilford)

해설 19세기 스펜서(Spencer)는 지능이란 말을 처음으로 심리학에 도입했다. 그는 지능이란 여러 가지 다른 인상을 종합하는 능력으로 보면서 사람의 적응 능력은 지능에 기인한다고 했다.

20 지능이 공간요인, 수요인, 언어이해요인, 언어유창성요인, 지각속도요인, 기억요인, 귀납요인, 연역요인 등으로 구성되었다고 본 학자는 누구인가?

① 길포드(Guildford)　　② 서스턴(Thurstone)　　③ 터먼(Terman)　　④ 스펜서(Spencer)

해설 다요인설의 대표자는 서스턴이다. 그는 지능이란 여러 요인으로 구성되었다고 보면서 이들 요인을 기본 정신 능력으로 분석했다.

21 다음 성역할 발달이론 중 주변 사람들로부터 받은 보상, 벌 또는 직접·간접의 조건 형성으로 성역할이 이루어진다고 보는 이론은?

① 사회학습이론
② 모델링이론
③ 인지발달이론
④ 정신분석학이론

해설 성역할 발달이론
- 사회학습이론 : 관찰학습, 변별학습, 일반화 학습 등으로 형성 발달된다.
- 모델링이론 : 프로이트(Freud)의 동일시 개념을 적용한 것으로 동성 부모와의 동일시가 성역할 발달의 필수조건이라고 가정한다.
- 인지발달이론 : 그가 속한 문화권 내에서 성차에 따라 남녀 아동을 다르게 대우하기 때문에 형성된다는 것을 인정하면서도 아동이 자신의 성을 인식하고 남녀의 신체구조나 능력을 종합적으로 식별하여 지각하는 인지발달의 과정에서 형성, 발달된다고 보았다.

22 다음 중 아동기의 공격 행동에 대한 설명으로 옳은 것은?

① 연령이 증가할수록 공격적 행동에서 공격적 언어 사용으로의 변화를 보인다.
② 부모로부터 벌을 자주, 많이 받은 아동이 그렇지 않은 아동보다 공격적인 행동을 적게 보인다.
③ 자기 목적을 위해 공격적인 행동을 하는 것을 적대적 공격성이라고 한다.
④ 특정 개인을 비난·조롱하는 공격성을 도구적 공격성이라고 한다.

해설 공격성은 연령이 증가됨에 따라 공격적 행동에서 공격적 언어사용으로 발달적 변화를 보인다.

23 다음의 〈보기〉와 같은 특성을 갖는 시기는 언제인가?

정답 16.❷　17.❶　18.❹　19.❸　20.❷　21.❶　22.❶　23.❷

| 보기 | 나는 누구이며 어떤 사람이 될 것인가(who am I? & who am I to be?) 나는 어떤 사람이 되고 싶은가(who am I want to be?) 등의 질문을 스스로에게 던지면서 골똘히 이 문제를 생각하게 된다. 그러나 이런 고민스런 문제에 대한 해답은 쉽게 발견되지 않으므로 갈등과 불안을 겪게 되는데, 이런 과정은 곧 자기탐색과 자기확립의 과정인 것이다. |

① 성인기 ② 청년기 ③ 사춘기 ④ 아동기

해설 자아정체감 형성이 이루어지는 중요한 시기로 청년들은 자신에 대해 많은 고민, 갈등과 불안을 겪게 된다. 이러한 과정이 곧 자기탐색, 자기확립의 과정이다.

24 마샤의 자아정체감 발달 단계로 옳은 것은?

보기	㉠ 정체감 혼미	㉡ 정체감 미숙
	㉢ 정체감 확립	㉣ 정체감 유예

① ㉠-㉡-㉢-㉣ ② ㉠-㉡-㉣-㉢ ③ ㉡-㉠-㉣-㉢ ④ ㉡-㉣-㉠-㉢

해설 자아정체감 발달 단계 : 정체감 혼미-정체감 미숙(유실)-정체감 유예-정체감 확립

25 다음 중 마샤(Marcia)는 얼핏 보기에 자아정체감이 확립된 것 같으나 외부적 충격에 의해서 쉽게 정체감의 혼미 상태로 빠져버리는 상태를 무엇이라 했는가?

① 정체감 확산 ② 정체감 혼재 ③ 정체감 유예 ④ 정체감 유실

해설 마샤(Marcia)의 자아정체감 발달 단계
- 정체감 혼미 단계 : 뚜렷한 직업관이나 종교 및 정치관을 갖지 못한다.
- 정체감 미숙 또는 유실 단계 : 얼핏 보아 외형상 정체감을 뚜렷이 확립한 듯 보이나 자기 힘으로 정체감 위기를 극복하지 못하는 결함을 지닌 단계
- 정체감 유예 단계 : 좀처럼 현재의 자기 위치를 바꾸려들지 않는 단계
- 정체감 확립 단계 : 자아완성의 단계, 성취욕구가 높고 목적의식이 분명하여 반권위적이고 독립적이고 적응력이 강한 특성을 보임.

26 다음의 〈보기〉와 같은 특성을 나타내는 시기로 알맞은 것은?

보기	• 취업을 하여 부양을 하게 된다.	• 성숙된 인격을 갖추어야 한다.
	• 가정을 형성한다.	

① 중년기 ② 성인기 ③ 청년기 ④ 사춘기

해설 성인기의 발달 과업은 성숙된 인격을 갖추고, 자신의 적성과 자질을 최대한 발휘할 수 있는 직업을 선택하고 이에 적응하며, 평생을 함께 할 배우자를 선택하고 결혼을 해서 가정을 형성, 가족의 기능을 올바르게 수행하며 계속적인 자기발전의 길을 모색하는 일이다.

27 학자들이 제시한 성숙에 대한 개념 정의를 바르게 짝지은 것은?

① 프로이트 — 자아와의 밀접한 친교 능력을 지니게 되는 것
② 매슬로 — 사회의 방해 가능성 속에서도 인간적인 방향으로 나아가려는 노력 및 욕구의 실현
③ 올포트 — 자극과 반응의 연결 체제
④ 에릭슨 — 성적 충동이나 공격적 충동을 승화된 방법으로 표현하는 것

해설 성숙의 개념
- 프로이트 : 성적인 충동이나 공격적 충동을 승화된 방법으로 표현하는 것
- 에릭슨(Erikson) : 자아와의 밀접한 친교 능력을 지니게 되는 것
- 학습이론 : 자극과 반응의 연결 체제를 개념 정의의 기준으로 잡고, 여러 가지 불안에서 해방되어 주위 자극에 대해 체계적 반응을 보이는 것
- 자아이론 : 자기 수용
- 올포트(Allport) : 통일된 인생 철학을 지니고 자아감을 확충시킴

28 올포트(G. Allport)가 제시한 성숙 인격 중 타인과의 따뜻한 인간관계를 이루는 요인으로 알맞은 것은?

① 독립심과 의존 ② 복종과 지배 ③ 존경과 관심 ④ 친근감과 동정

해설 올포트는 성숙인의 따뜻한 인간관계로 두 가지를 설명했다. 그 하나는 친근감이요, 나머지 하나는 동정의 마음이다. 성숙인은 부모, 형제는 물론 친구, 동료 등 주위의 많은 사람들에게 친근감을 표현할 수 있다. 이런 친근감 표현 능력은 자기감의 확장에서 비롯되는 것이다. 인간들 누구나가 경험하는 고통이나 열정, 공포, 실패 등을 이해하고 함께 느끼고 아파해 줄 수 있는 능력은 동정에서 비롯되며, 이 감정이입이야말로 자기에서 인류까지 자신을 확장시켜 가는 일이 된다.

29 배우자 선택의 동기 중 〈보기〉와 같은 특성을 가장 잘 나타낸 것은 무엇인가?

> 보기 평소 자신에게 부족하다고 생각되던 면들을 잘 갖추고 있는 사람을 배우자로 선택하게 되는 경향이 크다.

① 이상상 의식 ② 환경의 동질성 ③ 보상에의 욕구 ④ 근접성

해설 평소에 자신에게 부족하다고 생각되던 면들을 잘 갖추고 있는 사람을 만나게 되면 결혼을 통해서 자신의 단점을 보상할 수 있으리란 기대에서 배우자로 선택하게 되는 경향이 크다는 것이다.

정답 24.❷ 25.❹ 26.❷ 27.❷ 28.❹ 29.❸

30 다음 중 〈보기〉와 같은 가족의 특성을 의미하는 것은?

> **보기** 구성원이 되기 위한 자격을 획득하는 일과 그 자격을 포기하는 일이 쉽지 않다.

① 형식적 집단 ② 폐쇄적 집단 ③ 비형식적 집단 ④ 일차적 집단

해설 폐쇄적 집단이란 구성원이 되기 위한 자격을 획득하는 일과 그 자격을 포기하는 일이 쉽지 않은 집단을 의미한다. 즉, 가족은 구성원이 되기 위해서는 일정한 혈연적 요건을 필요로 하고, 또 이를 거부하려 해도 혈연관계를 지닌 한 관계를 임의로 포기할 수 없는 성격을 지닌다.

31 다음의 〈보기〉와 같은 특징을 보이는 시기는?

> **보기**
> ㉠ 자신의 가정·직장에서 생산적이며, 가치관의 변화를 주도하게 된다.
> ㉡ 여러 개인 및 집단들과 다양한 관계를 맺으며 사회생활에서 가장 활발한 시기로, 지역사회의 기관, 교회, 학교, 복지기관 등에도 관여하면서 자기 직업에서도 고도의 능률을 발휘한다.

① 노년기 ② 중년기 ③ 성인기 ④ 청년기

해설 중년으로서의 개인은 사회 변화 특히 가치관 변화를 주도하게 되며 사회적 위치로도 크게 공헌해야 할 의무가 있다. 자신의 가정·직장에서 생산적이고 창의적인 만큼 자기보다 어린 세대가 창의적이고 생산적이 되도록 자극해야 한다. 이러한 공민의식, 공민으로서의 태도가 곧 사회 발전의 원동력이 되기 때문이다.

32 다음 로저스(K. Rogers)가 제시한 〈보기〉와 같은 인성을 가진 사람으로 알맞은 것은?

> **보기**
> ㉠ 선택과 행동의 자유 의식   ㉡ 실존적인 생활 태도
> ㉢ 경험에 대한 개방성   ㉣ 창의성
> ㉤ 자기 신뢰

① 자아실현인 ② 성취인 ③ 성숙인 ④ 완전히 기능하는 사람

해설 로저스(Rogers)가 제시한 완전히 기능하는 사람의 특성 : 자기 신뢰, 경험에 대한 개방성, 창의성, 선택과 행동의 자유 의식, 실존적인 생활 태도

33 중년의 부부 관계에 있어서 긍정적 측면의 요인에 들지 않는 것은?

① 자녀로 인한 공통적 만족감을 찾는다.
② 자녀 출산과 양육에 대한 육체적, 정신적 부담이 최고치이다.

③ 가정생활의 상보적 관계나 역할 수행에 익숙해진다.
④ 식성, 취미 생활 등 여러 특성들이 동질화된다.

해설 중년의 부부관계에 있어서 긍정적 측면의 요인(동반자 의식이 강화되는 이유)
- 성인기의 자녀 출산과 양육에 대한 육체적·정신적 부담에서 어느 정도 해방될 수 있다.
- 자녀로 인한 공통적 만족감을 찾는다.
- 식성·취미 생활 등 여러 특성들이 동질화된다.
- 가정생활의 상보적 관계나 역할 수행에 익숙해진다.

34 다음 중 그동안 축적한 풍요한 경험으로 최고의 지위를 점유하고 최선의 역할을 수행하는 시기로서 자기 쇄신과 발전을 향해 계속 정진해야 하는 시기는?

① 노년기   ② 장년기   ③ 청년기   ④ 사춘기

해설 장년기 : 45세에서 64세에 이르는 시기로 각 개인이 그의 인생에서의 목표를 거의 다 성취하는, 성취할 수 있는 시기로 경험과 연륜, 지혜의 축적으로 직업적 성취와 상당한 사회적 책임을 지는 시기이다.

35 다음 여성의 갱년기에 따른 폐경 증상으로 거리가 먼 것은?

① 안면 홍조   ② 근육 증가   ③ 불안   ④ 야간 발한

해설 폐경 증상 : 안면 홍조, 야간 발한, 두통, 요실금, 불안, 과민, 우울, 피로와 근심, 호흡 곤란, 골다공증 등이다.

36 장년기 개인에게 중요한 비중을 차지하는 녹스가 제시한 우정 관계의 성격에 대한 설명이 바르게 연결된 것은?

① 호혜적 관계 — 한쪽이 역할 모델로서 존경과 부러움을 받는 상태로 형성된다.
② 구조적 관계 — 지리적 근접성, 장기적인 상호작용, 상호작용의 용이성 등으로 형성된다.
③ 양립적 관계 — 직업, 취미가 비슷해서 생활 공유 영역이 넓어 의사소통, 이해의 기회가 많이 형성된다.
④ 경험적 관계 — 서로 의지하고 지지, 인정, 신의를 지켜줌으로써 형성된다.

해설 구조적 관계는 지리적 근접성, 장기적인 상호작용, 상호작용의 용이성 등으로 인해 형성되는 우정 관계이다.

37 가정 내에서 조부모가 삶의 지혜의 근원임을 내세우는 조부모 역할 수행의 형태는?

① 대리 부모형   ② 권위형   ③ 공시형   ④ 원거리형

해설 조부모의 역할 수행 형태

정답 30.❷ 31.❷ 32.❹ 33.❷ 34.❷ 35.❷ 36.❷ 37.❷

- 원거리형 : 공식적인 가족모임 외에는 거의 가족관계에 참여하지 않는 형태
- 공식형 : 조부모로서 꼭 필요한 공식적인 역할만 수행하는 형태
- 대리 부모형 : 조부모가 부모의 역할을 대신하면서 생활하고 있는 형태
- 권위형 : 가정 내에서 조부모가 삶의 지혜의 근원임을 내세우는 형태
- 기쁨 추구형 : 손자녀들과의 상호작용에 시간을 투여함으로써 기쁨을 누리는 형태

38 다음의 〈보기〉와 같은 특성이 나타나는 시기로 알맞은 것은?

보기
- 시력이나 청력이 떨어진다.
- 자극에 대한 민감성이 둔화된다.
- 기억력의 쇠퇴 현상이 보인다.
- 신체 회복 능력이 저하된다.

① 노년기 ② 중년기 ③ 청년기 ④ 사춘기

해설 노년기의 특징
- 신체 기능, 정신 기능의 쇠퇴와 함께 욕구, 태도, 정서 등 성격적 측면에서도 대체로 둔화 현상을 보이거나 문제 상태를 보인다.
- 외모, 골격 및 근육, 감각기관 그리고 신경계통 등 신체 구조면에서 퇴화가 일어나고, 소화, 내분비작용, 호흡, 순환 및 동질정체 등의 신체 기능면에서도 퇴화와 더불어 때로는 병리 현상으로 나타나기도 한다. 또 운동 기능의 속도와 강도에서도 퇴화 현상을 보인다.
- 정신 기능에서 쇠퇴 현상을 보이고, 때로 정신질환의 형태로 표출되기도 한다.

39 노년기의 성격발달이론과 학자를 연결한 것이다. 옳지 않은 것은?

① 레빈슨 — 인생 계절론 ② 프로이트 — 성격역동이론
③ 에릭슨 — 사회심리적 이론 ④ 융 — 정신분석적 전망

해설 노년학자인 버틀러(Robert Butler)가 노년기의 성격역동이론을 주장하였다.

40 다음 중 불치병이나 고령으로 죽음을 기다리는 사람에게 고통을 덜어주고 좀더 평안하게 죽음을 맞을 수 있도록 도와주는 것을 무엇이라 하는가?

① 방어기제 ② 호스피스 ③ 해약이론 ④ 자아통합

해설 호스피스(호스피스 케어)
- 호스피스의 가장 중요한 목적은 죽어가는 사람을 돌보는 것이다.
- 호스피스의 주요 차원은 환자의 신체적, 정신적 고통의 감소와 통제이다.
- 호스피스는 그 가족들에게도 동료 의식과 사기를 북돋아주는 역할을 해야 한다.
- 호스피스 담당자는 여러 관련 분야의 사람들이 되며, 이들은 항상 서로 연결되어 협동 체제를 구축한다.

정답 38.① 39.② 40.②

제2회 모의고사

1 다음 〈보기〉의 괄호 안에 알맞은 단어가 순서대로 바르게 연결된 것은?

> 보기 (㉠)(은)는 어떤 사람의 행동이 이전보다 더 다양화되고, 행동 구조가 더 정교해져 가는 것을 말하며 (㉡)(은)는 (㉢)(과)와 (㉣)의 변화에 의해 생기는 신체 기능이 유능하게 되는 것이다.

① 변화 — 발달 — 내분비선 — 감각 기능
② 발달 — 성숙 — 감각 기능 — 내분비선
③ 성숙 — 발달 — 본능 — 생리 기능
④ 진화 — 성장 — 생리 기능 — 유전

> 해설 발달은 어떤 사람의 행동이 이전보다 더 다양화되고 행동 구조가 더 정교해져 가는 변화를, 성장은 신체상의 양적인 변화를, 성숙은 감각 기능과 내분비선의 변화에 의해 생기는 신체 기능이 유능하게 되는 것을, 학습은 연습과 경험을 통해 이루어지는 변화를 말한다.

2 다음 중 발달의 원리가 바르게 설명된 것은?

① 인간 발달은 일생 동안의 연속 과정이다.
② 성별, 연령은 발달에 영향을 주지 않는다.
③ 하체가 먼저 발달한 뒤 상체가 발달한다.
④ 신체, 생리기능은 일정한 속도로 발달한다.

> 해설 발달은 상체에서 하체의 방향으로, 중심에서 말초의 방향으로, 전체 활동에서 특수 활동의 방향으로 이루어지며 계속성(연속성)을 가지나 속도는 일정하지 않다. 또한 개인에 따라 차이가 있고, 상호관련성을 갖는다.

3 다음 〈보기〉의 내용이 의미하는 발달의 원리로 옳은 것은?

> 보기 생후 1개월 된 아기의 울음은 의미를 알 수 없으나 2개월 정도 되면 아기는 배가 고파서 울 때, 기저귀가 젖어서 불편함을 표시할 때, 또는 몸이 아파서 울 때 각각 다르게 울 줄 알며 연령이 증가함에 따라 그 표현이 다양해진다.

① 발달의 속도와 계속성
② 발달의 분화와 통합
③ 발달의 개인차
④ 발달의 상호관련성

> 해설 발달은 분화와 통합의 과정을 거치게 된다. 모든 운동발달은 세분된 특수운동이 나타나기 이전에 전체활동이 먼저 나타난다.

4 발달의 최적기를 놓치게 되면 거의 회복 불가능한 성격이 형성되어 버린다는 것은 발달의 어떤 성격과

정답 1.② 2.① 3.② 4.②

부록 : 최종 모의고사 | 269

관련되는가?

① 발달의 적기성　　② 발달의 불가역성　　③ 발달의 누적성　　④ 발달의 기초성

해설 발달의 불가역성 : 발달의 최적기를 놓치는 경우, 후에 이를 보완하거나 교정하기 힘들어 회복 불가능한 성격이 된다.

5 동일 대상을 일정 기간 추적하여 시간의 경과에 따른 대상의 변화를 조사·연구하는 방법은?

① 종단적 접근법　　② 횡단적 접근법　　③ 비교문화법　　④ 실험법

해설 발달 연구 접근법
- 종단적 접근법 : 동일한 개인이나 또는 집단을 연구 대상으로 정하며, 일정한 기간, 즉 비교적 장기간 그들에게 나타나는 행동 특성의 변화, 즉 발달 현상을 계속 추적해 가며 조사 연구하는 접근법이다.
- 횡단적 접근법 : 다른 연령 집단의 대상들을 같은 시기에 측정함으로써 발달 변화를 측정하는 접근 방법이다.

6 원본능(id)과 초자아(superego)가 위치하는 정신 세계를 무엇이라 하는가?

① 자아의식　　② 무의식　　③ 전의식　　④ 의식

해설 프로이트는 인간의 정신 세계를 의식, 무의식, 전의식으로 나누고, 성격의 구조를 원본능, 자아, 초자아로 나누어 설명하고 있는데, 자신이 전혀 자각하지 못하는 정신생활의 일부분이 무의식이며 원본능과 초자아로 구성되어 있어 우리의 행동과 사고를 좌우한다.

7 다음 〈보기〉의 내용과 관련된 것은?

남근기의 남아가 자신의 어머니에게 성적인 애착을 느끼고 아버지로부터 어머니를 쟁취하려는 애정 쟁탈을 시도한 나머지 아버지를 애정의 경쟁자로 적대감을 느끼게 된다. 그러나 아버지는 유아 자신에 비해 엄청나게 우월하고 강력하여 자신을 해칠지도 모른다는 피해의식에서 자신의 성기를 잘라 버릴지도 모른다는 상상을 하게 된다.

① 남근 선망　　② 거세 불안　　③ 저항(resistance)　　④ 엘렉트라 콤플렉스

해설 남근기의 남아가 아버지는 유아 자신에 비해 엄청나게 우월하고 강력한 경쟁자이므로 자신을 해칠지도 모른다는 생각을 하게 되고, 이런 피해의식은 곧 거세 불안을 유발시킨다.

8 에릭슨은 인간은 생의 전 과정에서 각 단계마다 겪어야 하는 발달의 위기를 서로 대립되는 양극의 개념으로 설명하였는데, 출생에서 약 1세까지의 시기에 나타나는 것은?

① 정체감 대 정체감 혼미　　　　② 자발성 대 죄책감
③ 기본적 신뢰감 대 불신감　　　④ 생산성 대 침체감

해설 에릭슨은 심리사회적 발달이론을 주장하면서 인간이 사회 속에서 타인과 사회적 관계를 맺어가는 것에 초점을 맞추었다. 이러한 견해에 따라 인간의 전 생애를 8단계로 나누었으며, 각 단계마다 발달 위기가 있다고 보았다. 즉, 기본적 신뢰감 대 불신감, 자율성 대 수치감, 자발성 대 죄책감, 근면성 대 열등감, 정체감 대 정체감 혼미, 친밀감 대 고립감, 생산성 대 침체감, 통합성 대 절망감으로 구분하였다.

9 다음 〈보기〉의 특성을 갖는 에릭슨의 발달 시기는?

> 보기
> ㉠ 약 6~12세
> ㉡ 기초적인 사회적 기능 습득
> ㉢ 기초적 지적 기술 습득
> ㉣ 자아 성장의 결정적 시기

① 기본적 신뢰감 대 불신감
② 자율성 대 수치감
③ 통합성 대 절망감
④ 근면성 대 열등감

해설 에릭슨은 근면성 대 열등감 시기야말로 자아 성장에 있어서 결정적 시기라고 했다. 즉, 이 시기 아동은 기초적인 지적 기술과 사회적 기능을 습득하게 된다.

10 다음 〈보기〉와 같은 현상은?

> 보기
> 함께 놀던 아이가 갑자기 놀이방에서 나가려고 문을 두드리고 울면서 장난감을 내동댕이치고 투정을 부린 것을 본 아이가 다음날 놀이방에서 놀다 싫증이 나면 전날의 아이처럼 장난감을 던지고 울며 투정을 부린다.

① 기능적 불변성
② 지연 모방
③ 조절적 행위
④ 인지적 진보

해설 감각 운동기 시기 아기는 지연된 모방이나 모델이 없어도 모방행동을 보인다. 즉 모델이 사라진 다음에도 내적 표상을 가지게 되어 지연모방을 나타내게 된다.

11 피아제의 인지발달이론에서 어떤 대상이 시야에서 사라진 다음에도, 그 대상이 계속 존재한다는 대상 영속성 개념이 발달되기 시작하는 단계는?

① 구체적 조작기
② 형식적 조작기
③ 감각운동기
④ 전조작기

해설 피아제의 인지발달이론의 단계
• 감각운동기 : 대상 영속성이 감각운동기의 여러 하위 단계를 거쳐 발달된다.

정답 5.❶ 6.❷ 7.❷ 8.❸ 9.❹ 10.❷ 11.❸

- 전조작기 : 3~5세경의 시기로 정신적 표상에 의한 사고는 가능하나 아직 개념적 조작능력이 충분히 발달되지 못한 상태
- 구체적 조작기 : 6~12세까지로 내적 표상을 갖게 되고 이를 여러 가지 방식으로 조작할 수 있으나 그 출발점이 항상 현실 자체일 뿐 가능성의 세계나 가상적 세계는 생각할 수 없다. 그리고 서열화 능력을 획득한다.
- 형식적 조작기 : 13세 정도가 되어 사춘기가 시작되면서 사고의 중요한 변화를 갖게 되는 시기로 현실적 세계를 넘어서 추상적으로 사고할 수 있게 된다. 즉 조합적 사고가 가능한 단계이다.

12 다음 구체적 조작기와 형식적 조작기의 사고 비교가 바르게 연결된 것은?

구체적 조작기	형식적 조작기
① 체계적·조합적 사고 가능	직관적 사고만 가능
② 명제 간 사고 가능	명제 내적 사고 가능
③ 경험적이고 귀납적 사고	가설적이고 연역적 사고
④ 가상성에 기초	현실성에 기초

해설 구체적 조작기와 형식적 조작기의 사고 비교
- 구체적 조작기 : 경험이고 귀납적인 사고, 현실성에 기초, 명제 내적 사고 가능
- 형식적 조작기 : 가설적이고 연역적인 사고, 가상성에 기초, 명제간의 사고 가능, 체계적 사고와 조합적 사고 가능

13 콜버그의 도덕성 발달이론이 비판받는 주요 쟁점으로만 연결된 것은?

> **보기**
> ㉠ 문화적 보편성을 지니지 못한다.
> ㉡ 도덕적 발달단계는 문화적 교육의 결과이다.
> ㉢ 이타심 등 정의적 측면에 대해 고려되었다.
> ㉣ 도덕성 발달 교육이나 사회화 영향력이 간과되었다.

① ㉠, ㉣   ② ㉠, ㉡   ③ ㉡, ㉢   ④ ㉢, ㉣

해설 콜버그(Kohlberg)의 이론은 문화적 보편성에 대한 의문이 제기되며 도덕성 발달에 미칠 수 있는 교육이나 사회화 영향력이 간과되었다.

14 인간의 학습과정은 직접적 강화에 의한 경험을 통해 학습되기도 하지만 타인들의 행동을 단순히 관찰만 하여도 이를 모방함으로써 새로운 행동을 학습할 수 있다고 본 학자는 누구인가?

① 몬테소리(M. Montessori)   ② 반두라(A. Bandura)
③ 스키너(B.F. Skinner)   ④ 왓슨(J.B. Watson)

해설 반두라는 인간의 학습과정은 직접적인 강화에 의한 경험을 통해서 학습되기도 하고, 즉 그렇게 학습되는 행동도 있지만, 타인의 행동을 관찰만 하여도 이를 모방함으로써 새로운 행동을 학습할 수도 있다고 주장하였다. 이러한 학습은 사실 일상적인 사회생활에서 많이 이루어지기 때문에 사회학습이론이라고 불렀다.

15 융의 성인기 발달이론 중 성격 구조를 이루고 있는 것이 아닌 것은?

① 집단 무의식   ② 개성   ③ 음영   ④ 자아

해설 융은 성격 기능의 다양한 체계에 관하여 성격이론을 발전시켰는데 먼저 성격구조는 자아, 페르소나, 음영, 아니마와 아니무스, 개인 무의식, 집단 무의식, 자기로 이루어져 있다.

16 임신부의 최종 월경 시작일이 2019년 10월 20일인 사람의 출산예정일은?

① 2020년 1월 27일   ② 2020년 1월 13일
③ 2020년 7월 27일   ④ 2020년 7월 13일

해설 출산예정일은 대체로 수정이 된 후 280일로 보는데, 일반적으로 최종 월경일을 기준으로 한다. 대체로 최종 월경의 월수(月數)에 9를 더하고, 월경 시작일에 7을 더하여 출산 예정일을 산출한다.

17 탁 치거나 자극적인 소리를 들려주면 깜짝 놀라 팔다리를 벌렸다 다시 오므리는 신생아의 반사 작용은?

① 파악반사   ② 괄약근반사   ③ 바빈스키반사   ④ 모로반사

해설 모로반사 : 신생아를 탁 치거나 자극적인 소리를 갑자기 들려 주면 아기는 깜짝 놀라 팔다리를 벌렸다 다시 오므린다.

18 다음 〈보기〉의 괄호 안에 알맞은 내용이 바르게 연결된 것은?

보기 브리지는 인간의 정서 분화는 (㉠)에 이루어지는데, 대체로 (㉡)의 정서가 보다 빨리 분화되며, (㉢) 말에는 성인에게 나타나는 모든 정서가 거의 나타난다고 하였다.

① ㉠ – 영아기, ㉡ – 불쾌, ㉢ – 2세   ② ㉠ – 영아기, ㉡ – 분노, ㉢ – 1세
③ ㉠ – 신생아기, ㉡ – 불쾌, ㉢ – 2세   ④ ㉠ – 신생아기, ㉡ – 분노, ㉢ – 1세

해설 브리지(Bridge)는 인간의 정서 분화는 영아기에 이루어지는데 대체로 불쾌의 정서가 보다 빨리 분화된다고 했다. 그리고 2세 말에는 성인에게 나타나는 모든 정서가 거의 나타난다. 정서의 분화 발달은 이처럼 빨리 이루어지므로 성격 발달의 기초로서 중요시된다.

정답 12.❸ 13.❶ 14.❷ 15.❷ 16.❸ 17.❹ 18.❶

19 영아가 구체적인 단어 및 문장을 말하기 전에 되풀이하여 내는 동일한 또는 다양한 소리로서 일종의 음성 놀이를 가리키는 것은?

① 쿠잉　　　　② 옹알이　　　　③ 모방어　　　　④ 전문어

> **해설** 옹알이는 영아가 구체적인 단어 및 문장을 말하기 전에 되풀이하여 내는 동일한 또는 다양한 소리로서 일종의 음성 놀이이다. 이는 다른 사람과의 의사소통 욕구를 촉진시킨다.

20 피아제가 주장한 유아 사고의 주관적 특징으로 거리가 먼 것은?

① 목적론　　　　　　　　② 물활론적 사고
③ 경험적 사고　　　　　　④ 현상론적 인과관계

> **해설** 유아 사고의 주관적 특징 : 목적론, 물활론적 사고, 현상론적 인과관계

21 다음 〈보기〉의 내용과 관련 있는 놀이는?

> **보기** 한두 명의 놀이지도자가 있으며 규칙에 따라 각자의 역할이 정해지는 조직적인 놀이이다.

① 방관자적 행동　　② 협동놀이　　③ 연합놀이　　④ 나란히 놀이

> **해설** 협동놀이는 한두 명의 놀이지도자가 지휘를 하며, 팀을 조직하거나 또는 어떤 조직으로서 규칙에 따라 각자의 역할이 정해지고 그에 따라 이루어지는 조직적인 놀이이다. 그러나 강력한 놀이 지도자가 없어 협력관계에서 이루어지는 놀이이다.

22 다음 교사 유형과 아동의 학업성취간의 관계로 볼 때 최악의 만남은 무엇인가?

	열등교사	아동		열등교사	아동
①	자발형	순종형	②	정돈형	순종형
③	공포형	노력형	④	자발형	대항형

> **해설** 하일(Heil)과 그의 동료들은 인성검사 결과를 토대로 교사를 자발형, 공포형, 정돈형으로 나누고 이 세 유형에서도 각기 우수한 교사와 열등교사로 나누어 모두 6가지 유형의 교사로 분류하였다. 그리고 6가지 유형의 교사와 상호작용하는 아동유형을 학업성적을 기준으로 비교한 결과, 자발형의 우수교사가 순종형의 아동에게 많은 도움을 주는 환경이 되며, 자발형의 열등 교사는 대항형의 아동에게 최악의 환경이 되는 것으로 나타났다.

23 다음 중 곤란도가 서로 다른 문제들로 구성된 검사를 모든 연령의 피검자들에게 실시한 후 그들의 득점으로써 지능 수준을 평가하는 지능검사는 무엇인가?

① 베일리검사 ② 웩슬러검사
③ 스탠포드-비네검사 ④ 비네검사

해설 웩슬러 지능검사는 능력척도이다. 즉, 곤란도가 서로 다른 문제들로 구성된 검사를 모든 연령의 피검사자에게 실시한 후 그들의 득점으로써 지능 수준을 평가하도록 된 것이다.

24 아동기 또래관계의 구조적 변화에 대한 설명으로 옳지 않은 것은?

① 단짝 친구는 10세경에 형성되는 소집단 친구보다 훨씬 오래 지속된다.
② 10~11세경이 되면 친구들간의 동조성이 증가함에 따라 또래집단은 보다 응집력이 강해지고 조직적이 되며 인식적 성숙과 병행해서 그들의 집단활동보다 집중적이고 목적적으로 된다.
③ 또래들과의 관계형성과 경험은 이 시기 동안은 물론 후기의 성격적 사회적 발달에도 지대한 영향을 끼친다.
④ 성역할 행동이나 성별에 대한 태도 형성에서 또래 집단의 영향은 받지 않는다.

해설 성역할 행동이나 성별에 대한 태도 형성에서 또래 집단의 영향을 받는다.

25 다음의 〈보기〉와 같은 특성을 갖는 시기는 언제인가?

> **보기** ㉠ 제2차적 성특징이 나타나며, 여아는 초경, 남아는 몽정을 하게 된다.
> ㉡ 질풍노도기라 할만큼 정서 변화가 심하다.

① 청년기 ② 사춘기 ③ 아동기 ④ 유아기

해설 사춘기는 중학교에 입학하여 고등학교를 졸업하기까지의 시기이다. 그러므로 연령으로 보아 10대의 시작인 13세경 이후에서 18, 19세경 전후에 이르는 시기이나 발달이 빠른 경우 초등학교 5, 6학년 때에 이미 제2차적 성특징이 나타나기도 한다.

26 다음의 〈보기〉와 같은 특성을 갖는 시기는 언제인가?

> **보기** 자아중심성을 반영하는 상상적 관중과 자기우화를 보인다.

① 성인기 ② 청년기 ③ 사춘기 ④ 아동기

해설 청년기는 대체로 18세경부터 22세경까지가 된다. 이 시기에는 자아정체감을 비롯한 많은 발달과업을 수행하여 다음에 오는 성인기에 대비하게 된다.

정답 19.❷ 20.❸ 21.❷ 22.❹ 23.❷ 24.❹ 25.❷ 26.❷

27 청년들은 자신에 대한 생각과 관념에 사로잡혀 자신이 중요하고 가치롭다는 자신의 관념세계와 타인의 관념을 구분하지 못하는 행동적 특징을 보이는데 이를 무엇이라 하는가?

① 동일시 ② 자율감 ③ 자아정체감 ④ 자아중심성

해설 자아중심성이란 자신에 대한 생각과 관념에 사로잡혀 자신이 중요하고 가치롭다는 자신의 관념세계와 타인의 관념을 구분하지 못하는 행동적 특징을 말한다.

28 성인기의 발달 과업에 해당되는 것은?
① 배우자를 선택하여 가정을 꾸미는 일이다.
② 자아에 대한 개념의 재수립이다.
③ 죽음에 대해 대비한다.
④ 동반자의 의식을 배우자와 함께 결실시키며 서로의 역할을 재조정한다.

해설 성인기는 한 개인이 신체적 · 심리적으로 독립된 성인으로서 직업을 선택하고 배우자를 찾으며 공민의 자격을 갖추고 권리를 행사하고 그에 대한 책임을 지는 사회생활을 하면서 동시에 자기인생을 독자적으로 설계하고 실현 성취하도록 해야 한다.

29 다음 매슬로가 제시한 성취인이 보이는 특징으로 옳지 않은 것은?
① 문제중심성 ② 대인관계
③ 타율적 기능 ④ 창의성

해설 매슬로(Maslow)의 성숙 인격 특징 : 자발성, 문제중심성, 독립성, 자율적 기능, 생신한 인지력, 신비적 경험, 대인관계, 사회적 관심, 민주적 성격 구조, 수단과 목표의 분별, 유머 감각, 창의성, 현실에 대한 효율적인 지각, 자연 · 타인 · 자신에 대한 수용(가장 큰 특징)

30 다음 중 부모의 행복한 결혼생활, 부모와의 많은 접촉, 어린시절의 좋은 가정훈육, 성에 대한 부모의 솔직한 태도, 건전한 이성교제의 경험, 부모와 갈등이 없는 어린시절 등을 행복한 결혼 생활을 위한 성장 배경으로 든 학자는 누구인가?

① 에릭슨 ② 허록 ③ 프로이트 ④ 커크패트릭

해설 커크패트릭(W.H. Kirkpatrick)은 행복한 결혼생활을 영위할 수 있는 성장 배경의 조건을 첫째, 부모의 결혼생활이 행복했고 둘째, 그들의 어린시절이 부모와의 갈등없이 행복했고 셋째, 부모와의 접촉이 많았고 넷째, 부모가 성에 대해 솔직한 태도를 보여주고 건전한 이성교제의 경험을 하게 해주었을 경우로 들고 있다.

31 다음 〈보기〉와 같은 특성을 갖는 부모의 양육 태도로 알맞은 것은?

| 보기 | 자녀에게 깊은 관심과 사랑을 갖고 자녀를 독립된 인격체로 인정한다. |

① 지배적 태도　　　　　　　　　② 거부적 태도
③ 익애적 태도　　　　　　　　　④ 수용적 태도

해설 양육태도의 종류
- 익애적 태도 : 과보호적 태도로 집단생활의 적응이 어렵다.
- 거부적 태도 : 아이들을 적대적으로 대한다.　　• 지배적 태도 : 자녀를 지나치게 통제한다.
- 수용적 태도 : 자녀에게 깊은 관심과 사랑을 갖고 자녀를 독립된 인격체로 인정한다.

32 다음의 〈보기〉와 같은 특징을 갖는 시기는 언제인가?

| 보기 | ㉠ 사회적 공헌과 성숙된 부모의 역할이 요구되는 시기
㉡ 인생의 정상을 향하여 능력과 창의성을 발휘하는 시기 |

① 장년기　　　　② 중년기　　　　③ 성인기　　　　④ 청년기

해설 중년기는 대체로 연령 35~45세에 이르는 때를 의미한다. 성인기의 발달 과업을 제대로 완수하고 모든 면에서 정착과 안정을 얻은 이 시기의 중년은 인생의 정상을 향하여 능력과 창의성을 발휘하는 때가 된다.

33 다음 중년기의 발달 과업으로 적당하지 않은 것은?

① 완전히 기능하는 사람　　　　② 성숙된 부모로서의 역할
③ 젊은 세대의 모델　　　　　　④ 자아정체감

해설 중년기의 발달 과업 : 성숙된 부모로서의 역할, 사회에 대한 능동적 활동, 젊은 세대의 모델, 완전히 기능하는 사람

34 부모 자녀 간의 갈등의 요인으로 가장 적당하지 않은 것은?

① 생활 의식의 차이　　② 부모의 권위 의식　　③ 조부모 부양 여부　　④ 생활 양식의 차이

해설 부모 자녀 간의 갈등
- 생활 의식의 차이 : 행동이나 판단의 기준에서 의식의 차이가 생기며, 통용될 수 있는 규범은 적다.
- 생활 양식의 차이 : 이상이나 원칙은 따로 두고 현실에서 그대로 적응하려는 기성세대의 이중성을 관대하게 받아들이지 못한다.
- 부모의 권위 의식

정답　27. ④　28. ①　29. ③　30. ④　31. ④　32. ②　33. ④　34. ③

35 다음 중 여성의 생식 능력의 중단과 남성의 성적 활동이 감소되는 중요한 생리 변화가 일어나는 때를 지칭하는 것은?

① 갱년기　　　② 노년기　　　③ 사춘기　　　④ 회춘기

> 해설 갱년기는 노화의 신체 장애를 경험하는 시기로, 여성의 생식 능력의 중단과 남성의 성적 활동이 감소되는 중요한 생리 변화가 일어나는 때이다.

36 자녀들이 모두 독립하여 집을 떠나는 시기에 부모가 느끼는 상실감과 슬픔을 뜻하는 개념은?

① 빈 둥지 증후군　　　② 파랑새 증후군
③ 피터팬 증후군　　　④ 리플리 증후군

> 해설 빈 둥지 증후군은 주 양육자 역할을 맡는 여성에 많이 나타난다. 파랑새 증후군은 한 직장에 안주하지 못하고 이리저리 옮겨다니는 것이고, 피터팬 증후군은 어른이지만 여전히 어린이로 남아 있기를 바라는 심리이다. 리플리 증후군은 자신이 만든 허구를 진실이라고 믿고 거짓말과 행동을 반복하는 반사회적 인격 장애를 지칭한다.

37 다음 UN이 정하는 고령화 사회란?

① 전체 인구 중 65세 이상 노인인구의 비율이 21% 이상
② 전체 인구 중 65세 이상 노인인구의 비율이 14% 이상
③ 전체 인구 중 65세 이상 노인인구의 비율이 7% 이상
④ 전체 인구 중 65세 이상 노인인구의 비율이 5% 이상

> 해설 UN은 노인인구의 비율이 전체 인구에서 차지하는 비율이 7% 이상인 사회를 고령화 사회, 노인 인구의 비율이 14% 이상이면 고령 사회라고 명명하고 있다.

38 노년기의 일반적인 성격 특성의 변화로 볼 수 없는 것은?

① 외향성 및 능동성의 증가　　　② 우울증 경향의 증가
③ 신체적 변화에 대한 민감한 변화　　　④ 조심성 경향의 증가

> 해설 노년기 성격 특성의 변화
> • 시간 전망의 변화　　　• 우울증 경향의 증가
> • 내향성 및 수동성의 증가　　　• 경직성의 증가
> • 인지 양식의 문제(장의존적 경향)　　　• 조심성 경향의 증가
> • 신체적 변화에 대한 민감한 변화

39 다음 퀴블러로스가 제시한 죽음을 수용하기까지의 인간의 심리적 변화 과정을 순서대로 잘 나타낸 것은?

보기	㉠ 협상	㉡ 분노	㉢ 우울
	㉣ 부정	㉤ 수용	

① ㉣ → ㉢ → ㉡ → ㉠ → ㉤
② ㉣ → ㉡ → ㉠ → ㉢ → ㉤
③ ㉡ → ㉠ → ㉣ → ㉢ → ㉤
④ ㉠ → ㉡ → ㉢ → ㉣ → ㉤

해설 퀴블러로스가 제시한 죽음의 과정 : 부정 → 분노 → 협상 → 우울 → 수용

40 건망증과 치매의 차이 중 치매에 관한 내용은?

① 사건의 세세한 부분만을 잊는다.
② 전체 사건에 대해서는 잘 기억한다.
③ 귀띔을 해주면 금방 기억을 한다.
④ 본인의 기억력 저하를 부인하는 경우도 있다.

해설 치매
- 사건의 광범위한 부분을 잊는다.(사건 발생 자체를 잊는 경우도 있다.)
- 귀띔을 해주어도 기억하지 못한다.
- 본인의 기억력 저하를 모르거나 부인하는 경우도 있다.

정답 35.❶ 36.❶ 37.❸ 38.❶ 39.❷ 40.❹

MEMO